굿바이, 동유럽

굿바이, 동유럽

Goodbye, Eastern Europe

조각난 땅의 천년 서사시

제이콥 미카노프스키 지음 | 허승철 옮김

책과함께

차례

3부 20세기

일러두기

- 이 책은 Jacob Mikanowski의 GOODBYE, EASTERN EUROPE을 우리말로 옮긴 것이다.
- 옮긴이가 덧붙인 짧은 설명은 〔 〕로, 긴 설명은 각주로 표시했다.
- 외국 인명과 지명은 국립국어원 외래어표기법을 따르는 것을 원칙으로 하되, 해당 명칭의 외래어
  표기법 용례가 명백하게 현지 발음과 다른 경우에는 현지 발음에 맞추어 표기하기도 했다.

동유럽, 1648

0   300 마일
0   300 킬로미터

모스크바 대공국

리보니아
리가
쿠를란트
모스크바

비쳅스크

빌뉴스
그단스크   리투아니아   민스크

베를린

마조비아   폴란드 -
바르샤바   리투아니아
연합국가

프라하   루블린
합스부르크제국   크라쿠프   볼히니아   키이우

갈리시아
빈   르비우
카미아네츠-포딜스키   포돌리아   자포리자
부다   코자크
스타라시치

이아시

크림칸국

발트해

베오그라드

사라예보   흑해

아드리아해

소피아

살로니카   이스탄불

티레니아해   제국

이오니아해   에게해

지중해

동유럽의 제국들, 1815

0   300 마일
0   300 킬로미터

러 시 아 제 국

발 트 해

•빌뉴스

•민스크

프 로 이 센

베를린•

•바르샤바

•볼히니아

•키이우

실레시아

•프라하
보헤미아
모라비아

크라쿠프

•르비우

갈 리 시 아

포돌리아

빈

합 스 부 르 크
(오 스 트 리 아)

부다페스트

루코비나

루테니아

몰다비아

헝가리
제 국

트란실바니아

크로아트-슬라본왕국

바나트

베오그라드

왈라키아

•부쿠레슈티

보스니아

세르비아

달마티아

사라예보

오

흑 해

아 드 리 아 해

스

•소피아

몬테네그로

만

제

•이스탄불

국

•보스코포제

티 레 니 아 해

에 게 해

이 오 니 아 해

지 중 해

동유럽, 1949-1990

노르웨이
오슬로

스웨덴
스톡홀름

핀란드
헬싱키
레닌그라드
탈린

덴마크
코펜하겐

발트해
리가

모스크바

빌뉴스
민스크

소비에트 연방

베를린
동독

바르샤바
폴란드
루블린

키이우

서독

체코슬로바키아
프라하
크라쿠프
르비우

빈
브라티슬라바

오스트리아

부다페스트

헝가리

클루지나포카

자그레브

티미쇼아라

루마니아

유고슬라비아
베오그라드

부쿠레슈티

흑해

아드리아해

이탈리아

로마

소피아

불가리아

티라나
알바니아

이스탄불

티레니아해

앙카라

튀르키예

시칠리아

이오니아해

스미르나

그리스

에게해

아테네

몰타

지중해

크레타

키프로스

동유럽, 2022

0 ————— 300 마일
0 ————— 300 킬로미터

노르웨이

스웨덴

핀 란 드

러 시 아

탈린
에 스 토 니 아

덴 마 크

발 트 해

리가
라 트 비 아

리 투 아 니 아

러시아

빌뉴스

민스크

벨 라 루 스

오 데 르 강

바르샤바
폴 란 드

키이우

프라하
체 코

우 크 라 이 나

슬 로 바 키 아
브라티슬라바

오 스 트 리 아

부다페스트
헝 가 리

몰 도 바

키시너우

슬로베니아
류블랴나

자그레브
크 로 아 티 아

루 마 니 아

보 스 니 아-
헤르체고비나
사라예보

베오그라드
세 르 비 아

부쿠레슈티

흑 해

아 드 리 아 해

이 탈 리 아

몬테네그로
포드고리차

프리슈티나
코 소 보

스코페

소피아
불 가 리 아

티라나
북 마 케 도 니 아
알 바 니 아

티 레 니 아 해

에 게 해

튀 르 키 예

이 오 니 아 해

지 중 해

키 프 로 스

프롤로그

이 책은 존재하지 않는 지역에 대한 역사다.

동유럽 같은 것은 더 이상 존재하지 않는다. 그런 곳에서 오는 사람은 없다. 슬로바키아, 라트비아, 불가리아 같은 나라에서 온 사람만 있다. 아니면 그들은 사라예보, 우치, 마리우폴 같은 도시에서 온 사람들이다. 때로 그들은 한 지역이나 경관에서 오기도 한다. 마조비아의 소나무 숲, 마라무레슈의 비에 젖은 언덕, 알바니아 알프스의 바위 민둥산에서 온 사람들이다.

어디에서 왔든 그들은 자신의 정체성을 동유럽 사람이라고 내세우지 않는다. 동유럽이란 용어는 외부 사람들이 편의적으로 만들어낸 말이다. 이것은 고정관념이라는 올가미를 감추기 위해 사용되는, 여러 의미로 해석되는 말이다. 이러한 고정관념의 일부 ─ 즉 가난, 폭력, 민족 갈등 따위 ─ 는 부정적인 영향을 준다. 어떤 고정관념은 그저 슬플 뿐이다. 폴란드와 독일의 역사를 전공한 교수인 내 친구는 한번은 자신의 수업을 듣는 학생으로부터 이런 질문을 받았다. "동유럽은 아무도 웃지 않는 암울한 지역인가요?"

이와 같은 암울한 인상이 있는 상태라면, 사람들이 동유럽과 연관되는 것에서 탈출하고자 하는 것은 전혀 놀라운 일이 아니다. 국제 관계에서조차 동유럽이라는 용어는 기반을 잃어가고 있다. 지난 30년 동안 여러 나라들은 하나씩 이 꼬리표를 떼어버렸다. 베를린 장벽이 무너지기 전부터 체코, 슬로바키아, 헝가리, 폴란드는 모두 자국이 중유럽Central Europe의 일부라고 선언했다. 발트국가인 리투아니아, 라트비아, 에스토니아는 북방이라는 대안을 선택했고, '노르딕' 구역의 일원으로 인식되기를 선호했다. 발칸의 양쪽에 있는 몬테네그로부터 루마니아에 이르는 국가들은 아드리아해나 흑해를 둘러싸고 형성된 해양 공동체의 일부로 자국을 정의했다.

이렇게 많은 이탈이 있는 가운데 동유럽은 거의 사문화되었다. 그러나 얼마 전까지만 해도 그 존재는 자명했다. 나는 동유럽이 바로 인식할수 있는 현실이었던 때를 기억할 만큼은 살아왔다. 1986년 바르샤바의 쇼팽 국제공항 입국장에 들어서면서 나는 내가 떠나온 펜실베이니아 교외와는 전혀 다른 세계에 발을 내디뎠다는 것을 깨달았다. 철의 장막 너머에 있는 나머지 세계와 마찬가지로 그곳은 자신의 규칙에 따라 움직이는 세계였다. 당시 바르샤바에서는 상점에서 햄을 살 수 없었지만, 사람들은 외국 소설 번역본을 사기 위해 줄을 길게 섰다. 아무도 투표를 할 수 없었지만, 정치는 모든 사람의 입에서 회자되었다. 공기 냄새조차 달랐다. 겨울에는 갈탄 타는 냄새, 여름에는 청소가 되지 않은 층계참에서 풍기는 찬 배기 냄새가 났다. 지금도 이러한 냄새는 나를 사라진 내 어린 시절로 곧장 데려간다.

그 시절에 동유럽을 느낄 수 있게 하고, 그곳을 하나로 묶은 것은 공산주의였다. 1989년부터 1991년까지 이 지역을 휩쓴 세기적 변화 이전에는, 북쪽으로는 에스토니아에서 남쪽으로는 알바니아까지, 동쪽으로는 우크라이나에서 서쪽으로는 체코슬로바키아까지 광대한 지역이 붉은 별 제국에 속했다.

그러나 이 지역의 통합성의 뿌리는 이보다 훨씬 깊다.

동유럽에는 독자적인 것이 있었다. 한편으로는 서유럽과 구별되고, 다른 한편으로는 유라시아와 다른 무언가가 있었다. 가장 핵심적이고 확실한 특징은 다양성이었다. 언어의 다양성, 민족의 다양성, 그리고 무엇보다 종교의 다양성이다.

동유럽이 유럽의 나머지 지역과 다른 장소라는 정의를 얻은 것은 종교적 경계 때문이다. 원시종교는 유럽대륙 어느 곳에서보다 이곳에서 오래 존속되었고, 민족과 토속신앙에 깊은 족적을 남겼다. 1000년경 도래한 기독교는 라틴 기독교와 그리스 기독교의 두 형태로 들어와서 많은 종교적 균열 중에서 첫 번째 균열을 만들어냈다. 이슬람은 오스만튀르크와 타타르족에 의해 몇 세기 후에 도입되었다. 1492년 시점에 발칸반도 전역은 다르 알 이슬람*이 되었고, 이슬람 사원은 북쪽으로는 리투아니아의 빌뉴스에 아직도 남아 있다.

그해에 에스파냐의 페르난도 국왕과 이사벨 여왕은 자신들의 왕국에서 유대인을 추방했다. 이것은 오랫동안 서구의 기독교 국가에서 벌어진 유대인 추방의 한 사례였다. 반면 오스만제국은 유대인을 자국의 대도시에 정착해 살도록 허용했고, 동방 지역은 동유럽 유대인 공동체의 요람이 되었다. 서유럽 국가들이 차례로 유대인들을 추방할 때 동유럽 왕국들은 그들을 환영해 정착시켰다.

● 이슬람 신앙에서 사람이 사는 세계는 '다르 알 이슬람(Dar al-Islam, 이슬람의 집)'과 '다르 알 하르브(Dar al-Harb, 전쟁의 집)'로 양분된다. '다르 알 이슬람'이란 이미 무슬림의 지배하에 들어가 샤리아가 충분히 이루어지고 있는 세계다. 이에 비해 '다르 알 하르브'란 아직 비이슬람의 지배하에 있어 샤리아가 이루어지고 있지 않은 세계다. 이슬람적 세계 질서관은 이 두 세계가 서로 투쟁하고 있지만, '다르 알 하르브'를 '다르 알 이슬람'으로 포섭하기 위한 모든 무슬림의 의무로서의 지하드를 통해 언젠가 전 세계를 이슬람화한다는 비전을 가지고 있다.

역사의 대부분 기간 동유럽은 변방 사회였고, 이전에 개척되지 않은 땅과 오랜 국경 전쟁으로 인구가 크게 줄어든 지역으로 영역을 확장해나갔다. 여러 차례에 걸친 인구 이동의 물결은 서유럽(또는 이 점에서는 러시아 대부분 지역)과 아주 다른 특성을 만들어주었다. 동유럽에서는 가톨릭교도 주민들과 정교회 교인들이 유대인, 무슬림과 아주 가까운 거리에 살고 있는 것을 쉽게 볼 수 있다. 이러한 중첩되는 다종교로 인해 동유럽에서는 개별 종교의 교조를 강제하기가 어려웠다. 그래서 동유럽은 종교적 부적응자와 이단자들의 피난처가 되었다. 보구밀파Bogomils, 후스파Hussites, 프랑크파Frankists, 알레비파* 같은 종교 집단들이 종교 문화에 깊은 흔적을 남겼다. 또한 마법사, 연금술사, 비술을 행하는 사람들이 많이 몰려들어 동유럽은 흑마술의 훈련장이 되었다.

현재 유대인들은 거의 떠났고, 이슬람의 존재감은 크게 약화되었다. 연금술사를 찾는 것은 더욱 힘들다. 그러나 많은 곳에서 이들이 남긴 유산의 무게를 느끼는 것은 가능하다. 나는 오랜 기간에 걸쳐, 사라져가는 이 종교적 다원성의 흔적을 발견하기 위해 루마니아 도브루자Dobruja의 수피파 이슬람 사원에서부터 리투아니아 사모기티아Samogitia에 마지막으로 남아 있는 목재 시나고그를 찾아다녔다. 이것은 개인적 탐구였다. 절반은 유대인이고 절반은 가톨릭인 나의 가족적 배경은 과거의 이러한 다양성의 흔적을 반영하고 있다.

이 책이 가족사는 아니지만, 나의 가족사는 이 책을 묶는 끈이다. 폴란드 시인인 체스와프 미워시는 "자신의 기원을 인식하는 것은 심해에 박힌

---

* 알레비파(Alevis)는 이슬람교, 조로아스터교, 기독교, 불교에 샤머니즘까지 혼합된 신비주의 이슬람교 종파로 튀르키예에 대략 1400만~2100만 명, 이란과 투르크메니스탄에 300만 명, 이라크에 5천 명 정도의 신자가 있는 것으로 추정한다.

낫과 같고, 이것 없이 역사적 혜안은 사실상 불가능하다"라고 썼다.[1] 이것은 내게도 그대로 적용된다. 나의 조상들이 내가 쓰는 모든 글의 뿌리에 있다.

나는 폴란드어를 사용하는 유대인들의 아주 작은 공동체의 일원으로서, 거의 사라진 문화 속에서 태어났다. 그곳은 세속적 유대인 지식인들의 세계였고, 그들은 폴란드의 문학 유산을 열정적으로 고수했지만, 가톨릭과 민족주의의 결합을 잘 인식하고 있었다. 이들의 우상은 장군이나 성인보다는 시인, 단편 작가였다. 그들의 서가는 파리에서 보내준 색이 바래고 오래된 망명자 잡지들로 채워져 있었다.

그러나 이것은 나의 가족사의 절반에 불과하다. 다른 절반을 차지하는 기독교는 계급과 직업에 의해 갈라진 서로 경쟁하는 가닥들로 만들어졌다. 그들 중 일부는 농민이었고, 일부는 장인이었다. 몇 명은 대귀족이되어 왕의 신하로 일하기도 했다. 이 조상들은 헝가리, 리투아니아, 독일, 체코 땅에 이르기까지 서로 떨어진 장소에 그 뿌리를 두고 있지만, 그들 모두는 자신을 폴란드인이라고 생각했다. 이러한 집합적 의식이 형성되기까지는 몇 세기가 필요했다.

우리 가족에게 결정적 균열선은 유대인과 기독교인, 평민과 귀족, 폴란드인과 비폴란드인이다. 이것은 모든 것을 포괄하는 하나의 유형적 증상이었다. 세계 대부분의 나머지 지역에서는 유례가 없을 정도로 동유럽에서는 종교, 민족, 계급이 직업과 계층의 경계를 그려놓았다. 소작인, 마을 사람들이 서로 다른 언어를 사용하고 다른 종교를 신봉하는 것은 흔히 볼 수 있는 현상이었다. 이것 때문에 사람들은 붙어 살면서도 완전히 다른 사회적 세계에 속할 수 있었다. 오랜 금기 사항이 그대로 위력을 발휘하는 한 이웃들은 이국인으로 남았다.

이런 배타와 적의의 양상은 믿을 수 없이 다양한 세계를 만드는 데 결합되었다. 크기에 관계 없이 동유럽의 모든 공동체는 혼합되지 않을 수 없고 '순수'할 수 없었다. 가장 작은 마을에서도 10분만 걸으면 다른 종교에 속하고, 사제들이 다른 언어를 사용하는 세 개의 다른 신전을 만날 수 있다. 당신이 충분히 오랜 시간 여행을 한다면, 당신은 이 지역의 수많은 유목민, 떠돌아다니는 상인, 기타 직업적 유랑자들에게 속하는 완전히 다른 언어, 신앙의 결합을 볼 수 있다.

오랜 기간 동유럽의 전통 사회들은 다양한 색상으로 만들어진 조각보 같았다. 다양성은 이 체계의 부산물이고, 이것은 통합된 전체로 결합되어 있다. 그러나 다른 신앙과 종교가 이렇게 근접해 있는 것이 필연적으로 조화로 이어지는 것은 아니다. 이러한 오랜 질서는 계급 간, 종교 간의 엄격한 분리의 유지에 달려 있었다. 20세기에 들어와 이 분리가 와해되면서 사람들은 전에 없던 수준의 자유를 얻었지만, 그들은 또한 새로운 위험에 노출되었다. 우리 가족에서도 기독교인과 유대인, 농민과 귀족의 혼합은 2차 세계대전이라는 대재앙 이후에 가능해졌다. 그러나 그런 경우에도 경계선을 넘어서는 것이 쉬운 일은 아니었다. 나는 수십 년 동안 기피되거나 서로 보지 못한 가족들 얘기를 들으면서 자라왔다. 이것도 동유럽에서는 아주 일반적인 이야기다. 수많은 가족이 새 국경, 오랜 종교, 또는 서로 다른 이념에 의해 이산가족이 되었다.

나의 분열된 가계도가 내게 복잡한 유산을 남겨주었다. 그런 이유로 나는 동유럽 이야기를 민족이나 국가의 이야기로 보기보다는 경쟁하는 신앙 체계로 보게 되었다. 동유럽에서 정치 논쟁은 자주 성스러운 것에 대한 전투를 둘러싸고 진행된다. 20세기에 파시즘, 공산주의, 민족주의가 사람들에게 의미 만들기의 강력한 자원을 제공해주었다. 많은 수의 사람들이 이 이념들을 수용한 곳에서는 종교적 모델이 선택지나 경쟁자로서 한참 뒤에 처졌다.

여러 세기 동안 동유럽은 구도자들이 모여드는 곳이었다. 경제적으로 서유럽보다 덜 발전했지만, 종교와 메시아 전통에 개방되어 있었던 동유럽 사람들은 갑작스럽고 변형적인 미래로의 도약을 꿈꾸었다. 그들은 또한 좀 더 세속적인 해방을 갈망했다.

많은 혁명가들은 제국들을 가난보다 더 큰 위협으로 보았다. 그들에게 자유란 자신들 인민의 언어로 자신들의 영토를 통치하는 것을 의미했다. 이 목표를 달성하는 것은 최소한 두 가지 때문에 결코 쉽지 않았다. 하나는 동유럽의 어느 지역도 하나의 민족의 고향이 되지 못했다. 또 다른 이유는 이 민족의 상당수가 인원이 적었던 반면에 그들이 살고 있는 제국들은 매우 컸기 때문이다. 그래서 독립을 위한 투쟁은 너무 자주, 승리할 가능성이 희박한 부친살해적 투쟁을 필요로 했다.

동유럽 사람들은 자신들이 운명을 완전히 통제한 경우가 드물었다. 오랜 기간 그들의 역사는 제국의 수도인 빈, 이스탄불, 상트페테르부르크, 그 후에는 베를린과 모스크바에서 쓰였다. 그러나 이 수도들은 동유럽 역사가 실존한 곳이 아니었다. 내가 보기에 동유럽 역사는 이 강대국의 중심지들 사이에서 일어난 모든 것이다. 그것은 무엇보다도 복잡한 운명을 지닌 작은 국가들의 땅이었다. 그 이야기는 왕이나 황제의 것 또는 추축국이나 연합국 군대의 것이 아닌 농민, 시인, 농촌 서기의 이야기였다. 이들은 제국과 이념의 충돌을 몸소 체험한 사람들이었다.

20세기에 불어닥친 폭풍은 오랜 시간 유지되어온 동유럽의 표층을 파괴했다. 오늘날에는 우리 조부모들이 살아온 다언어, 다종교 세계의 흔적만이 남아 있다. 나는 남아 있는 것의 아주 작은 부분에만 해당된다는 느낌을 가지고 있다. 나는 동유럽이 의미하는 것의 중심에 서 있는 사라진 다양성을 재구성하는 데 매력을 느꼈다. 내가 보기에 이것은 하나의 정체성이라기보다는 공유된 공존의 역사를 중심으로 구성된 친연성의 집합이었다.

그러나 우리의 모든 차이에도 불구하고 동유럽은 하나의 유산을 서로 공유하고 있는데, 그것은 비극 속에서 희극을 보는 재능이다. 극단적으로 전개된 역사에 오랫동안 익숙해진 경험은 우리에게 부조리에 대한 비상한 유창함을 부여해주었다. 이것은 동유럽의 소설에서 볼 수 있고, 사람들이 직접 말하는 자신에 대한 이야기에서 더 많이 볼 수 있다.

하시디즘을 신봉하는 유대인들은, 기적을 행하는 랍비에 대해 가장 잘 알 수 있는 방법은 그 제자들이 그들에게 하는 이야기를 듣는 것이라고 말하곤 한다. 이것은 동유럽 역사에서도 마찬가지다. 동유럽에서 산다는 것, 특히 20세기에 동유럽에서 산다는 것은 정신을 차릴 수 없는 연속적 재앙과 변화를 경험하는 것이었다. 직설적인 역사 서술은 이러한 정신 없는 경험을 통치자들과 사건들의 명단 정도로 바꾸어버릴 수 있다. 그러나 이야기들 ─ 구전, 소문, 민요 ─ 은 이 사건들이 의미하는 것을 노출시킨다. 이것은 파시스트 반유토피아의 공포, 스탈린주의의 짧은 고양과 지속적인 공포, 슈타지와 후기 사회주의의 만성적 물자 부족, 자본주의의 도래로 견고했던 가치가 갑자기 사라지는 것 등을 경험하는 일이 어떤 의미인지를 마음에 와닿게 한다.

내가 보기에 갑작스러운 재앙, 예치지 않은 반전, 기적 같은 탈출이 가득한 이러한 비극-희극 이야기들은 동유럽의 진정한 공용어lingua franca다. 이것은, 그렇지 않으면 산만할 수밖에 없는 정체성의 공통 언어다. 나는 오랫동안 이것들을 수집해왔다. 폴란드에 체류하는 동안 이 작업을 시작해서 도서관과 문서고 연구와 여러 번에 걸친 동유럽 여행으로 이 작업을 계속해왔다. 이는 동유럽이 단지 희생의 장소가 아니라 고유한 문명을 가지고 있고, 끝없는 매력과 경이를 지닌 장소라는 것을 상기시켜주는 작업이었다.

내 노트에서 몇 가지 이야기만 꺼내보자.

하나는 영화 이야기다.[2] 어느 날 일부 루마니아 신문 편집자들이 니콜라에 차우셰스쿠가 발레리 지스카르 데스탱 대통령과 같이 있는 사진을 보고, 이 루마니아 독재자가 프랑스 대통령보다 훨씬 키가 작다는 것을 발견했다. 더 나쁜 것은 그가 모자도 쓰고 있지 않았다는 점이었다. 이러한 고약한 실수를 바로잡기 위해서 편집자들은 차우셰스쿠의 머리에 모자를 씌웠다. 그런데 나중에야 그가 손에 이미 모자를 들고 있다는 것을 발견했다. 경찰들은 이미 인쇄된 신문을 모두 회수하여 파기시키려고 달려 나갔다.

또 하나는 한 인물 사전에 나오는 이야기다. 공산당이 정권을 장악한 후 세이홀라 말료쇼바라는 이름을 가진 학자 출신 시인이 문화장관이 되었지만, 곧 바로 공포의 내무장관 눈에 벗어나서 몇 년 동안 감옥에 수감되었다. 시인은 그 내무장관이 다음 숙청에서 사형선고를 받은 다음에야 풀려나왔다. 그러나 이 시인의 자유의 대가는 그의 목소리였다. 그는 더 이상 출간을 할 수 없었고, 말도 할 수 없었다. 이후 20년 동안 그는 시골 도시에서 증권 서기로 일하며 아무 말도 하지 않았다. 누군가 그에게 말을 걸려고 하면 그는 무언의 몸짓으로 자기 입술을 꼬집으며 자신이 침묵하고 있음을 알렸다. 그 도시의 모든 사람이 그의 시를 알고 있었지만, 아무도 그것을 감히 낭송하려고 하지 않았다. 그리고 그 시인이 죽자, 아무도 감히 그의 장례식에 참여하려 하지 않았다. 그는 여동생, 무덤 파는 사람 한 명, 비밀경찰 두 명이 지켜보는 가운데 매장되었다.[3]

마지막으로 내 어머니의 이모인 야드비가의 이야기는 내가 약혼하는 날 듣게 되었다. 야드비가 이모할머니와 이모부할아버지 투르노프스키는 결혼하려고 세 번 시도했다. 첫 번째로 결혼하려고 한 것은 1940년 민스크에서였다. 그들은 어렵게 혼인신고를 위한 돈을 마련했다. 그들이 혼인신고소로 가는 도중에 숨을 헐떡이며 그들을 쫓아온 이세크라는 친구를 만났다. 그는 당장에 돈을 필요로 했다. 차를 끓이는 주전자가 상점에 나타난 것이었다. 두 사람은 결혼증명서를 받기 위해 모았던 돈을 그에게 주었다. 그렇게 해야만 했다. 결혼은 연기할 수 있지만, 차 끓이는 주전자는 언제 다시 판매될지 알 수 없었다.

두 번째로 그들은 2년 후 타지키스탄에서 결혼하려고 했다. 이번에 그들은 돈도 있었고, 마을 사람 모두가 알고 지내는 작은 마을에서 같이 살고 있었다. 그들이 혼인신고소에 가자 두 사람이 이미 같이 사는 것을 알고 있던 소련 관리는 놀라움을 표시했다. 그는 순서가 잘못되었다고 말했다. 결혼증명서를 발급받은 다음에 같이 살아야 한다는 것이었다. 그래서 두 사람은 결혼증명서를 발급받지 못했다.

세 번째는 2차 세계대전 후 바르샤바에서 시도되었다. 투르노프스키는 두 명의 증인을 데리고 갔다(그중 한 명은 차 끓이는 주전자가 필요했던 이세크였다). 그들은 시간에 맞추어 관공서에 도착했다. 그러나 야드비가가 나타나지 않았다. 그녀는 일하고 있는 출판사에서 하루 휴가를 받지 못했던 것이다. 그럼에도 불구하고, 첫 시도 후 6년 만에, 그들은 기어코 목적을 달성했다. 담당 관리는 신부가 없는 가운데에도 결혼증명서를 발급해 주었다.

내가 보기에, 이 마지막 이야기는 이모할머니 야드비가와 그의 세대 전체의 상황을 잘 보여준다. 그들은 1차 세계대전 후 벌어진 이주와 약속 가운데 태어났다. 그들은 2차 세계대전의 참화에서 살아남았고, 어떤 연유로든지 자신들의 시각과 유머 감각을 잃지 않았다. 그들은 혁명, 침공, 패배의 날들을 세듯이 차 끓이는 주전자와 약속으로 자신들의 날들을 세었다. 이제부터 나오는 이야기는 그들의 거인 같은 삶의 그늘 아래에서 쓰였다.

1부

신앙

1장

토속신앙인들과 기독교인들

부활절 월요일의 전통 축제날에 짚으로 땋은 모자와 옷을
착용하고 마을을 돌아다니는 주민들(dziady śmigustne).
도브라, 폴란드, 1916년

위험이 늘 도사리고 있는 거대한 숲과 어슴푸레 새어 나오는 보석의 빛,
아마도 이것이 마르쿠스 아우렐리우스 황제 시기 일반 로마인들에게 비
친 동유럽 지역이었을 것이다. 로마 사람들에게 제국 경계 북쪽의 땅은
신비스러운 곳이었다. 마르쿠스는 서기 170년, 야만 부족 연맹군과 싸우
기 위해 도나우강 북쪽을 여행했다. 그는 지금은 슬로바키아 지역인 흐론
Hron 강변에서 병사들과 같이 야영을 하며 《명상록》을 쓰기 시작했다. 스
토아 철학의 고전인 이 작품에서 마르쿠스는 주변 환경을 단 한 번도 언
급하지 않았는데, 이것이 놀라운 일은 아니다. 로마제국 경계 북쪽 지역은

도시도 없고, 글도 없고, 사원도 없고, 지중해 연안에서 이곳에 오는 사람들이 보기에 문명 생활을 보여주는 아무것도 없었다. 로마인들이 보기에 이 춥고 무서운 땅은 두 가지, 단 두 가지의 본거지일 뿐이었다. 하나는 멸절할 수 없는 적의 무리이고, 다른 하나는 일렉트룸electrum 또는 황옥黃玉이라고 불린 가벼운 보석이었다.

나는 할아버지가 쓰던 담배통을 가지고 있었다. 표면에는 할아버지가 폴란드 해안에서 주운 거친 주황색 자갈들이 붙어 있었다. 덴마크에서 에스토니아에 이르는 발트해 남부 해안 모든 곳에서 황옥을 쉽게 발견할 수 있다. 폭풍이 친 다음에 바닷가로 나가거나 모래를 파면 황옥을 발견할 수 있다. 신비한 빛을 내고 가벼운 이 보석이 지중해 해안에 다다르는 경로는 마르쿠스 아우렐리우스가 살던 시기 훨씬 이전에 만들어졌다. 그로부터 1세기 전인 네로 황제 시기에 한 로마 장군은 오늘날의 오스트리아 지역에 있는 전선의 초소를 벗어났다. 네로는 가능한 한 많은 황옥을 사오도록 명령했다. 그는 새로 지은 콜로세움을 황옥으로 장식하기를 원했다. 장군은 수백 마일 북쪽으로 여행하여 발트해 연안에 다다랐다. 사람들이 놀랄 만큼 그는 호박만 한 물건을 마차에 가득 싣고 왔다. 이것은 콜로세움을 모두 장식할 정도로 양이 많아서, 관중들을 사나운 동물들로부터 보호하는 망의 고리까지 이 돌로 장식했다.[1]

발트해와 지중해 사이의 황옥 교역은 최소한 청동기로 거슬러 올라간다. 그러나 당시 이 교역이 두 지역의 긴밀한 관계를 의미하지는 않았다. 이 항해는 동유럽에 아주 희미한 흔적만 남겨놓았다. 폴란드 호수 옆에서 발견된 말을 탄 사람의 옷 단추, 리투아니아 무덤에서 발견된 기병 투구 정도에 그 흔적이 남았다. 그리고 로마의 많은 동전도 흔적으로 남아 있다. 이 동전들이 수입된 나라에서는 이것이 돈으로 쓰이지 않았고, 다른 세계에서 온 좀 더 진귀한 보물로 대접받았다. 폴란드와 리투아니아 사이 러시아인들이 살던 고립 지역(황옥이 특히 많은 지역이다)에는 모든 무덤에 최소한 하나의 번쩍이는 청동 세스테르티우스sestertius(로마의 동전으로 4분의 1데나리온에 해당한다)가 매장되어 있는 공동묘지가 있다. 이 동전들은 성스러운 자작나무 껍질로 만든 통 안에 담겨 망자의 머리 옆에 놓였다. 이것은 오래전 이름이 사라진, 저승으로 죽은 자를 데려가는 발트해의 나룻배 사공에게 주는 뱃삯이었다.[2]

———

반짝이는 은화가 쟁기 밑에서 발견된다. 이것이 동유럽 대부분의 나라에서 고대 세계가 나타나는 방식이었다. 그렇지 않은 경우 침묵뿐이었다. 역사는 기독교의 도래와 함께 나타났고, 그것과 함께 문자 기록도 나타났다. 그 이전은 어떤 것도 분명히 알 수 없다. 암흑의 시대에 이곳은 정말 암흑이었다. 고대 로마제국 국경선 북쪽 지역은 거의 사람이 갈 수 없었다. 그러나 남쪽 지역도 어둠을 뚫기가 쉽지 않았다. 476년 서로마제국의 멸망 후 이어진 전쟁, 기근, 역병이 창궐한 절망적 시절에 슬라브인들이 이 지역에 도착했고, 그들은 난데없이 나타난 것처럼 보였지만 얼마 후 벼락같이 모든 곳에 모습을 보였다.

오늘날 슬라브어는 유럽 넓은 지역에서 사용된다. 남쪽으로는 불가리아와 옛 유고슬라비아 지역에서부터 북쪽으로는 폴란드와 러시아 전 지역에서 사용된다.[3] 이 지역은 거대하지만 단지 그 지역의 일부에만 고대로부터 슬라브어 사용자들이 거주했던 것처럼 보인다. 고대 문헌에 슬라브인이 처음 언급된 것은 6세기 말경이다. 1000년경 그들은 북부 그리스에서부터 핀란드 변경까지 모든 곳에 존재했다.

그럼 슬라브인들은 어디에서 왔는가? 이 질문은 역사가들을 당혹스럽게 만든다. 이 질문에 대한 명쾌한 답은 없을뿐더러 여러 주장이 난무한다. 오랜 세월 그 대답은 대답하는 사람이 누구인가에 달렸다. 러시아인들은 슬라브인이 러시아에서 기원했다고 말하고, 우크라이나인들은 그들이 우크라이나에서 시작되었다고 말하고, 폴란드인들은 그들이 폴란드에 기원을 두고 있다고 말했다. 그러다가 한동안 슬라브인의 고향을 우크라이나와 벨라루스 국경 지역에 길게 뻗은 늪지대인 폴레시아Polesia로 추정하는 느슨한 합의가 나타났다. 나는 그들이 안개 속에서 동물 가죽으로 만든 긴 장화를 신고, 콧수염에서 물을 뚝뚝 떨어뜨리며 물기를 닦아내자마자 테살로니키인들을 정복하러 나타나는 모습을 상상했다.

그러나 이것은 더 이상 환영받는 시각은 아니다. 오늘날 최첨단 이론은 슬라브인들은 오늘날의 루마니아 땅에서 왔다고 주장한다. 이 이론은 그곳에는 현재 슬라브어 사용자가 없기 때문에 역설적으로 들린다(루마니아어는 로망스어족에 속한다). 이 해석에 따르면 도나우강을 따라 만들어진 요새를 채울 인력을 공급하려는 동로마제국의 끝없는 필요에 의해 슬라브인들이 하나로 합쳐졌다. 이러한 기원을 추천할 근거는 많지만, 우리는 결코 분명한 답을 얻을 수 없다. 초기 슬라브인들은 눈에 띄는 지도자나 제대로 된 연대기가 없었다. 그들은 홍수처럼 밀려들기보다는 좀 더 작은 흐름의 연속으로 나타났다. 한 역사가의 말에 따르면 그들의 도래는 희미하게 반짝이는 불빛에 의해 보이는 간헐적으로만 발견되는 '불분명한 진행'이었다.[4]

이와 유사한 어두침침한 빛을 보여주는 것이 슬라브인들의 신앙이다. 우리는 그들의 신화나 의식에 대해 아는 것이 별로 없다. 단지 그들은 토속신앙 신봉자들이고, 다양한 신을 숭배했다는 것 정도만 알고 있다. 기독교 사제들이 구습을 물리치려고 나타났을 때 아무도 그들의 신앙을 기록할 가치가 있다고 생각하지 않았다. 동유럽 종교 역사의 역설 중 하나는 토속신앙이 아주 오래 지속되었지만, 우리는 그에 대해 아는 것이 거의 없다는 점이다. 노르드족의 신화를 집대성한 아이슬란드의 '에다'나 웨일스 지역의 '마비노기온' 또는 아일랜드의 '타인' 같은 기록이 슬라브족에게는 없다.* 우리에게 전해진 것은 적대적인 증인들이 남긴 파편적 기록들뿐이다.

이러한 첫 증언 중 하나는 시칠리아에서 나왔다. 700년경 슬라브족 약탈자들이 그곳 지방 민병대에 포로로 잡혔다. 호기심이 많은 현지 주교가 통역을 통해 그들이 무엇을 신봉하는지를 묻자, 그들은 '불, 물, 자신들의 칼'을 믿는다고 대답했다.[5] 거의 700년 후에도 리투아니아대공국은 이와 유사한 것들을 믿는 신앙 신봉자들이 지배하고 있었다. 오늘날의 벨라루스와 우크라이나의 상당 부분을 통합한 광활한 통치 영역을 차지한 리투아니아는 유럽에서 마지막으로 옛 신앙을 포기한 지역이 되었다. 1341년 게디미나스 대공이 사망하자, 그는 완전하고 장엄한 토속신앙의 장례 의식에 따라 매장되었다. 그의 시신은 그가 사용하던 무기, 노예, 개, 말, 그리고 추가로 던져진 독일 십자군 몇 명과 함께 거대한 장작불에서 재가 될 때까지 탔다. 모든 제물이 불에 타자, 게디미나스의 동료 군주들은 슬픔에 차서 울부짖었고, 스라소니와 곰 발톱을 불길에 던졌다.

• 에다(Edda)는 두 개의 중세 아이슬란드 문학 작품을 지칭하는 고대 노르드어 단어다. 13세기에 쓰인 산문 에다와 시 에다 모두를 지칭하고, 바이킹 시기까지 거슬러 올라가는 이전 시기 전통 민담도 포함한다. 마비노기온(Mabinogion)은 가장 오래된 웨일스 이야기로 12-13세기 중세 웨일스어로 작성되었고, 이전의 구전도 포함한다. 타인(Táin)은 외적을 상대로 한 전투를 묘사한 아일랜드 신화의 서사시로 더러 'The Cattle Raid of Cooley'로 불리기도 한다.

200년 후에는 이러한 토속신앙 중 어느 것도 찾아보기 힘들어졌다. 기껏해야 폴란드와 리투아니아 연대기 작가들이 몇몇 소중한 이름을 회고하는 정도였다. 르네상스 시기에 인본주의 학자들이 취미 삼아 토속신앙 조상들의 신전을 정교하게 만드는 작업을 했다. 천둥, 가축, 곡식 같은 옛 신에 더해서 그들은 돼지와 아내의 신, 양봉의 신, 그리고 개암에서 효모에 이르는 모든 것을 돌보는 좀 더 작은 영령들을 만들어냈다.

물론 이것 중 어느 것도 진정한 신은 아니다. 발트인과 슬라브인의 고대 종교에 대해 쓰인 이것들은 거의 모두가 틀린 것이다. 이들 대부분은 이후에 나온 관찰이나 외부인들의 증언에 기초한 것이다. 일부 신의 이름과 드문 고고학적 유물을 제외하고는 무엇도 분명하지 않다. 그럼 우리는 이 신들에 대해 무엇을 확실하게 말할 수 있는가? 단 세 가지뿐이다. 그들은 나무에 살았고, 말馬을 통해 말하고, 갓 구운 빵 냄새를 좋아했다는 것이다.

발트인과 슬라브인의 토속신앙은 '실외 종교'였다.[6] 숲이 그들의 진정한 사원이었다. 대부분의 신전은 단순한 잡목숲이거나 특정한 명성을 가진 나무들이었다. 드니프로강에 있는 한 섬에는 거대한 떡갈나무가 서 있고, 그곳을 지나가는 사람들은 화살, 고기, 빵을 바치며 나무를 숭배했다. 최근까지도 폴레시아 지방의 여인들은 부활절에 저무는 태양에게 특별히 구운 빵을 바치고, 성스러운 나무 앞에서 풍요로운 농사를 기원했다.[7] 천 년이 넘은 이러한 관습의 메아리는 1986년까지 존속되었으나 체르노빌 원전 사고의 재앙으로 그 땅이 오염되면서 그 지역 거주자들은 다른 곳으로 이주해갔다.

토속신앙 숭배자인 프로이센인들(후에 동프로이센이 되는 곳에 독일인보다 먼저 산 발트 주민)은 성스러운 떡갈나무 숲을 숭배했다. 각 숲은 각자의 사제와 희생 제물이 있었다. 이곳은 회합의 장소이자 성소이며, 신탁의 장소였다. 신들을 숭배하는 관습은 여전히 살아 있고, 그 신앙을 지키는 사람들은 자신들이 숭배하는 나무와 호수에게 여러 가지를 묻는데, 가장 자주 물은 것은 적에 관한 것이었다. 신들은 경치를 통해 말을 하는데, 신들에게 질문을 하는 가장 좋은 방법은 그들의 영령이 말을 타고 가게 하는 것이었다. 오데르강 어귀에 거주하던 슬라브인들은 전쟁을 시작하려고 할 때 신성한 말이 땅에 박은 창 사이를 지나가게 했다. 만일 말이 창을 건드리지 않으면 그들은 전장으로 나갔다.[8]

기독교가 점점 접근해올수록 남부 발트 지역의 토속신앙 주민들은 전쟁에 나갈 일이 많아졌다. 대략 1200년에서 1400년 사이 200여 년 동안 발트해 남부 연안은 피에 굶주린 기독교 십자군들이 자주 나타났다. 이 전쟁은 성지聖地에서 막 돌아와 성전을 치를 새로운 무대를 찾고 있던 튜턴기사단이 이끌었다. 북부 폴란드에서 에스토니아에 이르는 지역에서 그들은 신의 가르침을, 샤를마뉴의 말을 빌리면 '쇠로 만든 혀'로 전파했다. 그들이 치르는 전투는 잔인했다. 프로이센에서 이 싸움은 절멸의 전투가 되어 하나의 민족으로서 프로이센인들은 그들의 언어와 함께 사라졌다.

이곳에서 기독교화는 식민지화의 형태로 진행되었다. 이후에 '신세계'에서 일어날 일의 예고편 격으로 중세 유럽의 사회 체계 전체가 무력에 의해 동쪽으로 이식되었다. 동유럽 토속신앙은 지역 종교로서 장소와 밀접하게 연관되었다. 그 법칙은 하나의 하천의 흐름이 이어지는 곳까지, 또는 어떤 나무의 그늘이 미치는 곳까지 뻗었다. 이와 대조적으로 기독교는 선교적 신앙이었다. 기독교는 세상 전체를 자신의 이미지로 다시 만들었고, 물결처럼 공격해왔다. 처음 온 선교사들은 성스러운 숲을 잘라냈다.

그런 다음 십자군이 와서 고대의 부족장과 그의 추종자들의 힘을 분쇄했다. 그들의 대량 살상이 끝나자, 기독교 지주들이 와서 세례받은 생존자들을 농노의 지위로 격하시켰다.

리보니아 출신 헨리의 〈연대기〉는 이러한 전쟁을 거기에 참여한 사람들이 어떻게 느꼈을지에 대한 가장 좋은 자료가 된다. 헨리는 어린 나이에 북스회베덴Buxhoeveden의 알베르토 주교 집안에 들어간 색슨 사제였다. 그는 오늘날의 라트비아를 정복한 지도자 중 한 사람이었다. 1200년 알베르토는 함선과 병사들을 이끌고 함부르크를 출발하여 오늘날의 리가 지역에 상륙했다. 만일 그가 그 지역을 점령하여 개종시키면 그곳은 알베르토의 교구가 될 터였다.

헨리의 〈연대기〉는 이 정복에 대한 이야기다. 1인칭 시점으로 오늘날의 라트비아와 에스토니아 땅에서 20년간 일어난 일을 기록했다. 그의 이야기는 원시림과 얼어붙은 강, 깊은 눈밭을 배경으로 펼쳐진다. 거기에는 무서운 폭력 이야기가 종종 등장한다. 손과 머리를 자르고, 내장을 꺼내는 살육이 자행된다. 남자들은 산 채로 매장되고, 그들의 심장은 그 주인의 생명력을 흡수하려는 이들에게 먹혔다. 기독교로 개종한 사람들의 상황도 힘들었다. 그들을 개종시킨 기독교인 선단이 떠나자마자 토속신앙 신봉자 한 집단은 자신들이 받은 세례를 씻어내기 위해 가장 가까운 강물로 뛰어들었다. 그런 다음 그들은 기독교인의 우상이라고 생각되는 것을 잘라내어 그것을 뗏목에 실어 떠내려 보내 그 주인과 함께 가도록 했다. 에스토니아 여러 곳에서 토속신앙 숭배자들은 반란을 일으키고 사제들이 강요한 규칙을 거부했다. 그들은 곧장 교회 마당으로 가서 죽은 사람의 시신을 파내어 자신들의 고유한 관습에 따라 화장했다.

나무에 대한 오랜 숭배는 특히 제거하기 어려웠다. 에스토니아에서 타라피타Tharapita 신에게 봉헌된 아름다운 숲을 벌목하자 지역 주민들은 나무들이 사람처럼 피를 흘리지 않는 것을 보고 놀랐다. 북부 폴란드에서 선교사들이 같은 일을 하려고 하자 프로이센인들은 그들의 머리를 베었다. 폴란드와 독일 국경 지역인 포메라니아에서 지역 부족들은 두 그루의 나무가 특히 성스럽다고 생각했다. 하나는 거대한 오래된 밤나무였고, 다른 하나는 나무 아래 샘이 있는 잎이 무성한 거대한 떡갈나무였다. 토속신앙 숭배자들은 개종을 약속하고 이 나무들을 자르지 않도록 사제들을 설득하는 데 성공했다. 그들은 이후로는 이 나무들을 숭배하지 않겠다고 엄숙하게 맹세했다. 그들은 단지 그 나무 그늘 아래에서 쉬며 그 아름다움을 감상할 것이라고 말했다.[9]

십자군이 자행한 모든 폭력에도 불구하고 오래된 숭배 방식은 완전히 사라지지 않고 지하로 숨어 들어가 기독교적 위장을 했다. 일부 장소에서 토속신앙 숭배자들은 자신들의 전통이 훼손되지 않도록 정복자들과 타협했다. 서부 라트비아 지역에서 쿠로니아 왕들Curonian Kings로 알려진 지역 자유농민 일부는 튜턴기사단과 협상을 했다. 그들은 토속신앙 숭배 형제들과 싸우는 것을 돕는 대가로 두 가지 특권을 부여받았다. 하나는 기독교 수사들이 오래전부터 비난한, 죽은 사람을 화장할 권리였다. 두 번째 특권은 자신들의 성스러운 숲을 벌목하지 않는 것이었다. 일곱 마을이 공유한 이 숲은 그대로 남았다. 그곳에서는 잡목도 주울 수 없었고, 사냥은 일 년에 한 번 겨울에만 허용되었다. 사냥한 동물은 거대한 잔치에서 모두가 공유했고, 이 잔치에서는 밤새도록 엄청난 양의 맥주를 마시고 춤을 추었다. 이것은 신들에게 속한 사냥물을 잡는 야생 사냥이었다.[10]

쿠로니아 왕들이 축제를 벌인 숲들의 흔적은 오늘날까지 남아 있다. 엘카 숲Elka Grove이라고 불리는 이 작은 장소는 라트비아의 소도시 쿨지가

Kuldiga에서 남쪽 몇 마일 떨어진 곳에 있다. 20세기에 들어서도 한때 성스러운 장소였던 이곳에서 불을 지피거나 나뭇가지를 꺾는 것은 금지되었다. 이것을 어기는 사람은 화재나 죽음을 불러올 위험을 무릅써야 했다. 그러나 마을에서 한 장례식을 치른 후 이 규칙은 바뀌었다. 사람들은 숲으로 들어가서 노래를 부르며 나뭇가지를 꺾을 수 있었다. "여러분, 죽지 말아요. 언덕(즉 묘지)에 더 자리가 없대요!"

오늘날 쿠로니아 왕들이 다스리던 일곱 마을은 소련의 토지 개혁과 서방으로의 이민으로 주민이 크게 줄었다. 그러나 그들의 마지막 숲은 아직 존재한다. 그것은 쿨지가와 아이즈푸테Aizpute를 잇는 고속도로 양쪽의 작은 숲이다. 사람들이 그렇게 오랜 세월 열심히 믿은 신앙의 흔적을 찾을 수 있기를 기대하며 나는 7월의 어느 비 오는 날 그곳으로 나섰다. 끊임없이 내리는 비와 북녘의 긴 여름날이 결합되어 비현실적인 선태류 같은 녹색의 풍경을 만들어냈다. 몇 시간이 지나고 세 번째 소나기가 쏟아진 후 태양이 모습을 드러냈고, 도로와 인근 언덕을 덮은 키가 큰 나무들에서 증기가 피어올랐다. 한 쌍의 학이 추수가 덜 된 들판 가장자리에 멋진 자태를 자랑하고 있었고, 황새는 막 추수가 된 밭고랑 사이를 오가며 먹이를 찾았다.

숲속에 서 있던 나는 들판, 나무, 바위, 시내에서 고대 신들의 존재를 느끼기를 바랐지만, 그것은 헛고생이었다. 숲 자체가 아주 작아서 몇 에이커도 되지 않았다. 견고한 보리수와 앙상한 자작나무로 이루어진 숲의 나무들은 뒷마당의 잡목 같아 보였다. 아이즈푸테 고속도로는 상처처럼 숲을 관통해 지나가고 있었다. 그러나 멀리서 보면 그것은 강렬한 인상을 풍겼다. 엘카 숲은 완만한 오름 위에 서 있어서 근처 경관 위에 떠다니는 것처럼 보였다. 가까운 마을에서 보면 나무 꼭대기들이 구름과 합쳐지는 것같이 보였다. 나뭇잎 사이로 바람이 불면, 어떤 목소리가 말을 할지 누가 분명하게 알 수 있겠는가?

오늘날의 에스토니아, 라트비아, 북부 폴란드와 과거 동프로이센 지역에서 기독교는 힘에 의해 강요되었다. 발트국가 중 예외는 리투아니아였다. 이곳에서 토착 공후들은 십자군 기사들과 싸워 그들의 침략을 막았고, 14세기 말까지 자신들의 고유 신앙을 지켰다. 그들은 리투아니아 대공 요가일라가 폴란드의 야드비가 왕과 결혼한 1년 후인 1387년에 가톨릭으로 개종했다. 두 사람의 결혼으로 폴란드-리투아니아 연합국가의 기초가 놓였고, 이 국가는 1795년 이웃 제국들에 의해 분할될 때까지 존속했다.

요가일라에게 기독교인이 되는 것은 동맹을 위해 치러야 할 대가였다. 기독교 국가인 폴란드와 토속신앙 국가인 리투아니아는 튜턴기사단이라는 공동의 적을 상대하고 있었다. 유서 깊은 이 십자군 집단은 이미 오래전부터 제멋대로 행동하여, 자신의 적들이 기독교인이든 토속신앙인이든 상관하지 않고 정복을 위해 싸움을 벌였다. 새롭게 왕이 된 브와디스와프 야기에우워(요가일라의 기독교식 이름)는 충분한 병력을 모아 1410년 그룬발트 전투에서 튜턴기사단을 격파했다.

리투아니아가 기독교로 개종한 것은 정치적 결정이었다. 훨씬 이전에 일어난 폴란드인, 체코인(보헤미아인과 모라비아인으로서), 헝가리인, 불가리아인, 세르비아인의 기독교 개종도 같은 동기가 작용했다. 발트인 대부분과 다르게 이 나라 주민들은 강력한 국가를 가지고 있었고, 힘으로 기독교로 개종시키기에는 너무 강하고 다른 기독교 국가들에서 멀리 떨어져 있었다. 그러나 800년에서 1000년 사이 이 국가들 모두는 차례로 기독교로 개종했다. 모라비아의 모이미르는 831년, 불가리아의 칸 보리스는

864년, 보헤미아의 보르지보이는 884년, 폴란드의 미에슈코는 966년, 이미 기독교인이었던 헝가리의 성 스테판은 자신의 영역 모든 곳에 기독교를 시행하기 위해 997년 토속신앙 신봉자인 친척을 격파했다. 이 모든 통치자들에게 기독교인이 되는 것은 유럽 수준으로 정치를 펴는 일이었고, 결혼 조약과 군사동맹의 게임판에서 경쟁 왕국들이 그들을 동등하게 대하게 만드는 것이었다. 당시 유럽 외교의 거대 게임에서 이는 중요한 부분이었다. 그런데 이 왕들과 공후들은 도대체 어디에서 최초로 권력을 얻었는가?

대부분의 동유럽 국가에서 글로 쓰인 역사는 기독교 개종과 함께 시작되었다. 그리고 거짓도 그때 시작되었다. 고용된 연대기 작가들은 ─ 대부분 서방의 수도사 ─ 자신의 주인들이 왕관을 차지한 곳과 관련한 경건한 신화를 지어냈다. 성품으로 체코인들을 다스리고, 미래 프라하의 아름다움을 예언한 현명한 리부셰 여왕에 대한 이야기가 있다. 그녀는 화려한 침대에 편하게 앉아 사람들의 법적 분쟁을 듣고 정의로 판결했다. 그녀는 현명하고 정의롭고 미래를 내다볼 수 있었지만, 그럼에도 부족의 남자들은 그녀의 통치에 불만을 갖기 시작했다. 그들은 남성 통치자를 원했다. 리부셰는 속 좁은 이 체코인들을 조롱했지만 결국에는 동의했다. 그녀는 위대한 왕과 결혼하고, 그의 판단을 존중하기로 했다. 예언자인 그녀는 어디에서 남편감을 찾을 수 있는지를 정확히 알려주었다.

그녀의 남편이 될 사람의 이름은 프셰므이슬이었다. 그는 숲 가운데 있는 들판에서 황소 두 마리와 함께 밭을 갈고 있다고 그녀는 말해주었다. 리부셰의 전령들이 그를 찾아왔을 때 그는 전령들을 자신의 움막으로 초대해 곰팡이가 핀 빵과 퀴퀴한 치즈로 대접했다. 왕의 숙소로 불려온 그와 왕은 결혼하고 술에 취한 후 같이 잠자리에 들었다. 그들이 시작한 왕조는 400년간 지속되었다. 이제 공후가 된 농부 프셰므이슬은 자신의 출신을 결코 잊지 않았다. 그는 낡은 자신의 나무 신발을 가까이 두고 비셰흐라드Vyšehrad의 보물 창고에 보관했다.

폴란드인들은 자신들의 왕조를 갖기 전 포피엘 왕의 통치 아래에서 고난을 겪었다. 그는 너무 사악해서 신민들은 그를 탑에 가두었고, 그는 그곳에서 쥐에 먹혀 죽었다. 마차 바퀴를 만드는 피아스트라는 사람이 그를 대신하여 왕이 되었다. 그가 유명해진 것은 목이 마른 여행자들에게 에일 주스를 제공하고 그들을 파티에 초대하는 친절을 베풀었기 때문이었다. 그의 후손들도 폴란드를 4세기 동안 통치했다.

에일 한 잔, 곰팡이 핀 빵, 치즈 한 조각, 이것들이 슬라브족의 엑스칼리버였다. 보잘것없었던 농민이나 장인이 왕좌에 오른 이 이야기에는 놀랍도록 민주적인 성향이 있다. 이와 대조적으로 불가리아를 통치한 튀르크 왕조는 그 조상이 훈족 아틸라에까지 거슬러 올라가고, 이와 유사하게 비슬라브족인 헝가리의 아르파드족은 거대한 신화적인 새의 후손이라고 주장한다. 동유럽 왕국들의 진정한 역사적 기원은 연대기에는 기록되어 있지 않다. 이것은 땅에 기록되어 있다. 이것은 아직도 계속 사람들에게 전해지는 이야기다.

2000년 바르샤바 북쪽에 있는 A1고속도로를 확장하는 공사와 함께 진행된 고고학적 발굴에서 한 묘지가 발견되었다. 이 묘지는 폴란드가 기독교화되고, 그 통치자들이 유럽 무대에 이름을 올린 시기인 10세기 말이나 11세기 초에 만들어진 것으로 추정되었다. 유적 발굴자들은 각 매장터에서 뭔가 이상한 것을 발견했다. 시신들은 토속신앙의 전통에 따라 화장되지 않은 채 매장되었고, 또한 기독교식으로 동쪽을 향하고 있지 않았다. 시신들은 남북 방향으로 묻혀 있었는데, 이것은 이전에 바이킹의 매장 풍습에서만 발견되던 방식이었다. 여인들은 바그다드와 비잔티움의 황실 세공소에서 만들어진 것으로 보이는 금장식이 섞인 멋진 보석과 유리구슬과 함께 매장되었다. 남자들은 프랑크족의 넓은 칼과 하자르족의 손도끼 같은 화려한 외국산 무기와 함께 매장되었다. 유골에 대한 연구 결과, 매장된 사람 대부분은 스칸디나비아에서 왔고, 일부는 그보다 더 먼 곳인 동쪽으로는 중부 러시아, 남쪽으로는 이탈리아 북부에서 온 것으로 밝혀졌다.[11]

그러면 이들은 누구인가? 그들은 폴란드 궁정 호위대원일 가능성이 가장 높았다. 아랍 문헌에 따르면 초기 폴란드 왕들은 그들에게 많은 은 전을 베풀었다. 그랬을 가능성이 매우 높다. 호위병은 왕의 통치의 든든한 지원군이자 기초였다. 왕들이 고용 무사들을 필요로 한 데는 이유가 있었다. 왕들의 주요 수입원은 농민들로부터 거두어들이는 세금이 아니라 유럽대륙 내의 노예무역이었다. 이것은 9세기와 10세기에 부의 가장 큰 근원이었다. 노예무역이 최고조에 달했을 때 보헤미아, 모라비아, 폴란드가 나타난 것은 우연의 일치가 아니다. 노예 상인들은 기독교인, 유대인, 무슬림 등 다양했고, 잡힌 노예들은 대개 토속신앙 신봉자들이었다. 노예를 사들이는 사람들은 은이 풍부한 이라크나 안달루시아의 무슬림 칼리프였다. 그곳에서는 여러 지역에서 팔려 오는 노예들에 대한 수요가 매우 컸다. 슬라브인 노예들은 가정 노동자로 기술이 좋아 높은 평가를 받았다. 거세당한 남자들Eunuchs은 최고의 노예로 평가받았다. 당대의 기록에 따르면 거세되지 않은 노예는 거칠고 머리가 단순했지만, 거세당한 노예는 모든 섬세한 일을 할 수 있었다.[12]

대부분의 경우 슬라브인 노예의 역사는 문헌 기록으로 남아 있지 않았다. 그것은 땅을 통해 읽어야 한다. 스웨덴부터 보헤미아에 이르기까지 곳곳에 묻힌 아랍산 은 더미는, 북쪽에서 붙잡힌 노예들을 남쪽의 바그다드와 코르도바의 노예 시장으로 이동시킨 장거리 연결망의 부침을 추적할 수 있게 해준다.

노예라는 화물을 이동시킨 두 개의 경쟁하는 경로가 동시에 존재했던 것으로 보인다. 하나는 북부 러시아의 노브고로드Novgorod에서 남쪽으로 카스피해와 흑해로 이어진다. 다른 하나는 발트 지역에서 육로로 프라하의 대大 노예 시장으로 이어진다. 러시아에서 노예들은 통나무를 깎아 만든 카누에 실려 크림반도와 볼가강 남쪽 어귀까지 운송되었다. 폴란드와 보헤미아에서는 카르파티아산맥을 관통하는 하천이 없기 때문에 노예들은 육로로 걸어서 이동해야 했다. 이 두 번째 경로를 조사하던 고고학자들은 수십 년 동안 의문을 자아내는 대상을 놓고 고민했다. 사람이 거주하지 않는 거대한 요새의 기능이 고고학자들에게 수수께끼로 남았던 것이다. 그것은 남쪽으로 움직이는 계절이 올 때까지 수많은 노예들을 가두기 위해 만들어진 우리였다.

폴란드, 보헤미아, 모라비아는 이 이동로 위에 세워졌다. 이 나라들의 첫 통치자는 폭력적인 상인들이었다. 그들은 인근 공동체를 습격하여 사람들을 사슬에 묶어 지중해나 중동의 큰 시장에 내다 팔아서 부를 축적했다. 그들을 미화하는 사람들은 착한 농부나 보잘것없는 마차 바퀴 장인의 이야기를 만들어냈지만, 그들 권력의 근원은 자신의 주민들을 노예로 만들어 베네치아나 코르도바의 큰 시장에 내다 판 것으로 마련되었다. 이와 유사하게 루스Rus의 초기 공후들도 바그다드와 콘스탄티노플과의 노예 무역으로 부를 축적했다.

러시아, 폴란드, 체코 땅은 모두 군사력을 상업과 결합하면서 국가가 되었다. 이와 대조적으로 헝가리와 불가리아의 초기 부족장들은 약탈에 의존했다. 두 부족은 원래 남부 러시아에서 온 유목민이었다. 기마 병사들의 연맹을 이룬 그들은 천둥처럼 갑자기 유럽에 나타났다. 7세기부터 시작하며 불가리아인들은 비잔티움제국 깊숙한 곳까지 습격하여 결국 도나우강 남쪽 하구에 자신들의 부족 왕국을 건설했다.

헝가리인(또는 마자르인)은 약 200년 뒤 발칸반도에 모습을 드러냈다. 처음에는 불가리아인의 동맹세력이었던 그들은 서유럽 깊숙한 곳까지 습격했다. 그들은 가공할 전사 집단이었다. 한 연대기 작가는 그들의 초기 공후들이 적의 머리를 '잘 익은 박처럼' 부수는 모습을 서술했다.[13] 마자르족의 여왕들도 잔인했다. 초기 여왕은 "술을 잘 마시고, 기사처럼 말을 타고, 맨손으로 남자들을 죽인다"는 말이 전해졌다. 그러나 이러한 능숙한 전사들도 결국은 토속신앙 형제 부족들과 마찬가지로 기독교인의 품으로 들어왔다.

동유럽의 첫 기독교 왕이 된 다양한 토속신앙 부족장들에게 기독교 개종은 실용적 선택이었지만, 이것은 영적인 결과를 가져왔다. 이러한 신앙 변화가 얼마나 복잡했는지는 불가리아의 칸 보리스가 866년 교황 니콜라오 1세에게 보낸 편지에 잘 나타난다. 그때 불가리아인들은 유럽에 들어와 산 지 200년 이상이 지난 시점이었다. 시간이 지나면서 그들은 농경민인 이웃 부족 슬라브인들과 합쳐졌지만, 그들은 여전히 스텝(대초원)의 오랜 전통을 고수했다. 그중 가장 중요한 것은 역시 토속신앙이었다. 칸 보리스가 로마와 비잔티움 중 어느 교회와 손을 잡을 것인가를 고민할 때 그는 세밀한 것을 알고 싶어했다. 그는 교황에게 여러 질문을 보냈다. 남자는 기독교인으로 바지를 입을 수 있는지, 임신 후에나 사순절에 성행위가 가능한지, 남자들이 금요일에 목욕을 할 수 있는지, 터번을 교회에서

도 해야 하는지, 마법의 돌로 상처를 치료하는 게 가능한지 등등.[14]

교황은 칸 보리스의 질문 하나하나에 답을 했다. 바지, 목욕, 터번은 문제가 없지만, 마법의 돌과 일부다처제는 그렇지 않다고 대답했다. 이러한 반응은 콘스탄티노플의 정교회 총대주교에게서 받은 답보다 칸의 마음에 더 들었다. 그럼에도 그는 최종적으로 그리스인들의 교회를 택하기로 결정했다. 결정에 작용한 요인은 전략적 고려였다. 비잔티움 황제가 로마 교황보다 더 가까이 있고, 무력도 더 강했다. 유사한 계산이 이 전체 지역의 기독교화에 큰 영향을 미쳤다. 9세기에 세르비아인들도 불가리아인을 따라 비잔티움 궤도에 들어섰다.

987년 키예프 공후도 여기에 가담했다. 반은 바이킹이고 반은 슬라브인인 전쟁지도자에게 정치적인 요인뿐만 아니라 미적 요소도 비잔티움 기독교의 매력으로 작용했다. 콘스탄티노플의 대성당에 들어선 루스 공후들은 그 화려함에 넋을 잃었다. 후대의 연대기 작가는 하기아 소피아에 들어선 그들은 "자신들이 천국에 있는지 지상에 있는지" 알지 못했고, "신이 그곳에 머문다"는 것을 곧바로 알았다고 기록했다.[15]

루스 공후들을 아름다움 쪽을 택하기로 했다. 물론 콘스탄티노플이 그들의 주요 교역 상대였다는 것도 중요하게 작용했다. 다른 곳에서는 좀 더 세속적 필요성이 승리했다. 체코인, 크로아티아인, 폴란드인 자신들의 독립에 가장 큰 위협은 프랑크제국과 그 후계자인 독일인이 지배한 신성로마제국의 형태로 서방에서 왔다. 두 정치체는 가톨릭을 신봉했다. 슬라브 왕국들이 로마에 지원을 요청한 것은 방어적 행동이었다. 이것은 독일 황제가 위에서부터 강요하는 제도가 아니라 자신들의 고유한 기독교 제도를 발전시킬 기회를 만들어주었다.

9세기와 10세기의 특별한 상황에서 내려진 이 선택은 훨씬 오래가는 중요한 결과를 가져왔다. 이 선택으로 인해 동유럽은 로마와 비잔티움이라는 두 경쟁하는 기독교 세계의 경계 지역이 되었다. 정교회와 가톨릭의 경계선은 많은 국가들의 한가운데를 뚫고 지나가서 오랜 세월 이어지는 분쟁의 씨앗을 심었다. 20세기에 들어서도 이 균열이 만들어낸 긴장으로 국가들이 해체되고 연소되었다. 그러나 동유럽의 첫 기독교 지도자들에게 이러한 문제는 아직 상상할 수 없는 미래의 일이었다. 그들의 즉각적 염려는 어떻게 기독교를 신민들의 일상생활에 통합시킬 것인가였다.

기독교가 오래 살아남기 위해서는 무엇보다도 지역화되어야 했다. 이것을 실현하는 가장 쉬운 방법은 지역 출신 성인을 찾아내서 그를 둘러싼 숭배를 조장하는 것이었다. 만일 이 성인들이 유물을 남겨서 이것이 왕족의 손에 들어오면 좋았고, 만일 성인이 왕족 자체에서 배출되면 더 좋았다. 이것은 내부적으로 왕조의 정통성을 강화하는 것과 좀 더 넓은 기독교 세계에 신앙을 과시하는 이중의 이점이 있었다.

헝가리에서의 첫 성인은 첫 기독교 왕인 성 스테판이다. 그는 토속신앙 숭배자인 삼촌을 죽인 것으로 성인의 반열에 올랐다. 이와 유사하게 세르비아에서 위대한 성 사바는 왕자로 태어났지만 지방 총독이라는 직책을 버리고 아토스산으로 가서 수사가 되었고, 시간이 지나면서 여러 언어를 구사하는 학자이자 성서의 천재가 되었다. 보헤미아에서 성인의 영예는 통치 왕조의 일원이었던 젊은 왕족 바츨라프(또는 벤체슬라우스)에게 돌아갔다.

바츨라프의 성인 전기작가들은 그를 어려서부터 대단히 경건했던 것으로 기록했다. 그는 밤이면 왕궁 안의 자기 방에서 일어나 인근 들판으로 나가 조용히 돌아다녔다. 그는 달빛을 받으며 곡식을 주워서 그것을 빻아 밀가루를 만들고, 미사에 쓰이는 제병을 만들었다. 어떤 때는 자정에 왕궁 포도밭으로 나가 포도를 따서 그것으로 미사에 쓰이는 와인을 만들었다.[16] 바츨라프의 이런 한밤중 순시는 그가 28세가 될 때까지 지속되다가 친동생인 잔인한 왕 볼레스와프에 의해 살해되었다.

폴란드의 첫 수호성인인 성 아달베르트(폴란드어로는 보이치에흐, 체코어로는 보이테흐)는 또 다른 고귀한 태생의 체코인이었다. 어린 시절부터 사제가 되는 교육을 받은 보이테흐는 곧 사제단의 고위층에 올랐다. 그는 30대의 나이에 프라하 주교가 되었다. 그러나 그는 일부다처제와 기독교인을 노예로 삼는 체코의 관행을 비난하는 설교를 하면서 바로 인기를 잃었다. 아달베르트는 떠나온 지 얼마 되지 않는 독일 궁정으로 되돌아가야 했다. 그곳에서 그에게 어떤 일을 맡겨야 할지 아무도 몰랐다. 아달베르트는 기도하고 연구하며 시간을 보냈다. 모두가 잠을 자는 밤이 되면 일어나 궁정 내의 모든 신발을 닦았다. 이것은 겸손의 행동으로 사랑을 받았으나 그의 권위를 높이는 데는 도움이 되지 않았다.[17] 최종적으로 아달베르트가 선교사가 되어야 한다는 결정이 내려졌다. 997년 그는 토속신앙 종족인 프로이센인들을 개종하기 위해 북쪽인 발트 지역으로 갔다. 그곳 주민들은 그가 오만하고 이해하기 어렵다며 그의 머리를 쳤다. 폴란드 왕은 그의 몸무게만큼 금을 주고 시신을 받아왔고, 그 후 그의 유령이 유용한 기적들을 행했다.[18]

잔인하게 살해당한 경건한 불면증 환자. 이것이 초기 가톨릭 시기의 성자들이었다. 그들은 권력과 가까운 거리에 있었고, 그들의 유물이 토속신앙이 지배하던 땅에 신비한 힘을 발휘했기 때문에 그들은 성자로 선택되었다. 정치를 위해 시성諡聖된 그들은 미지근한 헌신 이상의 영감을 불러일으키지 못했다. 훨씬 더 남쪽인 발칸반도의 정교회 기독교 세계에서 성자 숭배는 훨씬 더 강했고, 그 이유 중 하나는 성자들이 토속신앙이라는 과거와 더 깊은 연관성을 가졌기 때문이었다. 그들은 자신들이 대체한 신들이 하던 기능의 많은 부분을 수행했다.

천둥의 신으로 알려진 성자 엘리야는 여러 세기 전 제우스나 슬라브인의 페룬Perun과 마찬가지로 번개와 폭풍을 가져왔다.[19] 성 테오도르는 자신의 12마리 말로 태양의 마차를 끌어서 여름을 가져오는 것을 도왔다.[20] 성 바르톨로메오는 가을이 겨울로 바뀔 때 같은 일을 했다. 이런 방식으로 성자들은 매년 각 계절이 오게 하는 데 중요한 중개자 역할을 했고, 이것은 모든 농경 사회에서 생명을 구조화하는 위대한 드라마였다.

매년 태양은 하늘에서 더 커지고 뜨거워져서 작물들을 익게 하고, 그러다 한겨울이 되면 태양은 너무 작아지고 차가워져서 얼어붙은 들판에 생명이 다시 돌아오지 않을 것처럼 보였다. 모든 것은 태양의 회귀에 달려 있었고, 이것은 당연한 일이 아니었다. 태양과 봄에는 적이 있었다. 그들은 후원자들을 필요로 했다. 매년 겨울이면 용이 태양을 삼키려고 했고, 매년 성 엘리야와 성 게오르기는 태양을 해방시키기 위해 지하세계로 내려갔다.

여름이 되면 다양한 초자연적 힘들이 서로 힘을 합쳐 작물의 생산력을 빼앗고, 훔치고, 폭풍으로 망치려고 노력했다. 이러한 지긋지긋한 적들은 뱀, 용, 늑대인간, 마녀의 모습을 할 수 있었다. 때로 성자들이 그들과 싸웠지만, 사람들은 이보다 불과 불이 싸우는 것이 가장 좋은 방법이라고 생각했다.

태양의 뒷면과 지구의 아래에서 하늘과 흙을 차지하기 위해 괴물이 괴물과 싸웠다. 동유럽 여러 곳에서 '좋은 늑대인간'들과 '좋은 용'들(보통 인간의 모습을 한)이 그들의 공동체를 돌보고 외부에서 공동체를 위협하는 사악한 세력으로부터 보호했다. 이것은 전통적 신앙의 프리즘으로 보면 이치에 닿았지만, 기독교 고위층들에게 설명하는 것은 힘들었다.

1692년 티에스라는 이름을 가진 남자가 라트비아의 소도시 야운필스 Jaunpils에서 이단으로 재판을 받았다. 티에스는 80세를 넘어섰고, 마을에서 존경받는 노인이었다. 그러나 그는 늑대인간이기도 했다. 그가 이것을 거리낌 없이 인정하자 재판관들은 크게 놀랐다. 그러나 자신은 사람들의 작물을 훔치는 나쁜 늑대인간이 아니라 좋은 늑대인간이라고 설명했다. 그는 마을의 작물을 지키기 위해 러시아나 에스토니아 같은 인근 국가에서 온 마법사들과 함께 싸우는 '신의 사냥개' 중 하나라고 주장했다. 이 전투는 지옥에서 치러졌고, 그곳으로 들어가는 입구는 인근의 늪이며, 매년 성탄절 즈음에 들어갈 수 있다고 말했다. 늑대인간들이 늘 이기는 것은 아니지만, 올해는 그들이 이겼다고 티에스는 설명했다. 그들은 보리와 호밀을 지옥으로부터 다시 가져와서 이것을 공중 높이 던져서 부자와 가난한 사람 모두를 위해 들판에 떨어뜨릴 것이라고 말했다.[21]

판사들은 티에스의 설명을 받아들이지 않았고 그에게 태형을 받고 사라질 것을 선고했다. 그들이 보기에 한 사람이 늑대인간과 좋은 기독교인이 되는 것은 불가능했다. 만일 그들이 역사에 대한 더 나은 감각이 있었다면 생각을 바꾸었을 수도 있다. 리보니아는 오랫동안 늑대인간으로 유명한 지역이었다. 16세기까지도 늑대인간은 성탄절 이후 12일 동안 돌아다니는 것으로 알려졌다. 동유럽 다른 곳에서 이 시기는 통상 '개의 날들 dog days' 또는 '이교도의 날들heathen days'로 알려졌다. 옛 유럽의 고대 농업적 상상력에서 한 해 중 이 시기는 가장 위험한 때였다. 이 세계와 다른 세계를 연결하는 선이 가장 가늘어지고, 태양이 감옥에서 다시 나타나기를 모두 숨을 죽이며 기다렸다.

궁정에서 티에스의 진술을 들은 도시화된 루터교 신자들은 더 이상

이런 전통을 알지 못했다. 그래서 재판 기록은 아주 흥미로운 읽을거리를 제공한다. 티에스는 자신과 동료 늑대인간들이 돼지를 통째로 구웠다고 말했다. 재판관들은 그들이 "늑대의 머리와 발톱을 가지고 있는데"[22] 어떻게 그 작업을 했는지를 알고 싶어했다. 이 질문에 그는 늑대인간들은 고기를 찢고 꼬치에 꽂는 것은 늑대로서 했지만, 고기를 먹는 것은 인간으로서 했다고 태연하게 대답했다.

지금 역사가들은 티에스가 일종의 샤머니즘을 설명한 것이라고 본다. 그가 말한 전투는 수면 상태나 꿈에서 일어난 일이었다. 우리는 비슷한 시기에 이와 아주 유사한 관습이 헝가리에서 진행된 것을 안다. 그러나 그곳에서는 늑대인간이 아니라 용이 등장하고, 가장 강력한 샤먼은 여자였다.

동유럽 신화학에서 용은 다양한 형태를 띠고 나타난다. 작물을 훔치는 용도 있고, 작물을 보호하는 용도 있다. 탈토스táltos라고 알려진 헝가리의 용 마법사들은 좋은 용들의 힘을 제어하여 자신들의 공동체를 위해 사용했다. 그들은 투시력을 가지고 있고, 병자를 치료하고, 미래를 예언하고, 숨겨진 보물을 찾을 수 있었다. 무엇보다 탈토스는 마을이나 지역을 초자연적 힘의 공격으로부터 방어하는 보호자였다.

리보니아의 늑대인간처럼 탈토스는 종종 종교 당국과 충돌했다. 그렇게 되는 경우 그들은 자주 마녀로 오인받았다. 탈토스가 스스로를 어떻게 생각했고, 그 이웃들은 그들을 어떻게 보았는지는 그들의 재판 기록을 보면 어느 정도 알 수 있다. 1626년 탈토스인 에르제베트 오르모스가 헝가리 재판정에 서자, 증인 중 한 사람은 "용이 그녀의 친구들이다"라고 증언했다. 이것은 대단한 힘이었고, 가장 겸손한 탈토스도 이것을 다룰 수 있었다. 1728년 재판을 받은, 부다페스트 동쪽에서 조금 떨어진 소도시 출신인 에르제베트 토드는 자신이 엄청난 힘을 가지고 있다는 것을 알았다. 그녀는 분신을 이용해 다른 세계와 이야기할 수 있었다. 그녀의 남편은 그녀가 자기 옆에 있다고 생각했겠지만, 이 분신은 튀르키예까지 돌아다닐 수 있었다.

에르제베트 토드는 보물을 찾고 도둑을 알아볼 수 있었다. 밤이 되면 그녀는 시내를 돌아다니며 각 집에서 무슨 일이 일어나는지를 알 수 있었다. 그녀는 자신의 고향을 지진으로부터 지켰지만, 그녀의 책임은 그것보다 더 컸다. 그녀는 누군가 관여하지 않으면 "헝가리의 3분의 1을 잃게 될 것이다"라고 예언했다. 그녀는 보호자였지만, 맹렬히 자기방어도 했다. "나는 신의 딸이다. 만일 누군가 나를 위협하면, 나는 그 사람의 눈을 들여다볼 것이고, 그들은 죽어야만 한다."[23]

전통적 믿음에서 죽은 사람들은 어디든지 존재했다. 문지방 아래 잘 보이지 않게 있거나 소용돌이나 교차로에 숨어 있었다. 사자들의 축복을 받으면 농작물이 건강하게 자란다. 그들이 불만을 품으면 저주의 힘이 작동한다. 어떤 때 그들은 다른 때보다 현저히 나타난다. 영령의 날All Souls' Day 인 11월 2일은 가톨릭 세계에서 죽은 사람들을 위한 가장 큰 축일이다. 다른 날도 있다. 이를테면 크리스마스 전야는 죽은 가족들이 집으로 돌아오는 날이다. 어떤 때는 부활절 전일이 그런 날이 된다.[24] 성 수요일에는 죽은 사람들의 영혼을 따뜻하게 하기 위해 모닥불을 피운다.[25]

죽은 사람들은 청하지 않아도 오곤 한다. 이렇게 돌아온 사자의 한 이름은 우피토르upitors 또는 뱀파이어다. 특별한 종류의 사자 귀환을 뜻하는 우피토르는 폴란드어에서 기원한 듯하지만, 악의가 있는 사자들은 동유럽 대부분의 지역에서 나타난다. 실제로 그것은 에스토니아를 제외한 모든 동유럽 국가에서 나타나고, 그리스를 제외하고 그 주변 지역에는 나타나지 않는다. 어떤 면에서 동유럽은 '뱀파이어 천국' 유럽이라고 말할 수 있다. 동유럽은 죽은 사람이 산 사람에게 무엇을 요구하고, 그들을 어떻게 막을 수 있는지에 대한 다양한 보이지 않는 믿음으로 묶여 있는 지역이다.

서유럽은 1720년대와 1730년대 오스트리아 군사지역을 강타한 강렬한 뱀파이어에 대한 풍문 때문에 그 존재에 대해 알게 되었다. 오늘날 크로아티아와 세르비아에 해당하는 합스부르크제국과 오스만제국의 경계를 따라 이어지는 군사지역은 특이한 곳이었다. 요새화된 무인 지역인 이곳을 튀르크의 지배를 받는 슬라브 피난민들이 독일군 장교들의 지휘를 받으며 순찰했다. 이곳은 계몽사상이 발칸 지역의 토속신앙과 처음으로 조우한 곳이다. 가발을 쓰고 주머니에는 볼테르나 뉴턴의 책자를 넣은 채 먼 오지 마을에 배치된 군의관들은 이곳에 와서 꿈에도 상상하지 않았던 것들을 발견했다. 공동묘지 무덤이 하나하나 파헤쳐져서 가장 덜 부패한 시신의 심장이 산사나무 꼬챙이로 찔려 있던 것이다. 슬라브 마을 사람들은 전염병 같은 안 좋은 일이, 조용히 잠들지 않은 죽은 자들 때문에 일어난다고 생각했다. 그래서 죽은 자들을 강제로 안식시키기 위해 시신을 찌른 것이고, 시신에서 흘러나오는 피는 자신들이 범인을 제대로 찾았다는 것을 의미했다. 이 모든 의식을 본 오스트리아 의사들은 큰 충격을 받았고, 그들이 보고한 내용은 유럽의 일반 대중에게 뱀파이어 전설을 만들어 냈다. 서유럽에서 뱀파이어는 피에 굶주린 죽지 않는 자, 몽유병자, 정신을 홀리는 자, 금지된 꿈을 실현하는 자 등 그들 식의 이야기로 바뀌었다.

이러한 이야기는 현실과는 아무 상관이 없었다. 이것은 환영幻影 중의 환영이었다. 동유럽의 뱀파이어는 서유럽의 뱀파이어와 아주 달랐다. 이 뱀파이어들은 송곳니가 없었고, 피를 마시는 일도 드물었다. 그들은 야행성이지만, 햇빛이 그들에게 위해를 가하지는 않았다. 또한 동유럽 뱀파이어들은 장소에 따라 성격이 달랐다. 뱀파이어 현상은 별개의 상태가 아니라 환영이었다. 불가리아에서 뱀파이어는 그림자이고, 이 그림자는 그의 영혼이라고 믿었다. 마케도니아에서 그들은 피로 가득 찬 포도주를 담는 가죽 부대이고 그 눈은 석탄처럼 빛난다고 믿었다. 그들은 뼈가 없기 때문에 한 번 찌르는 것으로 그들을 죽일 수 있었다. 그들을 찌르면 풍선에서 바람이 빠져나오듯 피가 철철 흘러나온다고 믿었다. 세르비아에서 뱀파이어는 '피로 가득 찬 배'를 가지고 태어난다고 믿었다. 만일 그들이 30년을 살아남으면 그들은 완전히 고체형의 존재가 된다고 생각되었다. 이 시점에 그들은 정말 사람처럼 보인다.[26]

우피토르들은 종종 자신이 남기고 온 생으로 되돌아가려고 노력한다. 그들은 살아 있는 존재를 부러워하지만, 또한 자신들의 원래 존재에 가담하려고 노력했다.

때로 이렇게 되살아난 존재들은 새로운 자신의 생을 좋은 직업을 잡는 기회로 이용했다. 코소보에서는 마을에서 사라진 한 뱀파이어가 인근 도시로 가서 상점을 열었고, 오랫동안 이를 잘 경영하다가 화가 난 군중들에게 붙잡혀서 살해되었다. 17세에 사망했었던 니코딘Nikodin 출신의 불가리아 뱀파이어는 외국 도시로 가서 아주 성공한 도축인의 수습생이 되었다.[27] 불가리아 사모코프 지방의 도스페이Dospej 출신인 한 뱀파이어도 이와 유사하게 고향을 떠나 이스탄불에서 직업을 얻었다. 오랜 시간이 지난 후 그의 부인이 그가 여행하고 다니는 것을 발견했다. 그녀는 사람들에게 그가 지금 행세하는 사람이 아니고 죽은 남편의 시신이 되살아난 것이라고 알렸다. 그녀의 말을 진지하게 받아들인 친척들은 그를 짚 더미에 넣고 불을 질렀다.

불쌍한 그림자들 같으니! 나는 이러한 불멸의 생을 살 수 있었던 채석 꾼이나 도축인 소년 이야기에 감동받기 힘들었다. 그들은 단지 그 길을 따라가다가 항상 하던 일을 하고 사라진다. 그들은 재판을 받은 폴란드 마녀를 생각나게 한다. 악마로부터 원하는 것을 모두 얻을 수 있다는 제 의를 받은 그녀는 토룬Toruń의 선술집에서 두 시간을 보내고 싶다고 말했 다. 이것이 짧은 지평선밖에 볼 줄 모르는 것의 대가다.[28]

이 이야기들은 희극이자 비극이지만, 동유럽 뱀파이어의 핵심 속성에 대한 진실을 담고 있다. 이 뱀파이어들은 죽었다가 다시 살아나서 살아 있는 사람들을 공격하는 그런 존재가 아니다. 그들은 자신이 죽은 것을 잊어버린 자들이다. 그들은 지하세계로 내려가지 않고 자신의 생을 계속 이어나가려고 최선을 다한다. 아내와 잠을 자고, 아이들을 돌보고, 때로는 자신에게 해를 끼친 사람들에게 복수를 한다. 1730년대의 요란한 히스테 리가 뱀파이어라는 존재에 대한 여러 층의 신화와 낭만적 환상을 만들어 내고, 그 진정한 속성은 흐려놓았다. 드라큘라, 쥐, 마늘 다발이 우리의 쇼 를 훔치기 전에 뱀파이어가 어떤 존재였는지 알기 위해서 우리는 전설이 고착화되기 이전 시기로 좀 더 멀리 돌아가야 한다.

1718년 지금은 슬로바키아 땅인 스타라 류보브나Stara L'ubovňa에서 미 하엘 카스파레크라는 남자가 매장되었다. 그는 폴란드인이고, 와인 상인 이며, 야바위꾼이자 바람둥이였다. 그의 매장은 하나도 잘못된 것이 없었 다. 카스파레크는 모든 의식을 치른 후 교회 마당에 묻혔다. 관에는 붉은 천이 씌워졌고, 그의 부인은 슬픔에 잠긴 채 남편의 채권자들을 상대해야 했다.

장례식이 치러진 지 8일 후 카스파레크가 다시 나타났다. 그는 밤에 자신의 하인에게 나타났다. 사람들과 싸우고, 침을 뱉고, 때리고, 목을 졸랐다. 맥주 장수를 포프라드강에 밀어 빠뜨렸다. 결혼식에 밀치고 들어가 자신에게 물고기를 먹여줄 것을 요구했다. 혼주가 그에게 와인을 주지 않자 와인 한 병을 다 마시고, 모든 유리잔을 깨트리고, 백마를 타고 사라졌다. 도시 주민들은 크게 놀랐다. 그들은 치안 판사에게 불평을 접수했다. 이 도시는 헝가리에 속했지만, 교회는 폴란드 교회였고, 주민 대부분이 독일인이었기 때문에 사제는 크라쿠프의 주교에게 조언을 요청했다. 이러한 복잡한 구조는 동유럽에서 흔하게 볼 수 있는 것이었다.

카스파레크는 계속 난동을 부렸다. 자신의 미망인과 잠자리를 같이 하여 그녀를 임신시킨 것도 모자라 다른 여자 네 명도 임신시킨 후 모습을 감추었다. 사람들은 안도의 한숨을 쉬었다. 그러나 3주 후 그가 바르샤바에 나타나서 과거에 지은 빚은 청산하고 새 빚을 지고 있다는 소식이 들려왔다. 여러 달이 지난 후 주교는 결국 청문회와 재판을 허용했다. 그러나 카스파레크가 공식적으로는 교회 마당에 매장되어 있어서 이를 실행하는 것은 어려웠다. 그래서 사람들은 그의 시신을 파내어 머리를 자른 다음 시신의 나머지 부분을 불태웠고, 그에 더해 사제는 그를 파문했다.

그런데도 그가 다시 돌아왔다. 스타라 류보브냐와 여기저기에 불이 났다. 치안 판사는 그의 동생과 미망인을 심문했다. 두 사람은 카스파레크는 악마와 계약을 맺거나 마법의 반지를 찬 적이 없다고 맹세했다. 그러는 와중에도 방화는 계속되었다. 사람들은 카스파레크가 사후 징벌을 내린 것에 복수를 하고 있다고 생각했다. "너희가 나를 불태웠으니까 나도 너희를 불태운다"라고 그가 말하는 것을 들은 사람도 있었다. 결국 그의 미망인이 자백을 했다. 그녀는 카스파레크가 계속 돌아오는 이유를 알고 있었다. 그는 그녀에게, 악마들이 자신을 지옥으로 들어가지 못하게 하고 신도 천국에 들어가지 못하게 한다고 말했다. 그 이유는 사람들이 그의 심장이 아니라 엉뚱한 사람의 심장을 불태웠기 때문이었다. 드디어 이 수수께끼에 대한 답이 나왔다. 불태운 심장은 양의 심장이었다. 그의 진짜 심장은 오물더미 밑에 숨겨져 있었던 것이 드러났고, 그 심장은 스타라 류보브나 시청에서 정식 의식을 거쳐 태워졌다.[29]

카스파레크가 살아 있는 사람들 사이에 나타난 몇 달 동안 이 작은 슬로바키아 마을은 공포의 도가니였다. 그런데 그에게는 다소 희극적으로 느껴지기도 하는, 억누를 수 없는 무언가가 있었다. 이 타락한 와인 장사는 무덤에 가두어두기에는 너무 큰 생명력을 가진 듯했다. 죽음은 그가 거짓말하고, 사기를 치고, 일을 꾸미고, 성교하는 것을 막지 못했다. 그리고 그에 대한 이야기는 다른 많은 사람들에게도 해당되었다. 죽은 사람은 죽은 다음에 사라지지 않았다. 그들은 그들 자신의 마음뿐 아니라 우리 마음에도 계속 존재한다. 그들은 계속해서 다시 나타난다. 때로 질투에 차고, 때로 역정을 내고, 때로 따뜻함을 절망적으로 찾는다. 그들이 가져오는 메시지는 기본적으로 같은 것이다. '우리는 살아 있다, 살아 있다. 우리의 심장은 타고 있다.'

슬라브 신, 벨레스티아노 부족, 17세기

2장

유대인들

유대인 가족, 폴란드, 1918-1939년

1912년 유대인 극작가이자 민속학자인 안스키는 그동안 아무도 주의를 기울이지 않았던 동유럽 유대인들의 본거지로 탐사를 떠났다. 그는 탐사 여행에서 사람들이 거의 방문하지 않은 일부 유대인 거주 지정Pale of Settlement 지역을 찾아다녔다. 한 세기 넘는 기간 동안 이 지역은 러시아제국에서 유대인이 거주할 수 있는 유일한 지역이었고, 이제는 약 500만 명의 유대인이 사는 지역이 되어서 세계에서 가장 큰 유대인 공동체가 형성된 곳이 되었다.

안스키는 여행하는 동안 잊힌 마을과 시장에 머물며 전설을 수집하고 지역 관습을 기록했다. 그는 유대인 기념물과 그것과 연관된 이야기에도 관심이 많았다. 카민카Kaminka라는 우크라이나 소도시에서 그는 랍비 슈무엘 카민케르의 무덤을 보러 갔다. 이 랍비는 악령에 사로잡힌 사람들에게서 악령을 쫓아내는 능력으로 명성을 얻은 19세기 초 하시디 교파 성인이었다. 슈무엘의 능력은 그가 죽은 후에도 계속 발휘되었다. 슈무엘의 무덤이 카민카를 화재와 홍수로부터 보호한다는 말이 전해졌다. 그러나 묘지 관리인이 이 오래된 무덤을 보여주기 위해 안스키를 데려가서 묘비를 덮은 이끼를 거두어내자, 놀랍게도 묘비에 '모세, 모세의 아들'이라고 쓰여 있었다. 이것은 슈무엘의 무덤이 아니었던 것이다. 사람들이 단지 그렇게 믿었을 뿐이다.[1]

실망의 비명이 카민카를 덮쳤다. 랍비들과 평신도들은 물론 남녀노소 모두가 이 실망스러운 발견을 확인하기 위해 공동묘지로 달려갔다. 한순간에 그들의 세상은 산산조각이 났다. 그들을 위험에서 보호해준 성인이 그들로부터 사라진 것이다. 주민들의 실망을 본 안스키는 조심스럽게 말을 바꾸었다. 그는 마을 사람들에게 자신의 경험으로 보건대 묘비가 때로는 이동한다고 설명했다. 한 묘비가 무덤에서 분리되어 다른 무덤에 나타나는 경우가 있다고 말했다. 시간이 지나면서 이런 방식으로 모든 묘비가 이동하기도 한다고 주장했다. 그래서 '모세, 모세의 아들'이란 묘비 아래 성인 랍비 슈무엘이 실제로 묻혀 있다고 설명했다. 마을 사람들은 이 말을 그대로 받아들였다. 그렇게 되면 그들은 자신들에게 가장 소중한 것인 축복받은 사람에 대한 기억과 그의 기적을 행하는 힘을 계속 사용하는 것이 가능했다.

900년 전 유대인의 시각에서 보면 동유럽은 무덤이나 유령이 있는 곳이 아니었다. 오래전에 이곳을 방문한 사람들은 여기엔 아무것도 없었다고 기록했다. 이 지역에 대한 이런 인상을 기록한 첫 유대인 여행자는 카탈루냐 출신으로 아랍어를 사용한 이브라힘 이븐 야쿠프였다. 그는 965년경 폴란드와 보헤미아를 방문했고, 짙은 숲과 음습한 늪지를 몇 주 동안 여행한 글을 남겼다. 그가 본 몇 안 되는 사람이 사는 거주지는 뾰족한 말뚝으로 장벽을 두른 목조 요새였고, 그가 본 도시 같은 유일한 장소는 프라하였다. 상인들은 주석, 모피, 그리고 무엇보다 노예를 사고팔기 위해 먼 곳에서부터 이곳을 찾아왔다.[2]

가장 오래된 유대인 거주자들에게 동유럽은 야생의 국경처럼 보였다. 그곳은 이전의 역사나 기억과 아무 상관이 없는 푸른 황야였다. 천 년이나 거주한 지중해 지역이나 서유럽에서 온 유대인들은 이 지역을 자신들의 정신적 지리에 새겨넣을 방법이 필요했다. 그들은 사람이 거의 살지 않는 슬라브 지역을 이스라엘인들이 도착하기 이전의 성지 이름을 따서 '가나안'이라고 불렀다. 이 초기 유대인 정착자들은 '가나안의 언어'라고 불린 히브리 문자로 쓴 슬라브 어휘가 들어 있는 언어를 오랜 세월 사용했다. 그러나 중세 후반이 되자 이 언어는 거의 사멸했고, 라인강 인근 지역의 유대인 명칭인 아슈케나즈Ashkenaz에서 온 새로운 사람들이 쓰는, 독일어에서 파생한 이디시어Yiddish에 흡수되었다. 가나안어는 동전에 새겨진 글자와 랍비 문학에 사용된 어휘 외에는 거의 아무런 흔적을 남기지 않았다.

대량 학살과 추방으로 독일에서 쫓겨난 아슈케나즈 유대인들은 처음에는 체코 땅인 모라비아와 보헤미아로 온 다음에 서서히 헝가리, 폴란드, 리투아니아로 흘러 들어갔다. 폴란드-리투아니아는 특히 유대인 정착자들에게 친절한 곳이었다. 1386년 리투아니아의 토속신앙 숭배자인 대공 요가일라와 폴란드의 기독교도 공주인 야드비가의 결혼으로 이 두 나라는 통치자를 공유하게 되었다. 두 나라는 오늘날의 폴란드, 리투아니아, 벨라루스뿐 아니라 우크라이나 대부분, 라트비아의 일부를 포함하는 광대한 통치 영역을 갖게 되었다. 이 거대한 영역은 발전이 더뎠고, 사람도 많이 살지 않았다. 그래도 이곳은 관용적이었고, 종교 문제에서 특히 그랬다. 공동 군주정 국가(후에 폴란드-리투아니아 연합국가로 개명)에는 가톨릭교도, 개신교도, 정교회 신자가 서로 어깨를 맞대며 살 수 있었다. 무슬림과 유대인도 환영을 받았다. 무슬림은 기마병으로서, 유대인은 상인이나 교역자로서 부유한 귀족들을 위해 일했다.

유대인들은 새로운 터전에서 번성했다. 폴란드-리투아니아의 아슈케나즈 인구는 너무 빠른 속도로 늘어나서 현대 인구학자들도 그 숫자를 정확하게 파악하지 못한다. 유대인들은 자신들의 성공을 간단하게 설명한다. 그것은 미리 운명지어져 있던 것이라고 말이다. 자주 회자되는 아름다운 이야기가 아슈케나즈 유대인이 많은 왕들에게 받은 고난을 설명한다. 그들이 조용한 터전을 찾지 못해 낙담하고 있을 때 하늘에서 종이가 하나 떨어졌다. 그 종이에는 "폴란드로 가라"라고 쓰여 있었다. 그들은 그 땅에서 번성하고 널리 퍼졌다. 그러다 루블린 근처의 숲에 있는 나무에 유대인 율법에 대한 랍비의 설명인 게마라Gemara가 새겨져 있는 것을 발견했다. 그래서 전에 유대인들이 그곳에 정착했다는 것을 알게 되었다. 그것을 본 유대인들은 이곳이 왜 히브리어로 "이곳에 숙박하라"라는 의미인 '폴린Polin'으로 불리는지를 이해했다.[3]

1600년이 되자 종교적 탄압이 없고 무역이 활발히 이루어지는 폴란드는 '유대인의 낙원'이라는 의미의 '파라디우스 유다에오룸Paradius Judaeorum'으로 불리게 되었다. 폴란드는 유대인들이 나머지 동유럽 지역 대부분에 정착하는 것을 가능하게 해준 방주와 같은 근거지가 되었다. 1900년 무렵, 폴란드와 리투아니아에 거주하는 유대인은 물론 러시아, 우크라이나, 벨라루스, 라트비아, 루마니아, 체코슬로바키아, 헝가리에 사는 유대인 대부분은 자신들의 뿌리를 과거 폴란드 왕관이 지배했던 땅에서 찾게 되었다. 오늘날 이런 조상 효과는 더욱 강해졌고, 지구 전체에 영향을 미친다. 오늘날 살아 있는 유대인의 80퍼센트는 자신들의 조상을 폴란드-리투아니아 연합국가에서 찾을 수 있다.[4]

슬라브 지역의 '가나안' 땅은 시간이 지나면서 아슈케나즈 유대인의 요람이 되었다. 그러나 이것은 동유럽이 단지 아슈케나즈 유대인들만의 터전이 되었다는 의미는 아니다. 발칸반도도 다른 두 유대인 집단의 터전이 되었다. 로마니오테Romaniotes는 그리스 어휘를 사용하지만, 히브리어 문자를 쓰는 예반어Yevanic 사용자들이었다. 이 오래된 공동체는 로마 시기까지 거슬러 올라가는 뿌리를 가지고 있었다. 로마니오테는 발칸 지역 유대인의 초창기 집단이었지만 15세기 말 서방에서 온 새로운 유대인들에 의해 압도되었다. 1492년 에스파냐가 유대인들을 추방하자, 많은 유대인들이 오스만제국에서 피난처를 찾았다. 에스파냐어에서 나온 라디노Ladino라는 언어를 사용하는 이 세파르딤Sephardim — 히브리어로 에스파냐를 뜻하는 세파라드Sepharad에서 나온 명칭 — 은 곧바로 남부 발칸 지역에서 지배적인 유대인 공동체가 되었다. 20세기가 될 때까지 불가리아, 마케도니아, 보스니아, 세르비아의 유대인 대부분은 세파르딤이었다. 북부에는 아슈케나즈, 남부에는 세파르딤이 거주하는 루마니아는 두 유대인 공동체를 수용했다.

동유럽의 아슈케나즈 유대인과 세파르딤 유대인의 존재는 이 지역의 언어적 다양성에는 기여하지 않았다. 멀리 떨어진 두 전극처럼 이것은 전기를 일으키고, 두 집단의 종교적 생활에 생기를 주는 에너지파를 만들어냈다. 두 집단의 상호 영향은 동유럽을 종교적 혁신과 창조성의 거대한 장으로 만들었고, 특히 위기 앞에서 더욱 그랬다. 가장 중요한 사례는 17세기 중반부터 시작되었다.

1648년 폴란드-리투아니아 연합국가에 사는 유대인들에게 재앙이 닥쳤다. 그것은 두 귀족의 싸움에서 시작되었다. 한 사람은 폴란드인이었고, 다른 한 사람은 우크라이나인이었다. 왕과 가까운 영향력 있는 폴란드인은 우크라이나인의 집과 그의 부인을 취하고, 그의 아들을 폭행했다. 보흐단 흐멜니츠키란 이름의 우크라이나인은 동쪽 우크라이나 스텝 황야에 있는 코자크 요새로 달려가서 폴란드 국왕에 대항하는 봉기를 조직했다. 흐멜니츠키 봉기는 우크라이나 주민과 정교회 신앙이라는 이름으로 수행되었다. 그 목표는 폴란드의 가톨릭 통치자들이었지만, 희생자는 대체로 유대인이었다. 유대인은 오지의 농촌 경제에서 상인 역할을 하면서 불만의 대상이 되어온 터라, 전반적으로 방어력이 없는 폴란드-리투아니아의 우크라이나 지역 유대인들은 온갖 잔혹 행위의 대상이 되었다. 봉기가 일어날 당시 우크라이나에서 시무하던 랍비 나탄 한노버는 이러한 사건들의 연대기에 《낙담의 심연》이라는 제목을 붙였다. 이것은 상상할 수 없는 공포의 기록이었다. 산 채로 살이 벗겨지고, 팔과 몸통이 잘리고, 아이들도 창에 찔리고, 임신한 여인의 배에 고양이를 채워 넣고, 갓난아기는 엄마 무릎에서 살해되는 만행이 저질러졌다.[5]

당시를 겪어낸 사람들에게 흐멜니츠키의 대량 학살은 세상의 종말처럼 보였다. 십 년이 지난 후에도 피난민들이 암스테르담이나 카이로같이 먼 곳에 나타나거나 포획자들이 몸값을 요구했다.[6] 그러는 동안 폴란드에는 연이어 재앙이 닥쳤다. 나라를 황폐하게 만든 코자크의 습격 다음으로 스웨덴, 타타르, 러시아, 심지어 트란실바니아인들이 침략했다. 1660년이 되자 폴란드는 폐허처럼 변했다.

이 전쟁으로 폴란드인들은 살던 곳을 떠났고 가축들은 도살되었다.

그들은 또한 안전감을 상실했다. 그들은 더 이상 자신들을 선택받은 소수로 생각할 수 없었다. 유대인 세계 여기저기에서 스스로 메시아라고 주장하는 사람들이 기대를 품은 군주의 귀를 사로잡았다. 특히 튀르크령 아나톨리아의 이즈미르Izmir 출신으로 자신을 사바타이 제비라고 부르는 사람이 그랬다. 동방과 서방을 모두 휩쓴 종말론적 열성에 휩싸인 수천 명이 이 새로운 구세주에게로 모여들었다. 이것은 운명의 해인 1666년까지 지속되었다. 그해에 이슬람으로 개종하든지 아니면 자신의 신앙으로 인해 화살의 과녁이 될 것인지에 대한 선택의 기로에 처한 그는 개종을 택했다. 사바타이의 배교 후에도 폴란드-리투아니아의 일부 추종자들은 그가 신에 의해 선택된 자라고 계속 믿었다.

흐멜니츠키 대학살은 폴란드-리투아니아 유대인 세계에 뭔가 느슨한 것을 뒤흔들었다. 그들은 하늘에서 자신들의 고난을 신의 보좌에 보고할 누군가의 도움을 필요로 했다. 그들은 사바타이 제비에게서 이방인 구원의 메시아를 발견했다고 생각했다. 이것이 실패로 돌아가자, 그들은 좀 더 지방적인 중보자를 원했다.

이러한 갈망을 최대한 이용한 사람은 바알 셈 토브라는 경칭으로 기억되는 인물이었다. 그는 논쟁의 여지가 있기는 하지만 동유럽 유대인 역사에서 가장 핵심적인 인물이었다. 바알 셈은 죽기 전에 민담의 주인공, 신비한 거인, 백 가지 노래의 영웅이 되었다. 한 세대 만에 이러한 이야기들은 그의 생애에 실제 있었던 일을 흐릿하게 만들었다.

우리는 바알 셈 토브의 어린 시절에 대해 믿을 만한 정보를 가지고 있지 못하다. 그는 1700년경에 폴란드-리투아니아의 동쪽 지역인 포돌리아Podolia에서 태어난 것으로 보인다. 지금은 우크라이나 영토인 그곳은 진정한 변경 지역으로 가톨릭, 정교회, 이슬람 세계가 만나는 곳이었다. 한 세기 이전에 폴란드는 포돌리아를 오스만제국으로부터 되찾았다. 바알 셈의 생애에 이 땅은 전쟁의 참화를 입었다. 그곳의 숲에는 도적 떼, 곰, 때때로 늑대인간들이 출몰했다. 그곳의 도로는(모두 형편없는 상태였지만) 몰다비아로부터 오는 가축과 이스탄불에서 오는 향신료의 수송로였다. 정교회 수도사들은 높은 산 속 절벽에 있는 동굴에서 무아지경의 명상에 몰두했다.

어떤 면에서 포돌리아는 북아메리카의 애팔래치아산맥과 미시시피 계곡을 닮은 곳이었다. 18세기 같은 시기에 이곳은 이주민들이 와서 정착하는 새로운 변경이었다. 두 지역 모두 그 이전까지는 기회를 엿보는 눈에서 멀리 떨어져 있었고, 전설과 신비한 이야기가 탄생하기에 좋은 곳이었다. 바알 셈 토브는 야생 곰을 순화시키고 늑대인간을 때려잡았다. 그는 올렉사 도브부시 같은 선한 도적들과 친구가 되었다. 한마디로 우크라이나판 로빈 후드였다. 그의 마차는 상상할 수 없는 먼 거리를 갈 수 있었고, 바알 셈은 가장 독한 루마니아 매실 브랜디를 통으로 들이마셔도 취하지 않았다. 토라 연구계에서 이것을 능가할 영웅들이 얼마나 되겠는가?

바알 셈 토브는 실제 인물이었다. 우리는 그가 손으로 쓴 편지를 가지고 있고, 그의 개인 생활의 상세한 부분을 알고 있다. 1740년경 그는 우크라이나의 소도시 메즈히비즈Medzhybizh에 정착하여 세금을 냈고, 인구조사에도 이름이 올랐다. 그는 직업도 있었다. 생애 초반 그는 초등학교 교사로 일했고, 코셔 푸줏간의 일꾼으로도 일했다. 한동안 그는 토기 제작에 쓰이는 흙을 파내는 일을 하기도 했다. 후에 그의 부인은 여인숙을 운영했고, 그는 숲에서 시의 비밀스러운 이름들을 놓고 명상을 했다. 실제로 바알 셈 토브라는 이름은 '좋은 이름의 주인'이라는 뜻이다. 이것은 하나의 명칭이지 개인의 이름은 아니었다(그의 본명은 '이스로엘 벤 엘리에제르'다). 폴란드와 리투아니아에는 여러 바알 셈이 활동했다. 일부는 기성 랍비였고, 또 어떤 사람들은 부적을 팔고 치료를 해주는 마법사와 협잡꾼으로 모습을 드러낸 여행자였다.

자신의 고향인 메즈히비즈에서 바알 셈 토브도 이와 같은 일을 했다. 그는 그 도시에 상주하는 학자이자, 회개하지 않은 죄로 병의 근원을 추적할 수 있는 신비주의자였다. 그가 행한 대부분의 기적은 우리의 실생활에서 일어났다. 빈 지갑, 끊이지 않고 흐르는 콧물, 질투심 많은 이웃들이 있는 현실이 그의 이적의 대상이었다. 그는 여관 주인, 간통자, 귀족, 사제, 도둑의 문제를 해결하느라 바빴다. 그는 훔쳐 간 말을 되찾아오고, 눈병을 고치고, 유언을 해결하고, 임대 문제를 협상하고, 심지어 농담을 즐기기도 했지만 때로 잔인한 농담을 했다. 그는 신속하게 조언을 해주었고, 가축의 질을 알아보는 좋은 눈을 가지고 있었다.

카리스마 덕분이든 뛰어난 능력 덕분이든 바알 셈 토브는 폴란드-리투아니아 변경 지방에서 활약한 다른 소도시 신비주의자나 신앙 치료사와는 사뭇 달랐다. 그는 개별적 치료사나 신비주의자 이상의 존재였다. 그는 사람들이 하늘로 올리는 정말 큰 청원을 맡길 수 있는 사람이었다. 그가 남긴 편지를 보면, 그는 코자크의 공격을 저지한 것과 역병의 전염을 막은 공을 주장하고 있다. 흡사 탈토스인 에르제베트 토드가 헝가리의 3분의 1을 지진에서 구했다고 자랑한 것과 유사했다. 그녀와 마찬가지로 바알 셈은 공동체 전체의 보호자였다. 그는 하늘의 금지선을 넘어 신의 보좌에 직접 청원을 드릴 중보자를 기다리는 사람들의 열망을 채워주었다. 실제로 이것은 바알 셈이 하시디즘Hasidism의 영적 창시자로서 공을 인정받을 수 있는 큰 혁신이었다. 바알 셈 토브는 추종자들의 기도를 하늘로 바로 인도하는 정의로운 사람이자 선생이라는 두 가지 일을 모두 행하는 짜디크tzaddik의 역할을 만들어냈다.

1760년 바알 셈 토브가 죽자 그는 이야기 속으로 녹아 들어갔다. 제자들의 입에서 입으로 전해진 그의 이야기는 그가 남긴 유산의 핵심인 민주화된 신비주의를 담고 있다. 하시디즘의 가르침 중 한 가지 핵심은 하늘의 신비를 만지기 위해 유대인 가치관의 비밀의 학교에서 훈련받을 필요가 없다는 것이었다. 종교적 환희는 모든 사람이 누릴 수 있는 것이었다. 열성적인 기도를 통해서 신에게 닿을 수도 있지만, 춤, 노래, 축하를 통해서도 신에게 다가갈 수 있었다. 아니면 이야기하는 것으로도 신에게 갈 수 있었다.

이야기하기storytelling는 하시디즘 생활에서 뗄 수 없는 부분이다. 하시디 이야기는 동유럽 유대주의의 중요한 문학적 성취다. 문학 형태로서 이것은 무한히 유연하다. 이것은 많이 회자된 일화의 신랄함, 단편소설의 연민을 자아내는 힘, 또는 젠 코안Zen koan의 신비를 가질 수 있다. 일부 이야기는 거칠 정도로 세속적이고, 어떤 이야기는 가장 정화된 영성을 보여준다. 이것들을 모두 합치면 하나의 우주가 형성된다. 하나의 거대한 드라마가 하시디 이야기 모두를 생생하게 만든다면, 그것은 인간과 신의 방식을 화해시키기 위한 끝없는 노력이다. 유대인의 사고에서는 이 과업에 접근하는 두 가지 중요한 길이 있다. 하나는 신앙을 가진 자들을 위로 끌어올려 하늘에 닿게 하는 것이다. 다른 하나는 하늘을 잡아서 끌어내려 지상에 있는 자들에게 닿게 하는 것이다.

최소한 초기에는 하시디즘의 영적 지도자 직위는 세습제가 아니었다. 그 직위는 스스로 얻어야 했다. 짜디크는 가르침과 기도의 힘을 바탕으로 추종자를 끌어모았다. 일부는 미래를 예측하는 능력으로 추종자들의 확신을 불러일으켰다. 어떤 지도자들은 유머와 자애로움으로 제자들을 끌어모았다. 또 어떤 지도자들은 불과 같은 언어로 추종자들을 나무라는 것으로 가장 열렬한 헌신을 이끌어냈다.

후에 코츠케르 렙베라고 알려진 코츠크Kotzk의 메나헴 멘델이 그런 지도자였다. 그의 가르침의 핵심은 진리 추구였고, 이것은 잘못된 경건함으로 위장되지 않은 철저한 내부 성찰로 얻을 수 있었다. 이것은 전통적으로 하시디즘과 연관된 환희는 거의 없는 고행이었다. 그럼에도 폴란드 전역에서 하시디즘으로 많은 사람을 끌어모았다. 심지어 기존의 토라 지도자들도 자기 집과 연구 장소를 떠나 이곳으로 왔지만 코츠케르 렙베로부터 따뜻한 대접은 받지 못했다.[7] 렙베는 자신의 추종자들을 조롱하고, 야단치고, 그들의 영혼을 질책했다. 그러나 오히려 그런 면모 때문에 그들은 그를 사랑했다.

메나헴 멘델의 열정은 전염성이 있었고, 얼마 안 가 메시아적 기대가 그의 랍비 사원 주변을 맴돌았다. 데카당스와 영적 안이함의 시기에 그가 주창한 고행의 길은 한 단계 앞으로 나아가는 것이었고, 앞으로 열릴 돌파구를 약속해주는 것처럼 보였다. 그러나 1839년 하룻밤 사이에 이 모든 것은 파괴되었다.

코츠케르 렙베의 몰락에 대한 이야기는 전설로 남아 있다. 제각각의 이야기밖에 없고, 증인으로부터 나온 이야기도 없다. 일부 사람들은 그가 율법에 대한 극적인 항거를 보이기 위해 많은 신도들 앞에서 안식일을 더럽혔다고 말했다. 또 어떤 사람들은 그가 너무 급진적이고 이단에 가까운 교조를 설파해서 그의 추종자들이 소리쳐서 그를 끌어내려야 했다고 말했다. 또 다른 사람들은 벨즈Belz에 있는 다른 교파에서 온 스파이가 문제를 일으켰다고 말했다. 그들은 렙베가 르비우Lviv의 의사를 방문하면서 안식일에 파이프 담배를 피웠다고 참소했다.[8] 실제로 무슨 일이 일어났는가를 떠나서 이런 비난은 메나헴 멘델에 큰 타격을 가했다. 이러한 소동 후 그는 자기 집 꼭대기 층의 탑같이 생긴 방에 들어가서 나오지 않았다. 전설에 따르면 이 시기 그의 동무는 길들인 커다란 쥐들과 훈련받은 개처럼 그의 근처를 뛰어 돌아다니는 늙은 회색 개구리뿐이었다고 한다.

탑이 있는 그의 집은 오늘날까지 코츠크에 남아 있다. 그 집은 루블린 북쪽 30마일 거리의 한가한 시장 동네에 있다. 집 외부를 둘러싼 나무판자는 세월과 함께 검게 변했다. 누가 그 집에 사는지는 몰라도, 그 집 지붕에는 멋진 위성 안테나가 달려 있었고, 크고 사나운 개가 집을 지켰다. 그 탑은 이야기를 믿는 당신이 생각한 것보다 작았다. 다락방 하나를 겨우 품을 만한 작은 공간이었다. 코츠케르 렙베는 생애 마지막 19년을 거기서 보냈다. 창밖으로 그는 도시 전체를 내려다볼 수 있었다. 중앙광장에서부터 그의 후원자인 야브원스키 가문의 궁전을 바라볼 수도 있었다. 아름다운 폴란드 귀족 부인은 그에게 시나고그를 지을 땅을 기부했다.

겉으로 보면 지난 한 세기 반 동안 코츠크는 거의 변화가 없는 듯 보인다. 중앙광장은 자갈돌로 덮여 있었다. 야브원스키 궁전에서는 비에프슈강의 멋진 조망을 볼 수 있고, 신고전 양식의 기둥과 오래된 밤나무 대열이 그 테두리를 둘렀다. 현재 이 궁전은 정신병원으로 사용되고 있다. 렙베의 집과 도시 밖의 공동묘지를 빼고 유대인 공동체의 흔적은 남아 있지 않다. 또한 코츠케르 렙베가 스스로를 가두어야 했던 이유가 무엇인지 설명해주는 것도 전혀 없다. 정신착란 때문이었는가? 아니면 그의 추종자 일부가 그의 사후에도 계속 믿은 것처럼, 무언가 더 깊은 사고에 의해 고립을 택했는가? 혹은 숨겨진 세계에 대한 두려움 때문에 그 세계의 존재를 비밀로 남겨두기 위해서였는가?

1859년 코츠케르 렙베가 죽었을 당시, 폴란드의 유대인들은 거의 하시디즘을 포용했다. 리투아니아에서의 종교적 상황은 많이 달랐다. 리투아니아 유대인들은 오랜 정통 신앙과 미스나그딤misnagdim이라고 불리는 학술적 관습을 유지하는 하시디즘 반대파에 속했다. 이 교파의 영적 지도자는 1720년에 태어나 학술의 최고 경지에 이른 엘리야 잘만이었다. 경칭인 빌나 가온으로 더 잘 알려진 그는 천 년에 한 번 나타날까 말까 하는 랍비파 천재였다. 가온의 생애와 사후에 빌뉴스에서는 탈무드 학문이 번성했다. 모든 계급의 남자들은 종교 지식이 뛰어날 것으로 기대되었다. 빌뉴스의 재단사 중 종교 율법인 하예 아담Hayye adam만 공부한 사람은 무식한 사람 취급을 받았다.

리트바크Litvaks라고 불리는 리투아니아 유대인들은 스스로를 전 세계는 아니더라도 폴란드-리투아니아 유대인 중 가장 학식이 높은 것으로 간주했다. 이러한 태도는 인근 폴란드에서 별로 환영받지 못했다. 학식보다 헌신을 더 중요시한 바르샤바의 유대인들은 리투아니아 유대인들의 경직된 경건성과 우스꽝스러운 억양을 조롱했다. 두 나라 국경 근처에서 자란 내 할아버지도 그들의 하는 말이 특이했다고 회상했다. 폴란드 하시디즘 신자들은 리트바크들이 두뇌는 있지만 가슴은 전혀 없다고 생각했다. 리트바크들은 폴란드 하시디즘 신자들이 무식하고 미신적이고 방종하다고 생각했고, 토라를 공부하기보다는 짜디크의 식탁에서 술에 취하는 것을 선호하는 난봉꾼이라고 보았다.

하시디즘과 미스나그딤 사이의 균열은 폴란드 유대인과 리투아니아 유대인을 갈라놓았다. 이것은 또한 개별 가족도 둘로 갈라놓았다. 예헤즈켈 코티크는 1847년 벨라루스의 브레스트Brest에서 가까운 유대인 거주지역인 카메네츠Kamenets의 부유한 정통 유대인 가정에서 태어났다. 그의 할아버지는 그 도시에서 가장 부자이고 가장 권력이 막강한 사람이었다. 그는 막대한 임차권과 보드카 독점 공급권을 가지고 있었고, 도시의 모든 주요 러시아 관리들을 손에 쥐고 있었다. 그의 아들이자 코티크의 아버지인 모세는 이 모든 재산을 상속받을 것으로 여겨졌다. 그러나 그는 결혼할 나이 직전인 13세가 되자 가장 가까운 하시드 랍비의 사원으로 도망갔다. 자식이 이런 일을 하면 대개의 부모들은 그의 옷과 시바shiva를 거칠게 찢어서 죽은 것으로 간주했다.

이러한 '살아 있는 죽은 자'라는 평결이 모세에게 내려질 형국이었지만, 가족의 압박을 통해 아버지와 아들은 거의 화해했다. 그러나 두 사람 사이의 갈등이 완전히 사라지지는 않았다. 그 시점 이후 할아버지와 나머지 가족은 대 시나고그에서 축일을 축하했지만, 모세는 다른 사람들과 기도의 집에서 축하했다. 모세에게 한 해 중 가장 중요한 일은 유월절이 아니라 랍비 사원 연례 방문이었다. 그는 자신의 사업을 완전히 방치한 채 그곳에 몇 주를 머물렀다. 이것은 일종의 반항 행위였다. 모세의 또 다른 아들인 예헤즈켈도 그에게 반항했다. 아버지의 큰 기대에도 불구하고 그는 유대인 거주지역을 떠나 떠도는 노동자가 되었다.

예헤즈켈은 최종적으로 바르샤바에 정착했고, 카페 주인과 바르샤바 최초의 전화 보유자로 아주 현대적인 경력을 시작했다. 그러나 어릴 적 기억이 그에게 여전히 남아 있었다. 그가 1912년 자신의 회고록을 쓰기 시작했을 때, 이 기억이 회고록의 중심을 차지했다. 이미 그때 어린 시절 유대인 거주지역에서의 생활은 잃어버린 세계처럼 보였다. 반유대주의, 산업화, 미국으로의 대규모 이민으로 그 세계는 오래전에 사라졌다. 예헤즈켈의 회고 중 감정적 절정은 1850년대에 지켰던 유월절이었다. 이것은 아들과 아버지, 부자와 가난한 자, 하시디즘과 미스나그딤 사이의 싸움이 모두 잊히고 공동체 전체가 같이 모여 한 몸처럼 자신의 죄를 회개하는 날이었다.

오, 오래전 회개의 날이여. 자비하신 신이여, 그날은 어떻게 지나갔는지요? 콜 니드레Kol Nidre 기도 중에 시나고그에 모인 신도들은 흥분과 공포에 사로잡힌 것처럼 보였다. … 모든 사람이 눈물의 강을 이루며 창조주께 마음을 토해냈다. 여자들이 있는 곳에서 나오는 가슴을 찢는 듯한 울부짖음이 남자들 있는 곳으로 흘러왔고, 남자들도 여자들을 따라 합창 같은 눈물의 외침을 쏟아냈다. … 벽도 울었고, 거리의 돌들도 탄식했고, 물속의 물고기들도 몸을 떨었다. 먹고 살기 위해 한 그로셴groshen을 놓고 일 년 내내 험하게 싸우던 바로 그 유대인들이었다. 미움, 질투, 탐욕, 잔꾀, 사악한 악소문, 음식, 음료는 전혀 없었다. 모든 가슴과 눈은 하늘을 향했고, 영성만이 있었다. 육신이 없는 영혼만이 있었다.[9]

이러한 날이면 유대인들이 외국 땅을 돌아다니는 민족이고, 자신들의 땅이 아닌 곳에서 살고 있다는 사실을 잊는 것이 가능했다. 유대인이 주민의 다수를 차지하고 때로 절대다수를 차지하는 폴란드-리투아니아의 작은 읍이나 유대인 거주지역에서는 이러한 생각을 계속 유지하기가 힘들었다. 그런 곳에서 기독교인 지주는 장원에 살고, 기독교인 농민들은 들판에서 일했지만, 소도시 안에서 생계를 이어가는 유대인 양조장 주인, 구두 수선공, 재단사, 여인숙 주인, 술집 주인, 학생, 거지, 시계 수선공 사이에서 비유대인은 전혀 존재하지 않는 것처럼 왜곡되게 생각하거나 상상할 수 있었다.

슈테틀shtetl은 이디시어로 '소도시'라는 의미다. 이것은 원어인 독일어

목조 시나고그, 나로울리아, 벨라루스

단어 슈타트Stadt에서 유래했다. 이론적으로는 마을보다 더 큰 집들의 집
합체는 슈테틀이라고 부를 수 있지만, 자존심이 있는 곳이라면 최소한 시
장 광장이 있어야 했다. 실제 생활에서 슈테틀은 자신만의 특징이 있었다.
그중 하나는 유대인이 주민의 다수를 이룬다는 점이었다. 이것 덕분에 슈
테틀은 유대인 디아스포라의 다른 모든 장소와 달랐다. 세계 대부분의 지
역에서 유대인은 험한 바다를 건너는 여행자 같은 신세이지만, 슈테틀 안
에서는 아무리 가난한 사람도 당당히 땅을 밟고 설 수 있었다. 슈테틀은
유대인성Jewishness의 섬이었고, 같은 슈테틀 열도로 둘러싸여 있었다.

　수천 군데의 슈테틀이 폴란드, 리투아니아, 벨라루스, 우크라이나 곳
곳에 산재했다. 또한 이웃 국가인 슬로바키아, 헝가리, 루마니아에도 많았
다. 유대인 거주지역이 이렇게 촘촘하게 널리 퍼져 있는 동유럽은 세계에
서 유일무이한 장소가 되었다. 다른 어느 곳에서도 이곳처럼 유대인 생활
이 만개하고, 다양하고, 주변 환경과 밀접히 엮인 곳이 없었다. 오랜 기간
슈테틀 생활은 곳곳에서 진행되었지만, 어느 날 갑자기 그것은 영구히 사

라져버렸다.

내 친할아버지인 체스와프 베르만은 이렇게 사라진 슈테틀인 잠브루프Zambrów에서 자랐다. 이 소도시는 바르샤바에서 비아위스토크Białystok로 이어지는 간선도로상에 있었다. 2차 세계대전 전 이곳에는 7천 명의 주민이 살고 있었고, 그중 절반이 유대인이었다. 그중 아주 극소수만 살아남았다. 그들의 세계는 죽은 사람들과 함께 사라졌다. 1950년대 폴란드에서 자란 우리 부모님은 그런 곳이 존재했다는 것을 거의 알지 못했다. 그들의 유대인 과거는 완전히 사라져서 나는 할아버지의 진짜 이름도 알지 못했었다. 할아버지가 사망한 후 그의 본명이 체스와프가 아니고 베잘렐이라는 것을 알았다. 그의 이름은 언약궤를 만든 사람의 이름을 따서 지은 것이었다.

베잘렐-체스와프는 파란만장한 삶을 살았다. 그는 소련의 집단수용소에서 어느 정도 시간을 보내다가 베를린이 박격포 화염으로 불에 타는 것을 보았고, 그중 일부를 지휘했다. 그러나 그의 생애 마지막 부분에 그는 가장 어린 시절 세계의 기억으로 돌아갔다. 그는 이디시어로 쓰이고, 1963년 이스라엘에서 출간되어 아무도 모르는 방법으로 폴란드로 밀반입된 《잠브루프 기록The Zambrów Memorial Book》이라는 책으로 기억을 되살렸다. 나는 할아버지가 죽은 친척들 이름과 그의 증조할아버지 시기인 19세기 중반으로 거슬러 올라가는 이야기를 찾아 그 책을 샅샅이 살피는 것을 보았다. 이러한 사건들은 그가 직접 들었을 정도로 최근에 일어난 일이었지만, 고대 바빌론에서 온 것처럼 먼 사건으로 보이기도 했다.

나의 상상 속 《잠브루프 기록》은 책등에 금박 글자가 새겨진 히브리어로 인쇄된 두꺼운 책이었다. 그러나 내가 그 내용을 얼마나 모르는가 하는 생각에 고통을 받았다. 1930년대 잠브루프에서 이주한 사람들의 기억으로 시작된 그 책에는 1차 세계대전 전 거리를 돌아다닌 사람들의 별명이 적혀 있다. 장애인 미셸, 벙어리 바이라흐, 오리 같이 걷는 카츠케흐, 늘 생각에 잠긴 미친 준들, 실제로 눈이 하나였던 외눈박이 사바스, 항상 사악한 눈을 피하는 법을 알았던 여자 목수 차슈케흐 등이 나열되어 있다.

슈테틀 자체에도 별명이 있었다. 잠브루프 주변에는 가르틀gartl을 입는 치제프, 깡패 오스트루프, 염소 야브원카, 심벌 연주자 스타브카가 있었다.[10] 잠브루프 사람들은 갱단으로 알려졌다. 1918년 폴란드가 독립을 선언할 때까지 이 도시는 러시아제국에 속했고, 독일 국경 가까이 있었다. 이 도시는 말 밀수로 유명했다. 이것은 러시아제국 국경에 있던 거의 모든 도시들의 특징이었다. 유대인 거주지역 내의 도시들은 랍비나 도둑으로 유명했다. 라트비아의 드빈스크Dvinsk는 둘 모두로 유명했다.

나는 할아버지의 《잠브루프 기록》을 보고 오랜 시간이 지난 후에 직접 잠브루프를 방문했다. 과거로부터 남아 있는 것은 거의 없었다. 옛 거리는 사라졌다. 전쟁 전부터 남아 있는 유일한 건물은 러시아 마지막 차르가 지은 병영과 쐐기풀이 무성하게 자라고 묘비는 모두 사라진 유대인 공동묘지뿐이었다. 당황한 나는 내가 보통 슈테틀 유적지에서 하는 행동을 했다. 나는 가장 가까운 개울로 갔다.

당신이 동유럽에서 유대인 거주지역을 찾으려면 중앙광장으로 간 다음 언덕을 내려가 발을 적셔야 한다. 물은 동유럽 유대인들의 생활에서 멀리 떨어진 적이 없었다. 기도를 하기 위해서는 몸을 씻어야 하고, 몸을 씻기 위해서는 의식을 위한 목욕탕mikvah를 찾아가 몸을 담가야 했다. 이 목욕탕에 물이 가득 차게 하기 위해서는 연못이나 개울물이 필요했다. 시나고그는 작은 개울물 바로 옆에 위치하는 것이 전통이었다.

회개도 물을 필요로 했다. 매년 로슈 하샤나흐Rosh Hashanah(나팔절) 때

마다 유대인들은 한 해의 죄를 씻어버린다. 이 의식은 호수 위나 개천 위에서 진행해야 한다. 특별한 기도tashlich를 올리면서 주머니를 비워야 한다. 매년 드빈스크에서는 자신의 죄를 털어내기 위해 1만여 명의 유대인이 거대한 다우가바Daugava 강둑에 모였다. 잠브루프에서도 사람들이 모여서 같은 일을 했다. 지금은 이 도시의 시나고그도 사라져버렸다. 증조할아버지의 집이 서 있던 중앙광장은 고속도로가 가로질러 가고, 현재의 모습으로는 아무것도 알아보기 힘들었다. 그러나 그 아래 도시의 개천 야브원카 또는 '작은 사과'는 여전히 흐르고 있었다. 물은 그대로 남아 있었다. 이것이 하나의 흔적이었다.

폴란드-리투아니아의 슈테틀에서 유대인들은 이발사에서부터 바순 연주자까지 모든 상상 가능한 직업을 잡았다. 도시 밖을 둘러싼 슬라브인-기독교인 농촌에서 유대인은 행상으로 일하고, 일반적으로는 여인숙과 술집 주인으로 일했다. 19세기 말까지 폴란드-리투아니아의 유대인들은 법에 의해 대규모 경작지를 소유할 수 없었다. 이것은 사실상 유대인이 농업을 영위하지 못하게 하는 조치였다. 대신에 유대인들은 농민과 거대한 귀족 장원 세계를 좀 더 넓은 교역의 세계와 연계하는 상업 중개 역할을 맡았다. 그들은 재산을 관리하고, 곡물을 시장에 내다 팔고, 밀을 빻아 밀가루를 만들었다. 무엇보다도 그들은 대귀족의 소중한 자산인 알코올 생산 독점권을 관리했다. 각 독점은 사실상 양조 특허장이나 마찬가지여서 어떤 지주는 잉여 밀이나 보리를 도수가 높고 운송이 쉬운 보드카로 만들 수 있었고, 다른 사람들은 양조를 하는 것이 금지되었다. 지주들은

이 보드카를 자신이 소유한 술집에서 자신의 농민들에게 팔았다. 그들은 술집 독점권도 누렸다.

19세기 말까지 폴란드-리투아니아의 술집 대부분은 유대인이 운영했다. 외부인인 그들은 자신들의 귀족 주인들에게 신세를 지고 있어서 비유대인 이웃들에게 외상을 많이 주지는 않았다. 이렇게 유대인이 경영하는 술집은 마을 생활의 필수불가결한 곳으로서 여인숙, 결혼식장, 상점이 결합된 장소였다. 낮은 천장과 더러운 바닥, 담배 연기, 식초, 땀 냄새에 절은 아주 더러운 장소였지만, 선술집은 농민들이 들판에서 탈출하고, 결혼을 축하하고, 노래를 들을 수 있는 곳이었다.[11] 선술집은 마음 놓고 취할 수 있는 장소였고, 설탕이나 못처럼 꼭 필요한 물건을 살 수 있는 곳이었으며, 지주들은 이런 것으로도 돈을 벌었다. 좋은 술집은 보리시, 크바스, 피로기를 내놓았고, 시원치 않은 곳은 소금에 절인 청어만 내놓았다. 모든 보드카 주당들이 좋아하는 청어 안주는 이곳에서 시작되었다.[12]

슈테틀의 생활은 주변을 둘러싼 농촌과 멀리 떨어진 법이 없었다. 그 생활은 계절의 리듬을 따랐다. 많은 유대인들에게 '농사 달력'은 종교 달력과 같이 지켜졌다. 이 달력은 종달새가 아프리카의 겨울 거처에서 돌아오는 봄에 시작되었고, 관찰력 있는 유대인은 꽃을 피우기 시작하는 나무를 축복했다.

여름이 가을로 바뀔 때가 밀 추수 시기다. 유대인들은 유월절 무교병을 위한 특별한 밀가루를 필요로 했다. 많은 유대인들은 비유대인 농부들에게서 작은 땅뙈기를 사서 이 밀을 직접 경작했다(나의 할아버지 가족은 이런 면에서 예외적이었다. 그들은 밀을 직접 재배해서 사람들에게 공짜로 나누어주었다). 추수가 끝나고 얼마 안 있으면 '작은 디아스포라 사과'라고 불리는 검은 베리 열매가 나타난다. 여기서 나온 주스는 토라 양피지에 잉크로

쓸 수 있을 만큼 아주 검다. 그 빛깔이 이국 생활의 어둠을 회상시킨다고 해서 그런 이름이 붙었다. 그런 다음 진짜 사과를 추수한다. 단 사과는 나팔절에 먹었다. 신 사과는 '소돔의 사과'라고 불리고, 야생 사과는 '공동묘지의 사과'라고 불린다. 숲속에 야생으로 자라는 아주 작은 콜 니드레 배는 유월절에 맞추어 딸 수 있다. 그 후에는 겨울을 위해 사우어크라우트 sauerkraeut라고 불리는 독일식 김치를 담가야 한다. 이것은 첫서리가 내리기 전에 만들어야 했다.[13]

유대인과 기독교인은 술집의 중립적 공간에서 술을 같이 마실 수 있었지만, 교회나 시나고그를 갈 때가 되면 그들은 서로를 의심과 경멸이 섞인 눈으로 바라보았다. 기독교인들이 보기에 유대인은 영원히 그리스도의 적이었다. 유대인이라는 존재는 장사를 위해서는 필요했지만, 그들의 종교, 이상한 언어, 석연치 않은 의식은 위협적이고 병적인 신비를 담고 있었다. 유대인들은 피의 희생 재판과 이에 따른 폭동의 두려움에 항시 시달려야 했다. 유대인들이 유월절 무교병을 만들기 위해 피를 필요로 한다는 인식은 중세 때부터 뿌리를 깊게 내리고 있었다. 유대인들이 납치나 살해를 할 수 있다는 의심이 불러일으킨 공포는 많은 생명을 앗아갔다.

두 종교의 분리는 관습으로 나타났고, 법에 의해 강화되었다. 19세기 이전 기독교인이 유대교로 개종하면 이에 대한 징벌은 죽음이었다. 만일 유대교인이 기독교로 개종하면 그는 그들의 가족에게만 죽은 사람이 되었다. 그러나 그가 다시 배교하여 유대교로 돌아와도 처형을 당할 가능성이 컸다.

이러한 위험 부담에도 불구하고 두 종교 공동체의 경계는 자주 무너졌다. 유대인들은 종종 기독교인 고용주를 위해 일했다. 그들은 또한 기독교인 하녀를 고용했다. 때로 그들의 접촉은 사랑으로 발전하기도 했다. 비

유대인과 유대인의 사랑이 공개적으로 알려진 경우는 드물었고, 그 이유는 이것이 비밀로 지켜져야 했기 때문이다. 우리가 알고 있는 근대 이전 사례의 대부분은 일이 잘못되었을 경우다.

그런 일이 1748년 10월 벨라루스의 모길레프Mogilev에서 일어났다. 아브라함이란 이름을 가진 유대인이 우크라이나 기독교도인 파라스카라는 여인과 불법적인 사랑을 한 죄로 법정에 섰다.

아브라함은 원래 기시아란 이름을 가진 유대인 여성과 결혼했지만, 그녀가 미친 것으로 보여 결혼식 후 그녀를 떠났다. 근처 소도시로 도망간 그는 기독교인 지주를 위해 일했다. 파라스카는 지주의 하녀였다. 아브라함과 파라스카는 사랑에 빠졌고, 파라스카는 임신했다. 그들은 새로 살 곳을 찾아 같이 떠났다. 길을 가다가 파라스카는 들판에서 출산을 했다. 그녀는 딸을 낳았다. 한 시간 후 신생아는 죽었다. 그들은 아기를 그 들판에 묻고 계속 길을 갔다.

그들이 다음 도시에 도착했을 때 파라스카는 말을 하지 않았고, 벙어리인 척했다. 아브라함은 나름대로 계획이 있었다. 그는 헤르슈코라는 이름을 가진 유대인 양조장 주인을 위해 일했다. 그는 헤르슈코에게 파라스카가 유대인이고 자신의 부인이라고 말했다. 그녀는 태어날 때부터 농아였기 때문에 이디시어나 히브리어를 한 마디도 할 수 없다고 설명했다. 헤르슈코의 부인이 파라스카를 돌보면서 그녀를 시나고그로 데려가 기도하는 법을 가르쳤고, 유대인 부인처럼 그녀의 머리를 짧게 깎아주었다. 아브라함의 말에 따르면 그는 파라스카가 유대교를 받아들이도록 압박을 한 적이 없었다. 그는 그녀의 개종을 그녀에게 맡겼다. 가장 중요한 것은 두 사람은 공식적으로 결혼하지는 않았지만 '서로를 버리지 않기로' 약속한 것이었다.[14]

이것이 아브라함이 말한 내용이다. 파라스카의 이야기도 상세한 부분까지 그의 이야기와 일치했지만, 단 하나 중요한 문제에서는 달랐다. 그녀는 딸이 태어났을 때 아기가 살아 있는 상태에서 내버려두고 떠났다고 말했다. 신생아를 죽도록 방치하는 것은 당시 그 지역뿐만 아니라 유럽 전역에서 흔히 있는 일이었다. 이것에 대한 벌은 통상 채찍질이었다. 그러나 판사는 파라스카를 처형하고, 아브라함은 기둥에 묶어 화형할 것을 명했다. 마지막 순간에 아브라함은 기독교로 개종하며 화형은 면했다. 1748년 12월 23일 두 사람 모두 빌나 로드Vilna Road에서 교수형을 당했다.

유럽 전역에서 유대인과 기독교인은 바로 옆에 살았지만, 관습, 종교, 법의 장벽에 의해 분리되어 따로 살았다. 그러나 두 집단은 초자연적인 것에 대한 보편적 믿음과 건강, 안정, 부에 영향을 주는 제대로 적용된 마술의 능력에 대한 믿음을 공유했다. 유대인과 기독교인은 자주 상대의 민속 치료법에 의지했다. 악령들이 방치된 집을 차지한 포즈난에서 유대인 공동체는 지역 예수회에 도움을 청했다.[15] 하시디 이야기는 유대인 여인들이 출산과 다른 질병 치료를 위해 비유대인 신앙 치료자들의 조언을 구하는 상황을 자주 언급했다. 바알 셈 토브도 현재까지 전해오는 편지를 보면 지나가는 집시들에게 치료법을 구했다.[16] 신비적인 빌나 가온도 리투아니아 기독교도 여인들에게서 약초 치료법을 배웠다. 기독교인들도 랍비와 기타 유대인 치료사를 찾아갔다. 그들은 바알 셈 토브가 성화한 샘물의 물을 마셨다. 그들은 불임에 대한 도움을 받고 미래에 대한 조언을 듣기 위해 기적을 행하는 랍비들의 의견을 들었다.

기독교 공동체에서 철저한 외부자인 유대인들은 저주를 불러오거나 영적 보호를 제공할 수 있었다. 유대인들은 이웃 기독교 주민들과 마찬가지의 많은 위험에 처할 수 있었지만, 폐쇄된 유대인 거주지역 안에서 그들은 대부분의 경우 스스로 그 문제들을 처리해야 했다. 떠돌아다니는 구마사들이 디부킴dybbukim이라고 알려진 죽은 영혼에 사로잡힌 사람들을 치료해주었다. 그들은 고집 센 유령을 계속 괴롭히고 조롱하여 악령에 사로잡힌 몸을 떠나도록 만들었다. 구마사가 카민케르 슈무엘처럼 위대한 랍비인 경우 그것은 분명히 효과를 보였다. 그렇지 않으면 결과를 보장할 수 없었다. 많은 증인이 보고한 1818년 바르샤바에서 일어난 사건에서, 화가 난 악령은 어린아이에서 떠나가는 것을 완전히 거부하면서, 그런 식으로 하면 "그 고통에서 결코 벗어날 수 없을 것이다"라고 말했다.[17]

구마사들은 죽은 사람들을 일대일로 상대했다. 그러나 전쟁이나 최악의 상황으로 역병에 의해 공동체 전체가 위협을 받을 때는 좀 더 극단적인 방법이 필요했다. 그 시점에 죽은 사람들은 집단으로 불려온다. 검은 결혼식Black Wedding 또는 슈바르체 하세네shvartze khasene에서 공동체의 두 남녀가 커다란 재앙을 물리치기 위해 결혼한다. 신부와 신랑은 마을에서 가장 가난한 사람 중에서 고른다. 신랑과 신부 중 한 사람 또는 두 사람 모두가 장애인이거나 여러 면에서 '결혼하기 어려운 사람'이다. 공동체 구성원들은 힘을 모아 지참금을 마련하고 그들에게 필요한 의상과 혼수를 마련해준다.[18] 결혼식은 공동묘지에서 진행된다. 수천 명이 결혼식에 참석하고, 흰 천으로 묘지 경계를 둘러서 유대인 주거지역과 외부 세계를 나눈다.

검은 결혼식에는 이중의 목적이 있다. 하나는 달래기다. 공동묘지에서 진행되는 결혼식은 죽은 사람들에게 주는 선물이다. 그러면 그들이 살아 있는 사람을 도울 것으로 기대할 수 있다. 다른 목적은 에티켓이다. 결혼식 행렬은 전통적으로 장례식 행렬보다 앞에서 간다. 그래서 결혼식이 진행되는 동안에는 매장을 기다리는 역병 희생자들의 발생을 막을 수 있다고 생각했다. 인류학 조사 보고의 언어를 따른다면 이것은 얼토당토않은 이야기일 것이다. 검은 결혼식은 소설에나 나올 법하지만 실제로 일어난 일이고, 우리 할아버지가 살던 잠브루프 유대인 거주지역에서도 진행되었다.

내 할아버지의 어머니인 디나는 멜빵 만드는 사람과 결혼했고, 1차 세계대전 후 남편은 그녀를 바르샤바로 데려갔다. 디나의 아버지 얀클은 곡물 상인이자 목재품 상인이자 골롬베크Golombek라고 불리는 커다란 유대인 농민 집단의 일원이었다. 《잠브루프 기록》에 의하면 얀클은 "유대인 거주지역 내에서 매우 교양 있고 이상적인 가장"이자 "시온에 대한 사랑이 가득하고 올곧은" 인물이었다.[19] 그 밑에서 일하는 사람들이 수시로 와서 우유를 탄 커피를 마시고, 과자를 먹고, 세상 돌아가는 일을 논의했기 때문에 그의 집은 일주일 내내 사람들로 가득 찼다. 가장 자주 오는 손님은 얀클의 동생인 메이르와 그의 부인 라이즐이었다.

《잠브루프 기록》에서 메이르는 1893년에 일어난 역병 때의 한 사건을 묘사했다. 당시 콜레라가 러시아와 폴란드를 휩쓸었고, 잠브루프도 큰 타격을 받아 수십 명이 사망했다. 이것을 막기 위해 사람들은 생각할 수 있는 모든 일을 했다. 그들은 일하는 것을 멈추고 시편을 낭송했고, 무료 마사지팀을 조직하고, 마을의 하천을 가로막은 댐을 제거했다. 거침없이 흐르는 하천물이 역병을 그 도시에서 씻어내주기를 기대한 것이었다. 그러나 그런 일은 일어나지 않았다. 그러자 그들은 더 강력한 조치를 취했다. 첫 번째로 한 일은 버려지고 망가진 기도책을 모두 모아 한밤중에 도시 공동묘지에서 촛불을 켜고 유대인 대표가 칼라바흐를 낭독하는 가운데 책 장례식을 치렀다. 그래도 역병은 기세를 멈추지 않았다. 그래서 도시 사람들은 마지막 카드를 쓰기로 했다. 바로 검은 결혼식이었다.[20]

사람들은 차나-옌타라는 이름을 가진 장애인 극빈자 소녀를 신부로 택했고, 신랑으로는 역시 장애인이며 문전걸식을 하는 노총각을 택했다. 공동체 사람들은 돈을 모아 그들에게 근사한 옷을 입히고, 가구가 딸린 집을 마련해주었다. 사람들은 빵을 굽고, 고기와 생선을 삶고, 결혼식 텐트를 만들었다. 물론 그 장소는 공동묘지였다. 결혼식 날 많은 사람들이 신랑 신부와 같이 그들의 결혼식장huppah으로 갔다. 공동묘지에서 돌아오는 길에 그들은 역병에도 굴하지 않고 춤을 추어서 "신랑 신부를 아주 즐겁게 해주었다". 영혼을 달래준 죽은 사람들의 청원을 들은 신은 화가 수그러들었고, 역병은 잠잠해졌다. 그 후로 검은 결혼식의 신부인 차나-옌타는 '도시의 며느리'로 알려졌고, 도시의 물 배달자라는 직업을 얻었다. 그녀의 남편은 공식 거지 인가장을 받았다.

이후 차나-옌타는 잠브루프에서 중요한 인물이 되었다. 그녀는 유대인 거주지역에서 가장 경건한 사람으로 여겨졌고, 사람들은 그녀에게 공경을 보였다. 메이르는 많은 사람들이 "그녀가 역병을 막는 데 매우 중요한 일을 한 것으로 믿었다"라고 기록했다. 차나-옌타도 이를 부인하지 않았다. 그녀는 다른 모든 사람과 마찬가지로 자신이 이 소도시를 재앙에서 구했다고 생각했다. 그녀가 무거운 물동이를 들고 집집마다 돌아다닐 때 그녀는 자부심을 느끼며 그 일을 했다. 그녀는 죽은 사람들에게 호의를 베풀었고, 이제 모든 산 사람은 그녀에게 빚을 진 것이다.

3장

무슬림들

무슬림에게 기도 시간을 알리는 무에진,
불가리아, 1912년경

대부분의 역사 동안 동유럽은 유럽의 끝이었다. 중세 초기 그 이유는 단순했다. 유럽은 기독교 세계였고, 그 세계는 이교도 통치자가 아직 장악하고 있는 곳에서 끝났다. 이교도들이 기독교 물결로 밀려나자 동유럽에는 또 다른 특정한 기독교적 경계가 그어졌다. 이곳에서 가톨릭 교회와 정교회가 마주했고, 로마와 콘스탄티노플, 라틴어와 그리스어, 고딕식 첨탑과 목조로 된 둥근 지붕의 경계가 형성되었다.

이곳은 긴장의 지점이었지만, 건널 수 없는 깊은 골은 아니었다. 오스만튀르크군이 발칸반도를 처음으로 침입한 14세기부터 시작하여 동유럽은 유럽대륙에서 가장 중요한 종교 경계선인 기독교와 이슬람교 사이의 경계선이 지나간 곳이었다. 무슬림 세력이 확장되면서 동유럽인들이 스스로를 생각하는 인식에 큰 영향을 미쳤다. 많은 기독교 통치자들은 기독교 신앙의 방어자 역할을 자임했고, 자신을 무슬림의 학살에 대항하는 마지막 보루로 내세웠다. 기독교 세계의 수호자Antemulale Christianitatis라는 신화는 폴란드, 알바니아, 세르비아, 크로아티아, 헝가리가 채택했고, 역사의 어느 시점에는 무슬림 적군과 전투를 벌인 모든 유럽 국가들이 채용했다.

기독교 수호라는 생각은 프로파간다였지만, 이것은 성, 성벽, 국경 초소, 감시탑 등 물리적 실체도 가지고 있었다. 하시디즘의 창시자인 바알 셈 토브는 1700년경 오늘날의 우크라이나에 위치한 '성 삼위일체의 요새'라는 의미인 '오코리 슈비엥테이 트로이치Okory Świętej Trójcy'에서 태어났다. 당시 폴란드-리투아니아와 튀르키예의 경계에 있는 요새인 이 소도시는 실제 그런 역할을 수행했다. 튀르크 사원의 첨탑이 보이는 폴란드-가톨릭 성채 안의 정교도 우크라이나인들 사이에서 이 유대인 신비주의자가 보낸 어린 시절은 당시 동유럽의 전형이었다.

그러나 민족주의적 역사가들의 항의에도 불구하고 동유럽은 단순히 요새였던 적은 없었고, 오히려 대문이었다. 그곳에서 무슬림과 기독교도가 서로 싸우기는 했지만, 서로 조우하고 뒤섞이고 부딪혔다. 에스파냐의 이슬람 지역인 알-안달루스Al-Andalus는 무슬림과 기독교도가 함께 생활하고 서로로부터 배운 유럽의 한 지역이라는 명성을 가졌다. 1492년 페르난도와 이사벨의 군대가 에스파냐의 마지막 이슬람 왕국을 몰아낸 이후에도 오랫동안 동유럽의 많은 지역은 이슬람 세계의 일부였다. 이곳은 지금도 여전히 유럽대륙에서 무슬림들이 몰려 사는 가장 크고 오래된 지역으로 남아 있다.

오늘날의 보스니아-헤르체고비나, 알바니아는 무슬림이 다수인 국가이고(코소보도 마찬가지다), 불가리아, 몬테네그로, 북마케도니아에는 상당수의 이슬람 소수민족이 거주하고 있다. 폴란드, 루마니아, 리투아니아, 벨라루스에는 오랜 세월 그곳에 살았던 무슬림의 흔적이 남아 있다. 당시 동유럽은 서아프리카에서 동남아시아까지 뻗은 이슬람 벨트의 여러 끝부분의 하나이자 이슬람 세계의 변방으로 유럽의 끝은 아니었다. 이렇게 보려면 우리는 보는 방향을 크게 바꾸어야 한다. 우리는 부다페스트 남쪽이나 빈 동쪽을 바라보지 말고, 이스탄불에서 서쪽, 카이로에서 북쪽을 바라보기 시작해야 한다.

10세기에 무슬림 여행가들이 모피와 노예를 찾아 동유럽에 오기 시작했다. 그들이 후세에 남긴 기록은 통치자들이 기독교로 개종하기 이전 폴란드인, 체코인, 마자르인에 대한 매우 좋은 역사 자료다.

당시 아바시드 칼리프왕국의 수도였던 바그다드는 모로코에서 중국에 이르는 교역망의 중심에 위치했고, 그 촉수는 시베리아와 스칸디나비아까지 도달했다. 무슬림 지리학자들은 세계를 일곱 개의 지평선 띠 또는 '기후대'로 나누었다. 북쪽 지역은 일곱 번째이자 가장 추운 지역으로 분류했고, 그곳은 놀랄 만큼 더럽고 야만성이 넘치는 지역으로 보았다. 페르시아와 메소포타미아의 정교한 정원 도시에 거주하는 무슬림 학자들이 보기에 이 얼어붙고 황량한 지역에 살고 있는 슬라브인들은 야수보다 조금 나은 존재일 뿐이었다.

그들이 보기에 슬라브의 동쪽 이웃인 튀르크인들도 이보다 크게 낫지 않았다. 그들 대부분은 아직 토속신앙인이었다. 그러나 불과 몇 세기 동안 그들은 이슬람으로 개종했을 뿐 아니라 중동의 이슬람 중심지의 주인이 되었다. 그들은 이에 멈추지 않고 이슬람 패권을 유럽에서 자신들의 세력이 미치는 가장 먼 곳까지 확장하여 아드리아해와 빈의 문턱까지 이슬람을 확산시켰다.

무슬림은 교역 때문에 유럽에 도래했지만, 정복으로 인해 그곳에 머물렀다. 이 과정은 1345년 발칸반도에 튀르크 병사들이 처음 도착하면서 시작되었고, 1682년 오스만제국이 포돌리아를 정복할 때까지 지속되었다. 이 3세기 동안 오스만제국은 유럽대륙에서 가장 강한 군사 세력으로 발전하여 발칸반도 전체와 우크라이나, 루마니아의 일부, 헝가리 상당 부분을 자신의 통치 아래 두었다.

이러한 대단한 정복은 동유럽의 거대하고 다양한 지역을 무장 변경지역으로 바꾸었다. 이슬람과 기독교 영역 사이에 철의 장막 같은 것은 없었다. 물리적 경계 대신에 제한적 주권의 영역이 있었고, 이 지역은 곧 온갖 종류의 전사와 용병으로 채워졌다. 이슬람 진영에서는 가지ghazi 기사들이 넉넉한 토지의 하사를 기대하며 자신들의 신앙과 술탄을 위해 싸웠다. 여기에다가 걸어서 이동하는 킵차크인과 말 위에서 살다시피 하는 노가이 타타르Nogai Tatars 같은 유목민들이 이슬람뿐만 아니라 자신들을 위해 싸웠다. 그들은 노예와 노획물을 찾아 우크라이나와 루마니아 깊숙이 파괴적 습격을 감행했다.

기독교 측에서 국경의 전사들은 다양한 모습을 띠었다. 크로아티아 해안에는 우스코크uskok 해적이 활동했고, 합스부르크제국 군사지역에는 판두르pandur와 그렌제르grenzer 병사들이 있었고, 헝가리에는 하이두크hajduks가 활동했다. 이 모든 집단은 국경 지역의 불안을 이용하여 자신들의 습격, 약탈, 노예무역을 신앙의 이름으로 정당화했다. 그러나 야만성이나 침략자들로부터 자신들의 독립을 철저하게 방어하는 자세에서는 그

중 누구도 우크라이나 스텝 지역의 코자크를 능가하는 집단은 없었다.

코자크의 기원은 잘 알려지지 않았다. 그들은 도망자로서 삶을 시작했다. 우크라이나 남부의 황무지에서는 러시아와 폴란드-리투아니아에서 온 농노들이 자유농민으로 새 삶을 시작할 수 있었다. 그 대가는 끊임없는 경계였다. 국가의 보호를 받지 못하는 그들은 스스로 법이 되어야 했다. 점차적으로 그들은 이웃한 튀르크 부족들의 생활 방식을 채택하고, '코자크 집단'이나 군대로 느슨하게 조직된 독자적인 기마 전사들이 되었다. 코자크는 러시아, 폴란드-리투아니아, 오스만 영역의 주민들을 상대로 대대적인 습격을 전개했다. 오늘날 그들은 처음에는 폴란드-리투아니아에 대한 격렬한 반란을 일으키며 유대인 마을들을 불태운 재앙으로, 후에는 러시아제국의 변방 전투원으로 기억되고 있다. 그러나 코자크는 스스로를 신앙의 방어자라고 생각했다. 그들은 가톨릭과 이슬람 모두에 대항하여 정교회 신앙을 위해 싸웠다. 바이다Baida의 노래보다 이들이 자기 이미지를 더 잘 표현한 것은 없다.

실상을 보면, 전형적인 변경 지역 군벌인 드미트로 비시네베츠키는 자신에게 좀 더 큰 보상을 제공하는 사람에게 항시 자신의 충성을 제공할 준비가 된 약삭빠르고 무자비한 코자크 지도자였다. 폴란드 국왕을 위해 그는 타타르의 습격을 막기 위한 용도로 드니프로강의 한 섬을 요새화했다. 이반 뇌제를 위해 그는 캅카스로 군대를 보내고, 이것을 이용하여 돈강 상류와 하류를 오가며 습격을 했다. 그 자신이 한 말에 따르면, 그는 노예를 잡아오기 위해 코자크를 이끌고 크림반도로 원정을 떠났다. 모스크바공국과 리투아니아 모두 그의 전쟁욕을 더 이상 방관하지 않았을 때 그는 좀 더 많은 앞으로의 약탈 기회를 위해 몰다비아 군주에게 자신의 운을 걸었다.[1]

비시네베츠키는 죽으면서 전설적인 코자크 남성성의 화신인 바이다로 환생했다. 바이다는 100여 개의 코자크 민요 또는 두마duma의 주인공으로 등장한다. 가장 유명한 것 중 하나인 〈차르타운의 작은 광장〉에서 그는 갑자기 혈혈단신으로 이스탄불에 나타난다. 그는 여러 날 동안 계속 술을 마셔댄다. 그의 호방함에 감탄한 튀르크 술탄은 바이다에게 자기 딸과의 결혼을 제안한다. 그러나 바이다는 "너의 딸은 아름답다 / 그러나 너의 신앙은 저주받았다"라며 이 제안을 걸어찬다. 격분한 술탄은 바이다를 잡아서 줄에 매단다. 갈비뼈가 창에 찔린 채 매달린 바이다는 3일 동안 극심한 고통을 겪는다. 그러다 수를 써서 활을 얻은 그는 술탄과 그의 딸에게 화살을 쏘았는데, 아슬아슬하게 빗나간다. 그는 결국 죽음이라는 달콤한 해방을 맞는다. 이렇게 타협할 줄 모르고 술고래인 그는 신화의 영역으로 들어갔다.

우리 가족의 한 일족도 거의 신화적인 변경 지역 폭력에 의해 생겨났다. 우리 외할머니는 우크라이나에서 태어나 빌뉴스에서 자랐다. 그러나 그녀의 성인 테레베슈는 헝가리 이름이다. 귀족이었던 그녀의 가족은 아마도 16세기 말 폴란드-리투아니아의 왕으로 선출된 트란실바니아 공후의 신하로 폴란드에 온 것 같다. 그 전에 그들은 국경 지역 전사였다. 그들의 문장紋章은 갑옷 장갑을 찬 손으로 쥔 칼에 꽂힌 수급首級이었다. 죽은 사람의 머리는 외할머니 여동생이 낀 가족 인장 반지에도 새겨졌다.

나는 이 반지를 어려서는 보지 못했지만, 나의 상상 속에서는 귀족 시절의 과거와 나를 잇는 유일한 연결고리로 크게 빛났다. 이것은 우리 가족이 어디 출신인지에 대한 중요한 단서다. 공식 문장학紋章學에서 죽은 사람의 머리는 앞머리와 늘어진 콧수염을 하고 있었고, 이것은 그가 튀르크인이라는 분명한 표시였다. 테레베슈 가문은 귀족이 되기 전에 평범한 병사였다가 오래전 잊힌 용맹스러운 행동, 즉 적의 머리를 벤 공으로 귀족이 된 것이다. 이것이 후에 포카혼타스로 명성을 얻게 된 존 스미스에게 일어난 일이다. 스미스는 '신세계'로 오기 전 또 다른 트란실바니아 공후의 용병이었다. 1602년 그는 포위당한 와중에 세 명의 튀르크 병사 목을 베었다. 이에 대한 보상으로 그의 공후는 방패의 삼각형 안에 세 명의 머리가 그려진 문장을 그에게 하사했다.

적의 머리를 베는 것은 전선에서 자주 일어나는 일이고, 매우 중요한 공훈이었다. 1661년 오스만 병사이자 모든 시기를 거쳐 활기 있고 위대한 여행 작가였던 에블리야 첼레비는 술탄의 헝가리 원정에 참여하여 기독교인을 상대로 한 전투에 나섰다. 그날 전투는 혼란스러웠고, 진흙탕 싸움 같았다. 그러나 전투 끝부분에 술탄의 군대가 승리한 것처럼 보였다. 배변 자극을 느낀 에블리야는 전장에서 일을 보기로 했다. 그가 배변을 거의 마쳤을 때 이교도 병사가 잡목숲에서 튀어나와 그를 덮치며 두 사람은 땅에 뒹굴었다. 아직 바지가 발목에 걸친 채 자신의 똥에 범벅이 된 에블리야는 순간 자신이 '똥을 뒤집어쓴 순교자'가 될 것이라고 생각을 했다.

그러나 에블리야는 순식간에 적병을 잡아 그의 가슴을 칼로 찔렀다. 이제 그는 피로도 범벅이 되었다. 그는 자신이 '똥을 뒤집어쓴 전사'가 된 것을 보고 큰 웃음을 터뜨렸다. 그런 다음 그는 기독교인 병사의 돈주머니를 취하고 그의 목을 베었다. 그리고 그것을 들고 이스마일 파샤에게 갔다.

"운 나쁜 적의 머리들이 이렇게 구르기를 기원합니다"라고 말하며 나는 이스마일 파샤의 손에 입을 맞추고 차렷 자세로 섰다. 내 옆에 있던 사람들은 고약한 냄새 때문에 내게서 멀리 떨어졌다.

"나의 에블리야여, 너에게서 고약한 똥 냄새가 나는구나." 파샤가 말했다.

"주군이여, 제가 어떤 고초를 겪었는지를 묻지 마시기 바랍니다."

그런 다음 내게 일어난 일을 차근차근 설명했다. 승리 축하연에 모여 있던 장교들이 미친 듯이 웃어댔다. 파샤는 내게 금화 50개와 은으로 된 터번 문장紋章을 하사했고, 나는 더할 나위 없이 흡족했다.[2]

이슬람과 기독교 전선에서 야만적인 폭력이 갑자기 희극으로 바뀔 수 있는 것처럼, 상호 혐오도 형제애로 바뀔 수 있었다. 이것은 어느 감정이 그 순간에 더 득이 되고 신중한 것이 되는가에 달려 있었다.

16세기에 기독교도인 우스코크는 아드리아해의 무서운 해적집단이었다. 오늘날 크로아티아에 속한 세니Senj 항구를 근거지로 우스코크는 성스러운 전사라고 자처했지만, 오스만 선박, 베네치아 선박 할 것 없이 마구 약탈했다. 그러나 때로 해적들도 타협을 해야 할 때가 있었다. 1580년대 자국 땅에 대한 습격을 줄이기를 원한 오스만 정부는 우스코크가 노획한 포로들에 대해 몸값을 지불하는 것을 금지했다. 지역 차원에서 이 금지 조치는 아무에게도 이익이 되지 않았다. 이것은 국경 지역의 오스만 병사들을 위험에 노출시켰을 뿐만 아니라, 우스코크에게는 주요한 수입원을 박탈했다. 그래서 해적 대장과 지역 튀르크 행정 책임자인 베이는 협상을 시작했다. 두 사람은 포로의 종류에 맞는 지불금을 합의하고, 엄청나게 술을 마시며 서로 피의 형제가 되기로 약속하면서 협상을 마쳤다. 그런 다음 두 사람은 "한 침대로 가서 서로의 팔을 베고 잠을 잤다".[3]

다른 상황에서 우스코크는 어느 지역의 튀르크 지사aga와 조약을 체결했다. 기독교인인 해적들은 그 땅을 안전하게 통과하는 것을 보장하면 그의 지방을 약탈하지 않겠다고 약속했다. 그들은 오스만 병사들이 자신들의 땅을 그냥 통과하도록 허용하지 않는다는 것을 알고 있었다. 그것은 수치스러운 일이었다. 그래서 그들은 튀르크인들이 체면을 살리도록 자신들을 향해 총을 한두 방 쏘는 것에 동의했다.

총을 쏘되 너무 많이 쏘지 말고, 그것도 정확하지 않게 쏘아야 했다. 이것이 불편한 배려 문제에 대한 해결책이었다. 전선 양쪽에 있는 기독교인들에게 우스코크는 민요로 축하해야 할 영웅들이었다. 이러한 민요들은 그들이 소위 적들과 얼마나 다정한 관계였는지를 제대로 반영하지 않았다. 이와 유사한 긴장이 동유럽 지역 전체의 민요에 나타난다. 발칸반도에서 서사 민요의 주인공은 마르코 왕자, 요한 후냐디, 불을 뿜는 용 부크 같은 기독교 통치자나 장군이었다. 그들은 14세기와 15세기에 계속 밀려오는 튀르크인들의 정복의 물결에 용감하게 대항했다. 세르비아의 유명한 영웅 민요 〈코소보 전투〉의 주인공 밀로슈 오빌리치는 오스만 술탄을 암살한 것으로 유명하다. 그러나 그의 공훈은 주 전투에서 이미 패배하여 세르비아군이 격파된 다음에 이루어졌다.

〈코소보 전투〉 같은 남슬라브 서사 민요는 주로 유혈과 종교 간 갈등에 대한 이야기를 담고 있다. 그런데 자세히 읽어보면 여기에는 그 이상의 의미가 담겨 있다. 민요의 주인공들은 술탄을 위해 일하기도 하지만, 그에 대항하기도 한다. 술탄의 명령을 받은 그들은 무슬림 영웅이나 노상 강도와 싸우는데, 이 호적수들은 힘과 용맹성에서 기독교인 영웅들에 뒤지지 않는다. 기독교인 왕자인 마르코는 괴물 같은 무슬림 강도인 무사 케세지야와 싸울 때 요정인 빌라vila의 도움을 받고서야 그를 무찌른다. 세 개의 심장이 뛰고 있는 적의 가슴을 칼로 찢으라는 빌라의 조언대로 무사를 죽인 마르코는 흐느낀다. 자신보다 뛰어난 자를 죽인 것을 깨달은 것이다.

다른 상황에서 마르코 왕자는 보스니아 무슬림의 가장 위대한 영웅 알리야 제르젤레즈 또는 알리야 마체-비엘더와 싸우게 되었다. 날개가 달린 말을 타고 다니는 알리야는 장정 스무 명의 힘을 가지고 있었다. 마르코와 마찬가지로 그도 거대한 콧수염을 길러서(이것은 발칸 지역 남성성에서 필수불가결한 특징이다), 마치 그가 치아에 검은 양을 가지고 있는 것처럼 보였다. 한 이야기에 따르면 두 사람은 같은 꿈을 꾸었고, 그 꿈에서 두 사람은 자신보다 더 강한 사람을 찾아 세상을 샅샅이 찾아다니라는 신탁을 받았다. 드디어 두 사람이 서로 만났을 때 마르코는 울면서 알리야를 껴안고, "신이여 감사합니다. 나의 피 같은 형제를 찾은 오늘이라는 날이 왔습니다"라고 외쳤다.[4] 알리야는 그의 이마에 입을 맞추었고, 두 사람은 성스러운 우정의 맹세를 하고 들판을 떠났다.

기독교-이슬람 경계 지역은 대단한 폭력과 갑작스러운 우정, 그리고 무엇보다도 계속 변화하는 충성의 장소였다. 무섭기도 하고 매력적이기도 한 이런 상황은 동유럽의 무슬림에 대한 우리의 이미지를 형성하는 데 큰 역할을 한다. 그러나 대부분의 무슬림 생활은 전선에서 멀리 떨어진 곳에서 비교적 평온한 가운데 진행된다. 공중목욕탕과 여관에서, 포차Foča 나 카로노바트Karnobat 같은 한적한 소도시에서, 사라예보나 소피아 같은 대도시에서 말이다.

오스만이 점령한 발칸반도는 500년 동안 이슬람 세계의 한 부분이었다. 이 기간은 라틴아메리카가 가톨릭 지역이 된 것보다 더 길었다. 그러나 이 긴 세월 동안 이루어진 것을 구별해내는 것은 어려울 수도 있다. 역사기록학이 여기에서 중요한 역할을 한다. 남동부 유럽의 이슬람에 대한 이야기는 고아처럼 고립된 역사다. 발칸반도의 기독교 국가 출신 역사가들은 오스만 통치 기간을 문화적 핵겨울nuclear winter로 다루는 경향이 있다. 이 기간에는 아무것도 자랄 수 없고, 새로운 싹도 날 수 없다. 그러나 이보다 진실에서 먼 경우는 없다.

발칸 지역의 모든 도시적 기본 구조는 오스만제국이 만든 것이다. 보스니아와 알바니아에서 가장 큰 도시인 사라예보, 모스타르Mostar, 티라나Tirana는 모두 오스만제국이 놓은 기초 덕분에 존재하게 되었다. 불가리아에서는 플로브디프Plovdiv와 소피아가 오스만제국에 의해 완전히 재건설되었다. 오스만 기술자들이 너무도 아름다운 송수로, 도로, 다리를 만들어서 그것의 건설 과정은 신화가 되었다. 오스만제국 시대에 이스탄불-베오그라드 고속도로를 따라 여행하는 것은 전문가가 지은 한 여관khan에서 다른 여관으로 사방치기 하듯 이동하는 것을 의미했다. 도시에서는 돌로 지은 시장인 베데스텐bedesten이나 사라예보 구시가지에서 여전히 볼 수 있는 지붕이 덮인 쇼핑 거리인 아라스타arasta에서 물건을 사고 팔 수 있었다. 사라예보는 그 자체가 이슬람 변경 사령관인 이사 베이가 만든 거대한 대상大商 여관caravanserai을 중심으로 성장했다.[5]

발칸 지역은 더 넓은 이슬람 세계의 한 부분 ─ 종종 다소 따분한 곳 ─ 이었지만, 이 지역은 정치, 종교, 교역의 수많은 연계로 이스탄불의 가장 높은 곳과 연결되었다. 당시 60만 명이었던 이스탄불의 인구는 파리의 두 배였고, 런던의 세 배였다. 기독교인과 무슬림이 같이 일한 거대한 공급 조직이 이 도시의 육류와 곡물을 공급했다. 이 작업은 너무 중요해서 제국 행정 당국도 일이 잘못되지 않도록 이 조직에 세심한 주의를 기울였다. 소피아의 상인 길드에는 금세공업자 10명, 신발 제작자 7명, 여관 주인 4명, 채소 장사 2명, 옹기 장사 1명, 나룻꾼 1명, 염소 털 짜는 사람, 기독교인 셔벗 장사 2명(그중 한 사람은 무슬림 비밀경찰의 첩자였다)이 포함

되어 있었다.[6]

보스니아와 알바니아를 무슬림이 다수인 국가로 만든 거대한 개종 물결을 가져온 것은 갑작스러운 배교가 아니라 이런 오랜 공생의 역사였다. 발칸 지역 전역에서 기독교인들은 자신들이 살고 있는 이슬람 제국이 제공하는 느리게 작동하면서 끌어당기는 기회와 유인에 굴복했다. 이와 동시에 아나톨리아 지역과 더 동쪽 지역에서 온 이민자들은 자신들을 둘러싼 환경에 녹아들었다.

―――――

오스만제국은 자신의 신앙을 버릴 준비가 된 기독교인들에게 많은 기회를 제공해주었다. 술탄의 육군과 해군은 이탈리아, 그리스, 세르비아, 헝가리에서 온 이탈자들로 넘쳐났다. 19세기에 이런 이탈 군인들은 너무 많아서 그들로만 구성된 연대는 '배신자 부대'라는 명칭을 받았다. 그러나 신앙의 경계선을 넘어선 사람들 모두가 자신의 의지로 그렇게 한 것은 아니었다. 많은 사람들이 폭력으로 인해 전쟁포로나 타타르 습격의 포로로 잡혀 왔다. 타타르는 이 포로들을 지중해에 있는 여러 노예 시장에 팔았다. 이것이 오스만제국 황후 록셀라나가 이스탄불까지 오게 된 경위다. 우크라이나 정교회 사제의 딸인 그녀는 하렘에서 술레이만 대제가 가장 아끼는 부인이 되었고, 그의 후계자들의 어머니가 되었다. 그러나 록셀라나의 운명은 예외적이었다. 좀 더 전형적인 이야기는 1580년경 알바니아에서 태어난 테오도라 테데아의 경우다. 그녀는 24세 때 튀르키예 노예 선박에 포로가 되어 오스만제국의 무슬림 남자와 결혼했다. 몇 년 후 그리스정교회 기독교인이 그녀를 데려다가 나폴리에서 이탈리아 남자에게

팔아넘겼다. 그녀는 종교 재판에서 자신의 이야기를 털어놓았고, 결국 자유를 되찾았다.[7]

이탈리아의 종교 재판 문서고에는 테오도라 같은 이야기가 넘쳐난다. 오스만제국의 무슬림들은 기독교 땅에서 온 노예에 크게 의존했고, 많은 기독교인들도 무슬림 노예를 소유했다. 국경 지역에서의 생활은 남자와 여자 모두에게 위험해서 한순간의 방심으로 수십 년 동안 이슬람 국가의 궁전 노예나 갤리선에서 노를 젓는 노예로 생활할 수도 있었다. 이것은 존 스미스에게도 거의 일어날 뻔했다. 그는 세 명의 튀르크인과 모험을 한 후 포로가 되어 튀르크 귀족에게 팔려갔으나 폴란드-리투아니아를 거쳐 영국으로 돌아오는 데 성공했다.

포로 생활은 절망적 운명이었다. 그러나 일부 기독교도 여인들은 자발적으로 오스만제국에 발을 들여놓음으로써, 기독교 세계에서는 성적 차별 때문에 닫혀 있던 새로운 기회의 문을 열어젖히기도 했다. 1718년 오늘날의 벨라루스 땅 가톨릭 가정에서 태어난 살로메아 필스틴은 오스만제국에서 일하던 루터교도 의사와 결혼했다. 살로메아는 의학을 공부해서 안과의사로 일하기 시작했다. 남편이 그녀를 버리자, 그녀는 처음에는 에디르네Edirne, 다음에는 소피아에서 혼자 의사 일을 계속했다. 그러다 그곳에서 그녀는 더 수지맞는 일을 시작했다. 몸값을 받아내는 것이었다. 그녀는 노예 상인들로부터 오스트리아 군대의 장교 포로들을 사서 그들의 귀환을 조건으로 가족들에게서 돈을 받았다. 그녀는 피헬슈타인(폴란드어로 필스틴)이란 이름을 가진 슬로베니아 출신 독일인 장교를 스스로 택해서 그와 결혼했다. 두 사람은 상트페테르부르크로 갔고, 그녀는 안나 황제의 궁정에서 여성들을 치료했다. 몇 년을 더 돌아다닌 끝에 그녀는 바람을 피우고, 돈을 갈취하고, 자신을 독살하려 했다는 이유로 피헬슈타인과 이혼했다. 이후에도 살로메아는 여러 황당한 비난에 시달려야 했다. 일례로 이스탄불의 유대인 경쟁 의사는 자신의 환자를 뺏기 위해 그녀가 사악한 마법을 쓴다고 생각했다. 그렇지만 그녀는 스스로의 힘으로 술탄 무스타파 3세 하렘의 안과의사가 되었고, 그런 다음 크림반도로 가서 크림 칸의 하렘의 전속 의사가 되었다.

살로메아는 자발적으로 종횡무진했지만, 많은 경우는 그렇게 운이 좋지 못했다. 고향에서 잡혀 온 수많은 전쟁포로들은 잃어버린 고향을 그리워하며 여생을 보냈다. 대부분의 불운한 사람들에게 고향으로 갈 수 있는 최고의 희망은 하늘의 은혜라는 형태로 왔다. 사라예보에서 전해져 내려오는 한 민담은 1697년 유진 왕자의 무서운 습격 때 포로가 된 그 도시 출신 한 여인의 운명을 담고 있다. 빈으로 끌려간 그녀는 왕자의 방들을 청소하는 일을 맡았다. 모든 방을 들어갈 수 있었지만, 단 하나의 방은 예외였다.

왕자가 멀리 출타한 날 그녀는 비밀의 방 문을 열었고, 그곳에서 유대인 모자를 쓴 노인을 만났다. 그는 그녀가 어떻게 살아왔는지와 어떻게 하다가 이 낯선 이교도들의 도시로 오게 되었는지를 물었다. 그녀는 사라예보에서의 생활과 도시의 파괴, 유진 왕자가 자신을 빈으로 데려온 경위를 설명했다. 그런 다음 노인은 그녀가 사라예보 서쪽에 있는 마그레비 모스크를 아는지 물었고, 그곳으로 가고 싶냐고 했다. 그녀가 고개를 끄덕이자 노인은 "내 옷 위에 서서 눈을 감아라!" 하고 명했다. 그녀는 그의 옷을 밟고 서서 눈을 감았다. 눈을 떴을 때 그녀는 자신이 사라예보로 온 것을 깨달았다.[8]

사라예보에서 온 여인을 도와준 익명의 수피Sufi처럼 기적을 행하는 성인들은 동유럽의 위대한 통합자였다. 그들의 무덤은 온갖 신앙의 숭배자들을 끌어모았다. 그들은 모든 추종자들에게 자비를 베풀었다. 성 니콜라스(산타클로스)나 성모 마리아도 무슬림 추종자를 가지고 있었고, 기독교도들도 무슬림 성자의 무덤을 자주 찾아갔다. 기독교도들과 무슬림들은 많은 종교 축일을 같이 축하했다. 크리스마스 때 알바니아의 무슬림들은 가톨릭 교인들이 크리스마스 장작 자르는 것을 도와주었고, 가톨릭 교인들은 바이람Bajram 경축에 참여했다. 성자 축일에는 모든 사람들이 야외 성전에 모여 기도하고 축복을 받았다.

이러한 종교 혼합주의syncretism는 토속신앙에도 반영되었다. 기독교인들과 무슬림들은 같은 종류의 민간 의학에 의존하고, 상대의 전통을 훔쳐다가 치료에 사용했다. 무슬림들은 기독교 성상화에 입을 맞추고, 자녀들이 기독교 세례를 받도록 했다. 병을 앓고 있는 기독교인들은 무슬림 데르비시dervish나 영성형제회 사람을 불러 쿠란을 낭독하게 했다. 폴란드와 리투아니아에서 무슬림 타타르인들은 간질병과 마음의 병을 치료하는데 매우 뛰어나다는 평판을 얻었다. 2차 세계대전 전 도시 거주 기독교도와 유대인들은 정신병을 앓고 있는 가족들을 농촌의 무슬림 가족에 보내는 관습이 있었다.

알바니아에서처럼 이슬람과 기독교 신앙이 정교하게 서로 엮인 곳은 없었다. 한 고산 지대 주민 집단은 세 개의 분파로 나뉘어 있었다. 하나는 무슬림, 또 하나는 가톨릭, 세 번째도 가톨릭이지만 돼지고기를 먹지 않았다(이 집단의 가장 유서 깊은 가족의 맏아들이 개종했지만, 둘째 아들은 그러지 않았고, 셋째 아들은 맏형을 존중하여 할랄을 준수했다). 1638년 코소보의 알바니아 마을을 방문한 이탈리아 수사는 다음과 같은 말을 들으며 무슬림 가

정의 환영을 받았다. "들어오십시오, 신부님. 우리집에는 가톨릭 신자, 무슬림, 정교도가 있습니다." 충격을 받은 그는 알바니아인들은 "종교의 다양성을 영광스럽게 생각하는 것 같다"라고 보고했다.[9] 베크타시 수피들 Bektashi Sufis이 "무함마드와 그리스도는 형제다"라고 설법하는 것을 그가 들었다면 과연 어땠을까?

───────

동유럽의 무슬림 성자 중 카멜레온 같은 사리 살티크만큼 많은 정체성을 가지고 다양한 신앙 숭배자들인 추종자를 끌어모은 사람은 없었다. 그는 발칸 지역 무슬림들의 가장 뛰어난 민중 영웅이었다. 변신할 수 있고, 마술을 부리고, 전사이며, 관중이 많은 종교 경기의 고수이고, 학식이 많은 논쟁자였다. 가장 놀라운 사실은 살티크가 실존 인물이었던 것처럼 보인다는 것이다. 그는 13세기경 금칸국(몽골제국에서 파생한 국가로 남부 러시아와 인근 스텝 지역을 지배했다)의 유목민들을 이슬람으로 개종시킨 종교 지도자였다. 기적으로 유명해진 바알 셈 토브, 잔 다르크와 같은 다른 역사적 인물들과 마찬가지로 사리 살티크는 짧은 시간에 신화로 부풀려진 전설을 갖게 되었다.

사리 살티크는 마법의 말을 타고 다녔고, 뚫을 수 없는 방패를 들고 다녔다. 그의 목검(한때 선지자 무함마드가 소유했던)으로 그는 바위를 갈랐다. 그는 사이프러스 지팡이로 거룩한 샘이 솟게 할 수 있었다. 그는 기독교 기사들뿐만 아니라, 무슬림 정령djinns과 마녀들과도 싸웠다. 자주 비견되는 성 게오르기처럼 용들도 죽였다. 그는 용들에게 무슬림이 되는 선택권을 주었고, 그것을 거부하는 경우에만 죽였다.

그러나 사리 살티크가 싸우기만 한 것은 아니다. 그는 12개 언어를 말하고, 각 언어마다 말솜씨가 좋았다. 그는 종종 랍비나 사제인 척했다. 그는 복음서와 토라를 너무 잘 알아서 그의 설교를 듣는 청중들은 눈물을 흘렸다. 한 전설에 따르면 그단스크에서 그는 도시 대주교인 성 니콜라스를 죽인 다음 그의 의복을 입고 위장하여 많은 사람들을 이슬람교로 개종시켰다.

사리 살티크는 사후에도 사람들을 개종시키려 했다. 그는 죽기 전에 제자들에게 자신을 여러 장소에 묻으라고 명했다. "나를 여기 묻고, 저기에 있는 무덤을 파면, 각 무덤에서 나를 발견할 것이다!"[10] 살티크는 자신의 무덤이 순례지가 되고 개종자들을 끌어들인다는 것을 알았다. 그래서 여러 개의 무덤으로 그가 손을 뻗을 수 있는 곳이 늘어날 수 있었다. 기독교 땅에는 네 개의 관이 매장되었고, 이슬람 땅에는 세 개의 관이 묻혔다. 이 이야기의 다른 버전에 의하면, 그는 12개의 무덤 또는 40개의 무덤을 가지고 있다. 기독교 세계에서는 그의 무덤이 발견된 적이 없지만, 이슬람 땅에 그의 무덤은 곳곳에 있다. 이것은 너무 많아서, 오스만제국 내에 사리 살티크의 매장 장소는 "조지 워싱턴이 여기에 묵었다"라고 주장하는 미국 여관만큼이나 많다.

발칸 지역에서 사리 살티크의 무덤을 추적하는 것은 유럽 무슬림들의 꿈의 세계에 들어가는 것이다. 이 여행을 하다 보면 그가 발칸 전역에서 가장 신비한 장소를 택했다는 것이 바로 드러난다. 불가리아의 칼리아크라곶Cape Kaliakra에 그의 무덤은 바위 위에 있다. 산호가 가득 찬 흑해로 2킬로미터 정도 튀어나온 바늘 형태의 곶이 그의 무덤이 있는 곳이다. 알바니아의 크뤼요Krijë 지역에서는 무덤 하나가 산꼭대기 동굴에 있다. 이곳에서는 뒤레스Dürres에서 슈코데르Shkodër에 이르는 아드리아 해안을 내

려다볼 수 있다. 보스니아-헤르체고비나의 블라가이Blagaj 마을에서 살티
크의 무덤은 16세기 수피 여관tekija 아래에 자리하고 있다. 이 여관은 부
나강 어귀, 동굴이 딱딱한 석회암 절벽으로 쏟아져 내리는 바로 그 자리
에 위치하고 있다. 내가 그곳을 방문한 날 그 강은 범람했다. 노란 석류 관
목과 감나무에 둘러싸인 여관은 밝은 녹색 홍수 물 위에 떠 있는 것 같
았다. 내가 카펫이 깔린 숙소 방에서 강물이 떨어지는 것을 보고 있을 때
무에진muezzin이 발코니에서 오후 기도 시간을 알렸다. 내 머리 위에는 수
세기 전에 조각된 달, 별, 또 우주의 움직임 형태를 한 섬세한 천장 장식이
우주에 대한 사색에 영감을 주었다.

오늘날에도 운영하는 수피 교파의 본산인 블라가이 여관은 16세기 술
레이만 대제 시기 이후 이슬람 신비주의와 연계되었다. 그러나 사리 살
티크의 가장 아름다운 무덤은 교회 안에 있다. 성 나움Saint Naum 수도원은
955년 나움이 오흐리드 호수 위에 직접 세운 고대 수도원이다. 나움은 자
신의 수도원을 위해 가장 매혹적인 장소를 선택했다. 청록색 물결이 산속
바람에 흔들리는 유리판 같은 오흐리드호는 야블라니카산맥 한가운데
퐁당 떨어진 에게해의 물방울같이 생겼다. 수도원은 지금은 북마케도니
아와 알바니아의 국경이 된 해안의 한 지점에 서 있다. 이곳에는 여러 개
의 샘이 갈리치카산에서 흘러나온다. 그 샘물은 얼음처럼 차갑고 수정같
이 맑다. 땅에서 샘물이 솟아 나오는 지점은 키가 크고 담쟁이덩굴이 덮
인 떡갈나무들이 에워싸고 있고, 그 한가운데에 가지를 넓게 편 무화과나
무 한 그루가 서 있다.

성 나움 수도원과 사리 살티크를 연관 짓는 기록은 없지만, 전설을 믿
는 사람들에게 증거는 쉽게 눈에 들어온다. 수도회 교회 안 성 나움의 묘
지 위 프레스코에서 그들은 베크타시 종파 사람을 찾을 수 있다. 이 인물

은 정교회 수사 복장으로 위장했지만, 눈에 바로 띄는 수피 성자 또는 데르비시 모자를 쓰고 희생 제물을 바치고 있다. 그 옆의 벽에 새겨진 또 다른 데르비시는 사슴과 사자가 이끄는 마차에 앉아 있다.[11] 이것이 성자의 무덤에서와 같이 선지자 엘리야를 묘사한 것인지는 신경 쓰지 말라. 그것은 살티크가 이곳에 있게 되면서 이 그림에 숨어들어 왔거나 후에 보정된 것이다. 매년 7월이면 살티크의 추종자들이 이 수도원으로 와서 그들의 성자를 추모한다. 대부분이 마케도니아와 그 이웃 지역에서 온 집시들인 숭배자들은 수도원 옆의 해안에 텐트를 치고 촛불을 켜고 산 동물을 제물로 바치며 축일을 보낸다.

쿠르반kurban이라고 불리는 이러한 동물 희생 의식은 발칸반도 모든 지역에서 모든 사회 계층의 사람들에 의해 수행된다. 내 사촌의 장인인 토마시는 발칸 지역의 전통적 건축 양식과 신앙을 연구하는 인류학자였다. 그가 가족과 마케도니아 마을에 살 때, 그 가족의 가장은 그에게 양을 희생 제물로 바치도록 요구했다. 토마시는 불안했다. 희생 제물을 바치는 것은 위험 부담이 큰 일이었다. 잘못 진행했다가는 그해의 농사를 망칠 수 있었다. 그러나 그는 가족이 아니라 그 자신을 위해 이것을 하도록 요구받았다. 아직 희생 제물을 바치지 않은 성인으로서 그는 불행이나 건강 악화에 처하는 심각한 위험에 빠질 수 있었다. 이러한 관습은 단지 시골에서만 지켜지던 것이었다. 얼마 전 그가 눈병을 앓자, 소피아대학의 동료들은 닭 한 마리를 바쳐서 그가 치유되도록 도와주었다.

사리 살티크와 연관된 모든 무덤 중 동부 루마니아의 바다다그Badadag에 있는 무덤이 가장 오래되고, 가장 진짜 무덤일 가능성이 큰 것으로 보인다. 이미 14세기에 위대한 여행가 이븐 바투타가 그곳의 그의 무덤을 방문했고, 이후 오스만 술탄들도 그곳을 찾았다. 지칠 줄 모르는 에블리야 첼레비도 그곳을 방문했다. 바다다그라는 이름은 튀르크어로 '아버지 산'이란 뜻으로 도시 밖에 있는 한 쌍의 작은 언덕을 지칭한다. 이 언덕들은 수백 피트 높이에 불과하지만, 유럽에서 가장 평평한 장소인 도브루자 Dobruja 평야에 위치해서 거대하게 보인다. 이곳은 도나우강이 델타 지역으로 갈라지는 곳 바로 남쪽이다.

1600년대 에블리야 첼레비가 살티크의 무덤을 방문했을 때 그 성지는 이미 오래되어 보였다. 오스만제국이 이 지역을 떠난 후 이 무덤과 사원은 방치되었다. 1960년대에 그것은 거의 무너질 지경이었다. 최근에 튀르키예 정부가 이것을 복원했다. 놀랄 정도로 작고 납작한 이 건축물은 하얀 돌로 만들어진 작은 육면체 형이었고, 평범한 붉은 돔 아래 옹기종기 모여 있는 듯했다. 사리 살티크의 유명한 나무관 — 여러 개의 관 중에 마지막 것으로 추정되는 — 이 그 안에 있는 유일한 전시품이고, 그 옆에는 양동이와 대걸레가 있었다. 앞쪽에는 아랍 문자가 새겨진 몇 개의 고대 묘비가 오렌지색 참나리 들판에 서 있었다.

바다다그에서는 아무도 살티크의 무덤에 큰 신경을 쓰는 것 같지가 않았다. 무덤은 깔끔하게 잘 보존되었지만 방치된 상태였다. 그러나 사람들은 '아버지 산' 정상에 있는 마을에서 멀리 숨겨진 또 다른 사원에는 신경을 썼다. 나는 그곳을 참배하려고 가서 지도에서 그것에 대해 알아보았다. 그것은 사리 살티크보다 더 수수께끼에 싸인 인물인 데르비시 코윤 바바의 무덤이었다. 그는 중세 시기 아나톨리아의 깊은 내지에 살던 목동이었다. 그가 명성을 얻게 된 가장 큰 이유는 그가 결코 말을 하지 않았기 때문이다. 그는 아나톨리아를 떠난 적이 없는 것으로 보이는데, 그의 무덤이 어떻게 루마니아의 도시까지 오게 되었는지는 미스터리다. 아마도 사리 살티크와 마찬가지로 그는 뇌운雷雲을 타고 왔는지도 모른다.[12]

호기심에 사로잡힌 나는 그의 성지를 찾아서 '아버지 산'의 정상으로 올라갔다. 내가 정상의 난쟁이 떡갈나무 숲을 헤치며 나아갈 때 비구름이 서쪽에서 다가왔다. 나는 몇백 피트 위에서 소나기구름이 브라일라Brăila 쪽에서 들판 위로 몰려오는 것을 보았다. 내가 정상에 올라섰을 때 소나기가 쏟아지기 시작했다. 믿을 수 없을 정도의 소음이 아랫마을 쪽에서 올라왔다. 바다다그의 모든 닭, 병아리, 소, 양, 염소, 개가 즐거워서 혹은 겁을 먹고 울었다.

나는 그곳에서 무덤을 찾았다. 야생 박하와 붉은 야생화가 여기저기 핀 공지 옆에 앉았는데, 무덤 자체는 단순하고 현대적이었다. 묘비는 대리석이 조금 들어간 자갈로 만들어졌다. 부서진 콘크리트 조각으로 그의 시신의 윤곽을 표시했다. 금색으로 된 5개의 별 옆에 검은 페인트로 코윤 바바의 이름을 쓴 흔적이 남아 있었다. 무덤 한가운데 검은 흙에는 튤립과 작은 초들이 놓여 있었다. 그 위 모든 나무에는 갖가지 색의 천이 가지에 묶여 있었다. 그 천들의 화환이 내 머리 위에 걸려 있었고, 빗물을 떨구고 있었다. 어떤 것은 빨간색, 어떤 것은 노란색, 어떤 것은 얼룩덜룩했고, 또 어떤 것은 그리스 국기처럼 파란색과 흰색 줄무늬가 쳐 있었다.

산에서 내려오자 비가 그쳤다. 바다다그 흙길의 많은 웅덩이에는 빗물이 가득 찼다. 남녀 집시 아이가 큰 웅덩이를 들락날락하며 놀고 있었고, 아이들 엄마는 빗자루로 정원 타일의 물을 쓸어냈다. 그녀의 큰 고리 귀걸이와 금목걸이가 새로 뜬 햇빛에 반짝였다.

다양한 종교 숭배자들이 자애로운 공동의 샘에서 만나듯이 사리 살티크 같은 성인들의 성지는 만남의 장소 역할을 했다. 그곳을 찾아오는 사람들에게 개방된 이러한 무덤들은 시급한 영적 관용의 교훈을 가르쳐주었다. 그러나 성인들이 스승이 될 수 있다면 적수도 스승이 될 수 있다.

분쟁은 기도와 마찬가지로 가까운 관계에서 나타나는 한 형태다. 이러한 상호관계는 여러 세대에 걸쳐 공존을 위한 유연한 지혜를 터득할 수 있게 해준다.

폴란드-리투아니아는 근대 초기를 오스만제국과 갈등상태로 보내거나 적극적인 전쟁을 벌였다. 두 나라는 서로와의 싸움에서 큰 승리를 거두거나 비참한 패배를 맛보았다. 그럼에도 양국은 오래 지속된 접촉으로 일정한 친숙함이 생겼다. 때로 이런 관계는 작은 행동으로도 나타났다. 18세기 드네스트르강을 사이에 둔 양국 지휘관들은 서로에게 작은 선물을 보내기도 했다. 한 세기 반 후 국경 경비원의 손자는 가족 유산으로 이런 선물 중 하나를 여전히 보관하고 있었다. 그것은 작은 펜글씨로 칭찬이 적힌 노란 종이가 가득한 붉은 비단 주머니였다.

어떤 때 이러한 밀착감은 더 큰 행동으로 표현되었다. 1795년 폴란드가 러시아, 프로이센, 오스트리아에 분할 점령되면서 독립을 상실하자, 오스만제국은 폴란드의 해체를 인정하지 않았다. 그들은 폴란드의 마지막 대사가 이스탄불에서 계속 자신의 직위를 유지하게 해주었다. 이후 30년 동안 오스만 당국이 그에게 급여를 지급했고, 그가 다른 유럽 국가 대표들과 대신회의divan에 참석하는 것을 허용했다. 그는 또한 튀르크군 경비병인 카바스도 제공받았다. 전해오는 말에 따르면 그가 다른 유럽 국가 대사들과 함께 경비병 옆을 지나가면 그들은 머리를 흔들며 동정의 한숨을 내쉬었다. "여기 카바스와 통역의, 그리고 세계지도에서 사라진 나라의 그림자가 있구나!"[13]

1918년 폴란드가 독립을 되찾을 때까지 오스만제국 관리들은 서방 국가들과의 모든 회의 시작 때 "레히스탄Lehistan(폴란드) 대표가 아직 도착하지 않았다"라는 것을 강조했다. 이러한 기사도는 여러 세기 전 진행되었던 일에 의해 자극을 받았거나, 최소한 그때 미리 예측되었다.

1622년, 오스만제국과 폴란드-리투아니아 사이에 벌어진 야만적인 전쟁이 끝났고, 평화협정을 체결할 때가 되었다. 이 협상을 진행하기 위해 폴란드 상원은 자국에서 가장 부자이고, 갈릴레오의 제자인 즈바라스키 공을 파견했다. 즈바라스키는 화려한 수행단을 데리고 이스탄불에 도착하여 아낌없이 선물을 뿌렸다. 그러나 술탄의 경비병인 예니체리는 그를 믿지 않았다. 그들은 막 해임된 수상의 방부 처리된 머리를 보여주었고, 그 이전 많은 전임자들의 머리도 보여주었다. 이것은 하나의 경고였다. 폴란드 사절인 즈바라스키는 그 의미를 이해했다. 그는 그들에게 "만일 내가 당신들에게 신의 있게 행동하지 않으면 나의 머리도 이곳에 잠들게 하라"고 말했다.

이튿날 즈바라스키는 술탄을 만났다. 그는 이 만남을 위해 가장 좋은 선물을 감추어두었다. 그는 금박 상자에서 오래된 양피지를 꺼냈다. 이것은 약 1세기 전 술레이만 대제와 원로왕 지그문트 사이에 서명된 폴란드와 튀르키예 사이의 마지막 조약이었다. 튀르크 고관들은 위대한 법제정자 술탄이 직접 작성한 서류를 만져보기 위해 주위에 모여들었다. 궁정 관리들이 모인 자리에서 즈바라스키는 술탄이 폴란드 왕에게 말한 조약의 마지막 부분을 낭독했다.

나는 70세이고 당신도 연로했습니다. 우리 생명의 실은 이제 얼마 남지 않았습니다. 우리는 더 행복한 나라에서 만나게 될 것입니다. 그곳에서 우리는 명성과 영광에 둘러싸여 가장 높은 신 양옆에 앉게 될 것입니다. 나는 그의 오른쪽에, 당신은 그의 왼쪽에 앉아 우리의 우정에 대해 말할 것입니다.

당신의 사절 오팔린스키는 신이 얼마나 기꺼운 마음으로 당신의 누이와 나의 부인을 보았는지를 당신에게 보고할 것입니다. 신께 당신의 장엄함을 칭사하겠습니다. 평안을 빌며.[14]

연대기 작가에 따르면, 그 자리에 있던 모든 사람이 하염없이 눈물을 흘렸고, 그들은 상대에게 한없는 예의와 존경을 보였다.

이슬람 묘석, 글라모치, 보스니아

4장

이교도들

보구밀 묘석, 루코미르, 보스니아-헤르체고비나

1951년부터 1953년까지 일군의 불가리아 민족지학자들은 불가리아 북동쪽 지역인 델리오르만Delriorman으로 가서 이 지역의 무슬림 공동체에서 현장 조사를 했다. 델리오르만이란 명칭은 튀르크어로 '미친 숲'이란 의미였다. 도나우강 바로 남쪽에 울창한 숲과 흔적이 사라지는 냇물이 차지한 이 지역은 오랫동안 도적들의 은거지이자 피난민들이 은신처였다. 오스만 지배 시기에 이곳에 정착한 사람들 중에는 알레비족Alevis이 있었다. 튀르크어를 사용하는 시아파 주민인 그들은 제국을 지배한 수니 정통파와 척을 지고 살았다.

불가리아 민족지학자들은 알레비족에게 종교 관습의 구체적 사항을 탐문하지 않았다. 스탈린주의의 공식적 무신론이 당시의 규범이었고, 신앙 문제를 논의하는 것은 금기시되었다. 이념적 금기선을 넘지 않기 위해 민족지학자들은 마을 주민들과 대화에서 가족 구조, 농경 관습, 수공예품 등 중립적 주제를 탐문했다.[1] 그러나 종교는 스스로 열매를 맺는 방법을 가지고 있었다. 마을 사람들은 방문한 학자들에게 자신들의 악기(모든 집에 최소한 하나의 악기가 있었고, 일부는 그것을 연주할 줄 알았다)를 보여주고, 자신들의 노래를 불러주었다. 그중 가장 많이 불린 노래는 종교적 가르침이 담긴 〈타리콰트Tariqat의 지혜의 노래〉로, 남녀가 모두 불렀다.

이것은 모스크에서 들을 수 있는 그런 가르침이 아니었다. 그것들은 네 권의 성스러운 책과 네 개의 성스러운 물질, 신이 태고의 아담에게 준 선물에 대한 비밀스런 역사를 말하고 있었다. '불처럼 타는' 이 지혜의 이야기는 어떤 책에도 기록되지 않았고, 델리오르만 마을 사람들도 기록된 사본을 가지고 있지 않았다. 한 마을 장로가 민족지학자들에게 설명한 대로 이 〈타리콰트의 지혜의 노래〉는 '그들의 쿠란'이었다.[2]

전통적으로 동유럽에는 이런 고립지역이 많았다. 주민 대부분이 문맹인 곳에서 성스러운 가르침은 소문이나 노래로 남았다. 이러한 장소에서 사본들은 거의 이교도 신앙의 경계에 다다를 정도로 다시 쓰이고, 신화로 재해석되었다. 창조의 이야기가 그런 대표적 예였다. 성서, 토라, 쿠란 모두 신이 공허와 어둠에서 우주를 창조한 이야기를 담고 있다. 그런데 동유럽 많은 지역에서는 이 이야기의 아주 다른 버전들이 돌아다녔다.

에스토니아에서 마케도니아에 이르기까지 주민들은 흙을 가져온 잠수자*의 이야기를 알고 있다. 때로는 사람, 때로는 새, 때로는 악마 자신이

---

* 흙을 가져온 잠수자(earth-diver)는 여러 창조 설화에서 초월적 존재에 의해 세상을 만들 물질(종종 모래나 진흙)을 찾으러 원시의 물속으로 보내진 주인공으로 나온다.

기도 한 이 존재는 창조 작업이 시작될 때 태고의 바닷속으로 깊이 잠수하여 흙을 가지고 올라왔다. 이 흙으로 지구가 만들어졌다. 그러나 불가리아 일부 지역에서는 태초에 아무런 바다와 흙이 없었다. 지구는 공 모양의 반죽과 같았다. 노파가 반죽을 얇게 펴서 요구르트와 치즈로 바니차banitsa 파이를 만들듯, 신은 반죽 공 표면을 주물러서 땅과 바다 모양을 만들었다.[3] 우크라이나 카르파티아산맥의 후출족Hutsuls은 더 나아가 태초에 세상은 물이나 반죽 따위가 아니라 걸쭉하고 두터운 산패유sour cream로 만들어졌다고 여겼다.[4] 신은 크림으로 된 흰 세상 위를 떠돌며 영겁의 시간을 보냈는데, 하루는 질투에 가득 찬 악마가 나타나 타르를 던져서 더럽혔다. 그러자 신은 좋은 크림을 분리해내어 태양과 하늘을 만들었고, 오염된 크림으로는 지구와 산을 만들었다.

후출족 창세기의 또 다른 버전에서는 신과 악마가 적이 아니라 동업자였다. 그들은 같이 우주를 만들었고, 거기에 유용한 것들이 살게 했다. 그들은 늘 사이가 좋은 것은 아니었다. 신이 우위를 차지하고 있었지만, 악마는 한 꾀를 생각해냈다. 후출족이 카르파티아산맥 고지대에서 생계를 의지하는 양과 염소는 악마가 만든 것이었고, 그 가축들을 즐겁게 해주는 바이올린과 플루트를 발명한 것도 악마였다. 악마는 첫 집을 지었고, 첫 바퀴를 고안했고, 첫 불을 지폈다. 굼뜨고 상상력이 없는 신은 이 보물들을 자기 것으로 만들어버렸다. 그러자 악마는 화가 나서 침을 뱉고, 방귀를 뀌고, 여러 방법으로 더럽혀서 자신이 만든 것들을 망가뜨렸다. 이것이 불에서는 연기가 나고, 사람은 외양은 아름답지만 그 속은 구역질이 날 정도로 엉망인 이유다.[5]

이런 이야기들이 어쩌면 우스꽝스럽게 보일지 모르지만, 동유럽의 영적 생활에 대한 깊은 진리를 보여준다. 오랜 세월 민간 미신부터 학식 있는 마법에 이르기까지 종교적 이단이 이 지역에 번성했다. 기독교, 유대교, 이슬람이 만나는 이곳에서 세 종교 중 어느 것도 쉽사리 종교적 통합성을 강제할 수 없었다. 서유럽에서 일반적으로 시행된 마녀 심판이나 개신교 학교, 경찰 규제 같은 이념적 강제의 수단은 동유럽에는 더디게 들어왔다. 야심 찬 통치자들은 자신의 왕국을 박해받은 사람들의 피난처로 만들었다. 어떤 사람들은 현세와 내세에 대한 불안감을 덜어주기 위해 주술에 의존했다. 이러한 대안적 믿음이 동유럽에서 항구적인 기반을 닦지는 못했지만, 이교 신앙heterodoxy의 작은 섬들은 로마나 콘스탄티노플에서 오는 가르침 못지않게 이 지역의 상상과 자체 이미지를 형성하는 데 큰 역할을 했다.

기억과 토속신앙에 유지된 이교 신앙은 '공식' 종교에 의해 공개적으로 패배한 뒤에도 오래 살아남았다. 후출족의 뒤죽박죽인 신화와 불가리아 알레비족의 성스러운 노래들은 금기시된 종교 실험에 깊은 뿌리를 가지고 있다. 알레비족 고유의 믿음의 기원은 15세기 메시아적인 설교자들에게로 거슬러 올라간다. 그들은 기독교와 이슬람 사이에는 거의 차이가 없고, 모든 재산은 공동으로 소유해야 한다고 가르쳤다.[6] 이 설교자들은 자신들이 설교하는 대로 실제 생활하며 오스만 통치에 반란을 일으켰다. 그들은 추종자들과 함께 처형되었고, 남은 신앙자들은 지하로 들어갔다.

이와 유사하게 후출족의 우주론은 이제는 사멸한 보구밀이라고 불리는 영지주의靈知主意 분파의 가르침에 뿌리를 두고 있다. 보구밀은 이분법론자들이었다. 그들은 우주가 서로 경쟁하는 영역인 좋은 영역과 사악한 영역으로 나뉘어 있다고 생각했다. 좋은 세계는 완전히 비물질적이고 만질 수 없다. 이것은 자비로운 신이 만든 영의 세계로서 죽음 후에 축복받은 영혼들을 맞이하는 곳이다. 이와 대조적으로 물질의 세계는 악의 영역이다. 이것은 신의 경쟁자로서 사타나엘Satanael이라고 불리는 데미우르고스demiurge가 함정으로 만든 세계다. 그는 우리가 보고, 만지고, 맛보고, 냄새 맡는 모든 것을 만들어서 우리들을 그의 더러움, 죽음, 어둠의 우주에 가두어놓고, 빛, 은혜, 영원의 다른 세계에서 가능한 한 멀리 떨어지도록 만들었다.[7]

우주에 대한 이렇게 엄격한 이분법적 사고에 맞추어서 보구밀 신도들의 영적 관습은 물질세계에서 가능한 한 거리를 두고, 영적 세계로 최대한 다가가도록 노력하는 것이었다. 그들은 육류, 결혼, 술을 기피했다. 그들의 지도자들은 절제와 기도를 통해 이 더러운 늪과 같은 세상을 벗어나 올라갈 수 있었다. 추종자들은 이들 지도자가 자신도 함께 끌어올려 줄 것으로 믿었다.

이러한 특이한 믿음은 어디에서 온 것인가? 이 신앙은 10세기에 동유럽에 도래한 것으로 보인다. 비잔티움 황제에 의해 자신의 나라에서 추방당해 제국의 가장 북쪽 변경으로 온 아르메니아 이교도들이 이것을 전파한 것 같다. 오늘날 불가리아와 북마케도니아에서 그들의 가르침은 '신이 사랑하는 자'라는 뜻의 보구밀이라는 선교자에게 영감을 주었고, 이 이름이 이 종교 운동 전체를 지칭하는 데 쓰였다.

보구밀은 처음부터 기존 교회와 갈등을 빚었다. 그들은 성례를 받지 않았고, 십자가를 혐오했다. 그들은 십자가를 고문의 도구로만 생각했다. 그들의 가르침은 사회 변혁의 요소도 내포하고 있었다. 보구밀 신자들을 잘 아는 비잔티움 교회 사제에 따르면, 그들은 부자들을 매도하고 차르를 미워하도록 주민들을 가르쳤다.[8] 권력자들이 이런 가르침을 달가워하지 않는 것은 당연했다. 불가리아에서 탄압을 받은 보구밀 신자들은 콘스탄티노플에서 피난처를 찾았지만, 그곳에서도 이단으로 화형을 당하자 발칸반도 지역으로 널리 분산해 피신했다. 그들이 좀 더 항구적인 장소로 생각한 곳은 보스니아였다. 그러나 보구밀에 관련된 다른 모든 것처럼 진실은 신비에 싸여 있다.

보구밀 신도들은 어떠한 문헌도 남기지 않았다. 모든 문헌은 압제자들에 의해 파괴되었다. 그래서 우리가 그들과 그들의 신앙에 대해 아는 거의 모든 것은 그들의 적들이 전한 것이다. 한 드문 예외가 러시아 중세도시 노브고로드에서 나왔다. 2000년 고고학자들은 보구밀의 원전이 새겨진 나무판들을 발견했다. 이는 보구밀 선교자들이 1000년에 이미 불가리아에서 멀리 떨어진 그곳까지 갔음을 방증하는 것이었다. 그러나 아쉽게도 이 목판은 보구밀 가르침의 실제 내용은 담고 있지 않다.[9]

보구밀 신자들의 생활과 마찬가지로 보스니아 왕국에 대해서도 밝혀진 것이 거의 없다. 이 나라는 중세 유럽에서 가장 문헌이 적은 왕국 중 하나다. 그러나 13세기부터 15세기까지 보스니아 교회가 로마와 수시로 갈등을 겪은 것은 분명하다. 비잔티움제국에서 종교를 받아들인 불가리아와 다르게 보스니아는 명목적으로는 가톨릭이었지만, 로마 교회 지도부와 갈등이 컸다. 많은 사람들은 이것을 보스니아 교회가 대체적으로 보구밀 종파의 손에 들어간 이유로 생각한다. 일부는 이것을 보스니아가 발칸반도의 다른 지역보다 이슬람으로 개종한 주민이 많은 이유로도 본다. 가톨릭교회에 대한 그들의 충성은 이미 명목상으로만 남은 상태였다.

보스니아 교회가 정통 신앙에서 벗어난 정도는 논란의 대상이지만, 보구밀 신앙의 과거는 보스니아인들 신앙생활의 일부가 되었다. 이것은 스테차크stećak라고 불리는 기념비적 묘비 형태로 강력히 표현되었다. 고지대 석회암 지형인 보스니아와 특히 헤르체고비나에 이런 수수께끼 같은 기념비가 산재해 있다. 흰색 석회석으로 만들어서 달빛처럼 하얗게 빛나는 이 기념비는 동물, 무희, 나선형, 태양 원반, 별을 포함한 수많은 장식물이 새겨져 있고, 그 의미는 파악할 수 없다. 이것들이 지금은 사라진 보구밀 신앙의 유산으로, 오랜 세월 우리가 더 이상 이해하지 못하는 언어로 우리에게 말을 걸고 있다.

보구밀 신앙은 유럽의 나머지 지역과 너무나 달랐기 때문에 보스니아인들의 정체성의 강력한 근원이었다. 같은 이야기를 체코 땅의 후스파 교인들에게도 할 수 있다. 보구밀 신자들과 마찬가지로 후스파 교인들은 이 이름을 교파 창시자인 얀 후스에게서 따왔다. 1370년경 보헤미아의 가난한 집안에서 태어난 사제인 후스는 교회 위계 서열에서 빠르게 승진해서 프라하대학의 총장이 되었다. 그곳에서 그는 주교들의 탐욕과 교황들의 미친 듯한 권력욕을 비판하는 설교를 했다. 그는 교회의 재정적 타락에 종지부를 찍기를 원했다. 그는 또한 평신도들이 빵과 포도주의 성찬식에 참여하는 것을 허용하고, 주민들이 구어로 성경을 읽은 것을 고무하여 교회를 좀 더 민주적으로 만들기를 원했다.

루터보다 1세기 앞서 그는 교회의 철저한 개혁을 주창했다. 만일 그가 루터처럼 인쇄술의 시대에 살았더라면 성공했을 수도 있다. 그러나 그는 뜻을 이루지 못하고 제거되었다. 1415년 후스는 안전한 행동을 보장한다는 꾐에 빠져 교회 공의회에 불려 왔고, 그곳에서 배교자로 저주받아, 이교의 왕heresiarch이 쓰는 종이로 만든 왕관을 쓴 채 화형당했다. 그의 유물을 찾는 사람들을 막기 위해 후스의 재는 라인강에 뿌려졌다. 그러나 이것으로 그가 시작한 종교 운동이 끝난 것은 아니었다. 그가 처형당한 몇 년 후 그의 추종자들은 신성로마제국 황제 지기스문트에 대항하는 반란을 일으켰고, 그들을 진압하기 위해 교황이 보낸 십자군을 다섯 번이나 물리쳤다. 후스파 신도들은 결국에는 교조적 타협을 했지만, 100년 후에도 여전히 체코 교회를 지배했다.

시간이 지나면서 후스파의 종교 반란은 체코인과 독일인 사이의 민족적 충돌 이야기로 재해석되었다. 이 갈등과 후스가 끈질기게 추진한 체코어의 개혁(체코어에서 하체크haček와 반대로 된 곡절악센트circumflex를 개발하여 폴란드 정자법의 비합리적 폭정에서 체코어를 해방한 것도 그랬다)으로 인해 그는 후대 민족주의자들의 우상이 되었다. 그러나 체코 땅 밖에서 프라하의 역사에 일어난 다른 사건이 대중의 기억에 훨씬 큰 영향을 미쳤고, '마법의 프라하'라는 전설을 만들어냈다.

1600년경 프라하는 주술 세계의 중심이 되었다. 런던에 극작가가 되려는 사람들이 몰려들고, 로마에 성직자가 되려는 사람들이 몰려드는 것처럼, 프라하에는 유럽대륙에서 연금술사나 마법사가 되려는 사람들이 모여들었다. 이는 합스부르크 신성로마 황제이자 보헤미아의 왕인 루돌프 2세의 의지와 기괴한 버릇 때문이었다.

루돌프는 늘 새로운 것을 찾는 사람이었다. 그는 비밀 지식에 굶주렸고, 비전秘傳 신앙, 점성술, 신비주의에 매료되었다. 그가 프라하 골렘•의 전설적 창조자인 랍비 유다 로에우를 만나서 오래 (그리고 비밀스럽게) 얘기를 나눈 것은 잘 알려져 있다. 루돌프가 가장 열정을 보인 것은 연금술이었다. 영적으로 선별된 소수의 집단이 제공하는 형언할 수 없는 부의 가능성에 그는 크게 매료되었다.

루돌프는 어째서 이처럼 불가사의한 일에 끌리게 되었을까? 일부는

• 골렘(golem)은 유대인 민담에서 생명이 있고 의인화된 존재로, 전적으로 비생명 물질인 흙이나 진흙으로 만들어졌다. 가장 유명한 골렘 이야기는 16세기 프라하 랍비인 유다 로에우가 만든 것이다.

고대 로마의 사계절을 관장하는 정원·과수원의 신 베르툼누스로
표현된 루돌프 2세. 주세페 아르침볼도의 1591년작

이것이 그의 무력감에서 나온 것이라고 추측했다. 루돌프의 막강한 권력
은 대부분 환상이었다. 그의 직위는 그에게 큰 위엄을 주었지만, 실제적
권력을 거의 주지 않았다. 그는 사방에서 촘촘한 관습법, 특권, 전례에 의
해 압박을 받았다. 그가 시행하려고 한 모든 행동이나 개혁은 제국의 수
많은 귀족들과 평의회에 의해 좌절되었다.

　루돌프가 행동을 취할 수 없게 된 것은 그 자신의 성격에 의해 더 악화
되었다. 초상화를 통해 밤색 머리카락에 통통한 볼에 뾰족한 턱을 한 모
습으로 나타나는 그는 모든 면에서 궁정 화가들이 만들어놓은 쾌활한 신
과 같아 보였다. 루돌프의 외모가 아레스 또는 베르툼누스 같아 보였다면,
그의 마음은 사투르누스(아들 중 한 명에게 왕좌를 빼앗기리라는 예언을 듣고
자신의 아들을 차례로 잡아먹는 농경의 신)에 의해 지배받았다. 우울함이 그의

생활을 지배했다. 루돌프는 우울증 환자였고, 조증躁症도 않았던 것 같다. 그는 하인들에게 크게 역정을 내고, 큰소리로 죽고 싶다고 했다. 이에 놀란 신하들은 그가 '어느 정도' 악마에 사로잡힌 듯하다고 완곡하게 썼다.[10] 교황은 이렇게 만든 마녀들을 잡아들이라고 명령했지만, 아무도 잡지 못했다.

루돌프는 나이가 들면서 점점 더 편집광이 되었고, 자신이 적들에 의해 둘러싸였다고 확신했다. 그는 틀림없이 자신의 형제들이 역모를 꾸미고 있다고 생각했다(이것은 실제로 그랬다). 그의 신하들도 그에 대해 좋은 감정을 가지고 있지 않았다. 그가 오만하고 남의 말에 민감한 것도 문제였다. 1583년 봉기를 일으키고 그의 경호원들에게 우유를 뿌린 빈 시민들에게 질색한 루돌프는 프라하로 황궁을 옮겼다. 언덕 위 거대한 성 안에 안락하게 들어앉은 그는 점점 더 광장공포증 환자가 되었다. 이후 그는 세상에 얼굴을 내밀지 않고 오랜 세월을 보냈다.

궁전 밖으로 나오기를 두려워한 루돌프는 세상을 안으로 불러들였다. 그는 만족할 줄 모르는 수집가였다. 물건이 더 이국적이고 기괴할수록 그것에 더욱 끌렸다. 그는 지구 모든 곳에서 물건을 수집했다. 일본의 옻칠한 병풍, 아즈텍의 축제용 머리 장식, 서인도제도의 거대한 바다 코코넛, 코뿔소 뿔로 만든 진귀한 컵 등을 수집했다. 그의 수집품에는 프셰미이슬 국왕이 썼다고 알려진 농민 모자나 노아 방주의 못이라고 알려진 것과 같은 역사적 진품에서부터, 불사조의 깃털, 도롱뇽의 발톱, 죽은 사람을 불러온다는 황금 종 등 완전히 마법적인 물품도 포함되었다.[11] 그는 예수 그리스도처럼 생긴 맨드레이크 뿌리와 유니콘의 뿔(실제로는 일각고래의 상아)도 보유했다. 루돌프는 심지어 악마도 소유했다. 그것은 그가 성배라고 생각한 물품 옆에 앉아 있었다.

루돌프는 살아 있는 동물도 좋아했다. 그는 신기한 동물들을 그에게 보내는 대리인들을 해외에 두었고, 그들이 보내는 동물들은 에스파냐나 플랑드르 지방 항구로 들어왔다.[12] 루돌프가 받은 진귀한 동물로는 도도새와 화식조가 있었고, 그는 궁정 화가들을 시켜 동물들을 자신이 좋아하는 색으로 칠했다.[13] 그런 다음 이 동물들은 그의 개인 동물원으로 보내졌는데, 그곳에는 타조, 물소, 야생돼지 등이 있었다. 그가 가장 아끼는 동물은 오스만 술탄이 보낸 무함마드란 이름이 붙은 사자였다. 그는 궁정 점술가인 티초 브라헤에게 자신과 사자의 별점을 보도록 했다. 브라헤는 무함마드가 죽으면 루돌프도 죽게 될 것이라고 예언했다.

브라헤는 점성술사로서의 기예 덕분에 루돌프의 측근이 되었다. 시간이 지나면서 이 덴마크 출신 점성술사는 루돌프가 가장 신임하는 자문관이 되었다. 브라헤는 루돌프의 병을 연금술로 만든 틴크제tincture로 치료했다. 그는 루돌프의 여러 고위직 임명에 관여하고, 오스만튀르크와 어떻게 전쟁을 벌여야 할지에 대해서도 자문했다. 이러한 계산을 하면서 브라헤는 동역자인 요하네스 케플러의 도움을 받기도 했다. 당대 유럽 최고의 수학자로 꼽히던 케플러는 브라헤의 천문 관측을 이용해 행성들의 일식 운동의 법칙 — 천문학에서 가장 위대한 도약 중 하나 — 을 발견한 것으로 알려졌다.

케플러와 브라헤는 루돌프의 프라하 궁정에 모인 학자 및 자유사상가 공동체의 멤버였다. 일부 학자들은 폴란드인인 미하엘 센디보기우스같이 과학자-마법사였다. 그는 산소를 처음으로 발견한 사람으로 간주된다(그는 이것을 연금술의 속어 뒤에 숨겨서 확실하게 단정 지을 수는 없다). 위대한 수학자이자 항해가인 영국인 존 디도 이 집단에 포함되었다. 그도 아즈텍 흑요석의 도움을 받아서 천사들과 대화할 수 있다고 확신했다. 용인될 수 있는 종교적 탐구의 제일 끝 경계에서 일한 급진적인 신학자들도 있었다. 조르다노 브루노는 세계의 무한성을 꿈꾸었고, 프란세스코 푸치는 종교와 신조를 떠나 보편적 진리를 위해 행동하는 학자들의 교신 클럽을 만들기를 원했다.

이러한 특이한 교제는 사기꾼도 많이 만들어냈다. 금을 만들고, 무한 동력 기계를 만드는 비법을 가지고 있다고 주장하며 유럽을 돌아다니는 사람도 많았다. 이러한 사기꾼들의 대표적 예는 에드워드 켈리였다. 영국에서 사기죄로 귀가 잘린, 소매치기 출신인 그는 루돌프 밑에서 일하면서 갑작스럽게 명성과 부를 얻었다. 루돌프는 철학자의 돌을 만드는 공식을 가졌다는 켈리의 말에 넘어가, 그를 기사로 만들고 후에 남작으로 임명했다. 그러나 그 비밀을 받지 못한 루돌프는 켈리를 자신의 성 감옥에 투옥했고, 켈리는 실패한 탈출극으로 다리가 부러진 후 사망했다.

사기꾼부터 천재에 이르기까지 루돌프의 프라하 궁정에서 만난 사람들은 오늘날의 과학, 인본주의, 마술 사이의 경계를 조롱거리로 만들었다. 이렇게 된 이유는 중력이나 전자가 발견되기 이전 시기에 이런 구분이 중요하지 않아서가 아니라, 우주 자체가 신비한 화음의 연속에 의해 하나로 유지되는 것처럼 보였기 때문이다. 유사성과 환유, 시각적 리듬이 수학적 법칙만큼, 때로는 그 이상으로 중요시되었다. 이러한 세계에서는 눈 결정체의 형태가 알려지지 않은 별의 출현처럼 우주의 내부 작동과 연관이 있는 것으로 간주되었다.

유럽 학문의 중심으로서 프라하라는 별은 너무 잠깐 반짝였다. 1611년 루돌프의 형제들은 그의 왕관을 빼앗았다. 루돌프는 그로부터 아홉 달 후 사망했는데, 무함마드 사자가 죽은 지 3일 만이어서 브라헤의 예언이 거의 맞았음을 증명했다. 루돌프와 달리 그 후계자들은 신체적·정신적 질병으로 인한 문제는 없었으나, 불행하게도 그들은 종교적 광신자여서 2차 세계대전 전까지 가장 파괴적인 전쟁이었던 30년 전쟁을 촉발했다. 1618년부터 1648년 사이 이 전쟁은 짧게 지속된 루돌프 시기의 르네상스적 업적을 거의 소멸시켰다.

그러나 '마법의 프라하'의 유산은 좀 더 자잘한 형태로 현화하여 계속 살아남았다. 동유럽은 18세기와 19세기 인근 제국들에 의해 완전히 흡수되기 전에 서로 경계가 겹치는 공국들과 그것의 행정적 조각보였다. 소국들의 모자이크 같은 이 지역에서 지역 통치자와 세력이 막강한 귀족들은 자신들의 종교적 정책과 후원 정치를 추구할 수 있는 폭넓은 힘을 가졌다. 루돌프가 연금술과 주술에 빠진 것처럼 그들은 보헤미아에서 트란실바니아에 이르기까지 많은 미니 프라하로 이루어진 성좌를 만들었다.

체코 땅의 트르제본Třeboň에서는 엄청난 부자인 로즘베르크 일가가 떠돌아다니는 많은 연금술사들을 받아들여 루돌프에 버금가는 연금술 궁정을 유지했다. 이 방문객 중 한 사람인 폴란드 귀족 올브라흐트 와스키는 엘리자베스 1세 왕과 라틴어로 교신했고, 존 디와 에드워드 켈리를 폴란드로 데려왔다. 와스키는 금지된 지혜를 찾는 사람에 그치지 않고 음모자이자 불한당 역할도 했다. 몰다비아의 왕좌를 차지하려는 그의 시도로 인해 유명한 코자크의 민요 '바이다'의 주인공인 드미트로 비시네베츠키가 전사했다. 와스키는 자신의 모험 자금 일부를 부인의 결혼 지참금으로 충당했다. 눈 덮인 타라산맥에 위치한 슬로바키아의 아름다운 소도시 케즈마로크Kežmarok에 있는 그의 성을 방문하는 사람들은 그가 연금술 실험을 한 장소와 그가 자기 부인을 가둬두었던 탑을 볼 수 있다.

케즈마로크에서 조금 동쪽을 가면 당대에 와스키 못지않게 피에 굶주린 강력한 라쿠치 가문이 북부 헝가리 자신들의 소유지 주변에 고요한 배

움의 섬을 만들었다. 17세기 가장 격동적인 시기에 사로스파타크Sárospatak
는 인본주의자들과 다양한 종교적 망명자들의 안전한 은신처가 되었다.
1650년 위대한 체코 철학자이자 '백과사전적 사고 개혁가' 존 아모스 코
메니우스가 사로스파타크 개신교 대학을 인수했다.[14] 그는 학생들에게 라
쿠치 성의 마당에서 라틴어로 연극공연을 하게 했다. 라쿠치 성은 한쪽에
는 포도밭으로 덮인 원뿔 모양의 토카이 언덕, 다른 한쪽에는 보드로그강
의 흙탕물이 흐르는 중간 지점에 멋지게 규격이 잡힌 르네상스식 위용을
자랑했다.

코메니우스가 완벽한 교육 체계의 계획을 펼치던 그 시점에 리투아니
아는 이에 못지않은 급진적 사상을 주창하는 사람들의 성소가 되었다. 한
편에는 가톨릭 폴란드인들, 다른 편에는 정교도 벨라루스인들 사이에 끼
어 있기는 했지만, 폴란드-리투아니아 전체에서 가장 부유하고 가장 세
력이 컸던 라지위워 가문은 개신교 개혁의 급진적 조류 일부를 수용했다.
17세기 초 가문이 소유한 도시인 케다이니아이Kėdainiai는 칼뱅주의자, 기
독교 헤브라이주의자와 덜 알려진 아리안 교파나 소치니아 교파*의 근거
지가 되었다.

소치니아교도들은 양심적 반대자의 권리와 전면적인 종교 자유를 주
장한 첫 집단 중 하나였다. 신앙 문제로 서유럽에서 쫓겨난 소치니아교도
들은 리투아니아와 트란실바니아 변경 지역에서 안전한 피난처를 찾았
다. 잠시 동안 이 먼 지역들은 사상과 경쟁하는 지적 조류의 풍요로움 덕
분에 런던과 암스테르담에 버금가는 코스모폴리탄적 도시가 되었다.

---

* 소치니아 교파(Socinians)는 파우스토 소치니와 렐리오 소치니를 추종하던 집단이다. 삼위일체
  설, 그리스도의 신성, 원죄 등 기독교의 교리를 인정하지 않고, 그리스도는 기적적으로 탄생한 사
  람으로서 그 여러 가지 덕을 인정하는 사람만이 구원을 받는다고 주장한다.

그러나 이러한 역동적 다양성의 시간은 오래 지속되지 않았다. 전쟁과 전염병이 막대한 피해를 가져왔고, 가톨릭의 무자비한 반개혁 운동의 전개도 이를 막았다. 18세기가 시작될 때 라즈위위 가문은 모두 가톨릭으로 개종했고, 정통 신앙에 대한 헌신이 강해지면서 그들의 지적 모험주의도 줄어들었다. 그러나 '마법의 프라하'의 꿈은 아직 완전히 죽지 않았다. 1740년대 동부 폴란드의 뱌와 포들라스카Biała Podlaska의 가문 성을 차지한 히에로님 플로리안 라즈위위는 최소한 한 가지 면에서는 루돌프를 모방했다. 기이한 수집품으로 가득 찬 멋진 창고를 가지고 있었던 것이다. 거기에는 이집트 미라, 몇 종류의 낙원의 새(이 두 가지는 루돌프가 가장 애착을 가진 것이었다)와 성 오누프리우스 모양을 한 만드레이크 뿌리가 있었다. 그는 또한 죽은 바실리스크와 40마리의 살아 있는 곰을 소유했다.[15]

　　표트르 대제의 사생아로 알려진 히에로님은 소장품은 풍부했을지 몰라도 조상들의 계몽적 전범에는 미치지 못했다. 가학자나 멍청이로 기억된 그의 주된 취미는 사냥과 6천 명의 개인 군사들을 거느리고 피 흘리는 모의 전투를 벌이는 것이었다. 그는 또한 발레광이었다.

　　히에로님의 사촌인 마르친 미코와이 라즈위위는 좀 더 폭넓은 취미를 가졌다. 벨라루스에 있는 그의 영지의 개인 실험실들에서 마르친은 철학자의 돌을 찾는 합스부르크가의 탐색을 계속했다. 그는 자신 주변에 학식이 높은 유대인들을 불러들이고, 안식일을 준수하고 코셔 음식을 먹는 유대인의 관습 중 일부를 채택했다.[16] 잠시나마 마르친은 종교 간 화합의 새로운 계기를 만들 생각을 했던 듯 보인다. 그러나 애석하게도 그는 완전히 정신이 나가서, 소녀 수십 명을 납치하고 재미로 마차를 약탈하는 행각을 벌였다. 그의 주민들이 히에로님에게 이를 불평하자, 히에로님은 마르친을 체포하여 정신이상자로 선포했다. 마르친은 이후 30년을 히에로님이 슬루츠크Slutsk에 특별히 만든 지하실에서 보내야 했다. 라지위워가가 존중하는 유일한 법은 자신들이 만든 법뿐이었다.

라즈위워 가문의 사례는 귀족 후원에 기초한 문화의 한계를 보여준다. 그들의 병폐는 그들 계급에 전형적으로 나타나는 것이었다. 거대한 숲에 둘러싸인 어마어마한 영지에 갇힌 채 더 넓은 유럽의 조류에서 차단되고, 의무나 열정이 없는 귀족들은 하프 음악 소리에 귀를 기울이고, 병사놀이나 하면서 서서히 미쳐갔다. 그러나 보편적 개혁을 이루고자 했던 루돌프식의 프로그램이 변화하는 정치와 귀족들의 변덕의 모래톱에서 좌초한 반면, 연금술은 놀라울 정도로 생존력을 보였다. 연금술―더 이상 영적인 탐구가 아니라 변성을 통해 금을 만드는 방법에 대한 탐구―은 언제나 귀한 금을 빨리 얻는 분명한 방법을 약속했다.

17세기와 18세기 내내 자신들의 만성적인 재원 부족을 쉽게 해결하기를 원했던 왕족 후원자들은 '닥터 포르토니오Dr. Fortonio'나 합스부르크 제국의 왕실 화폐주조소 책임자로 지내면서 많은 돈을 횡령한 '혼란의 남작Baron von Chaos'(이라고 제대로 명명된) 같은 수상한 사람들에게 특혜를 베풀었다.[17] 그러나 연금술은 훨씬 넓은 사회적 기반을 가지고 있었다. 1785년 바르샤바에만 2천 명이 넘는 연금술사가 있었다. 이 숫자는 그곳에 상주하는 사람만 계산한 것이다.[18]

18세기 후반―폴란드 독립의 마지막 기간―에 유럽의 모든 유명한 마술사들은 바르샤바를 거쳐갔다. 죽지 않는다는 소문이 난 카글리오스트로 백작은 수은으로 은을 만드는 기술로 폴란드 왕을 놀라게 했다. 세기의 바람둥이로 이름을 떨친 카사노바도 바르샤바를 방문해서 '보석의 질을 개선하는' 방법과 여러 연금술을 선보였다.

이러한 사람들은 역사가 파베우 마치에이코가 "떠돌아다니는 사기꾼들의 비공식 범유럽 길드"라고 부른 것의 일부였다.[19] 그들은 유럽의 모든 궁정에 상주하며 수표를 얻어내고, 애인들을 서로 바꾸고, 카드놀이에서 속임수를 썼다. 그들은 자신을 이국의 왕족, 나이를 먹지 않는 경이로운 존재 또는 신비한 종파를 만든 사람이라고 내세웠다. 그들은 프랑스의 가장 부유한 백작부인이나 이탈리아의 가장 유명한 오페라 가수와의 교우를 자랑했다. 그들 모두는 카드놀이에서 절대 지지 않는 비법을 보유했다. 그러나 그중 단 한 사람만이 자신을 메시아라고 주장했다.

유대인 역사에서 가장 큰 배교자이자 신성모독자로 기억되는 야코프 프랑크는 1726년 지금은 남서부 우크라이나이지만 당시는 폴란드-리투아니아 오지로 오스만제국과의 국경 지역에 위치한 코롤리브카Korolivka에서 태어났다. 프랑크의 아버지는 보석과 옷감을 팔러 자주 여행을 다녔고, 프랑크는 오스만제국과 기독교 세계 경계를 넘나들며 스미르나Smyrna, 부쿠레슈티, 소피아, 콘스탄티노플 같은 대도시를 돌아다녔다.

남쪽을 돌아다니던 어느 시점에 프랑크의 아버지는 사바타이 제비의 추종자인 사바타이 교인이 되었다. 자신이 메시아라고 주장한 튀르크계 유대인인 제비는 17세기 중반 유대인 세계 전체를 떠들썩하게 만들었다. 메시아로서 제비의 짧은 마법은 1666년 그가 이슬람으로 개종하면서 끝이 났다.[20] 그러나 한참이 지난 후에도 제비의 추종자들은 물론 다른 많은 사람들도 그가 신이 선택한 사람이라고 계속 믿었다. 오스만제국 땅에서 이 추종자들은 겉으로는 무슬림으로 살아갔지만, 계속 자신들의 지도자를 숭앙하며 비밀리에 유대인 관습을 지켰다. 그들은 튀르크어로 '배교자' 또는 '배신자'란 의미의 된메흐Dönmeh라고 알려졌다.

된메흐 중 다수는 그리스 도시인 살로니카Salonika에 거주했다. 야코프 프랑크는 젊은 시절 한때 그곳을 여행하여 사바타이 제비의 가장 가까운 추종자들과 접촉했고, 그들의 지도자 중 한 사람의 딸과 결혼했다. 곧 그는 자신이 제비의 주요 예언자라고 주장했다. 그는 카발라흐를 가르치기 시작했고, 제비의 가장 논란 많은 가르침, 특히 '도덕률폐기론'을 설교했다. 이것은 종교적 계율을 지키는 것이 아니라 그것을 파괴하는 것으로 구원을 얻는다고 주장하는 교리였다.

프랑크는 "신이 너를 용서할 수 있게 죄를 지어라! 죄를 지어라!"라는 파계적인 메시지를, 소수의 사바타이 추종자들이 여기저기 흩어져서 비밀리에 자신들의 관습을 수행하고 있던 폴란드로 다시 가지고 왔다. 프랑크는 그들의 지도자로 자처하고 나섰다. 그의 확신과 매력이 갑자기 큰 인기를 끌었다. 1756년 폴란드 소도시 란츠코로니에Lanckoronie에서 그들은 남녀가 옷을 입지 않고 함께 춤을 주며 축하행사를 했다. 그들은 밤에 실내에서 비밀리에 이 행사를 진행했지만 발각되었다. 지역 랍비들은 그들을 기독교인 시장에게 고발했고, 프랑크의 추종자 전원이 체포되었다. 심문을 받은 그들은 자신들이 르비우에서 왔고, 자신들의 교주인 사바타이 제비의 무덤에 경의를 표하기 위해 살로니카로 가는 중이라고 자백했다.

이러한 위계 행위에 대해 지역 랍비 법원은 프랑크와 그의 추종자 모두의 파문을 선언했다. 이제 유대인은 그들과 접촉할 수 없었다. 그들의 아내들은 매춘부로, 그들의 자녀들은 사생아로 간주되었다. 이 정도에 성이 차지 않은 랍비들은 더 큰 징벌을 원했다. 그들은 악명 높은 반유대주의자로 알려진 지역 가톨릭 주교 뎀보프스키에게 이단자들이 그의 교구에 들어왔고, 그들의 교정이 필요하다고 고발했다.

이 마지막 행동은 무서운 실책이었다. 유대인 공동체의 분열을 감지한 주교 뎀보프스키는 이것을 이용하기로 했다. 고립되고 분노에 처한 프랑크와 그의 추종자들은 완벽히 그의 손에 놀아났다. 그들은 주교에게 자신들은 이단자가 아니라고 말했다. 자신들은 진지하게 성서와 조하르 Zohar를 믿는다고 말했다. 그들은 단지 탈무드와 그 거짓에 의구심을 가질 뿐이라고 해명했다. 이 말에 반색한 주교는 프랑크파와 탈무드파의 일련의 논쟁을 주선했다. 이 자리에서 정통파 랍비 집단에게 모욕과 학대를 당한 프랑크와 그의 추종자들은 모든 중상을 동원해 이에 맞섰다. 그들은 논쟁 청취자들에게 탈무드는 허구와 거짓으로 가득 찼고, 기독교를 신성모독한다고 비난했다. 최악의 주장은 기독교도의 피가 유월절 무교병에 필요하다고 주장해서 의식을 위한 살해가 유대교 가르침의 일부인 것처럼 암시한 것이었다.

이것은 도저히 생각할 수 없는 수준의 거짓말이고, 최악의 배신이었다. 이것은 기독교 세계에서 유대인에 대해 가해진 가장 치명적인 신화인 피의 비방을 정당화시켜주는 것이었다. 프랑크가 인정한 것처럼 자신과 추종자들이 유대교로 돌아갈 방법은 없었다. 1759년 구석에 몰리고 폴란드 가톨릭 지도부의 압력에 시달린 프랑크교도들은 르비우 대성당에서 행해진 특별한 의식에서 모두 기독교로 개종했다.

태생 때부터 이단자이고, 튀르크 체류 시절 이슬람으로 개종한 프랑크는 이제는 배교자 유대인들로만 구성된 기독교 평신도 모임의 지도자가 되었다. 기독교인인 폴란드인들은 그를 앞으로 있을 유대인 구원의 전령으로 보았다. 가톨릭 세력은 그에게 많은 명예를 안겨주었다. 프랑크와 핵심 추종자들은 귀족 인가장을 받았고, 폴란드 대영주들의 환대를 받았다. 그들은 턱수염과 구레나룻을 깎고, 사브르 칼을 차기 시작했다. 프랑크는 바르샤바로 이주하여 금은제 식기로 식사하고, 왕 같은 의복을 입고,

거지들에게 금화를 뿌려주고, 극장에 다니고, 여섯 마리 말이 끄는 마차를 타고 다녔다. 그는 또한 연금술에도 손을 대고, 에탄올과 에테르를 정제하여 이것을 혼합해 마시면 불사의 존재가 된다고 주장했으며, 모든 질병을 치료하는 '금의 방울'이라고 불리는 틴크제를 만들기도 했다.

프랑크와 그의 교파는 기독교로의 개종으로 명성과 재산을 얻었지만, 실제로 그들은 종교적 무인지경에 존재했다. 공개적으로는 가톨릭 행세를 했지만, 비밀리에 유대주의의 일부 교리를 그대로 따랐고, 그것을 극단적 이교도식 방식으로 해석했다. 그들은 이슬람으로 개종한 사바타이를 메시아로 믿었고, 공개적으로 가톨릭을 옹호한 프랑크를 선지자로 믿었다. 그러나 개인적으로 프랑크는 특히 유대교식 이단을 따랐고, 성스러운 존재라는 카발라 사고 또는 셰히나흐Shekhinah를 성모 마리아에 대한 가톨릭의 헌신과 혼합했다.

프랑크는 자신의 이 새로운 가르침을 추종자들에게 드러냈고, 그들 중 일부가 그를 가톨릭 당국에 고발해서 바로 체포되었다. 프랑크는 이후 13년을 쳉스토호바Częstochowa에 있는 수도원 감옥에서 보냈다. 1772년 폴란드 1차 분할 후 러시아군이 그를 석방했는데, 그 이유 중 하나는 그가 폴란드 유대인들을 러시아 정교회로 개종시키겠다고 약속했기 때문이었다. 그러나 프랑크는 빈으로 가서 우여곡절 끝에 마리아 테레사 황제를 만났다. 그는 그녀에게 자신은 배교자나 가짜 메시아가 아니라 계몽 정신에 의거해 행동하는 유대인 종교개혁가라고 설득했다.

이렇게 합스부르크 땅에 정착할 수 있게 된 프랑크는 처음에는 모라비아, 다음에는 독일 소도시인 오펜바흐 암 마인Offenbach am Main에 정착해 새로운 삶을 시작했다. 그는 다시 연금술에 손을 대고, 교령회를 실시하고, 자신의 딸 이브가 러시아 황후의 혼외 자식이라고 공공연하게 떠벌렸다. 800여 명의 추종자를 거느린 프랑크는 이 지역의 성을 인수하여 성주로 행세했다. 그는 튀르크 의상을 걸치고, 긴 의자에 누워 하루를 보내며, 물담배를 피웠다. 그는 폴란드 옷과 헝가리 옷을 입은 경호원들과 붉고 흰 터번을 쓴 아이들에 둘러싸여 지냈다.

프랑크는 흡사 중세 동방 마법왕 같은 새로운 정체성을 만들어냈다. 매일 오후 4시 그는 마차를 타고 자신의 성을 떠나 숲으로 가서 고대 유대 성전의 제사장 같은 복장을 하고 밀교密教 의식을 거행했다. 프랑크 사후 그의 교파를 상속받게 되는 그의 딸 이브는 큐피드 옷을 입은 소년과 함께 두 번째 마차를 타고 프랑크를 따랐다. 태양 장식이 된 군복을 입은 젊은 여인들인 '아마존'들이 그들 옆을 달렸고, 그들의 말 목에 걸린 은방울에서 방울 소리가 울렸다. 그러는 동안 프랑크의 추종자들은 그의 성을 둘러싸고 붉은색, 노란색, 녹색, 금색의 기괴한 옷을 입고 플루트와 기타를 연주했다.

독일과 오스트리아 각처에서 사람들이 이 특이하고 화려한 부랑자 무리를 보기 위해 오펜바흐로 몰려들었다. 이것은 끝없이 이어지는 가장무도회처럼 굉장한 볼거리였다. 그러나 이 또한 배신이었다. 루돌프가 프라하의 랍비들을 만난 이후 2세기 동안 동유럽의 이단자들, 자유사상가들, 신비를 쫓는 사람들은 취약하지만 실제적인 것을 성취했다. 그것은 모든 종교 전통에는 진실이 있다는 것이었다. 서로를 이해하려는 이러한 노력은 사회의 최고위층과 최하층, 프리메이슨의 여인숙, 귀족의 연금술 실험실에서 일어났다. 그리고 거의 인정되지 않았지만, 현기증 나게 무한히 발명적인 농민들의 민속에서도 일어났다.

프랑크는 인간적으로는 저속하고 기만적이었을지라도 한때 종교 통합과 화해에 진정으로 투신했던 인물이었다. 이제 떠돌이가 된 그는 관광객들의 볼거리로 전락해서, 유대인과 동방에 대해 아무것도 모르는 사람들에게 '유대인' 또는 '동방'의 이국적 지혜를 구현하는 척했다. 영적 동물원에 갇힌 그들은 루돌프 황제의 화식조와 도도새, 또는 라즈위워 백작의 바실리스크나 곰 같은 인간 전시물이 되었다.

2부

제국과 민족

5장

제국들

오스만제국의 예니체리.
젠틸레 벨리니, 1479-1481년경 작품

동유럽은 사이에 있는 땅이다. 동유럽인이 되기 위해서는 먼 곳으로부터 지배받은 경험이 있어야 한다. 이것은 굴레, 채찍, 사형수의 오랏줄, 그림자 밑에서 사는 것을 의미했다. 이것은 또한 늘 불만을 가지고 있는 것을 의미했다. 한마디로 제국의 중심이 아니라, 제국의 한 부분으로 정의되는 지역이었다.

개념으로서 제국은 일반적으로 동유럽에 이질적인 것이었다. 제국은 밖에서부터 들어왔다. 중세 시대 동유럽은 왕국들이 있는 지역이었다. 그 왕국들은 지배 영역이 지역적이고, 영토가 아주 크지는 않으며, 때로 야망에 차기는 했지만 막강했던 적은 한 번도 없었다. 그 왕국들은 서로 싸웠고, 찬란한 수도를 건설했다. 그들은 기독교 세계를 통일하거나 세계를 정복하려고 시도하지 않았다.

북쪽에서 이 왕국들의 전성기는 14세기 중반부터 16세기 초까지 이어졌다. 룩셈부르크 왕조의 통치하에 있었던 보헤미아는 1350년경부터 시작하여 고딕 예술과 건축술의 중심이 되었다. 카를 4세가 주도한 야심 찬 재건축 운동으로 프라하는 유럽에서 가장 아름다운 도시 중 하나가 되었다. 1386년 국가 합병 이후 폴란드-리투아니아는 유럽대륙에서 가장 큰 나라였고, 1410년 그룬발트 전투에서 튜턴기사단을 격파한 이후 유럽의 주요 군사 강국이 되었다.

헝가리는 이 나라에 대항할 수 있는 얼마 되지 않은 나라 중 하나였다. 현재보다 훨씬 영토가 컸던 헝가리는 유럽에서 가장 막강한 군대를 자랑했고, 헝가리 병사들은 튀르크군과의 오랜 전투로 강력해졌다. 15세기 말 헝가리 군주였던 마티아스 코르비누스는 완전한 르네상스 시대의 계몽 전제군주였다. 지금은 자료가 모두 흩어졌지만 주석이 들어간 사본들로 가득 찬 훌륭한 도서관을 보유했고, 그의 병사들은 이스탄불에 분노를 야기했고, 합스부르크라고 불리는 중급 오스트리아 공작 가문에게 두려움을 자아냈다.

훨씬 더 남쪽의 발칸반도에서는 지역 왕국들이 이보다 다소 이른 시기인 약 1100년부터 1375년 사이에 번성했다. 이 시기는 2차 불가리아제국과 짧게 존속한 용맹왕 두샨의 세르비아제국 시대였다(보스니아왕국도 이 시기 제일 끝 무렵에 나타났지만, 85년 뒤 오스만제국에 복속되었다). 이 나라들은 스스로를 제국이라고 불렀지만, 불가리아 국가와 세르비아 국가 모두 남쪽의 비잔티움제국을 흉내 내서 조직한 지역 국가에 지나지 않았다.

이 시기 내내 비잔티움제국은 모든 동방 기독교 세계에서 가장 특권적인 통치 영역으로 존재했다. '제2의 로마'의 통치자들은 어떤 통치자가 되어야 하고, 어떻게 행동해야 하는가에 대한 본보기가 되었다. 비잔티움인들이 카이사르를 가지고 있다면, 이웃 국가인 세르비아와 불가리아도 자신들의 카이사르를 가지고 있었다. 그들에게 진지한 모방은 가장 진지한 칭송의 형태였다. 비잔티움인들은 이에 경멸적으로 반응했다. 망명한 한 사제는 불가리아인들을 '야만인'이나 '시골뜨기'라고 불렀고, 세르비아 국왕에게 파견된 사절은 왕비가 직조기에서 일하는 모습을 보고 충격을 받았다. 그는 "대왕이라고 불리는 사람이 콘스탄티노플의 중간 관리조차 수치스럽게 느낄 만한 방식으로 단순한 생활을 영위하고 있다"라고 본국에 보고했다.[1]

실제 권력과 영토가 축소된 비잔티움제국은 말기에는 순전히 잘난 척으로 문화적 우위를 유지했다. 그것이 가능했던 이유는 비잔티움이 기원전 1세기 아우구스투스 시대까지 거슬러 올라가는 간단없는 전통의 상속자였기 때문이었다. 나아가 콘스탄티노플은 제2의 로마였기 때문에 실제로 이 전통은 그것을 넘어섰다. 그 뿌리는 서기전 700년경 로물루스와 레무스에 의해 창설된 로마 설립 시기까지 거슬러 올라갔다. 이 땅을 정복하려는 슬라브인들은 2천 년 이상 축적된 역사를 상대해야 했다. 불가리아인들이 바랄 수 있는 최상의 것은 황제의 아들로 간주되는 것이었고, 세르비아인들은 그런 영예를 누리지 못했기에 이런 면에서 불가리아인들은 운이 좋았다.[2]

종교는 비잔티움이 가진 권위의 또 다른 근원이었다. 정교회의 주인인 비잔티움인들은 자신들의 나라가 '영원히 지속되도록 신에 의해 만들어진 제국'이라고 믿었다.[3] 그래서 비잔티움은 제국으로서의 야심만만한 자부심을 가질 수 있었다. 제국은 무엇보다도 하나의 보편적 질서를 이루는 이념이자 선언이다. 황제는 주군들 가운데 하나가 아니었다. 그는 왕 중 왕이었다. 그러나 비잔티움제국은 성공적인 제국의 다른 속성은 가지고 있지 못했다. 바로 영토를 확장하는 능력이었다. 기본적으로 제국은 크다. 제국은 먼 거리에 있는 다양한 주민들을 통치한다. 그러나 여러 세기에 걸친 군사적 패배로 움츠러든 중세 후기의 비잔티움제국은 과거 시절 자아의 껍데기였다. 특히 1204년 2차 십자군 원정 중의 콘스탄티노플 약탈 후 비잔티움은 서부 아나톨리아와 그리스 일부 지역에 영토가 국한된 2류 국가를 벗어나지 못했다.

15세기가 되자 비잔티움은 더 이상 지역 강국도 되지 못했다. 비잔티움은 점점 더 빈껍데기로부터 통치되고, 과거 영광의 환영에 지나지 않는 도시 국가였다. 그러나 누가 새로운 로마에서 통치하는가는 중요한 문제였고, 특히 새로운 세계 정복자로 카이사르들의 도시를 상속한 오스만인들에게는 중요한 문제였다.

오스만제국

1453년 55일간의 포위 끝에 비잔티움제국은 메흐메트 2세가 이끄는 군대에 함락되었다. 자신의 승리에 도취한 메흐메트는 새로운 칭호를 채택했다(그는 새로운 로마 황제, 즉 카이사르를 자처했다). 이제까지 그는 아나톨리아와 발칸 지역, 지중해와 흑해의 통치권을 나타내는 '두 땅과 두 바다의 군주'로 알려져 있었다.[4] 이후 기간 동안 그의 칭호 목록은 갈수록 더 많은 것을 담아냈다. 그의 사후인 1517년 오스만 군대는 이집트를 점령하고, 1534년에는 바그다드를 차지했다. 오스만 황제들은 이제 로마 황제들의 마지막 옥좌에 더해 이슬람 세계의 고대 중심부를 차지했다. 1536년 가장 위대하고 가장 오래 군림한(1520-1566) 오스만제국 술탄인 술레이만 대제는 오늘날의 몰도바인 벤데르Bender 요새를 점령했다. 그는 성문에 다음과 같은 글귀를 새겨 넣었다. "바그다드에서 나는 샤이고, 비잔티움 통치 영역에서는 카이사르이며, 이집트에서는 술탄이다."[5]

오스만인들은 어떻게 이 일을 했는가? 종교가 큰 역할을 했다. 그들의 제국은 14세기 초 아나톨리아의 이슬람-기독교 경계 지역의 작은 공국에서 시작되었다. 비잔티움 영토의 끝자락인 그곳에서 오스만이란 이름을 가진 부족장이 성전을 치를 전사들 또는 가지ghazi들을 자신의 주변에 모았다. 그들은 함께 더 큰 이슬람의 영광을 위해 성을 습격하고 마차 행렬을 약탈했다. 이 성전 국경 습격자들은 신성하면서도 수지맞는 일로서 무력을 행사하는 방법을 찾아냈고, 이것은 대부분의 장소에서 승리를 보장하는 결합이었다. 그들은 놀라울 정도로 급속한 진보를 보였다. 1354년 오스만 세력은 발칸 지역으로 처음 진격했다. 1371년에 그들은 이미 마케도니아와 트라케Thrace 지역 대부분을 장악했다. 1389년에는 코소보 전투로 세르비아제국의 권력을 산산조각 냈다. 몇 년 후 오스만 세력은 불가리아 정복을 마무리했다. 이후 수십 년 만에 그리스, 보스니아, 헤르체고비나가 그들의 통제 아래 들어왔다. 알바니아도 민족 영웅인 스칸데르베그가 이끄는 결사 항전을 펼쳤으나 결국 오스만 통제 아래 떨어졌다. 루마니아는 점령을 간신히 피했지만, 오스만의 가신국 지위를 받아들여야만 했다.

오스만이 발칸 정복에 성공한 주된 이유는 수적 우세였다. 그들은 자신들이 나아가는 길을 방해하는 왕국들보다 더 많은 병사를 전장에 내보낼 수 있었다. 코소보 전투에서 세르비아인들이 오스만 군대를 맞았을 때,

한 세르비아 시인은 오스만 병사 수가 너무 많아, 모든 세르비아인이 소금 조각으로 변한다 해도 튀르크인들의 '저주받은 저녁 식사'에 충분한 간이 되지 못할 것이라고 한탄했다.[6]

오스만의 수적 우위는 부분적으로는 지리의 산물이었다. 아나톨리아는 유목 튀르크 부족들의 형태로 인력의 거대한 저수지를 제공했다. 이 부족민들은 유럽에서 병사나 정착민으로 자신들의 운을 시험해보려고 했다. 그러나 이것은 또한 의도적인 전략의 결과이기도 했다. 오스만은 동맹을 모집하는 데 놀랄 정도로 유연했다. 번개 같은 속도로 남부 유럽을 장악하는 과정에서 그들은 눈사태가 내려오면서 눈덩이가 더욱 커져가는 것과 같은 방식으로 추종자들을 모았다. 튀르크 부족장들, 정교도 반군들, 세르비아 군주들, 불가리아 지주들, 그리스 선원들 모두가 새로운 주인에게 충성을 맹세했다. 제국의 앞 첨단이 점점 유럽 중심부로 접근해갈수록 포로가 되거나 이탈하는 서구인들, 즉 이탈리아인, 헝가리인, 독일인, 심지어 때로는 폴란드인이 그들에게 가담했다. 이슬람으로 개종만 하면 그들은 술탄의 군대나 관료제에서 수지맞는 자리를 차지할 수 있었다. 얼마 안 가 오스만은 또 다른 비자발적인 징집병을 얻게 되었다. 이것은 데브시르메devşirme라고 불린 제도의 열매였다.

데브시르메는 제국 내 기독교인 주민들이 자기 아들의 일정 비율을 정복자들의 이미지에 맞게 성장하도록 내놓는 제도였다. 이것은 처음에는 토착 튀르크 귀족들의 영향력을 제압하기 위해 시작되었다. 경멸받기는 했지만 아주 효과가 있는 제도로서 데브시르메는 술탄에게 완전히 충성하는 병사와 행정가 집단을 제공했다. 공식적으로 이 예니체리들은 모두 노예였지만, 실상을 보면 그들은 혈연이라는 책략으로 뭉친 거대 가족 같았다.

14세에서 18세 사이의 소년들이 가족을 떠나 여기에 가담했다. 그들은 신체와 얼굴이 온전해야 했다. 힘든 노동에 단련된 시골 소년들이 가장 좋은 징집 대상으로 여겨졌다. 민족 집단 중에서는 보스니아인이 특히 우대를 받았고, 세르비아인과 알바니아인도 제국 복무에서 이름을 날렸다. 젊은 징집자가 오스만 수도에 들어오면 그들은 가족 및 출생지와 완전히 결별해야 했다. 이슬람으로 개종하고 할례를 받은 이들은 엄격한 훈련 과정을 거쳐 종교적 가르침과 전쟁술에 능통한 인재가 되었다. 통상적으로 훈련은 아나톨리아의 농장에서 복무하면서 시작되었고, 이곳에서 젊은이들은 튀르키예어를 배우고 신체를 단련했다. 궁전으로 돌아가서도 그들은 이슬람법, 궁술, 승마술, 레슬링, 대화술, 서예 등의 교육을 계속 받았다.

이 섬세하게 훈련된 병사-행정가 계급인 예니체리의 창설은 오스만 국가를 변모시켰다. 초기 오스만 군대가 적을 압도하는 것으로 성공했다면, 콘스탄티노플 정복에 나선 메흐메트 2세의 군대는 모든 면에서 최고의 것으로 무장되었다. 가장 큰 대포, 가장 강력한 포위 기계, 가장 효과적인 공병을 보유했다. 무엇보다도 오스만군은 전문화된 군대였다. 베네치아 사절들은 오스만제국 군대의 '경이로운 질서'를 기록했다.[7] 오스만군 병사들은 모든 전쟁술의 전문가였다. 그들은 화살, 칼, 창을 가리지 않고 싸울 수 있었다. 그러나 그들의 더욱 돋보이는 능력은 전투의 승리를 보장하는 주도면밀함에 있었다. 그들은 참호와 변소를 파는 가장 좋은 방법을 알고 있었다. 무엇보다도 그들은 합동으로 작전하는 법을 알고 있었다. 오스만군의 기동을 본 15세기 프랑스 여행자는 그들의 이동하는 방식에 큰 감명을 받았다. 야간 행군에서 그들은 기독교도 군대가 주간에 이동하는 거리의 세 배를 이동했다. 그러나 정말 무서운 것은 거의 소리를 내지

않고 이동하는 능력이었다. 만 명의 오스만 병사들이 백 명의 기독교도 병사들보다 소리를 덜 내었다.[8]

오스만 군대는 잘 훈련받은 만큼 잘 먹었다. 러시아군 병사들이 스스로 가져온 식량 – 대개 메밀, 귀리죽 – 으로 버틴 데 반해 오스만군 병사들은 쌀, 빻은 밀, 보리, 정화된 치즈, 커피, 꿀, 밀가루, 육류로 된 풍성한 식사를 했다.[9] 행군하고 있는 군대를 이렇게 먹이기 위해 하루에 100만 파운드의 식량을 보급을 하는 것은 엄청난 일이었다.

오스만인들은 보급품 공급에서 누구도 따라갈 수 없는 대가였다. 유럽의 어느 국가도 도로 보수에 그렇게 많은 에너지와 노력을 기울이지 못했다. 아주 이른 시기부터 오스만인들은 아름다운 돌다리를 건설하는 것으로 유명했다. 다리의 아치는 달걀처럼 섬세하면서도 철처럼 견고했다. 식품, 의복, 화약, 철 등의 공급이 이 도로 체계를 통해 지속적으로 유지되었다. 유럽의 짐 나르는 짐승의 두 배를 운반할 수 있는 낙타들이 수송을 더욱 용이하게 해주었다. 운송에 중요한 이 동물 3만 마리가 매년 원정 시기에 맞추어 마그레브나 시리아에서 도착했다.[10] 한편 오스만 식량 보급 체계의 핵심은 빵 공장이었다. 이스탄불에만 105개의 거대한 빵 공장이 쉬지 않고 육군과 해군 창고로 공급할 딱딱한 빵을 만들어냈다.[11] 더 많은 공장들이 각 지방에서 빵을 생산했다.

17세기 그리고 특히 18세기에 오스만 군대는 유럽 경쟁자들에 대한 기술적 우위를 상실했다. 그러나 빵 공장이 계속 활발히 생산하는 한 오스만제국은 적국인 러시아제국 및 합스부르크제국과 싸울 수 있었다. 1711년 오스만 군대가 몰도바에서 표트르 대제의 군대를 굴복시킬 때 굶주린 러시아 군대는 자신들을 격파한 군대로부터 식량을 구입해야 했다. 60년 뒤 오스만 군대가 예카테리나 황제의 군대와 싸울 때 이런 우위는 사라졌다. 주로 부패로 인해 보급 체계가 붕괴되었다. 오스만군 병사들은 40년이나 지난 건빵 부스러기를 진흙, 석회와 반죽한 빵을 먹어야 했다.[12] 이 빵을 먹은 많은 병사들은 그 자리에서 죽었다. 나머지 병사들은 예카테리나의 대포에 살육당했다.

오스만제국은 기독교 신민들에게 어떻게 보였는가? 그들에게 제국은 거대한 부담이었다. 제국은 2000만 명의 주민과 수십만 명의 병사와 관료들을 먹여 살려야 했다. 오스만제국의 세금은 유럽의 다른 국가들에 비해 상대적으로 가벼웠음에도 불구하고, 나라 깊은 곳에서는 세금징수관, 인구조사관, 세관 관리들의 착취가 만연했다. 모두가 성실한 농민들의 노동에서 자신의 이익을 취했다.

평범한 기독교 농민에게 오스만제국이 어떻게 보였는지를 오래된 마케도니아 민담이 잘 보여준다.[13] 이 민담에서 한 노인이 이스탄불에서 달걀 값이 은화 한 닢과 같다는 말을 듣는다. 노인은 당나귀에 달걀 천 개를 싣고 이스탄불을 향해 떠났다. 그가 길을 가는 동안 수많은 세금징수관을 만났고, 그들은 달걀 한 바구니씩을 빼앗았다. 노인이 이스탄불에 도착했을 때 남아 있는 달걀은 없었다. 팔 달걀이 없는 노인은 압제자들의 노트 한 페이지를 찢어 스스로를 이스탄불 묘지의 관리인으로 임명했다. 가짜 서류를 지닌 그는 이스탄불의 귀족 남녀들에게 매장세를 받아냈다. 이 이야기는 오스만제국의 생활을, 요람에서 무덤까지 주민을 따라다니는 완벽한 부패 고리로 만든다.

그러나 이스탄불은 뇌물에 목마른 배고픈 동물만은 아니었다. 오스만 시절에 이스탄불은 발칸 지역과 중근동에서 젊은이들을 끌어들이는 기회의 중심지였다. 일부는 도시에 식량을 공급하기 위해 왔다. 1600년이 되자 70만 명 이상 되는 이스탄불 주민을 먹이기 위해 엄청난 노력이 필요했다. 매일 흑해를 건너오는 바지선에는 불가리아와 루마니아에서 생산한 밀이 가득 실려 있었고, 몰도바 목축자들은 드네스트르강 상류에서부터 소 떼를 몰고 왔다. 우리는 이 소 떼 목축자들에게 문명적 빚을 지고 있다. 그들이 파스트라미pastrami〔양념한 소고기를 훈제하여 차게 식힌 것〕를 발명한 주인공이다. 이 식품의 이디시어 이름은 루마니아어의 파스트라마pastramă, 튀르크어의 바스트라마bastrama 또는 '압축한 고기'에서 나왔다.[14]

또 다른 젊은이들은 일자리를 찾아 이스탄불로 왔다. 제염소부터 포탄 주조 공장에 이르기까지 일자리는 많았다. 오스만 시기 산악이 많고 땅이 척박한 알바니아는 지속적인 인력 공급소가 되었다. 알바니아인들은 이스탄불에서 가장 힘든 일을 했다. 석회를 태우는 일이나 군대에 공급할 빵을 굽는 일은 알바니아인 차지였다. 그들은 훨씬 편안한 일도 찾아냈는데, 바로 목욕탕 급사였다.

이스탄불에서 목욕탕hammams은 그 자체로 큰 산업이었다. 구시가지에서만 200개의 목욕탕이 있었다.[15] 이슬람법은 전신 목욕을 금했지만, 목욕은 아주 큰 기쁨을 주는 일상이었다. 목욕탕에서 사람들은 목욕을 하고, 땀을 내고, 커피를 마시고, 마사지를 받고, 면도를 했다. 목욕탕 급사는 계속 불을 피우고, 물을 따뜻하게 하고, 손님들의 때를 벗겨내야 했다. 그들은 또한 좀 더 성적인 서비스도 제공해서, 목욕탕은 동성애적 상상 이야기의 중심에 있었다.

목욕탕은 여러 얘기를 나누고 오락을 즐길 수 있는 곳이었다. 또한 음모와 계책을 만드는 장소이기도 했다. 런던의 커피하우스와 마찬가지로 목욕탕에서는 정치적 이야기가 많이 오갔다. 오스만 당국은 이를 알고 목욕탕에 스파이들을 잠입시켰다. 때로 경계가 느슨해지면 반란을 모의하는 이야기가 길거리로 나왔다. 1730년 알바니아 출신 예니체리이자 목욕탕 급사가 시작한 파트로나 할릴Patrona Halil 반란으로 술탄이 하야했다. 그 시기가 되자 '예니체리'라는 지위는 거의 유명무실해졌다. 병사보다는 상점 주인으로 일하는 예니체리가 훨씬 많았다. 지방에서 올라온 이 뿌리 없는 젊은이들은 프랑스혁명을 주도한 파리의 상퀼로트san-culottes와 아주 유사한 도시 폭도가 되었다. 프랑스 군주정보다 선제적으로 문제 해결에 나선 오스만 당국은 특별 여권과 등록 제도를 도입하여 도시로의 이주 물결을 통제하려고 했다. 그러나 이러한 노력은 대부분 실패했다. 다급해진 정부는 마지막 수단을 사용했다. 그것은 주민들을 국경 지역으로 보내는 것이었다.

이스탄불에서 수백 마일 북쪽에서 오스만제국은 흑해 북부 연안에 요새 망을 지어 러시아의 침입에 대비했다. 이 요새들은 이스탄불 빈민가에서 추방당한 알바니아인, 보스니아인, 쿠르드인이 지켰다. 이런 방식으로 제국은 거대한 인간 펌프 같은 역할을 했다. 지방에서 사람들을 끌어들이고, 그들을 다시 국경 지역으로 뱉어냈다. 국경 지역에 파견된 병사들은 아편을 피우고, 우크라이나 보드카를 마시고, 고향에 대한 향수를 노래한 시를 쓰며 자신을 위로했다.[16] 다들 자기 처지를 비참하게 여겼다. "나는 흑해 스텝에서 너를 쳐부술 것이다"라는 저주가 일반 관용어가 되었다. 후에 역설적으로 소련 시민들은 이 지역을 소련에서 가장 아늑하고 풍요로운 곳으로 생각했다.

이스탄불에서 '지옥처럼 추운 흑해 요새들'까지 가는 데는 넉 달이 걸렸다. 그렇게 먼 거리로 사람과 물자를 보내기 위해 정확한 서류 작업과 보급 체계가 필요했다. 군대가 행군을 시작하기 전, 병사들에게 식량을 공급하기 위한 세금과 인력이 모아져야 했다. 그러려면 제국 전체 마을과 가정, 유랑하는 부족들에 대한 상세한 정보가 필요했다.

1672년 메흐메트 4세의 군대가 폴란드-리투아니아로부터 포돌리아
(오늘날의 우크라이나 땅)를 빼앗은 후 데프레다르defredars라고 불리는 세금
징수관 집단이 모든 지방의 경작지와 노동 가능한 인력에 대한 조사에 나
섰다. 그들이 수집한 징세 자료는 900개 지역에 대한 상세한 내용이 들
어 있었다. 20세기 이전에 만들어진 지도 중 이보다 더 자세한 내용을 담
은 것은 없다.[17] 할릴 에펜디라는 오스만 관리가 이 작업을 총괄했고, 유대
인이거나 아르메니아인인 다비드라는 통역관이 그를 도왔다. 아르메니아
인 장로들이 아르메니아에 대한 조사 자료를 만드는 것을 도왔고, 랍비들
은 유대인에 대한 자료를 수집했다. 시골 마을에서는 우크라이나인 촌장
들이 자기 마을의 자료를 기록했다. 각 지역에는 최소한 한 명 이상의 문
자해독자가 있었다. 키릴 문자로 쓰인 이 자료들은 불가리아인이었을 듯
한 특별 번역가들에 의해 아랍 문자로 옮겨진 후 이스탄불에 있는 문서보
관소로 옮겨져서 오늘날까지 보관되어왔다.[18] 이것이 한 제국이 작동하는
방식이었다.

오스만튀르크인들이 포돌리아를 폴란드로부터 빼앗았을 때 그들은
해방자로 환영받았다. 이 지역의 주도인 카미아네츠-포딜스키Kamianets-
Podilskyi의 유대인들은 '이슬람의 그늘'에서 자신들의 생활이 얼마나 행복
해질지 안다고 말했다.[19] 이 도시의 아르메니아인들도 마찬가지로 기뻐했
고, 드디어 폴란드 지주들을 보지 않게 된 농촌 지역의 우크라이나 농민
들도 기뻐했다. 영지를 버리고 폴란드로 돌아가야 했던 폴란드 귀족들만
이 이 정복을 환영하지 않았다. 그러나 일부 폴란드인들은 오스만 당국에
소중한 조세 자료와 인구 자료를 넘겨주는 대가로 특혜를 받았다.

이러한 문화 간 화합의 시기는 오래 지속되지 않았다. 폴란드는 1699년

이 땅을 탈환했다. 튀르크인들에게 협조한 것에 대한 벌을 받을 것을 두려워한 부유한 유대인들과 아르메니아인들은 남쪽으로 도망갔다. 아르메니아인들은 불가리아의 플로브디프에 상업 식민지를 개척했다. 이스탄불 외곽에 정착한 포돌리아 출신 유대인들은 코셔 버터와 치즈 생산자로 명성을 날렸다. 폴란드-리투아니아를 휩쓴 혼란에 비하면 오스만제국은 평온한 오아시스처럼 보였다. 그러나 이러한 조화는 오래 가지 못했다. 18세기 오스만제국의 발칸 지배는 무너지기 시작하여, 18세기에는 이슬람 군사 지도자들에게 영토를 내주고, 19세기에는 기독교 민족주의자들이 주도권을 잡았다. 이 집단이 이 지역을 접수하면서, 카미아네츠의 유대인 피난민들이 찾은 '평화로운 그늘'은 기억 속으로 사라졌다.

러시아제국

폴란드-리투아니아는 그 자체로 '거의 제국'이었다. 절정기에는 오늘날 폴란드, 리투아니아, 라트비아, 벨라루스와 우크라이나 서부 절반을 포함하는 커다란 나라였다. 리투아니아대공국의 다수 주민은 벨라루스인과 우크라이나인이었고, 이들을 폴란드어를 사용하는 리투아니아 출신 귀족들이 통치했다. 이 외에도 많은 유대인, 타타르인, 아르메니아인, 독일인 정착지가 대공국에 포함되었다.

그러나 폴란드-리투아니아는 중앙집중적 권력이 없었기 때문에 제국이 되는 데 실패했다. 야기에우어 왕조의 마지막 왕 지그문트 2세 아우구스투스가 사망한 1572년 이후 이 연합국가는 선출제 군주정이 되었다. 귀족들이 군주를 선출하게 되면서 그들은 정부에 엄청난 영향력을 행사했고, 귀족들은 혼란스럽고 거부권을 행사할 수 있는 의회인 세임Sejm을 통해서도 국가를 통제했다. 권력 분산적인 구조로 인해 폴란드 왕은 세금을 걷거나 군대를 동원하는 데 큰 어려움을 겪었다. 왕들은 다리나 도로를 거의 건설하지 못했다. 이런 이유로 이들의 통치 영역은 외부 방문자들에게도 혼란스러운 인상을 남겼다. 18세기 중반 폴란드-리투아니아를 관통해 여행한 오스만제국의 정치인은 이곳이 "모든 지역과 모든 도시가 제각기 다른 행정을 하는 공화국이고, 그들은 서로에게 주의를 기울이거나 왕에게 복종하지 않는다"라고 평했다.[20]

폴란드인들이 보기에 유럽에는 단 두 개의 제국이 있었다. 하나는 오스만인들의 '이슬람 제국'이고, 다른 하나는 합스부르크가의 '기독교 제국'이었다.[21] 그러나 폴란드인들의 가장 큰 적은 완전히 다른 국가였다. 그것은 모스크바대공국이었다. 이 나라는 중세에 모스크바를 둘러싼 국가였고, 단계적으로 모스크바 루스, 러시아, 러시아제국으로 발전했다.

모스크바공국이 제국이 아니었던 때는 그 통치자들도 황제가 아니라 단지 공후였다. 1547년 이반 뇌제가 스스로 차르로 즉위하기 전까지는 말이다. 이 나라의 기구들은 동방정교회 신앙과 금칸국과의 오랜 접촉으로 형성되었다. 금칸국은 13세기 몽골의 점령 이후 러시아의 스텝 지역을 지배해왔다. 그 유산 가운데 하나는 단일적인 통치 전통이었다. 모스크바공국의 공후들은 서방 통치자들이 상대해야 하는 의회나 독립적인 사제 집단 같은 다양한 중재적 기구와 다툴 필요가 없었다. 러시아 공후들은 누구와 상의할 필요 없이 명령만 내렸다. 그들이 명령을 내리는 가운데, 그들의 공국은 성장했다.

1480년 모스크바공국은 금칸국의 마지막 세력을 격파했다. 1552년 모스크바공국은 동쪽에 있는 튀르크-이슬람 정치체인 카잔칸국을 병합했다. 4년 후에는 카스피해 옆에 있는 아스트라칸국을 병합하여 아시아의 경계에 다다랐다. 서유럽에서 보면 러시아는 거대한, 거의 대륙을 가로지르는 영역을 차지하고 있었다. 러시아의 핵심 경쟁국은 폴란드-리투아니아와 스웨덴이었고, 이 두 나라는 러시아가 발트해로 나가는 것을 막고 있었다. 러시아의 엄청난 크기에도 불구하고 16세기와 17세기에 걸쳐 두 나라는 이 동방 국가를 막아내는 데 성공했다. 러시아와 폴란드-리투아니아 사이의 여러 차례 전쟁은 대체로 무승부로 끝났다.

나의 가족 일원들도 거의 기억되지 않는 이 전쟁에 참여했었다. 역사 기록에 처음 나타나는 나의 조상은 야쿠프 테레베슈였다. 헝가리(혹은 트란실바니아) 출신인 듯한 그는 코자크 헤트만의 군마 책임자나 리투아니아의 군 지휘관으로 복무했다. 1658년 러시아군이 빌뉴스 외곽에서 테레베슈와 헤트만을 사로잡았을 때 두 사람은 크렘린에 같이 수감되었다. 이후 4년 중 어느 시점에 나의 조상은 헤트만과 인질의 교환을 성사시키기 위해 풀려나서 바르샤바로 돌아갔다.[22]

이 작은 사건이 테레베슈의 가족이 정부에서 복무하는 시발점이 되었다. 이후 130년 동안 가족들은 여러 관직을 맡아 일했고, 대개 서부 리투아니아에서 왕의 집행관이나 지방 행정관으로 일했다. 이 좋던 시절은 러시아제국이 폴란드의 분할을 완결하여 폴란드를 유럽 국가들 지도에서 지운 1795년에 끝났다. 일부가 저항하긴 했지만 폴란드인들은 러시아에 도전할 희망이 없었고, 이 시점에 러시아는 거대 국가가 된 반면, 동유럽의 모든 다른 국가들은 아직 소국이었다.

모스크바공국은 동쪽에 펼쳐진 거대하고도 인구가 희박한 지역을 흡수하면서 성장했다. 카잔과 아스트라칸국의 정복으로 러시아는 시베리아로 진출하는 길이 열렸고, 그곳에서 모피 상인들과 병사들은 놀랄 만큼 빠르게 동쪽으로 전진했다. 1580년 그들은 우랄산맥을 넘었고, 1639년에는 3천 마일이나 떨어져 있는 오호츠크해에 도달했다. 이것은 러시아 병사들이 민스크에 입성하기 150년 전에 태평양에 도달했다는 것을 의미한다.

유럽의 시각에서 보면 러시아제국은 후방에서 전방으로 성장했다. 러시아는 서방보다 동방에서 훨씬 빠르게 확장했고, 서방에서는 시베리아와 다르게 최신의 군사 기술로 무장한 조직된 반대자들을 만났다. 그럼에도 17세기 중반에서 18세기 말까지 러시아는 유럽의 상대를 하나하나 격파했고, 처음 무너진 것은 우크라이나였다.

위치부터 시작해서 우크라이나와 관련 있는 모든 것은 복잡했다. 역사 초기 대부분의 기간 우크라이나는 동쪽으로는 러시아, 남쪽으로는 크림칸국 ― 금칸국의 마지막 잔재이자 오스만튀르크의 가신국 ―, 서쪽으로는 폴란드-리투아니아 사이에 껴 있는 전선 지역이었다. 17세기 동안 서부 우크라이나 대부분의 지역은 폴란드-리투아니아에 속했지만, 사실은 무인 지역이었다. 이곳에서 유일한 법은 대포였다. 제대로 된 정부는 거의 없었다. 중부 우크라이나에 정착한 사람들은 무서운 타타르인의 노예 약탈에 시달렸다. 그러나 무법성은 그 자체의 매력이 있었다. 많은 사람들에게 그것은 자유를 의미했다. 농노제와 국가로부터의 자유였다.

우크라이나 스텝의 주민들은 스스로 방어를 책임져야 했다. 16세기에 그들은 요새를 건설하고, 코자크 집단이라는 군사조직을 결성했다. 이것이 첫 코자크였다. 이 집단은 고도로 군사적이어서 모든 남자는 병사가 되어야 했다. 또한 민주적이어서 병사들이 자신들의 장교와 사령관인 헤트만을 선출했다. 마지막으로 코자크는 남자들만의 집단이었다. 가장 유명한 중앙 요새는 드니프로강 위의 섬에 위치한 자포리자 시치Zaporozhian

Sich였다. 시치의 병사들은 모든 소유물을 공유했고, 여자를 만날 수 없었다. 조금의 가상을 섞어 이곳 생활에 대해 글을 쓴 니콜라이 고골은 코자크의 생활 방식을 '시끄럽게 시작하여 끝날 줄 모르는 축제 현장'에 비유했다.[23] 시치 요새는 기숙학교 같았다. 이곳에서 '학생들은 모든 숙식을 제공'받지만 모든 시간을 공부가 아니라 사냥, 낚시, 술자리에 보냈다. 코자크들은 군사 훈련에 큰 신경을 쓰지 않았다. 그들 생각에 전사는 전투라는 불길 속에서만 만들어질 수 있었다.

코자크는 뛰어난 용병 집단이었지만 통제하기가 어려웠다. 1648년 자포리자 코자크의 헤트만인 보호단 흐멜니츠키는 폴란드-리투아니아 유대인들의 파괴라는 악몽을 만들었다. 이것은 폴란드-리투아니아 연합국가에 정치적 재앙이었고, 짧은 시간이었지만 우크라이나에게는 매우 중요한 독립의 기간이었다. 폴란드의 통제로부터 자유를 얻은 코자크들은 곧바로 이것을 유지하기가 어렵다는 것을 발견했다. 폴란드-리투아니아 침략자들을 물리치기 위해 코자크는 동맹이 필요했다. 그들은 타타르와 스웨덴에 눈길을 돌렸지만, 궁극적으로 러시아와의 동맹에 안착했다.[24] 이 선택에는 분명한 논리가 있었다. 러시아는 우크라이나와 언어가 유사하고 종교가 같았고, 코자크가 소중히 생각하는 광범위한 자치를 제공했다. 그러나 이것은 오래 지속되지 못했다.

당분간 자포리자 시치는 축소된 환경이기는 하지만 러시아와 함께 존재했다. 원래 용감한 약탈 행위에 헌신하기로 약속한 전사들의 거친 형제애는 이제 러시아의 남부 국경을 튀르크인들의 침입으로부터 방어하는 세력이 되었다. 하지만 예카테리나 황제가 1768-1774년 러시아-튀르크 전쟁에서 오스만군을 패퇴시키면서 그런 유용성은 사라졌다. 1775년 그녀는 시치 요새를 파괴하고 마지막 자포리자 헤트만을 러시아의 북쪽 끝

솔로베츠키섬으로 유형 보냈다. 체포될 당시 이미 노년이었던 헤트만은 이후 사반세기를 오물이 무릎까지 차는 작은 감방에서 보냈고, 그가 밖으로 나왔을 때는 헝클어진 턱수염과 거대한 손톱을 가진 짐승 같아 보였다.[25]

예카테리나가 자포리자 시치를 파괴한 이유는 이것이 그녀가 경멸하는 과거의 유물이기 때문이었다. 예카테리나는 러시아제국을 개혁하고 합리화하기로 작정했다. 이것이 러시아인들에게 좀 더 많은 자유를 주는 것을 의미하지는 않았다. 예카테리나가 방해물 없이 통치할 수 있도록 자신의 권력을 정리하고 강화하는 것을 의미했다. 코자크들이 누리던 다양한 세습적 특권은 그녀의 통치에 장해가 될 뿐이었다. 1796년까지 이어진 예카테리나의 오랜 통치 기간 동안 코자크는 과거의 모든 제도를 거의 상실했다. 가장 강력하고 부유한 코자크들은 특권과 지위를 보장받으며 러시아 귀족으로 흡수되었다. 나머지 코자크들은 점차 일반 농민에 지나지 않는 지위로 전락했고, 이전의 지위에 대한 기억만이 그들을 지탱했다.

우크라이나 코자크의 사례는 러시아가 제국을 어떻게 건설했는가에 대한 교훈을 준다. 영토가 팽창하면서 러시아의 전략은 지역 엘리트를 인정하고 회유하는 것이었다. 러시아는 통치를 위해서 엄격한 계급 체계에 의존했고, 계급의 차이를 강조하고 강화했다. 표트르 대제가 1710년 스웨덴으로부터 라트비아와 에스토니아를 정복했을 때, 그는 지역 귀족들이 누리던 모든 특권을 인정해주었다. 지역 귀족은 토지, 농노, 의회를 모두 유지할 수 있었고, 종교와 언어도 유지했다. 귀족들의 경우 독일어만을 사용했다. 그러나 농노는 어디에 사는가에 따라 라트비아어와 에스토니아어를 사용했다. 이러한 통치 방식은 아주 오래되었고, 변하지 않아서 에스토니아어에서 삭스saks 또는 '색슨Saxon'이라는 단어는 독일인뿐만 아니라 상류층에 속한 모든 사람을 의미했다. 발트해 연안에서 특히 혹독했던 농노제는 이러한 구분을 더욱 심화시켰다. 독일 지주들은 이러한 노예적 노동력을 이용하여 점점 더 부유해졌고, 그들의 농노는 절망적으로 가난해졌다.

러시아의 정복은 이것을 전혀 바꾸지 않았다. 차르들은 발트 지역 독일인 귀족들을 대단한 자원으로 생각했다. 그들은 부유하고, 인맥이 좋고, 차르를 위해 기꺼이 직접 일하려고 했고, 러시아 귀족들이 일터로 가져오는 권리와 특권에 대한 집착도 없었다. 차르 니콜라이 1세(재위 1825-1855)는 "러시아 귀족들은 국가에 복무하고, 독일 귀족들은 우리를 위해 복무한다"라고 말하기도 했다.[26] 이것은 양측 모두에 이익을 주는 관계였다. 발트 독일인들은 제국 정부와 군대에서 최고위 지위 상당수를 차지했다. 그에 대한 보상으로 그들은 자신들의 영토를 원하는 대로 통치할 권리를 얻었다. 지역 에스토니아인과 라트비아인은 제국 복무와 지역 정부에서 배제되었다. 그들이 자신들의 고통을 바로 잡는 유일한 방법을 자신들의 지주에게 봉기를 일으키는 것뿐이었다. 이것이 라트비아인들이 가장 열성적인 볼셰비키가 된 핵심 이유였다.

10월 혁명 전까지 라트비아와 에스토니아는 러시아제국이 지배하기에 상대적으로 쉬운 지역이었다. 이와 대조적으로 러시아가 폴란드-리투아니아 연합국가에게서 빼앗은 영토는 처음부터 골칫거리였다. 폴란드 땅은 러시아의 서부 팽창에서 얻은 가장 크고 풍요로운 땅이었다. 그러나 가장 다루기 힘든 땅이기도 했다.

러시아는 18세기 말 폴란드 땅을 획득했고, 이 시점에 폴란드-리투아니아 연합국가의 생존은 경각에 달려 있었다. 폴란드 귀족들의 부패와 자의적 거래로 약해진 선출제 군주정은 주변을 에워싼 부상하는 강대국에 상대가 되지 않았다. 1772년과 1795년 사이 폴란드-리투아니아의 이웃 국가인 러시아, 프로이센, 합스부르크제국은 세 번의 소위 '분할'을 통해 이 나라 땅을 나누어 가졌다. 1795년 3차 분할 후 독립 폴란드-리투아니 아는 사라지고 아무것도 남지 않았다.

폴란드 1차 분할 직후 철학자 장 자크 루소는 러시아로서는 이 나라를 삼키는 것은 쉽지만 소화하는 것은 어려울 것으로 예측했다.[27] 그의 말이 맞았다. 이후 123년 동안 러시아가 통치하는 폴란드 지역에서는 폴란드 를 다시 독립시키려는 수많은 음모와 혁명이 일어났다. 첫 봉기는 1794년 타데우시 코시치우슈코가 이끌었다. 그는 미국 혁명전쟁의 영웅이기도 했다. 이 봉기가 실패로 돌아가자 수천 명의 폴란드인이 프랑스로 이주 해 그곳에서 투쟁을 계속했고, 폴란드에 남은 대부분은 땅과 재산을 빼 앗겼다.

이러한 패배에도 불구하고 폴란드인들의 반란은 계속되었다. 1830년 사관생도들이 이끈 무장 반란(11월 봉기)은 대실패로 끝났고, 1863년에 시 작되어 1864년까지 지속된 또 다른 반란(1월 봉기)도 실패로 끝났다. 그니 에즈노Gniezno 인근 출신 폴란드 가톨릭 교인이었던 내 고조할아버지도 이 전투에서 싸웠다. 1863년 자유농민인 얀 하렘자는 프로이센 국경을 넘 어 폴란드로 들어와 1월 봉기에 참가했다. 처음부터 실패할 수밖에 없었 던 이 싸움에서 그는 팔 하나를 잃었다. 그는 자신의 농장으로 돌아왔지 만, 더 이상 쟁기를 잡을 수 없어서 그의 가족은 서서히 굶어갔고, 결국 농 촌을 떠나 인근 소도시로 이주했다. 하렘자는 그나마 운이 좋아서 시베리 아로 유배당하지는 않았지만, 다른 수천 명의 폴란드 반란군은 그렇게 운 이 좋지 못했다. 수십 년간의 러시아 통치 기간 중 시베리아는 폴란드 민 족 독립가들의 무덤이 되었다.

폴란드인들은 1772년 1차 폴란드 분할 전부터 시베리아로 보내졌다. 이후 한 세기 반 동안 수십만 명의 폴란드인이 얼어붙고, 모기가 득실거리는 거대한 '잠자는 땅'으로 보내졌다. 이처럼 범죄자와 반란자를 오지로 보내 강제 노동을 시키는 형벌을 카토르가katorga라고 했다. 이 오지로부터의 탈출은 최소한 이론적으로는 불가능했다.

형벌은 그곳으로 가는 과정에서부터 시작되었다. 죄수들은 쇠사슬에 발이 묶인 채 보통 걸어서 시베리아로 갔다. 이동 중에 쇠사슬은 결코 풀리지 않았고, 심지어 바냐banya라고 불리는 목욕탕에서도 마찬가지였다. 죄수 집단이 시베리아로 이동하면 100명 이상의 사람이 찬 쇠사슬이 덜거덕거리고 부딪치는 무서운 소음이 났다.[28] 가는 길에 그들은 이가 득실거리는 비좁고 연기가 가득 찬 움막에서 잠을 잤다. 이런 긴 여행 끝에 도착한 광산이나 벌목장에서의 노동은 차라리 해방처럼 여겨졌다. 그러나 지루함과 향수는 강제 노동보다 더 견디기 어려운 형벌이었다.

시간이 지나면서 카토르가 형벌의 제약은 느슨해졌다. 19세기 후반이 되자 철도와 선박이 맨발로 걷는 긴 여행을 대신했다. 쇠사슬은 여전히 사용되었지만, 보여주기 위한 도구였다. 죄수들이 일단 기차, 차량, 배에 오르면 쇠사슬은 대개 풀어졌다.[29] 국가의 노동 수요가 줄어들면서 많은 유형자들은 독서 같은 지적 활동에 시간을 쏟을 수 있게 되었다.

카토르가는 시베리아에 기대하지 않은 혜택을 가져왔다. 유형에 처해진 폴란드인들은 시베리아와 한 세기를 넘는 관계를 맺어, 이곳을 경제적·학문적으로 발전시키는 데 큰 공헌을 했다. 야쿠티아Yakutia에 처음으로 감자를 경작한 사람은 1863년 봉기로 이곳에 유형 온 폴란드인들이었다. 다른 시베리아 유형자들도 시베리아인들의 생활 방식을 선도하는 역할을 했다. 야쿠트인Yakut people 또는 사하인Sakha people에 대한 초기 민족지학, 언어학 연구는 폴란드인들이 수행했는데, 이것은 사할린의 아이누족 Ainu에게도 해당되었다.

일부 폴란드인들은 자발적으로 시베리아로 갔다. 러시아제국은 거대했고 — 전성기 때 제국은 14개 시간대에 걸쳐 있었다 — 신민들에게 다양한 기회를 제공했다. 1880년대와 1890년대 호황기에 수천 명의 발트인, 폴란드인, 독일인이 급속하게 산업화되는 러시아제국에서 경력을 쌓았다. 모더니즘 화가 카지미르 말레비치의 폴란드인 부모는 남부 우크라이나에 정착하여 사탕무 농장을 운영했다. 가세가 쇠락한 리투아니아 출신 귀족인 체스와프 미워시의 아버지는 러시아제국을 관통하는 철도 건설 일에 종사했다. 그는 부인과 아들을 리가Riga에서부터 세미팔라틴스크 Semipalatinsk에 이르기까지 온갖 곳으로 데리고 다녔다.

그러나 과거 폴란드 땅 출신 사람들 모두가 러시아제국을 마음대로 다닐 수 있을 정도로 자유로운 것은 아니었다. 유대인들은 정착하고 일하는 장소에서 특히 엄격한 제한을 받았다. 대부분의 경우 러시아제국에서 그들의 생활 경험은 폴란드-리투아니아 분할과 함께 시작되었다. 원래 러시아에는 유대인이 극히 적었고, 반유대인 정서도 드물었다. 그러나 러시아가 폴란드와 리투아니아에서 획득한 땅에서 유대인은 상당히 큰 소수민족이었고, 많은 곳에서는 유대인 비율이 20퍼센트를 넘었다. 이뿐 아니라 유대인들은 많은 소도시와 시장 마을에서 상업과 사회생활을 주도했고, 특히 폴란드-리투아니아 연합국가 동부지역에서는 더욱 그랬다. 하나의 집단으로서 유대인들은 사업을 잘하고, 활동적이고, 상업적 기회를 적극적으로 잡았다. 그래서 그들은 세습적으로 생업을 잇고 있고 길드와 국가 법률 경쟁에 노출되지 않은 러시아 도시 지역 상인과 장인들에게 분명한 위협을 제기했다.

이 문제에 대한 러시아제국의 해결책은 유대인을 일정 장소에 묶어 두는 것이었다. 유대인들은 과거 폴란드-리투아니아 지역 밖의 지역에 정착하는 것이 금지되었다.[30] 이것이 유명한 '유대인 거주 지정' 조치였다. 1791년 예카테리나 황제가 이 제도를 만들었을 때 이것은 단순히 현상을 유지할 목적이었다. 유대인들은 그들이 살던 곳에 머물면 되었고, 그 이상 의 차별은 없었다. 그러나 시간이 지나면서 이 조치는 압력솥같이 불안감 을 크게 조성시켰다. 이것은 거대한 불만의 저수지 같았다. 유대인은 가난 하고, 인구가 과도하게 밀집하고, 상업이나 문화 중심지에서 멀리 떨어진 상태로 방치되었다. 이곳은 사람들이 벗어나고 싶은 곳이 되어 많은 유대 인이 미주 대륙, 팔레스타인 또는 모스크바로 이주했다. 이곳은 또한 유대 인 정치, 사회 급진주의의 모든 흐름이 부화하는 곳이었다.

유대인들은 거주 지정 조치를 자신들의 열망을 가두는 새장으로 느낄 수밖에 없었다. 이것은 또한 러시아제국 자체에 더 문제를 일으켰다. 가장 기본적인 문제는 어떻게 유대인을 식별하고 추적하는가였다. 유대인들은 성을 가지고 있는 경우가 드물었고, 인구조사자나 세금징수자 같은 정부 관리들을 기피하는 것이 당연했다. 앞서 제국을 이룬 오스만제국처럼 러 시아도 스스로 제국처럼 자신을 보는 법을 배워야 했다. 새로 신민이 된 유대인들을 계수하고, 분류하고, 이름을 부여하는 일은 종종 백지상태에 서 시작해야 했다. 내 이름을 포함하여 현대 유대인들 이름의 상당 부분 은 19세기 초 사업실적조사에서 만들어진 것이었다.

인구조사는 많은 사람들에게 달갑지 않은 사업이었다. 대부분의 사람 에게 이것은 부담이었다. 계수가 된다는 것은 감시, 규제, 징세의 거대한 체계에 포함되는 것을 의미했다. 그러나 시간이 지나면서 제국의 이 거대 한 사업의 의미는 변했다. 오늘날 인구조사 자료는 동유럽의 거대한 세

제국에 거주했던 사람들에 대해 남아 있는 흔적이다. 오랜 기간 나는 벌을 받는 것처럼 무미건조한 이 자료들을 사랑하게 되었다. 이것은 각 사람의 삶의 과정이나 개인성에 대한 생각 없이 단순히 받아 적은 것이다. 나는 19세기로 거슬러 올라가는 우리 가족의 족보를 추적하다가 이 자료들을 접하게 되었다. 나는 다른 사람들의 족보 찾는 것을 도와주는 일을 하면서 비할 수 없이 많은 것을 배웠다.

오랜 시간 동안 나는 체코 목축자, 벨라루스 무두장이, 달마티아 선원, 리투아니아 가게주인, 루마니아 의사, 헝가리 와인 양조자들의 운명을 추적해왔다. 그들이 남긴 자료들은 단순하지만 흥미를 끌었다. 오스트리아-헝가리의 인구조사 자료에는 그 나라 신민들의 나이, 직업, 종교, 수탉과 암송아지에 이르기까지 중요한 모든 재산 등이 세세하게 기록되어 있다. 나는 러시아 공증인들이 눈을 피곤하게 하는 필기체 키릴 문자로 쓴 긴 자료를 탐독하는 즐거움도 누렸다. 거기에는 유대인 가족의 새로 태어난 아기에 대한 내용과, 이것을 더 빨리 신고하지 못한 여러 이유도 적혀 있었다.

가족 구전 지식을 통해 나는 공증인을 속일 수 있었다는 것을 안다. 나의 대숙부인 트루노프스키의 조부모들은 죽은 폴란드인으로부터 가족의 성을 샀다. 그들은 실제는 루드비니에비츠라는 이름을 가진 드로호비츠 랍비의 자손들이었다. 성을 바꾸는 것은 제정 러시아에서 징집을 피하는 일반적인 방법이었다. 러시아 병사는 한번 징집되면 25년을 복무해야 했다. 사실상 평생 복무, 나아가 거의 사형선고나 마찬가지였다. 젊은이들은 이 운명을 피하기 위해 무슨 일이건 마다하지 않았다. 한 이디시 노래는 "군대의 카샤를 먹는 것보다 라시Rashi와 함께 토라를 배우는 것이 더 낫다"라고 말하고 있다.[31]

19세기에서 20세기로 넘어오는 시기에 러시아제국을 휩쓴 반유대 폭동의 물결인 엄청난 유대인 학살pogrom 폭력보다도, 징집이 야기하는 지속적인 두려움이 많은 유대인으로 하여금 러시아를 떠나 미주 대륙으로 이주하게 만들었다. 물론 유대인만이 아니라 모두에게 징집은 무서운 형벌 같은 것이었고, 그를 피하기 위해 무슨 일이든 했다. 군 복무를 세습적 의무로 생각한 코자크는 예외였지만 말이다. 유대인 청년들은 징집 면제를 위해 종종 굶고, 독을 먹고, 한쪽 눈을 멀게 만들기까지 했다.[32] 1823년 에스토니아 출신 청년 다섯 명이 군 복무 부적격 판정을 받기 위해 치아를 모두 빼버렸다. 그러나 그들의 속임수는 발각되어 채찍 20대를 맞았고, 아주 애석하게도 군대에 가야만 했다.[33]

젊은 에스토니아인과 유대인 모두 차르에게 봉사하며 25년을 보내는 것을 피하려고 했다. 이러한 고난의 동등성은 제국의 소수민족 사이에 거친 유대감을 형성시키기도 했다. 1905년 바르샤바 출신 폴란드 유대인인 야코브 마라테크는 일본군과 싸우도록 만주로 보내졌다. 그는 그곳에서 자기 연대의 병사 대부분이 러시아인이 아니라 "폴란드인, 유대인, 우크라이나인, 발트인, 독일인으로 구성되었고, (러시아인 동지를 포함하여) 병아리가 여우를 사랑하듯이 모두가 따뜻하게 차르를 사랑한다"는 사실을 발견했다.[34]

유대인들은 다른 징집병과 또 다른 고통을 겪어야 했다. 군대 생활은 그들이 종교적 법을 따르는 것을 불가능하게 만들었다. 군대는 코셔 음식을 먹거나 안식일을 지키는 규정이 없다. 그 여파는 그들의 친척들에게 더 가혹했다. 벨라루스에서 자란 한 젊은 유대인 여인은 자신의 사촌이 안식일에도 훈련을 받는 모습을 보고 마치 그녀가 죄를 지은 것처럼 그녀를 신성하지 못하게 만들었다고 말했다.[35]

역설적으로 이것은 러시아 군대가 제국 내에서 일정한 수준의 평등을 보장하는 흔치 않은 조직 중 하나였다는 점 때문이었다. 다른 모든 면에서 러시아제국은 사실상 보편적인 불평등을 전제했다. 제국은 모든 사람을 다르게 대했다. 여러 사회 계급 사람들은 다른 세금을 내고 다른 법정에서 재판을 받았다. 개인은 민족과 신앙에 따라 다른 특권을 누리고, 다른 징벌을 받았다. 이러한 조각보 같은 체제에서 차별은 보편적이었다.

우리가 보기에는 이상하지만, 이런 광범위한 차별은 나름대로 장점도 있었다. 그중 가장 큰 것은 이것이 보기 드문 수준의 종교적 관용성을 허용했다는 것이었다. 러시아제국에서는 기독교인, 무슬림, 불교 신자, 여타 이교 정령론자들animists 모두가 한 국가 안에 공존했다. 각자 자신의 토착 신앙을 신봉하는 자유를 누렸고, 대부분의 지역에서 선교하는 것을 염려할 필요가 없었다. 이러한 면에서 러시아제국은 다른 서유럽 국가보다는 오스만제국에 가까웠다. 두 통치 영역은 거대한 다민족, 다종교 주민이 사는 곳이었고, 두 제국 모두 자신들의 통치를 강화하기 위해 계급과 재산의 차이를 강조했다.

이 제국들은 무력으로 권력을 유지했지만, 이것이 구성된 데는 나름대로 지혜가 있었다. 두 제국은 유연했고, 다양성에 대해 열려 있었다. 뒤에 생긴 민족국가에서는 이러한 것이 사라졌다. 이쯤에서 나는 내가 때로 실수할 수 있음을 인정하고 넘어가야 한다. 제국을 관찰하는 데에는 시차 효과가 존재한다. 멀리서 보면 오스만제국은 다양하고 매력 있는 장소로 보이지만, 내가 그 통치 영역의 한곳에 실제로 살았다면 아마 '튀르크 굴레'와 '오랜 암흑 기간'에 대해 썼을 것이다. 러시아제국 역시 멀리서 보면 널찍하고 수용성이 넘치는 곳처럼 보이지만, 이런 관점은 맹인의 눈이고, 이빨 없는 입이고, 잘려진 팔일 수 있다.

합스부르크제국

동유럽에 존재한 제국들의 역사에서 합스부르크 가문은 신기한 현상이다. 대부분의 왕조들이 일어나서 국가를 통제하고, 다음에는 그 국가에 의해 주조된다. 그러나 합스부르크가는 먼저 자신들을 왕조라고 선언한 다음 국가를 찾아 나섰다. 고향 스위스에서 멸시받던 독일의 강도 남작 가문은 어떻게 자신들이 세계사적 운명을 갖고 있다고 믿게 되었고, 나아가 어떻게 그것을 실현할 수 있었을까? 이것은 끈질긴 자기 확신의 힘에 대한 역사상 가장 큰 증거 중 하나다.

합스부르크가는 1000년경 라인강 상류 옆의 시골 지방 영주로 시작되었다. 그들은 오늘날 우리가 오스트리아라고 부르는 신성로마제국의 방치된 변경 지역의 땅을 점점 더 소유하게 되었다. 중세 후반 그들은 이 별로 중요하지도 번성하지도 않은 영토를 좀 더 야심 찬 모험의 도약대로 삼았다. 1440년 합스부르크가의 일원인 프리드리히 3세가 신성로마제국 황제로 선출되었다. 그가 선출된 이유 중 하나는 그가 특출난 일을 벌이지 않을 것 같은, 대단치 않은 사람으로 보였기 때문이다. 눈에 띄게 게으르고 느긋한 인물인 프리드리히는(그의 별명은 '대단한 잠꾸러기Erzschlafmütze'였다) 그럼에도 합스부르크 가문의 좌우명을 "오스트리아가 온 세계를 다스릴 것이다Austriae est imperare orbi universo"로 선언하고, 이를 실현하기 위한 첫발을 떼었다.

프리드리히는 자신의 아들 막시밀리안이 제국 왕좌에 선출되도록 만들었다. 막시밀리안은 자신의 많은 자녀들을 유럽의 가장 전도양양한 군주들과 결혼시켰다. 운이 좋은 탄생과 운때가 맞는 죽음으로 합스부르크가는 당시 '신세계' 일부와 필리핀을 통치하고 있던 부르군디와 에스파냐의 왕좌에 오르게 되었다. 그렇게 해서 합스부르크가는 진정한 세계적 권력을 얻었다. 또 하나의 운 좋은 사건이 1526년에 발생했다. 오스만제국 군대와 싸우던 헝가리의 왕이 모하치Mohács 전투에서 전사한 것이다. 사망 당시 20세에 불과했고 보헤미아의 선출 국왕이기도 했던 루이스 2세는 후계자를 남기지 않았다. 그래서 그의 처남인 합스부르크가의 페르디난트 대공이 두 왕위를 모두 차지했다.

이후 400년 동안 합스부르크가는 헝가리와 보헤미아를 통치하게 되었다. 그들은 단지 썩어가는 고기를 먹는 새가 아니었다. 그들은 가족이 위대해질 숙명을 타고났다는 지도적 정신을 가지고 있었다. 물론 그들이 스스로를 위해 세운 사명의 구체적 내용은 통치 과정을 통해 여러 번 바뀌었다. 먼저 합스부르크가는 헝가리를 놓고 오스만제국과 싸워서 기독교 세계를 튀르크인들로부터 보호했다. 다음으로 그들은 가톨릭의 반종교개혁을 위해서 프로테스탄티즘과 체코 반란에 맞서 싸웠다. 또 자신들의 땅에서 가장 부유한 귀족들의 땅을 빼앗아서 절대 통치자로서 자신들의 미래에 기초를 놓았다.

합스부르크가의 절대주의는 실제 이행이기보다는 통치의 이론 쪽에 더 가까웠다. 17세기에 보여준 이 현상을 서술한 역사가 R. J. W. 에반스는 합스부르크가의 통치 영역이 제국이었다는 것을 부인하고, 그것은 "놀랄 정도로 이질적인 요소들의 부드러운 원심력적 교착이었다"라고 서술했다.[36] 합스부르크가의 통치 영역은 단일 통치 체제를 수용하기에는 너무도 다양했다.

이 제국이 존재한 지 오래된 오늘날 역사가들은 관리 432명이 황태자 루돌프가 1889년 사망하기 전에 감독하여 편찬한 24권으로 된 《백과사전》을 통해 이 제국을 들여다볼 수 있다. 대학에 다닐 때 나는 도서관 지하의 서고로 내려가, 먼지 묻은 이 책장들을 넘기면서 티롤 지역 마을들과 카르파티아 지역 결혼식 애쿼틴트aquatint(부식 동판 화법의 일종 또는 그렇게 만든 그림) 판화 그림을 보며 다른 시대로 이동하곤 했다. 이것은 합스부르크제국가 요제프 로트가 1938년 전간기 중 호텔과 독일·프랑스의 술집을 전전하며 쓴《황제의 무덤》에 묘사된 세계 같았다. 이 소설에서 그는 합스부르크제국의 놀랄 정도로 다양한 온갖 군상을 회상해냈다.

> 푸슈타Puszta의 집시들, 카르파티아산맥의 후출족, 갈리시아의 유대인 마부 … 박스타Bacska에서 온 슈바벵 담배 재배 농민, 스텝의 종마자들, 오스만 시베르스나, 보스니아와 헤르체고비나의 주민들, 모라비아 하나케이Hanakei에서 온 말 장사들, 에르즈게비르게Erzgebirge에서 온 방직공, 포돌리아의 양조자와 산호 상인 ─ 이 모두가 오스트리아의 부양자이고, 그들은 더 가난할수록 더 인심이 좋았다.[37]

빠르게 달리는 기차에서 보면 이 모든 다양성은 흐려지기 시작하고, 기저에 깔린 일정한 단일성이 드러나기 시작한다. 로트에 따르면 그것은 깃이 달린 모자, 경찰의 황토색 헬멧, 조세 검사관 칼에 매인 녹색 매듭, 기병대의 붉은 바지와 보병의 파란색 튜닉 군복과 검은 살롱 바지, 포병의 커피색 재킷으로 드러났다.[38] 제국 전역의 모든 소도시 광장에는 슬로베니아인들의 밤 굽는 가게, 주로 보스니아인이나 모라비아인인 행상이 있었고, 이 광장에 있는 교회 종탑 시계가 9시를 알릴 때면 같은 멜로디가 흘러나왔다.

합스부르크가의 색깔은 검은색과 금색이었고, 그래서 제국의 모든 담뱃가게는 검은색과 금색 빗금으로 칠해졌고, 모든 경찰서, 우체국, 지방 기차역도 '제국'의 노란색으로 칠해졌다. 오늘날에도 우크라이나와 접경한 오래된 대성당 도시 프셰미슬Przemyśl의 기차역에서는 이러한 사회시설의 화려함이 남아 있는 것을 볼 수 있다. 분홍색과 옅은 금색으로 칠해진 오래된 기차역 카페는 마치 아직도 사람들이 빈에서 오는 12시 4분 기차를 기다리는 듯한 느낌을 준다. 산San강 언덕 아래 우아하게 펼쳐진 이 도시의 천연색 파노라마 그림이 바의 반대편 벽에 여전히 걸려 있다. 눈만 감으면 빈 커피, 다양한 종류의 케이크와 19세기 내내 개발된 다과들이 가득한 식당을 연상할 수 있다. 이런 것들이 아직 동유럽 과자 가게에 여전히 남아 있다는 것은 '중유럽'이라고 알려진 사라진 영역의 진정한 경계를 보여준다.

그러나 기차와 케이크는 1914년 5000만 명의 인구를 가진 붕괴 직전인 국가가 분열하지 않도록 붙잡아주는 데 충분하지 않았다. 제국은 법률도 필요로 했다. 이 제국은 이것을 아주 빨리 얻었다. 처음에는 18세기 요제프 2세의 계몽 시기에 쏟아져 나왔고, 다음으로는 마지막 위대한 황제인 프란츠 요제프 1세의 길고 빛나는 황혼기에 만들어졌다. 1916년 그가 사망했을 때 오스트리아-헝가리는 효력 있는 헌법(엄청나게 복잡하지만)을 보유했고, 남성 보통선거권과 흠잡을 데 없는 민법도 보유했다. 가벼운 범죄는 가벼운 벌을 받았다. 양파 하나를 훔친 죄는 감옥에 4시간 동안 수감되는 벌을 받았다. 큰 죄는 큰 벌을 받았지만, 이것들은 양심적으로 적용되었다. 1차 세계대전을 일으킨 총탄을 발사한 가브릴로 프린치프는 27일 차이로 미성년자였다. 그래서 그는 미성년자가 받을 수 있는 최대 형량인 25년형을 선고받았다. 세 동유럽 제국 중에 오스트리아-헝가리가 가장 덜 '제국주의적'이고 가장 인도주의적으로 보였던 것은 이러한 법제도 때문이었다.

합스부르크제국은 또한 실패와 가장 밀접하게 연관된 제국이었다. 러시아제국이나 오스만제국과 다르게 오스트리아-헝가리는 프란츠 요제프 1세가 사망한 후 직접적 후계자가 없었다. 궁정들과 합스부르크가가 모아놓은 수집품을 빼면 제국 주민들의 모든 성취는 이제 다른 누군가의 것인 듯했다. 기억 속에 존재하는 제국의 이미지는 카프카의 관료주의적 악몽, 로버트 무실의 환상적인 칸나니아Kakania 또는 '똥의 땅'의 혼합이었다. 그러나 평가는 변할 수 있고, 실제로 자주 바뀌었다. 얼마 전 어느 합스부르크가 전문 역사가는 오스트리아-헝가리 학자들이 최근에 태도가 바뀌었다고 내게 말했다. 더 이상 존재하지 않는 이 제국이 실패작이 아니라 성공작이었다라는 것이다. 하지만 아직 증명할 수는 없었다. 그 역사가는 그들이 이것을 확실히 알기 위해서는 10년이 더 걸릴 것이라고 말했다.

합스부르크제국은 전성기 때도 국가라기보다는 정교한 법적 허구체인 것처럼 보였다. 공통의 언어, 종교, 역사가 없는 이 제국은 통치 가문을 빼고는 신민-시민들을 함께 묶을 것이 거의 없었다.

프란츠 요제프 1세는 위기의 순간에 제국을 물려받았다. 1848년 혁명의 열기는 군주정을 영원히 종식시킬 것처럼 큰 위협을 제기했다. 18세에 즉위한 그는 죽을 때까지 68년을 통치했다. 이런 연유로 합스부르크제국은 이 한 사람과 동의어가 되었고, 특히 기억에서 그랬다. 여러 세대가 그와 함께 나이가 들었다. 그들은 그의 생의 바다에서 헤엄을 쳤다. 그의 가족의 수많은 추악한 비극은 그들의 비극이 되었다. 제국 내 모든 사람은 그의 아들 루돌프의 이야기, 즉 17세의 벼락출세 여남작 마리 폰 베체라와의 슬픈 로맨스와 마이얼링Mayerling의 사냥 별장에서 권총으로 동반 자살한 이 두 사람 이야기를 안다.•

그러다 대중들의 기억 속에 루돌프는 낭만주의적 영웅으로 보이기 시작했다. 많은 헝가리인들에게 — 프란츠 요제프의 열성적인 팬들은 절대 그렇지 않았겠지만 — 루돌프는 이상적인 왕자이자, 영예와 정의가 현화된 존재였다. 일부 사람들은 루돌프가 헝가리를 너무 사랑했기 때문에 프란츠 요제프가 그를 죽게 만들었다고 의심했다.[39] 다른 사람들은 루돌프가 아직 살아 있고, 미국으로 망명하여 떠돌아다니고 있으며 아버지가 그를 다시 조국으로 불러들이기를 기다리고 있다고 믿었다. 실제로 갈리시아의 우크라이나인들 사이에서는 루돌프가 아직 살아 있다는 것이 공동의 상식이 되었다. 그는 브라질에 있거나[40] 카르파티아산맥의 후출족 목자로 위장하고 떠돌아다니면서 가난한 농가를 방문하여 선물을 나누어주고, 부패한 세금징수관들을 혼내고 있다는 것이었다.[41]

황태자였던 루돌프는 개인숭배를 만들어냈지만, 프란츠 요제프는 종교의 중심에 남아 있었다. 합스부르크제국 마지막 시기에 갈리시아의 한적한 소도시 드로호비츠Drohobycz에서 자란 작가인 브루노 슐츠는 요제프 황제가 세계의 보장자이자 멀리 있는 신처럼 느꼈다. 그는 '종이처럼 세상을 재단하고', 우체부에게 맞는 복장을 택하는 존재이자 석양의 색깔을 결정하는 존재라고 생각했다.[42] 합스부르크가의 권력에 의심이 훨씬 컸던 야로슬라프 하셰크는 황제에 대해 회의를 가졌다. 그가 쓴 1차 세계대전

● 루돌프는 프란츠 요제프 1세의 외아들로 황위 후계자였지만, 자유주의 사상과 반교회적 시각으로 황제의 눈에서 벗어났다. 합스부르크제국 내 소수민족 문제를 해결하고 싶어했고, 러시아 제국주의에 강력한 반감을 가졌다. 그는 불행한 결혼생활, 문란한 여자관계, 과음과 정치적 고립감으로 정신적으로 불안정했다. 그러다 1889년 1월 루돌프는 내연녀와 자살한 채 발견되었다. 자살 사실을 덮으려는 황제와 황실의 시도로 여러 소문이 난무했다. 이후 프란츠 요제프의 동생 카를 루트비히가 후계자가 되었다가 1896년 그가 사망하자 카를 루트비히의 아들 프란츠 페르디난트가 황위 후계자가 되었고, 1914년 7월 사라예보에서 그가 암살당하면서 1차 세계대전이 촉발되었다.

희극 서사인《좋은 병사 슈베이크》속 체코 병사들은 프란츠 요제프가 1차 세계대전이 시작되기 훨씬 전에 정신이 나갔다고 생각했고, 그 때문에 그는 쇤브룬 궁전 밖을 출입할 수 없다고 믿었다.

비록 프란츠 요제프가 상상력이 부족한 사람이었고 영리한 인물도 아니었지만, 하셰크가 상상한 만큼 바보는 아니었다. 다만 그는 규칙적인 사람이었다. 매일 저녁 삶은 소고기로 혼자 저녁 식사를 하고, 매일 밤 장교의 철제 침대에서 잠을 잤다. 여름이면 새벽 4시에 기상하고 겨울에는 5시에 일어났다. 그는 오전과 오후 내내 일을 했고, 점심을 먹고 한낮의 산책을 하면서 잠시 쉬었다. 점심 식사는 서양 고추냉이가 들어간 소시지와 갈색 에일 한 잔이었다. 그는 정확히 30분을 산책했다. 그는 전용 정원에서 산책했다.[43]

프란츠 요제프의 마음은 여러 면에서 자신의 대관식 시점에 머물러 있었다. 그 시점 이후 그는 별로 발전하지 않은 듯 보인다. 그는 자신의 젊은 시절에 존재한 기차를 타는 것을 좋아했지만, 전화, 엘리베이터, 자동차 같은 혁신은 절대 이용하려고 하지 않았다. 그는 자동차가 '냄새가 난다'고 했고, 자전거를 타는 것은 '전염병'이라고 말했다. 어린 시절부터 장군이었던 그는 군대를 숭앙했다. 장교 복장에 조금이라도 흐트러진 것이 있으면 격노했다. 그러나 그는 해군에 대해 '아무것도 모르기 때문에' 해군을 검열하는 것은 거부했다. 한 역사가는 "그의 세계에서는 동등한 사람 간의 대화를 위한 여지는 없었고, 풍자같이 그의 권위를 훼손한다고 여길 만한 것보다 위험한 것은 없었다"라고 말했다.[44]

프란츠 요제프는 뛰어난 승마자였고, 형편없는 연인이었으며, 지방에서는 신이었고, 고국에서는 부르주아였다. 그는 병사와 군복을 사랑했지만, 전략에 대한 인식은 전혀 없었다. 권력을 믿었지만, 정치는 믿지 않았다. 그는 공손하고, 근면하고, 신뢰할 만하고, 관용심이 아주 컸고, 재미는 없었다. 그의 상속자나 경쟁자와 다르게 그는 독일인이 되려는 충동에 저항했다. 죽는 날까지 모든 주민의 황제로 남았고, 그를 싫어하는 사람들에게도 황제였다. "그의 신민은 자신의 의무를 이행하는 한 독일인이든, 헝가리인이든, 슬라브인이든 아무 상관이 없었다"라고 역사가 이슈트반 데아크는 말했다.[45] 요제프는 가톨릭 신부, 갈리시아 랍비, 보스니아 이맘의 축복을 똑같이 감사하는 마음으로 모두 받아들였다. 이것은 19세기 말의 민족주의의 높은 바람 속에서 자신의 제국을 계속 유지하는 데 도움이 되었다. 종국에 이것을 계속 단단히 유지한 대가는 세계대전이 되었다.

프란츠 요제프의 재위 마지막 시기에는 그가 기침 한 번 하는 것이나 홀쩍거리는 것조차 신문 1면을 장식했다. 그 시점에 그는 신도 되었고 조롱거리도 되었다. 인기라는 것을 전혀 믿지 않았던 그는 사람들을 매료시키거나 즐겁게 하려고 하지 않았다. 그는 황제 자리의 근원적 위대성을 전적으로 믿었다. 그가 생각하기에 자신의 임무는 이 직책을 헌신적으로, 위축되지도 지치지도 않고 수행하는 것이었다.

공직 복무는 민족적 경계를 지우는 방식의 하나였다. 오랜 세월 오스트리아 장교들은 민족 위 또는 그 너머의 계급을 형성했다. 어디에서 왔는지 상관없이 군대는 그들의 진정한 고향이 되었다. 유제프 위틀린이 1935년에 쓴 소설 《지구의 소금》에 등장하는 갈리시아 보병 연대 수석 교육관인 루돌프 바흐마튜크 연대 소령은 그런 전형적인 제국의 군인으로 그려졌다. 그의 임무는 미숙하고 무식한 징집병들 — 루테니아 목동과 유대인 넝마주이 등 — 을 능력 있고 명예로운 병사로 만드는 것이었다. 부모들이 프란츠 요제프의 외동아들 이름을 붙여서 세례를 받게 해준 바흐마튜크는 오랫동안 합스부르크 왕조 밖의 어느 것에서도 정체성을 찾지 않았다. 태생이 우크라이나인인 그는 "오랜 기간의 군 복무로 그의 민족성은 사라져버렸고, 검은색과 노란색의 종족으로 흡수되었다. 그는 완전히 오스트리아인이 되었다".[46]

합스부르크 군대의 장교들은 두 세계를 동시에 살았다. 하나는 임무에 따른 현대적 세계였다. 훈련, 감시, 포병 배치의 세계였다. 다른 하나는 명예의 세계였다. 이 세계에서는 중세 기사처럼 자신들의 명예를 조금이라도 훼손하면 칼을 빼 들었다. 아무리 사소한 모욕일지라도 그 연장선상에서 군대 전체에 대한 모욕으로 간주되었다. 이 두 가지 영역은 가장 안좋은 때에 서로 충돌했다. 결투를 불러일으키는 모욕은 정말 사소한 데에서 시작되었다. 누군가를 거짓말쟁이라고 부르는 것, 신사와 함께 온 숙녀에게 제대로 인사를 하지 않는 것, 전차에서 누군가를 밀치는 것, 개 채찍을 가지고 장난치면서 누군가를 쳐다보는 것, 단순히 누군가를 건방지게 쳐다보는 것 등이 포함되었다. 숙녀에 대한 모욕은 친구나 친척이 바로 사과를 해야 했지만, 숙녀들 사이의 모욕은 그렇게 큰 문제가 되지 않았다. 남자들만이 서로의 명예에 도전할 수 있었다. 장교의 명예가 공격을 받으면, 그는 바로 이에 대응해야 했고, 칼로 대응하는 것이 당연하게 여겨졌다. 그래서 장교는 항상 칼을 차고 다녀야 했다. 이뿐만 아니라 군복을 입은 장교는 자신의 명예를 지킬 권리와 의무가 있기 때문에, 결투론자들은 장교들은 절대 민간 복장을 하고 공공장소에 나가서는 안 된다고 주장했다. 특히 적대적인 민간인이 많이 모이고, 모욕 행위가 자주 일어나는 카페에서는 더욱 그랬다.

평범한 생활에서 장교를 구별하는 것은 결투만이 아니었다. 장교들은 연대장의 허가 없이 결혼할 수 없었다. 허가를 받은 경우에도 카우티온 Kaution이라고 불리는 결혼 증권을 얻기 위해 엄청난 돈을 지불해야 했다.

이러한 자금이 없는 장교들은 — 장교의 월급으로 이 돈을 모으는 것은 아주 어려웠다 — 독신으로 지내야 했다. 그래서 많은 장교들이 사창가에서 위안을 찾거나, 도시 상인들의 딸이나 동료 장교의 부인들과 애정 행각을 벌였다. 그들은 제국의 가장 먼 변방으로 발령 날 수도 있었다. 헝가리는 문명화되지 않고 더러운 지역으로 여겨졌지만 여인들이 아름답고 주민들은 파티를 제대로 즐길 줄 아는 곳으로 소문났다. 크로아티아와 트란실바니아도 헝가리와 비슷했지만 좀 더 열악한 곳이었고, 보스니아는 야만적이지만 이국적인 곳이었다. 부코비나Bukovina는 풍부한 문화생활로 선망의 대상이었다. 진흙탕, 이, 사기를 치는 폴란드인이 가득한 곳으로 알려진 갈리시아는 최악의 파견지로 여겨졌다.

이러한 먼 변방 파견 근무에서는 지루함이 가장 큰 적이었고, 이것을 해소하는 데 드는 돈도 문제였다. 많은 장교들이 시골 생활의 따분함에서 벗어나기 위해 쓴 돈으로 빚의 덫에 빠졌다. 물론 선망하는 근무지인 수도에서의 생활도 유혹이 넘쳤다. 제대로 장비를 갖추고 옷을 차려입는 데 드는 비용은 얼마 되지 않는 장교 수입으로는 감당할 수 없었다. 군대는 군복이나 말을 장교들에게 공짜로 제공하지 않았다. 기병대에서 근무하는 것은 파산을 불러올 만큼 많은 비용이 들었지만, 보병이나 포병으로 근무하는 것조차도 부담을 주었다.

현대판 기사인 오스트리아-헝가리제국의 장교들은 동떨어진 존재였다. 의도적으로 그렇게 만들어졌다. 그들은 가능한 한 지역적 정체성이나 민간 도덕과 상관없이 생활하도록 강요받았다. 그들에게는 민족성도 가족도 없었다. 장교들이 주변 환경과 구별된다는 것을 강조하기 위해 황제와 장군들은 이것이 제복으로 나타나도록 많은 주의를 기울였다. 장교들은 화려한 깃털을 자랑하는 희귀종 새였다. 그 가격은 매우 비쌌다.

장교들의 제복은 오스트리아-헝가리 군대의 자랑이었다. 빛이 나는 새하얀 군복 천은 열성적인 솔질로 제대로 유지되면 섬세한 옅은 청색 빛을 발했다. 이 제복은 아주 멋졌지만 비쌌다. 장교들은 이 제복을 사기 위해 빚을 져야 했다. 그들은 빚을 갚기 위해 빵만 먹었고, 추운 겨울에도 땔감 없이 지냈다. 군복은 흠 없이 깔끔하게 보존되어야 했다. 살짝 닳거나 점이 묻어도 견책을 받을 수 있었고, 엄청나게 비싼 값에 새 군복을 사야 했다.

1850년대 어느 날 황제의 한 장군인 귤라이 백작이라는 사람이 ─ 그의 동포인 한 헝가리인 역사가에 따르면 그는 "최악의 규율 강요자였고 말할 수 없이 멍청했다"[47] ─ 자기 부대의 모든 장교들에게 검은 콧수염을 기르도록 명령했다. 금발의 장교들은 검은 구두약으로 염색했다. 그날 장교들은 연병장에 열병을 위해 도열했다. 그들이 병사들과 함께 사열을 기다리며 서 있는 동안 비가 쏟아졌다. 콧수염에 묻힌 검은 구두약이 흰색 군복 위로 흘러내렸다. 제복은 망가졌고, 장교들도 재정적으로 망가졌다.

이 얼마나 쓸데없는 비용인가! 그러나 이것이 완전히 쓸 데가 없었던 것은 아니었다. 프란츠 요제프가 군복과 질서정연한 열병에 집착한 것은 더 깊은 지혜를 감추고 있었다. 그는 자신의 제국이 아주 화려하고, 값이 비싸고, 아주 드물게 피를 흘리는 전투를 치른다는 것을 잘 알고 있었다. 이것은 의복이 중요한 역할을 담당하는 일종의 연극이었다. 프란츠 요제프는 군대의 전력이 시원치 않은 경우, 계속 그 위력을 유지하기 위해 의존할 수 있는 것은 기백이라는 것을 경험을 통해 잘 알고 있었다.

1867년 프로이센과의 전쟁에서 합스부르크제국은 참패를 당했다. 제국의 군대는 큰 치욕을 당했다. 전쟁 후 제국의 여러 지역에서는 소요가 일어났다. 일부 지역에서는 반란의 위험이 있었지만, 이것을 제압할 군대는 남아 있지 않았다. 위기를 넘기는 미봉책으로 시행된 것이 많은 지역에 자치를 인정하는 헌법 개정이었다. 헝가리는 한 지방에서 별개의 왕국으로 변모했지만, 그 국왕은 오스트리아 황제가 겸했다. 이것이 소위 이중 제국Dual Monarchy 또는 오스트리아-헝가리제국이 탄생한 연유였다. 이 변모를 공식화하기 위해 프란츠 요제프는 부다페스트로 가서 대관식을 거행해야 했다. 그러나 이번에는 황제 대관식이 아니라 국왕 대관식이었다.

이 행사를 위해 고대 헝가리 관습이 갑자기 부활해서, 새 왕은 사람들 앞에 나타나 야외에서 왕의 검을 가지고 네 방향을 가리켜야 했다. 1867년의 이 의례는 헝가리의 모든 지방에서 모은 흙더미 위에서 진행되어야 했다. 그 자리에 모인 사람이 놀라도록, 황제는 말을 타고 전속력으로 달려와 그 인공 언덕 위에서 이 의례를 치르기로 결정했다. 그의 말인 회색 군마는 군중의 환호와 축포 소리에 겁을 먹고 네 번이나 뒷걸음질을 쳤다. 구경꾼들은 거품을 내뿜고 겁에 질린 황제의 말이 난간을 뛰어넘어 그 아래 광장으로 곤두박질치려고 한다고 생각했다. 그러나 뛰어난 승마가인 프란츠 요제프는 단 한 번의 우아한 동작으로 말을 진정시켰다.

49년이 지나고 프란츠 요제프가 사망하자 그의 손자 조카인 카를이 헝가리 왕관을 쓸 시간이 되었다. 이미 1차 세계대전이 한창 진행 중이었지만 그도 부다페스트로 가서 말 위에 올라타 검으로 네 방향을 가리켜야 했다. 프란츠 요제프에 훨씬 못 미치는 승마가인 카를은 발판 없이는 말에 올라탈 수 없었다. 당시 부다페스트 극장 책임자이자 트란실바니아 귀족이자 정치인이자 뛰어난 소설가였던 미클로시 반피는 이 대관식 연출을 맡으라는 지시를 받았다. 반피는 발 받침대가 헝가리 관중들이 보기에 우스운 광경을 연출하게 될 것이라고 생각했고, 그래서 그는 작은 무대장치를 고안했다. 작은 계단이 대관람석 옆 벽 뒤에 숨겨졌다. 이 방

프란츠 요제프 1세 그림이 들어간 엽서, 1908년

법으로 키가 작은 황제-국왕은 당혹스러운 장면 없이 말 등에 올라탈 수 있었다.[48]

2년 후 헝가리-오스트리아는 1차 세계대전에서 패전했고, 불쌍한 카를을 위한 발 받침대는 없었다. 전선에서 돌아온 성난 병사들이 빈의 거리를 메웠다. 주민들은 공화정이나 제국을 해체하여 입헌 국가들로 만들 것을 요구했다. 쇤브룬 궁전 습격 소문이 돌았다. 카를은 시위자들의 요구에 응할 듯이 보였지만 그래도 제국 유지에 마지막 희망을 걸어보려고 했다. 그러나 그의 그런 바람을 지지하는 사람은 아무도 없었다. 대귀족, 교회 지도자, 고위 관료 모두가 그를 버렸다. 궁전 안에는 인근에 있는 사관학교에서 불려온 젊은 사관생도들만이 카를을 폭도들로부터 지켰다.[49] 아르시에렌Arcièren 제복을 입은 황실 경호대인 트라반텐Trabanten과 최고위 귀족들에서 모집되어 죽을 때까지 황제를 지키기로 한 헝가리 귀족 경호대Noble Guards는 어디에서도 찾아볼 수 없었다.[50] 카를은 도망갈 수밖에 없었다. 제국은 끝이 났고, 제국의 멋진 새들은 다 집으로 돌아갔다.

6장

민족들

알바니아 슈코되르의 두 여자, 1920년   두 헝가리 남자, 1900년

동유럽은 아주 복잡한 곳이다. 1937년 엘레노어 페레니는 카르파티아산
맥 기슭에 있는 무너져가는 바로크 성의 여주인이 되었을 때 갑자기 이
사실을 깨달았다. 엘리노어는 미국인이었고, 워싱턴에서 태어나고 자랐
다. 그녀의 어머니는 소설가였고, 아버지는 해군에 복무했다. 부모와 함께
유럽을 여행하던 그녀는 어느 날 밤 부다페스트에서 영어를 거의 완벽하
게 구사하는 잘생기고 매력 있는 헝가리 귀족 남자를 만났다. 몇 주 뒤 두
사람은 결혼했다.

그래서 불과 19세인 엘리노어는 당시 체코슬로바키아 땅에 정착하게

되었다. 그녀의 저택은 엄청난 면적의 숲과 중유럽 가장 북쪽 지역에 있는 포도밭에 둘러싸여 있었다. 그녀의 남편인 자이가가 그곳의 성주였다. 성의 안주인이 된 엘리노어는 추수를 감독하고, 정원을 돌보고, 집을 꾸미고, 부엌에 필요한 물건을 공급하는 등 현금이 부족한 거대한 영지를 관리하는 수많은 일을 해야 했다. 이것은 또한 아주 복잡한 사람들의 관계를 헤쳐나가야 하는 것을 의미했다.

엘리노어가 정착한 땅은 원래 헝가리에 속했다. 1차 세계대전 후 이곳은 루마니아에 잠시 점령되었다가 체코슬로바키아 땅이 되었다(현재는 우크라이나 땅이다). 뚱한 모라비아 채소 상인과 홀라바체크라는 이름을 가진 지역 관리가 그 지역의 체코슬로바키아 권력의 대의자가 되었다. 관리는 스파이로 의심받았다. 공식 업무는 체코어가 아니라 독일어로 수행되었다. 엘리노어 영지의 농민 대부분은 소수의 루마니아인을 빼고 루테니아인이었고, 이 지역 농민 대부분과 마찬가지였다. 그들은 우크라이나어와 유사한 언어를 사용하는 정교도였다.

엘리노어가 보기에 루테니아인들은 "신뢰하기가 어렵고, 꿈을 꾸듯이 숙명론적인 사람들로, 늑대인간과 드라큘라를 믿었고", 변질된 알코올을 너무 좋아했다.[1] 루테니아인들에 대한 그녀의 반감은 한 작은 사고와 관련이 있었다. 그녀와 남편이 산속을 차를 몰고 갈 때 차가 암소 한 마리를 치는 사고가 일어났다. 성난 일군의 루테니아 남자들이 차를 둘러싸고 험한 말을 내뱉었다. 그때 하얀 턱수염을 한 키가 작은 유대인이 그녀 옆에 나타나 완벽한 브루클린 영어로 말했다. "숙녀 양반, 이곳을 빨리 빠져나가는 것이 좋아요. 이놈들은 아주 무식해요."[2]

비노흐라디우Vinohradiv의 유대인은 그녀에게 뉴욕을 상기시켜준 것보다 많은 일을 했다. 그들은 그 지역 사회에서 자신들의 입지가 있었다. 엘리노어는 기본 식품이 필요할 때는 모라비아인 채소 상인에게 갔지만, 뭔가 비상한 일이 일어나면 페레니 집안의 집사가 된 프리에드라는 그 유대인의 도움을 받았다. 오랜 기간 헝가리 귀족들은 가족 일을 돌보는 유대인 집사를 두고 있었다. 공식적으로 프리에드는 천 덮개 수선가로 일했지만, 그는 사업 거래에서부터 응접실을 장식할 희귀한 카펫을 찾아오는 등 모든 일의 해결사 역할을 했다. 그는 헝가리어를 할 수 있었지만, 그 언어는 신분이 낮은 사람들이 쓰는 언어라고 생각해서 엘리노어와는 그녀가 잘 모르는 독일어로 말했다.

프리에드는 직책 때문에 각 집의 요구를 해결하러 다녔지만, 그가 감당할 수 없는 일들도 있었다. 엘리노어가 정원에 담을 쌓기로 했을 때 그녀는 집시들만이 그 일을 한다는 얘기를 듣고 놀랐다. 동유럽 다른 지역에서 집시들은 다른 일도 했지만, 전문적 대장장이, 말 장사, 점쟁이로 일했고, 카르파티아산맥 지역에서 그들의 세 가지 중요한 직업은 바이올린을 연주하고, 변소를 파고, 벽돌을 굽는 것이었다.[3] 왜 그렇게 되었는가? 그들이 늘 그런 일을 해왔기 때문이다.

언어, 직업, 계급제도의 이러한 만화경 같은 형태가 동유럽 생활의 구조를 만들었다. 제국들이 최소한 행정 수준에서 일정한 형태의 단일성을 강제하려고 시도했다가 실패한 곳에서 전통은 거의 무한정의 다양성을 지닌 사회를 만들어내는 데 공모했다. 이로 인한 주민이나 신앙의 혼합은 종종 외부인들이 보기에 수수께끼 같았지만, 이것은 지역 주민들에게도 도전을 제기했다. 드네스트르강 계곡에서 폴란드인으로 태어났다는 사실 하나만으로도 에세이 작가 예르지 스템포브스키가 우리에게 상기시켜준 대로 끝없는 혼동과 복잡한 상황의 근원이 되었다. 1894년에 태어난 스템포브스키는 황홀한 다양성을 가진 경관으로 둘러싸인, 오늘날 중부 우크라이나 지역에서 자라났다. 후에 스위스로 망명한 그는 이러한 풍성함을 기억에서 되살렸고, 그 과정에서 자신이 지금 살고 있는 곳과는 완전히 다른 유럽의 형판型板을 찾아냈다.

발트해, 흑해, 아드리아해 사이에 놓여 있는 유럽의 거대한 부분은 주민, 섬들, 고립 지대, 가장 특이한 민족적 혼합이 있는 하나의 거대한 체스판이다. 많은 곳에서 모든 마을, 사회 집단, 직업군은 별개의 언어를 말한다. 내가 어린 시절을 보낸 중부 드네스트르강 계곡에서 지주는 폴란드어를, 농민은 우크라이나어를, 관리들은 오데사 악센트가 있는 러시아어를 썼다. 상인들은 이디시어를 썼고, 필리피아인•과 구교도가 대부분인 목수와 장식장 제조업자는 노브고로드 악센트가 있는 러시아어를 썼다. 카반니치kabannicy 돼지치기들은 자신들의 구어를 썼다. 이뿐 아니라 이 지역에서 폴란드어를 사용하는 소귀족들이 사는 마을이 있고, 우크라이나어를 쓰는 폴란드 소귀족 마을, 루마니아어를 쓰는 몰도바 마을, 집시어와 튀르크어를 쓰는 집시들이 있었다. 튀르크인은 사라졌지만 그들의 흔적은 드네스트르강 건너편인 카미아네츠-포딜스키와 호틴Khotyn의 이슬람 첨탑에 남아 있었다. 이곳이 폴란드와 튀르크에 지배당한 것은 먼 과거의 일이었지만, 드네스트르강 뱃사공들은 여전히 포딜스키 쪽을 레흐 땅Lech-land〔레흐는 폴란드인을 뜻한다〕이라고 부르고 베사라비아 쪽을 튀르크 땅이라고 부른다.[4]

이렇게 경이롭고 신비한 혼합을 어떻게 설명할 것인가? 스템포브스

• 필리피아인(Filippians)은 정교회 구교도의 일파로, 18세기 종파 지도자 '필립'의 주도로 포모르치(Pomortsy)에서 분리되어 나왔다. 그들은 자신들의 신앙을 지키기 위해 '스스로 불타 죽는' 의식을 시행했으나, 18세기 후반 이런 광신주의는 줄어들었다.

키의 대답은 민족과 국가와 관련이 있다. 서유럽에서 민족과 언어의 소속과 정치적 충성의 동일성은 아주 일찍 시작되었다고 그는 썼다. 서유럽 지도자들은 자신들의 국가를 단일화하는 데 큰 노력을 기울였다. 중세부터 시작하여 사제와 고위 성직자들은 주민들에게 기독교의 특정 교파 신앙을 강요하고, 이교도와 비교도를 처형했다. 이와 병행하여 왕들은 자국 내의 유대인들을 추방하고 그들의 재산을 압류했다. 통치 영역 안에 무슬림이 있다면 그들은 개종하거나 사라져야 했다. 19세기가 되자 국가 소속이 종교를 대신해서 사회에 강요되는 핵심 형판이 되었다. 크지는 않지만 관리와 교육자 집단이 농촌 지역으로 파견되어 농촌의 모든 사람들이 같은 언어를 쓰도록 교육했다. 프랑스 왕들이 정복한 영토에서 농민들은 프랑스 국민으로 만들어졌다. 같은 시기 스코틀랜드인들이 영국인이 되지 않더라도, 그들은 최소한 영어를 채택했다. 사실상 모든 곳에서 국가의 기구는 거대한 증기다리미처럼 작용하며 차이가 발견되는 대로 이것을 단일화했다.

이 모든 면에서 동유럽은 달랐다. 이곳의 제국들은 차이를 압제하기보다는 강조하는 경향이 있었다. 발칸 지역에서 오스만제국은 많은 기독교 주민들과 유대인들에게 폭넓은 자치를 부여하고, 스스로 운영하도록 허용했다. 스템포브스키가 태어난 러시아제국에서는 종교적 소수민족에게 더 높은 수준의 자유를 제공했다. 합스부르크제국은 다양한 주민들, 특히 반란을 일으키려는 체코인들에게 가톨릭 신앙을 보급하려고 노력했지만, 그런 상황에서도 제국 안에는 수많은 정교회 주민들과 유대인들이 거주했다. 이보다 더 중요한 것은 합스부르크가는 다양한 제국 주민들(1900년경 이 제국은 공식으로 11개 소수민족의 거주지였다)을 독일인으로 만들려는 노력을 거의 하지 않았다. 이러한 제국들은 통치에서 자유방임적 정책을 취했다. 그들은 세금을 부과하고 신민 수를 조사했지만, 그들 공동체의 내부 구조에 깊이 간섭하지는 않았다. 이러한 면에서 경쟁하는 제국들은 태평양 위에서 서로 전투를 치르는 전함 같았지만, 수면 아래 깊은 곳에서 환각적인 복잡성을 가진 산호초는 아무 방해를 받지 않고 자라고 있었다.

동유럽 제국들이 시행한 이러한 상대적으로 방임적인 형태의 통치는 실용주의에서 나온 것이었다. 사회적 분열은 극복해야 할 단점이 아니라 활용해야 할 수단이었다. 이 통치 영역들에서 보편적 시민권은 존재하지 않았다. 사람들은 개인으로서가 아니라 더 넓은 사회 계층의 일부로 생활했고, 각 계층은 자신만의 특권과 금지 사항이 있었다. 술탄이나 차르를 빼고는 모두가 어느 정도 차별 대우를 받았다. 모든 사람은 또한 제각기 해야 할 기능이 있었다. 현대가 도래하기 전 거의 모든 사람에게 법 앞에 평등사상은 생각할 수 없었다. 생에서 가장 중요한 것은 자신들의 역할을 방해받지 않고 수행하는 것이었다. 통치자들에게 가장 중요한 것은 이러한 다양한 역할들의 총합이 그들이 계속 권좌에 머무는 데 도움이 되게 하는 것이었다. 이것을 위해 이국인들도 그 지방 사람들만큼 유용했고, 그들은 종종 자신이 더 신뢰할 만한 존재라는 것을 보여주었다.

도움을 줄 수 있는 이국인들을 동유럽으로 초빙하는 과정은 아주 일찍 시작되었다. 동유럽 군주들은 중세 때부터 재능 있는 사람을 찾아 해외로 눈길을 돌렸다. 서유럽에 비해 동쪽 지역은 인구가 적어서 도시가 드물었고, 그곳에 사는 전문화된 장인이나 상인도 부족했다. 동유럽 통치자들은 다면적 전선이 교차하는 곳에서 불안하게 통치했다. 토속신앙인과 기독교인, 기독교인과 무슬림, 가톨릭과 정교도 사이에 경계가 있었다. 이로 인해 통치자들은 자신의 통치 영역을 발전시키고, 방어하고, 행정을 시행하는 더 많은 도움을 필요로 했다. 11세기에 헝가리 왕은 그의 아들에게 외국 이민자들의 유용성을 다음과 같이 강론했다.

다양한 지역과 땅에서 손님들이 오게 되면 그들은 다양한 언어와 관습, 다양한 사례와 무기를 가져오기 마련이고 이것은 왕국을 장식하고 영화롭게 한다. … 한 언어와 한 관습만 가진 왕국은 약하고 부서지기 쉽다. 그러므로 나의 아들아, 그들에게 선의를 베풀고 그들을 존중하여, 그들이 다른 장소에서보다 너와 함께 살기를 원하도록 만들어라.[5]

젊은 왕자는 아버지의 말을 새겨들었다. 13세기가 되자 헝가리왕국은 그 취약한 국경 안에 유대인, 무슬림, 아르메니아인, 슬라브인, 이탈리아인, 프랑크인, 에스파냐인, 독일인을 수용했다. 유대인과 무슬림은 왕실 동전주조창에서 같이 일했다. 무슬림들은 능숙한 창기병 경호원을 제공했다. 독일인들은 국왕의 군대에 중기병을 제공했다. 가장 이국적인 장면은 튀르크어를 사용하는 쿠만족Cumans 전체가 왕국의 동쪽 경계를 방어한 것이었다. 쿠만족은 1240년대 몽골의 대학살을 피해 스텝 지역에서 헝가리로 이주해왔다. 토속신앙 숭배자인 그들은 샤머니즘을 행하고, 자신들의 전사를 그의 말과 함께 묻고, 사지를 절단한 개 위에서 충성을 맹세했다. 그들은 기독교 왕에게는 맞지 않는 사람들이었고, 교황은 몇 번에 걸쳐 강력한 어조의 항의 편지를 보냈지만, 이것이 변경 지역의 실상이었다. 때로는 유목민이 다른 유목민과 싸우게 만들어야 했다.

쿠만족과 마찬가지로 또 다른 스텝 부족인 리프카 타타르족Lipka Tatars도 피난민으로 폴란드-리투아니아에 도착했다. 그들의 칸인 토흐타미시가 1395년 잘못된 조언을 받고 티무르와 전투를 벌여 패배한 후, 그의 부족 전체가 리투아니아로 와서 보호를 요청했다. 비타우타스 대공은 그들을 환영했고, 이슬람 신앙을 계속 유지할 수 있게 해주었다. 이에 대한 대가로 타타르족은 전쟁에서 그를 지원하기로 약속했다. 몇 세기 동안 타타르족은 폴란드-리투아니아 연합국가 군대에서 가장 뛰어난 기병이라는 명성을 자랑했다. 대부분은 작은 시골 지역에서 농장에 거주했다. 지금도 폴란드, 리투아니아, 벨라루스가 만나는 곳에 흩어진 이국적 마을에서 노란색과 녹색으로 아름답게 칠해진 그들의 목조 모스크를 볼 수 있다.

폴란드 국경 안에 있는 크루지니아니Kruszyniany의 타타르 마을 공동묘지를 찾아간 나는 라틴어, 키릴어, 아랍어로 새겨진 묘비 옆을 지나갔다. 18세기에 만들어지고, 큰 소나무의 보호를 받고 있는 가장 오래된 비석 제일 위에는 아직도 이슬람의 은색 초생달 장식이 붙어 있었다. 거리 건너편에서는 거대한 호텔과 레스토랑이 이국적인 기억을 연상시키는 유적을 보기 위해 몰려든 폴란드 관광버스에 음식을 제공했다.

그러나 타타르는 시골 지역에만 정착한 소수민족은 아니었다. 16세기 그들은 도시에도 정착했고, 특히 리투아니아의 수도 빌뉴스에 정착하여 주로 도축업자나, 어민으로 일했다. 타타르 구역은 의도적으로 시 성벽 밖 우키즈키Łukiszki라고 불리는 교외에 두었다. 세계 다른 모든 지역의 무슬림들과 다르게 빌뉴스 타타르인들은 기도호출자mueszzin가 없었다. 지역 유대인 관습을 흉내 내어 그들은 도시 포고령 선언자crier를 이용했다. 그들은 거리를 돌아다니며 무슬림들의 기도 시간을 알려주었다.[6]

이 포고령 선언자들은 도시의 소음 속에서 자신들의 목소리를 높게 내야만 했다. 당시 빌뉴스는 바벨탑과 같았다. 그곳에는 타타르인 외에 폴란드인, 리투아니아인, 독일인, 루테니아인, 유대인이 살았다. 각 민족 집단은 각기 다른 언어를 사용했고, 각기 다른 사원에서 예배를 드렸다. 17세기 빌뉴스에는 모스크와 시나고그 외에 다섯 개의 다른 종파에 속한 교회들이 있었다. 이것은 인구가 2만 명에 불과한 도시치고는 독특한 일이었고, 더욱이 종교 전쟁 시기에는 더욱 그랬다.

빌뉴스의 상황은 폴란드-리투아니아 전체 상황의 축소판이었다. 왕과 대공 여러 세대는 비타우타스의 선례를 따라 유용한 외국인들을 자국으로 받아들였다. 초기의 한 초청은 큰 역효과를 가져왔다. 1226년 마조비아Mazovia의 콘라드 공작은 발트해 지역의 이교도를 막기 위해 튜턴기사단을 초청했다. 그들은 이에 동의하고 그곳에 머물렀지만, 결국 발트해 연안 북부 지역 대부분을 정복했다. 그리고 그 과정에서 폴란드의 숙적이 되었다. 그러나 이러한 개방 정책 덕분에 폴란드-리투아니아는 유럽에서 민족적으로 가장 다양한 국가 중 하나가 되었다.

그러나 폴란드 다양성의 진정한 근원은 왕의 전략이나 대계획이 아니었다. 이것은 오히려 선의의 방관의 결과였다. 16세기와 17세기 유럽 나머지 지역이 종교개혁이 가져온 전쟁으로 진통을 겪을 때 폴란드는 대체적으로 그 갈등에서 초연했다. 18세기 말 이웃 국가들에 의해 점령당하기 전 폴란드-리투아니아는 모든 종류의 반체제 인물이나 반대자들의 안식처여서 비스와 강변의 뉴잉글랜드로 불렸다. 이것이 폴란드-리투아니아가 미국과 유사한 유일한 점은 아니었다. 17세기 대부분의 서유럽과 다르게 폴란드-리투아니아는 여전히 앞으로 벌목되고 경작지가 되어야 할 광대한 숲을 가진 나라였다. 그러한 이유로 타조와 유럽 비손 황소가 유럽 대륙 다른 어느 곳보다 오래 살아남았다.

18세기와 19세기 동유럽은 아직 사람이 정착하는 과정에 있는 많은 지역이 있다는 점에서 서유럽과 크게 달랐다. 이 지역들은 대부분 전쟁으로 인해 인구가 감소되어 소위 '개방되어' 있었다. 제국 전선은 고질적인 분쟁의 마당이었다. 이러한 충돌 중 최악의 분쟁은 이슬람 영토의 끝부분에서 발생했다. 특히 오스만제국과 흑해의 북쪽 해안에 자리 잡은 오스만 가신국인 크림칸국 북부 지역에서였다.

이 두 세력이 쇠퇴하면서 기독교 경쟁 국가들은 그들 영토의 상당 부분을 장악했다. 1716년 오스트리아는 오늘날 북부 세르비아와 서부 루마니아 지역인 바나트Banat를 오스만제국으로부터 빼앗았다. 1774년 오스트리아는 오늘날 루마니아와 우크라이나가 분할한 부코비나를 차지했다. 이 지역이 점령될 당시 두 곳 모두 전쟁과 전염병으로 큰 타격을 받아 인구가 급격히 감소한 상태였다. 새 주인이 보기에 바나트는 세르비아 목축자들이 여기저기 흩어져 있는 지역에 불과했다. 부코비나에 대해서는 영국 역사가 A. J. P. 테일러가 "합리적 설명을 할 수 없는 의미 없는 영토 조각"이라고 서술한 대로 바나트처럼 황량한 곳으로 보였다. 부코비나가 병합되었을 때 르비우에 있는 체코 언론인은 황제가 그곳에서 상속받은 '인간의 형태를 한 동물들'을 어떻게 처리할지 궁금해했다.[7]

한 세기 후 이런 질문은 생각할 수도 없게 되었다. 그때가 되자 부코비나와 바나트 모두 모라비아나 티롤 같은 오스트리아-헝가리의 중요한 일부가 되었다. 부코비나의 수도 체르노비츠Chernowitz(현재 우크라이나의 체르니우치Chernivtsi)와 바나트의 수도 테메스바르Temesvár는 오스트리아-헝가리 제국 내에서 가장 코스모폴리탄적인 도시가 되었다. 빈이나 부다페스트 같은 제국/국가 중심지에서 멀리 떨어져 있었지만, 두 도시 모두 현대적 대도시의 즐거움을 제공해주었다. 테메스바르는 유럽에서 처음으로 전구로 가로가 조명된 곳이었고, 체르노비츠는 제국 내에서 가장 뛰어난 대학 중 하나를 가지고 있었다. 카이저 카페에서 체르노비츠 시민들은 진짜 보헤미아 필스너 맥주를 마셨고, 르비우, 프라하, 빈에서 온 독일어 신문을 하루나 이틀 차로 읽었다. 빈에서처럼 체르노비츠의 카페에는 많은 작가들이 모여들었고, 그들 중 다수는 유대인이어서 이 도시를 독일어, 이디시어 문학의 산실로 만들었다.

19세기 인구가 적었던 동유럽 변경의 오데사Odessa, 갈라치Galaţi 같은 다른 도시들처럼 체르노비츠와 테메스바르는 대체로 이민자들에 의해 건설되었다. 부코비나의 풍부한 토지는 이웃 지역의 우크라이나인과 루마니아인을 끌어들였고, 독일인, 헝가리인, 폴란드인, 슬로바키아인, 유대인 이민자도 끌어들였다. 1900년 부코비나는 유럽 전체에서 가장 다양성이 큰 지역이었고, 하나의 언어나 종교가 인구 다수를 지배하지 않는 몇 안 되는 곳 중 하나였다. 이러한 환경 때문에 체르노비츠에서는 호텔 안내인이 지역 손님들을 맞기 위해 다섯 가지 언어를 말할 줄 알아야 한다는 말이 돌았다.

바나트에는 18세기 내내 슈바벵에서 온 강인한 독일 가톨릭 농민들이 정착했다. 그들은 오스트리아 여황제 마리아 테레사가 지원한 식민 노력의 일환으로 그곳에 보내졌다. 곧 오스만제국에서 온 기독교 난민들이 이들과 합류했다. 그들 중에는 루마니아인, 불가리아인, 세르비아인이 있었지만, 합스부르크제국 출신인 헝가리인, 체코인, 슬로바키아인, 루테니아인도 있었다. 18세기 한때 바나트는 카탈루냐에서 온 고약한 반란자들의 정착지가 되기도 했다. 19세기 말이 되자 이 지역의 인구 지도는 호안 미로의 그림 같아 보였다. 다시 말해 동유럽의 뒤죽박죽 혼합물이 되었다.

1차 세계대전 후 독립 루마니아의 일부가 되면서 티미쇼아라Timişoara로 이름이 바뀐 테메스바르는 혼합이 정체성인 곳이었다. 이 도시의 저명한 역사가인 빅토르 노이만에 따르면 티미쇼아라는 진정한 용광로였다. 셀 수 없는 민족 간 결혼이 성사되고, 대화는 여러 언어를 오가며, 때로는 한 문장 안에서도 언어가 바뀌는 곳이었다. 합스부르크가 쇠퇴하는 시기에 널리 퍼진 다문화 화합의 느낌은 2차 세계대전 때까지 지속되었다. 이것은 티미쇼아라의 코스모폴리탄적인 오케스트라와 여러 개의 세 언어 신문, 그리고 무엇보다도 대적할 상대가 없는 축구팀인 리펜시아 FC로 나타났다.

1930년대 리펜시아는 루마니아에서 가장 위대한 축구팀이었다. 이 팀은 계속해서 국가 챔피언이 되었고, 유럽 무대에서 스타가 되었다. 이것은 또한 하나의 상징이었다. 축구팀들이 종교와 민족으로 분열되는 시기에 리펜시아의 선수들은 독일인, 루마니아인, 헝가리인, 유대인, 세르비아인 조상을 두고 있었다. 시합 중에 그들은 하나의 유연한 유체역학체로 일사분란하게 움직였다. 노이만에 따르면 이 축구팀의 위대한 성과는 70년 동안이나 루마니아 전체에 티미쇼아라의 정신, 즉 '협동 정신'과 그 밑에 깔려 있는 '상속된 평화주의적 가치'의 메시지를 전달했다.

———

세계대전 이전 동유럽의 다양성을 이야기하다 보면, 즉 잃어버린 낙원인 양 그 지역의 언어·신앙·문화의 다양성을 낭만화하려다 보면 향수에 빠지기 쉽다. 그러나 티미쇼아라 같은 '용광로'는 드물었다. 훨씬 더 일반적인 양태는 체르노비츠 같은 상황이었다. 주민들은 서로 이웃하며 살았지만, 스포츠팀은 엄격한 민족 경계로 분리되었다. 독일인, 우크라이나인, 루마니아인 모두 자신들만의 팀을 가지고 있었다. 유대인도 두 팀을 가지고 있었다. 하나는 시온주의자들의 팀(마카비Maccabi)이었고, 다른 하나는 아니었다(하코아흐Hakoah).

대표적인 독일인 축구팀 얀Jahn을 응원하는 사람들은 눈에 띄게 반유대적이었다. 물론 축구팀들은 다 서로를 좋아하지 않았다.[8] 체르노비츠의 체육 역사를 기록한 한 사람에 따르면, 1920년대가 되자 모든 팀은 '복잡한 반복'에 휩싸였고, 이것은 20년대 내내 지속되었다.[9] 때때로 이러한 긴장은 적나라한 폭력으로 표출되었다. 1926년 얀 스포츠클럽 팬들은 리그 컵 준결승전에서 하코아흐 팀이 승리할 것이 분명해지자 거의 폭동에 가까운 소동을 일으켰다. 그들이 경기장으로 난입해서 심판은 경기를 중단시켜야만 했다. 선수들이 전반전 휴식 시간 후 돌아왔을 때 운동장 곳곳이 달 분화구처럼 곡갱이로 판 웅덩이로 변한 것을 발견했다. 이후 경찰 조사에서 인근 공장의 한 기사가 유대인들이 결승에 올라가는 것을 막기 위해 네 명의 노동자를 보내 웅덩이를 판 것으로 드러났다.

체르노비츠 스포츠클럽의 활동을 망친 복잡한 민족 간 반목은 동유럽에서 자주 볼 수 있는 현상이었다.[10] 대부분의 지역에서 통합보다는 분리가 일반적 현상이었다. 평화 시기에 이러한 분열은 건전한 경쟁 정신으로 나타날 수 있다. 독일인이 다수 주민을 이루어 살고 있는 슬로바키아의 스피슈Spiš 지역 소도시들에서는 독일인, 슬로바키아인, 헝가리인 모두가 자체 축구팀, 테니스팀, 하키팀을 가지고 있었다. 그러나 사격은 개인 종목이어서인지 통합되었다. 사라예보에서 경쟁 정신은 다른 무엇보다도 음악 경연으로 옮겨갔다. 1905년 시점에 이 도시의 주요 민족 집단은 모두 자체 합창단을 가지고 있었다. 세르비아인의 슬로가Sloga, 크로아티아인의 트레베비치Trebević, 라딘어*를 사용하는(또한 노래하는) 세파드 유대인

---

* 라딘어(The Ladino language)는 유대인 에스파냐어(Judeo-Spanish), 세파르디어(Sephardi) 유대즈모(Judezmo)라고도 알려져 있고, 에스파냐와 포르투갈에서 추방당한 세파드 유대인들이 쓰는 언어다.

의 라리라 합창단 모두 이 도시에서 최고의 콘서트를 개최하며 서로를 앞지르려고 노력했다. 보스니아 무슬림들의 엘카메르El-Kamer 클럽은 원래 사이클 및 체조 협회였지만, 합창단도 만들었고, 경주뿐만 아니라 노래경 연대회도 열었다.

민족에 따른 이런 분리는 자발적 협회나 클럽을 훨씬 넘어섰다. 유럽의 많은 지역에서 도시 자체가 언어와 종교에 따라 다른 구역으로 나뉘어 분리되었다. 오스만제국의 모나스티르Monastir에서 무슬림들은 정원이 많은 시 북부에 살았고, 기독교 주민들은 과밀도로 건축된 남부 지역에 살았다. 유대인들은 강 건너 미로같이 좁은 거리에 모여 살았다. 알바니아의 엘바산Elbasan에서 주민들은 세 개의 동심원에 살았다. 기독교 알바니아인들이 가장 중심에 살았고, 다음 원에는 알바니아 무슬림, 제일 바깥 원에는 기독교도인 블라흐인Vlachs이 거주했다.

라트비아 동부에 있는 하천 항구인 드빈스크(오늘날의 다우가프필스 Daugavpils)는 내부 도시와 교외로 나뉘었다. 내부 도시는 독일인, 러시아인, 폴란드인이 차지했다. 교외에는 구교도(공식 정교회에서 분리되어 나온), 유대인, 집시가 살았다. 그들 중 일부는 보리스니크borisniks라고 불리는 훔친 말을 파는 사람들과 같이 일했다. 라트비아인 ─ 즉 라트비아어를 사용하는 농민들 ─ 은 농촌 지역에만 거주했고, 자신들의 곡물을 시장에 팔 때만 도시에 왔다.[11]

이러한 다양성은 차원분열적 성격을 가지고 있었다. 그 이유는 지방 전체의 분열 양상이 도시와 소도시 수준에서도 나타났기 때문이다. 1900년경 화려하게 칠해진 목조 시나고그로 유명했던 흐비즈데츠Hvizdets(폴란드어로 Gwoździec)에는 약 2400명의 주민이 살고 있었다. 그들은 네 개의 각기 다른 주거지로 구분되어서, 우크라이나인, 폴란드인, 독일인, 유대인

거주지가 달랐다.[12]

동유럽을 방문하는 사람들은 하나 같이 주민들이 같이 살면서도 따로 떨어져 사는 것을 발견했다. 계급 간 장벽 — 이것은 대개 종교와 언어의 차이로 강화되었다 — 도 가장 작은 마을까지 내려가는 내포와 배제 양상을 같이 만들어냈다. 1900년경 남서부 우크라이나의 호비즈데츠에서 멀지 않은 작은 마을인 베르빕치Verbivtsi에는 약 150가구가 살고 있었다. 그들 중 네 가구만 유대인 가족이었고, 나머지는 우크라이나인 가족이었다. 우크라이나인들은 모두 농민이었고, 짚으로 덮인 거칠게 만든 움막에서 살았다. 유대인들은 베르빕치의 유일한 상점 — 두 칸 정도의 시장 좌판대 — 과 이 마을을 소유한 귀족에게서 임차한 작은 여인숙을 운영했다. 이 귀족은 폴란드인이면서 가톨릭교도였다. 그는 베르빕치 외곽에 살았는데, 마을을 내려다보는 두 언덕 중 하나의 꼭대기에 저택이 있었다. 다른 언덕에는 그의 우크라이나인 소작인들이 다니는 정교회 교회가 서 있었다.

베르빕치는 아주 작은 곳이었지만, 평원에 있는 짚으로 덮인 움막과 언덕 위의 저택 사이의 거리는 아주 컸다. 베를린 무대에서 배우로 활동하기 전 베르빕치에서 자란 알렉산더 그라나흐의 말의 의하면, 하얀색으로 칠해진 담과 꽃밭이 있는 그 폴란드인의 집은 다른 세계였다. 지주의 저택에 있던 사람들은 누구도 베르빕치 주민들과 어울리지 않았고, 심지어 하인들도 그랬다. 고무장화를 신고 장갑을 낀 그들은 옷도 다르게 입었다. 폴란드인인 그들은 다른 언어를 사용하고 다른 교회에서 예배를 드렸으며, 마을 사람들은 구경도 못한 흰 빵과 같은 다른 음식을 먹었다. 이러한 간극은 다른 차원에서도 나타났다. 마차를 타고 베르빕치 마을을 지나가는 지주의 아이들은 "그 아버지가 마을 사람들을 내려다보는 것

과 마찬가지로 우리들을 오만하게 좌우로 훑어보았다"고 그라나흐는 회상했다.[13]

동유럽 나머지 지역에서와 마찬가지로 베르빕치에서 문화·계급에 따른 분리와 농민-지주 사이의 간극은 습관, 관습, 신화에 의해서도 강화되었다. 이 경계를 넘어서는 것은 무서운 결과를 가져왔다. 18세기 발트 지역에 살던 독일 목사는 지역 독일인 지주들이 라트비아인이나 에스토니아인 농노들과 "같은 식탁에 앉는 것을 아주 큰 모욕으로 느꼈다"라고 말했다.

발트국가의 농노제는 특히 가혹했다. 독일법 하우스레흐트Hausrecht는 영지 소유자가 자기 농노를 스무 가지 농기구 중 골라 때리는 것을 허용했다. 영지에서 지주의 말은 법이었다. 거의 모든 라트비아, 에스토니아 농민 가족은 고된 부역, 태형, 성적 학대에 늘 노출되었다. 이러한 기억은 여간해서 사라지지 않았다. 발트 독일인들은 그나마 자신들의 종교인 루터교를 소작인들과 공유했다. 그러나 그조차도 두 계급 간의 간극은 극명했다. 농민들과 귀족들은 각기 다른 예배에 참석했고, 언어와 영지도 분리되었다.

동유럽 대부분 지역에서 지주와 소작인들은 언어와 종교가 달랐다. 체코 땅에서 가톨릭 신자들은 독일어를 사용했고, 소작인들은 슬라브어를 사용했다. 헝가리에서 슬로바키아어를 사용하는 사람들은 마자르어를 사용하는 사람들을 위해 일했다. 보스니아에서는 슬라브어를 사용하는 무슬림 귀족이 같은 슬라브어를 사용하는 정교도 농노를 고용했다. 때로 사회 집단들은 언어뿐만 아니라 종교에서도 구분되었다. 한때 폴란드 동부 지역이었던 곳에서는 가톨릭교도 폴란드인들이 정교도 우크라이나인들과 벨라루스인들을 통치했다. 이와 마찬가지로 트란실바니아에서 가톨릭교도와 칼뱅교도인 헝가리인들은 정교도 루마니아인들이 경작하는 농지를 소유했다.

계급, 언어, 신앙으로 분리된 지주들과 농민들은 같이 어울리는 법이 거의 없었다. 그들은 같은 세계에 살고 있는 것처럼 보이지 않았고, 사후에도 그런 것 같았다. 트란실바니아의 루마니아 농민들은 천국과 지옥의 심판을 멋진 목조 교회 벽에 그릴 때 자신들을 구원받은 집단으로 그렸다. 그리고 모든 죄인들은 헝가리 지주처럼 보이게 그렸다.[14] 많은 라트비아 민요와 에스토니아 민요는 '노예들을 지팡이 끝에서 춤추게 만든 것에 대한 징벌로' 독일인 지주들이 지옥에 떨어져 끓는 연못에 던져지는 것으로 묘사했다.[15]

소유한 자와 소유된 자 사이의 간극은 때로 너무 커서 이것을 설명하기 위해 신화가 동원되기도 했다. 17세기 폴란드 귀족들은 자신들이 노아의 축복받은 아들 야벳의 후손이고 농노들은 저주받은 아들 함의 자손이라고 믿었다. 함이라는 이름은 폴란드어에서 지금도 '천박한 사람'이라는 단어로 쓰이고 있다. 그러나 폴란드 사람들을 위해 농노로 일하는 우크라이나인들과 벨라루스인들은 자신들을 분리하는 것을 다르게 설명했다. 오래된 우크라이나 전설에 의하면 신은 흙으로 다양한 형태의 인간을 만들었다(모스크바공국인, 프랑스인 등). 그러다 진흙이 떨어져서 폴란드인을 만들 때는 빵 반죽을 사용해야만 했다. 그러나 신의 개가 첫 폴란드인을 먹어버려서, 신은 개가 토한 것을 가지고 폴란드인을 다시 만들어야 했다. 이에 상응하는 벨라루스 민담에 의하면, 신의 개는 반죽을 배설했다. 그래서 그것을 가지고 폴란드 지주를 만들어야 했다.[16]

농민들은 죽어라 일을 하고, 지주들은 이익을 취했다. 이것이 앙시앵 레짐ancien régime 시절 유럽 전체의 질서였다. 이런 형태의 봉건주의는 이것이 시행되는 모든 곳에서 긴장을 만들어냈지만, 동유럽에서는 계층 간의 간극이 문화 차이로도 나타났기 때문에 이 긴장이 더 첨예했다. 이것이 후에 벌어진 민족주의 분쟁이 그렇게 잔혹하고 해결하기 어려워진 이유였다. 한 민족이 땅을 소유하고 다른 민족이 그것을 경작했다면 누가 그 땅을 소유해야 하는가? 그러나 이 체계가 만들어낸 모든 적의에도 불구하고 그 체계는 일정한 공생관계를 만들어냈다.

18세기 중반 오스만제국 출신 여행자이자 정치가인 아흐메드 레스미 에펜디는 이 체계가 폴란드-리투아니아에서 어떻게 작동하는지를 서술했다. 폴란드 귀족들은 자신들이 통제하는 두 집단을 가지고 있었는데 그것은 우크라이나인과 유대인이었다. 각 집단은 폴란드왕국에 각기 다른 것을 기여했다. 우크라이나인들은 "농업같이 힘든 일을 감당했고, 유대인들은 사고파는 일과 관세, 세금 등을 처리했다". 폴란드인들은 두 일에서 모두 이익을 취했고, "생의 즐거움을 즐기느라 바빴다".[17]

사회가 소유한 자와 소유된 자, 상거래하는 자로 3등분 된 것은 폴란드-리투아니아 연합국가보다도 훨씬 오래 지속된 구조였다. 농민과 지주는 진공 상태에서 존재할 수 없었기 때문에 세 번째 집단인 상인은 필수 불가결한 존재였다. 그들은 마을 밖 좀 더 넓은 세계에서 물품을 가져와야 했고, 농민들의 잉여 농산물을 바깥에 팔아야 했다. 종종 이러한 중개인들은 농민·지주와 언어와 종교가 다른 이국인 집단에 속했다. 폴란드, 슬로바키아, 헝가리, 몰다비아, 유대인 거주 지정 지역의 아슈케나즈 유대인들이 그러한 외부 집단의 전형적인 예였다. 불가리아, 마케도니아, 남부 루마니아, 보스니아에서는 세파드 유대인이 이와 유사한 역할을 했다.

그러나 유대인만이 물품을 사고파는 교역을 한 것은 아니었다. 발칸 지역에서는 그리스인과 친차르(아로마니아인)가 상업을 지배했고, 크로아티아, 슬로베니아, 보헤미아에서는 독일인들이 그런 역할을 했다. 폴란드에서는 스코틀랜드인들이 대상인과 소상인으로 크게 활약해서 스코틀랜드인 공포Scotophobia가 잠시나마 심각한 사회적 문제가 되기도 했다.[18]

이러한 상업적 중개인들은 자신들이 속한 사회에서 애매한 자리를 차지했다. 그들의 입지는 사회 위계질서에서 정점도 아니고 바닥도 아니었다. 그들의 존재는 경제적 필요에 의한 것이었지만, 그들은 종종 두려움, 불신, 불만의 대상이 되었다. 그들은 중재자나 알선자 역할을 했고, 그들의 조언은 마을 회의나 귀족 회의에서 환영받기도 했다. 그러나 그들은 불성실한 직업이라고 인식된 상인으로서 불만과 경멸의 대상이 되었다. 농민들에게 상인은 폭풍이나 전염병처럼 살면서 영구히 감당해야 할 피할 수 없는 부담처럼 느껴졌다. 하루 종일 자신의 가게를 지키는 상인들은 무슨 일을 하는지 아무도 모르는 가운데, 게으르고 기묘하고 교활해 보였다. 유대인, 독일인, 옹기장수나 재단사처럼 가끔가다 들르는 장인들은 모두 사악한 마술을 부리고 악마와 어울리는 존재로 의심받았다.[19]

한편 사회 최상층에서는 우월감이 상인 계층과 어울리는 것을 막았다. 유대인 상인인 프리에드는 카펫 견본을 보여주기 위해 페레니의 저택에 갔는데, 주인은 그에게 저녁 식사를 하고 가라는 말을 하지 않았다. 이와 유사하게 미클로시 반피의 소설에 묘사된 트란실바니아의 귀족들은 도박에서 너무 많은 돈을 잃어 차용할 필요가 있을 때면 부유한 아르메니아인이나 유대인을 찾아가지 않고 그들을 불렀다. 그들은 은행가나 영지 관리인 딸들과 불륜을 저지르기도 했지만 계층 간 간극이 커서 그들은 절대 결혼하지 않았다.

반피가《트란실바니아》3부작을 완성한 지 80년 이상이 지난 오늘날도 그가 묘사한 세계의 흔적은 여전히 볼 수 있다. 트란실바니아에서는

트란실바니아 목축자, 1900–1940년경   벨라루스 여인, 1911년

하루만 걸으면 요새화된 독일 소도시, 헝가리 성, 루마니아 마을, 아르메니아 교회를 다 볼 수 있다. 이러한 건축물들은 지금은 방치되거나 새로운 주인을 찾았지만, 이것들은 과거에 존재했던 매우 복잡한 사회적 풍경의 존재를 증언한다. 트란실바니아는 동유럽 전체가 집약된 소우주 같은 지역이었다.

동유럽 전통 사회는 직업에 의한 위계질서로 구성되었고, 언어와 종교로 분리되어서, 마치 각기 다른 맛과 식감을 가지고 있는 여러 층으로 만들어진 케이크 같았다. 트란실바니아는 가장 고전적으로 이러한 경향을 구현했다.

중세 헝가리왕국의 한 지방이었던 트란실바니아는 헝가리가 1526년 모하치 전투에서 패배하면서 독립 왕국이 되었으나, 오스만제국과 합스부르크제국 사이에 불안하게 껴 있었다. 폴란드–리투아니아처럼 이 왕국은 선출제 왕정을 유지했고, 종교 피난자들의 안식처였다. 그러나 정치 권력이 단일적인 폴란드어 사용 귀족 또는 슐라흐타szlachta 손에 있었던 폴란드와 다르게 트란실바니아는 헝가리인, 세클러인Szeklers, 색슨인으로 구분되는 특권층이 지배했다.

헝가리어 또는 마자르어를 사용하는 헝가리인과 세클러인은 왕국의 군인과 귀족층을 차지했다. 그들 대부분은 가톨릭 신자였고, 가장 영향력 있는 지주 대부분은 칼뱅교도였다. 색슨인들은 독일어를 사용하고 루터교를 신봉했다. 그들 대부분은 농민이거나 상인이었고, 그들이 트란실바니아의 도시 생활을 지배했다. 그들이 거주하는 일곱 개의 대문이 있는 소도시는 독일어 명칭인 지벤뷔르겐Siebenbürgen('7개 요새'라는 뜻)이 되었다.

헝가리인, 세클러인, 색슨인은 트란실바니아에서 가장 영향력이 큰 민족 집단이었지만, 왕국 주민 대부분은 동방정교회를 신봉하는 루마니아인 농노였다. 그래서 트란실바니아는 네 개의 다른 교회를 다니고, 세 개의 다른 언어를 사용하는 네 민족 집단으로 나뉘었다. 가장 큰 집단인 루마니아 농민들은 자신들의 일에 대한 발언권이 거의 없었다. 그러나 이 왕국의 다양성은 이게 다가 아니었다. 왕국 상인들의 대부분은 그리스인이거나 아르메니아인이었다.

아르메니아인들은 오래전에 동유럽에 정착했다. 몰다비아에서 폴란드령 갈리시아에 이르는 넓은 지역에 흩어진 그들의 공동체는 발칸반도에서 인도에 이르는 거대한 아르메니아 상인 디아스포라의 일부였다. 트란실바니아에 거주하는 독일인들은 아르메니아인을 몰아내려고 애를 썼지만(그들은 경쟁을 원하지 않았다), 17세기가 되자 아르메니아인들은 그곳에서 가장 부유한 상인 중 일부가 되었다. 그들은 자신들만의 도시인 아르메노폴리스Armenopolis(오늘날 게를라Gerla)도 가지고 있었고, 이 왕국 내에 보석처럼 흩어진 여러 개의 아르메니아 가톨릭교회를 건축했다.

나는 비에르탄Biertan에 있는 유명한 요새화된 독일 교회로 가는 길에 고지대를 운전하다가 둠브라베니Dumbrăveni에 있는 마을의 아르메니아인 집중 거주지를 방문한 적이 있었다. 둠브라베니는 한때 트란실바니아의 마지막 독립 통치자들 중 한 사람인 미하일 아파피 1세의 궁정이 있던 중요한 곳이었다. 오늘날 시기소아라Sighişoara와 메디아시Mediaş를 잇는 간선 도로에서 조금 벗어난 이곳을 찾는 방문자는 거의 없다.

지금 둠브라베니를 드나드는 교통의 대부분은 말이 끄는 마차이고, 이것들은 커다란 선황색 양치기 개를 데리고 있는 집시들이 움직였다. 내가 그 마을을 차를 타고 지날 때, 위협을 느낀 개 한 마리가 우리를 사납게 쫓아오다가 거의 차에 치일 뻔했다. 마차에 탄 소년들은 개의 당돌함을 자극하는 소리를 질렀다. 둠브라베니의 중앙광장에서 아이들의 부모들은 땔감과 화분에 심은 제라늄을 파느라 바빴다. 한때 아르메니아 교회 주교가 시무하던 성 엘리자베스 교회는 문이 닫혀 있었다. 교회 탑 중 하나는 첨탑이 없었고, 교회 문으로 이어지는 사암沙巖 계단은 닳아서 으깨질 정도였다. 그 계단을 밟고 올라가는 것은 불에 탄 책장 위를 걷는 것같이 느껴졌다.

3세기 전 메키타리스트Mekhitarist 종파의 아르메니아 수사들이 베네치아 섬의 안식처에서 이곳까지 와서 상인들의 영혼을 돌보았다. 지금은 아르메니아어로 예배를 드리지 않는다는 표지가 문 위에 붙어 있다. 근처에 있는 아파피 궁전은 거대한 잔해처럼 서 있었다. 거기에는 아무런 표식도 없었다. 2층 대부분은 버려진 사무실 가구들로 가득 찼다. 창문은 모조리 부서졌고, 후원은 텃밭과 창고로 바뀌었다. 푸른 녹이 잔뜩 낀 웅장한 문

위에 있는 돌에 새겨진 고대 라틴어 문장은 이 거대한 건축물이 1563년 '합법적으로 선출된 헝가리 왕'에 의해 세워졌다는 것을 알아차리지 못하게 한다.

트란실바니아의 교회와 묘지로 흔적이 확연히 남아 있는 아르메니아인들의 오랜 존재는 이제 거의 기억의 대상으로만 남았다. 그러나 그들만이 그런 것이 아니다. 동유럽에는 그런 특이한 주민들이 아주 많다. 고립되고, 이탈해 나오고, 지리적 예외가 된 이들의 지속적인 존재는 영구히 곧 끝날 것 같은 위기감을 보여주었다.

단지 250명만이 리보니아인의 정체성을 가졌다. 그들은 에스토니아어에 가까운 우그르어를 사용하지만 라트비아 토박이다. 리보아니어를 사용한 마지막 사람인 그리젤다 크리스티나는 2013년 사망해서, 이 언어는 이제 완전히 언어 재생자들 손에 들어갔다. 울치니Ulcinj의 아프리카-알바니아인들의 상황도 더 나아 보이지 않는다. 그들의 조상은 19세기의 오스만 상인들에 의해 아드리아해 연안으로 끌려온 아프리카 노예다. 그들은 지역 알바니아인들과 결혼하고 언어도 동화되었다. 그들은 몬테네그로 항구에서 뛰어난 선원이자 선장이 되었다. 이 글을 쓰는 시점에 그들 중 살아 있는 사람은 아무도 없다.[20]

마찬가지로 지금 동유럽에 소수만 살고 있는 폴란드-리투아니아의 카라임족Karaites은 또 다른 취약한 민족 섬이다. 그들의 이야기는 모든 소수민족 중에 가장 이국적이고, 이것은 극단으로 몰리면 정체성이 어떻게 변할 수 있는지를 보여주는 하나의 증거다. 전간기 폴란드 전체에서 가장 작은 소수민족으로 알려졌던 카라임족의 뿌리는 8세기 바빌로니아까지 거슬러 올라간다. 주류에서 갈라져 나온 다른 모든 분파처럼 그들은 이교도로 시작했다. 다른 대부분의 유대인과 다르게 카라임족은 탈무드와 이

후 나온 모든 랍비 문학을 거부하고 토라만을 믿는다. 유대인 주류의 종교적 관행에서 분리되어 나온 카라임족은 콘스탄티노플과 크림반도에 새로운 거처를 찾아서 그곳에서 타타르어로 '유대인의 요새'라는 의미의 자체 도시 추푸트-칼레를 건설했다. 그곳에서 카라임족은 금칸국 주민들이 사용했던 킵차크 튀르크어의 한 방언인 새 언어를 채택했다.

14세기경 일부 카라임족이 리투아니아왕국에 도래하기 시작했다. 중세 도시인 할리츠Halicz, 우스크Łusk, 트로카이Trokai에서 그들은 랍비파 유대인보다 수가 훨씬 많았다.[21] 트로카이는 카라임족의 영적·지적 수도로 부상했다. 1930년대 주민이 800명에 불과한 이 작은 공동체에서는 세 개의 언어와 활자로 발행되는 최소 다섯 종류의 신문이 있었다. 인근에 있는 빌뉴스에서 카라임족은 크고 단 오이로 유명했고, 이것은 동양에서 온 것으로 알려져서 멀리 바르샤바까지 소문났다.[22]

오늘날 트로카이는 빌뉴스에서 걸어서 하루거리에 있다. 그곳에서는 아직도 카라임족의 시나고그인 케네사kenesa를 볼 수 있다. 그곳에서 예배를 드리는 사람은 거의 없다. 카라임족은 우선 수가 많지 않고, 리투아니아에는 소수만 남았다. 2차 세계대전에서 살아남은 카라임족 대부분은 이스라엘로 이주했다. 이주하지 않은 사람들은 주변 환경에 동화되었다.

그러나 2차 세계대전 이전에 이미 카라임족이 진정한 유대인인지 분명하지 않았다. 하지이 세라야 칸 샤프샬이라는 한 사람 때문에 그들의 기원이 유대보다는 튀르크라는 믿음이 20세기 초에 강했다. 1928년 폴란드의 카라임족들은 샤프샬을 자신들의 공동체 지도자인 하크밤hakhbam으로 지명했다. 그 시점에 그는 이 예외적인 부족을 위해 비범한 역사를 만들며 학문 활동에 전념하고 있었다.

샤프샬의 배경 자체도 특이했다. 그는 크림반도의 카라임족 중심지에서 성장하고, 상트페테르부르크대학 동방학부에서 공부했다. 대학을 졸업한 그는 페르시아 황태자의 개인교사가 되었다. 테헤란에 머무는 동안 차르를 위해 첩보 활동을 한 듯하고, 반민주 쿠데타를 조직하는 것을 도왔다. 볼셰비키가 러시아를 장악하자 샤프샬은 크림 산악지대의 추푸트-칼레에 카라임 도서관을 만들었다. 러시아 내전 중 한 반혁명집단의 처형 목표가 된 그는 여장하고 남쪽으로 도망쳤다.[23] 그는 스파이로 일한 이스탄불에서 열성적인 반튀르크주의자가 되었다.

이 기간 내내 샤프샬은 학자로 일하는 것을 멈추지 않았다. 그의 모든 연구를 지배하는 생각은 카라임족이 튀르크에서 기원했다는 확신이었다. 그들은 유대인이 아니라 8세기에 왕국의 칸이 유대교로 개종한, 강성했던 하자르제국의 후손이라는 것이었다. 논문마다 그는 자기 민족이 알타이-튀르크계라는 것을 증명하려고 애썼다. 그는 카라임족이 학자보다는 군인에 가깝고, 그들의 원 종교는 토속신앙이라고 밝혔다. 고대 튀르크인과 마찬가지로 그들은 하늘 신 탱그리Tengri를 숭앙했고, 토속신앙을 신봉했던 리투아니아인과 마찬가지로 한때 나무를 숭상했다.

나는 카라임족들이 처음 리투아니아에 정착했던 곳인 고대 토속신앙의 수도 트라카이Trakai(예전의 트로카이)에서 샤프샬의 흔적을 찾아보았다. 오늘날 트라카이는 말발굽 모양의 호수가 꺾어지는 곳에 지어진 붉은 벽돌 성으로 유명한 관광지다. 호수 양안에는 옛 도시의 유적이 소련 시대 요양원과 함께 자리해 있다. 자갈이 깔린 주도로는 카라임족의 이름을 따서 지어졌다. 이제 기억에만 남아 있는 그들의 흔적은 트라카이를 찾는 사람들을 끌어들이는 이유 중 하나다. 식당에서는 카라임 음식이라는 키비나이kibinai를 주문했다. 다양한 소가 들어간 만두 같은 이 음식은 돼지고기도 들어가 있어서 코셔 음식은 아니었다. 방문객들이 카라임 의상 틀

속에서 얼굴을 내밀고 사진을 찍을 수 있게 한 곳도 있었다. 무늬가 있는 양철 피라미드 지붕을 얹은, 샛노란 상자 형태의 카라임족 기도소인 케네사kenesa는 문이 닫혀 있어서 방문객은 들어갈 수 없었다.

그 옆에는 샤프샬의 이름을 딴 카라임 박물관이 있었는데, 그곳을 찾는 방문객은 거의 없었다. 그 안에는 카라임 모임 사진, 5-6개 언어로 나온 카라임 잡지, 파리와 엡파토리아Evpatoria에서 온 기념품, 폴란드의 법률문서, 달력, 오래된 차 세트, 카라임 브랜디를 마시는 잔 등이 전시되어 있었다. 폴란드-리투아니아와 크림반도에서 입은 것으로 전해진 카라임 의상을 입은 마네킹도 있었다.

맞은편 방에는 샤프샬의 개인 소장품이 전시되어 있었다. 수단에서 온 코끼리를 피하는 방패, 케냐의 활과 화살, 페르시아 칼들, 사무라이 무기 한 세트가 전시되어 있었다. 나는 그것들을 대충 보고 지나갔다. 친절한 안내자가 설명해준 대로 이것들은 카라임족과 아무 관련이 없었다. 그러나 한참 후에야 나는 이것들이 샤프샬을 이해하는 열쇠라는 것을 깨달았다. 왕정주의자, 교사, 스파이 등 다양한 정체성과 얼굴을 가진 이 사람이 카라임족의 토속신앙-튀르크 기원 이야기를 만들어낸 일은 여러 위장 중 마지막 것이었다. 이것들은 일종의 갑옷처럼 작용하여 거의 목적을 달성할 뻔했다. 1941년 빌뉴스에 도착한 나치 독일군은 카라임족의 민족적 특수성에 대한 샤프샬의 주장을 받아들여, 가능한 한 많은 카라임족을 살려두기로 했다. 그러나 다른 유대인들은 이러한 보호를 받을 수 없었기 때문에 나치 당국은 샤프샬에게 소련에 있는 모든 카라임족 명단을 제출할 것을 요구했다. 그러나 시간이 지나면서 나치는 카라임족도 대부분 살해해서, 이들도 저주받은 민족이 되었다.[24]

샤프샬은 소련군이 올 때까지 살아남았다. 그는 오이를 재배하는 집단농장에서 일했다. 이 오이는 수백 년 전 카라임족이 크림반도에서 직접 리투아니아로 가져온 그 품종이었다. 그들은 이것과 함께 유대인 요새인 추푸트-칼레의 여호샤팟 골짜기에 가지를 넓게 편 떡갈나무 밑에서 모은 소중한 양묘 흙도 가져왔다.

7장

유랑자들

즐라타리 집시들의 행렬, 루마니아, 1880년경

이동은 동유럽에 오래 지속된 원칙이다. 사람들의 이동, 신앙의 이동, 사상의 이동이 늘 일어났다. 이것이 동유럽 인구 지도, 특히 오래된 지도가 흡사 꽃등심 무늬나 크림이 녹기 전의 커피잔처럼 어지럽게 보이는 이유다. 서유럽 국가들의 창설을 가져온 이주는 먼 과거에 일어났다. 동유럽에서는 이주가 끝난 적이 없었다. 서유럽의 비시고트족이나 프랑크족, 색슨족, 유트족이 먼 기억 속으로 사라진 한참 후에도 쿠만족, 페체네그족이 스텝에서 계속 도착했다. 타타르족은 모차르트 시기에도 르비우 인근에서 대규모 노예 포획을 했고, 예카테리나 황제가 이를 중지시킨 다음에야 멈췄다.

제국의 변경에서 진행되는 전쟁은 전선 모든 지역에서 도망치는 포로들과 피난민들의 활발한 혼합을 가져왔다. 전쟁으로 폐허가 된 지역에는 휴경지에서 자신의 운을 걸려는 농업 정착자들이 재빨리 도착했다. 상업적 디아스포라에 속한 사람들이 그들과 합류했다. 그들 중 일부는 트란실바니아의 색슨족 광부나 스코틀랜드인 총기 제작자, 폴란드-리투아니아의 외과의사같이 특별한 업종에 종사했다.[1]

결국 이 모든 집단에 속한 사람들은 이곳에 정착했다. 그러나 동유럽의 일부 주민 집단은 유랑을 멈추지 않았고, 이들의 정체성도 이 이동성과 뗄 수 없게 연계되었다. 카르파티아산맥과 발칸 지역의 후출족이나 블라흐인 목축자들은 유랑이 생활양식이었다. 유대인, 기독교 순례자, 유랑하는 수피파 무슬림에게 여행은 종교적 영감의 근원이었다. 행상이나 이동하는 장인들, 유랑시인이나 작가들에게 여행은 직업이었다. 그러나 모든 사람 중에 가장 큰 유랑민은 집시였다. 다른 사람들이 주로 집시라고 부르고, 자신들 스스로는 로마라고 부른 이 사람들은 천 년 전 발칸 지역에 도착한 후 동유럽의 한 구성 부분이 되었다.

모든 유랑민은 그 중요성에도 불구하고 많이 언급되지 않았다. 국가 사이를 이동하면서 그들은 공식 역사에 기록되는 것을 피했다. 그러나 그들은 아주 중요한 존재였다. 그들 모두를 함께 보면 그들은 동유럽 문화의 위대한 매개자이자 혼합자였다. 오랜 세월 그들은 음악, 전통, 구어, 이야기를 국경 너머에 전달했다.

동유럽에서 가장 오래된 유목 생활의 형태는 인간과 동물의 관계에서 유래한다. 소, 양, 염소 같은 초식 동물들은 항시 새로운 초원을 찾으며 산다. 이 동물들을 사육하는 사람들은 이동 방목이라고 불리는 이동성 mobility 양식을 따라 동물들의 이동을 따라간다. 가장 일반적인 이동 방목은 고도高度를 오르내리는 것이다. 풀이 녹색을 띠고 달콤해지는 봄이 되면 산으로 올라가는 여행을 하고, 공기가 서늘하고 차가워지는 가을이면 계곡으로 내려온다.

카르파티아산맥과 발칸 산악지역에서 고대의 관습은 여름에는 고지대, 겨울에는 저지대 사이에 가축과 사람들이 이동하는 것을 규율로 만들었다. 우크라이나의 후출족에게 여름 초장을 관리하는 것은 성스러운 직업이었다. 남자만이 여기에 참여할 수 있었고, 계절 내내 절대 꺼지지 않는 성화가 이것을 밝혔다. 동부 헤르체고비나와 몬테네그로 사이의 산악 경계 지역에서는 가족 전체가 소, 양, 염소와 함께 젤렌고라산 등성이의 카툰katun 또는 산악 초원 공동체에서 여름을 보냈다.[2] 산으로의 이동은 6월 중순에 시작해 8월 말까지 계속된다. 고지대 초원에 도착하기 위해서 여러 날 동안 땀을 흘리며 산을 올라야 한다.

선출된 산악인 리더인 도마친domaćin이 이끌고 소 떼, 여인, 아이 할 것 없이 모두가 함께하는 행렬은 경찰이나 세금징수자를 피하기 위해 새로 만들어진 도로 대신에 '고대 로마의 도로 부분을 따라' 이동했다.[3] 그들이 일단 고지대에 올라가면 생활은 더 여유로워졌다. 오전에는 가축의 젖을 짜면서 시간을 보내고, 저녁에는 치즈를 만들었다. 낮에는 시간이 많아서 나무를 깎고 여기저기를 거닐며 백일몽을 꾸었다.

목축자들은 사람들이 감히 가지 않는 장소도 다녔다. 크로아티아, 몬테네그로, 알바니아 해안에 이어진 산악지대에서 그들은 자연적으로 상인이 되었다. 중세부터 20세기까지 이 발칸 지역의 대상 대부분은 블라흐인이 장악했다.

아로마니아인이라고도 알려진 블라흐인은 발칸 지역에 넓게 흩어져 사는 디아스포라 부족이었다. 블라흐인 대부분은 정교도였고, 그들은 거주하는 지역에 큰 문화적 영향력을 남겼다. 원래 루마니아어와 밀접히 관련된 로망스어를 사용하는 그들은 그리스어, 불가리아어, 세르비아어, 알바니아어 등 거주하는 지역의 언어를 자주 차용했다. 전통적으로 블라흐인은 목축자였고, 폴란드-체코 국경에서부터 마케도니아 고지대까지 동유럽 지역을 떠돌아다녔다. 그들은 또한 교역으로 생계를 이어갔다. 산악지역 운송 기술자들인 그들은 발칸반도 깊숙한 내륙지역을 아드리아해의 항구들과 연결했다. 그런 상업을 통해 그들은 부를 축적했다. 20세기 전 발칸 지역에서 부유한 가문의 상당수는 블라흐인이었다.

기계화된 운송 수단의 발달과 제국들의 종말로 블라흐인의 경제적 이점 상당 부분은 사라졌고, 민족주의의 부상으로 그들 상당수는 자신들의 문화가 아닌 지배적 문화에 강제로 동화되었다. 그러나 일부 지역에서 블라흐인 디아스포라의 문화적 유산은 여전히 남아 있었다. 그중 가장 의미 있는 것은 알바니아 보스코포요Voskopojë라는 작은 마을일 것이다. 이 마을은 해발 천 미터가 넘는 고지대에 자리 잡고 있다. 이 마을에 가려면 코르처Korçë라는 마을 위의 험한 계곡을 따라 난 가파른 길을 올라가야 한다. 보스코포요는 소나무와 전나무가 덮인 높은 산으로 둘러싸인 아름다운 계곡 분지에 자리 잡고 있다.

오늘날 보스코포요는 주민 수백 명만 살고 있고 염소 떼와 밝은색으로 칠한 많은 벌통만 눈에 띈다. 그러나 300년 전 이곳은 모스초폴리스Moschopolis라고 불리던 도시였다. 18세기 좋은 시절에는 '목축자의 도시'로 유명했던 이곳은 발칸반도에서 가장 큰 교역중심지 중 하나였다. 이곳 상인들은 살로니카, 두브로브니크, 베네치아, 라이프치히까지 여행했다. 24개의 교회와 몇 개의 수도원이 주민들의 영혼을 돌보았고, 고아원 하나가 버려진 아이들을 돌보았다.

아직 많은 교회가 남아 있지만 대개 교구민이 없어 자물쇠가 달려 있다. 교회에는 비잔티움 말기 형식의 멋진 프레스코 장식이 되어 있는데, 이것은 1750년경 이 산악지역에서 일어난 엄청난 지적·예술적 개화의 열매였다. 그 시절에 모스초폴리스는 학문의 중심지이자 부를 끌어당기는 곳이었다. 그리스 학교, 새로운 아카데미가 부유한 상인 아이들을 가르쳤다. 이 지역에서는 거의 찾기 힘든 시설인 출판사 한 곳이 책을 인쇄했다.

1788년 '무슬림 보나파르트'로 알려진 마적 떼 지도자이자 한때 오스만튀르크 장교를 지낸 알리 파샤 휘하 무슬림 알바니아 병사들의 파괴적 공격을 받은 모스초폴리스는 그 위대함에 종지부를 찍었다.[4] 내가 2019년 여름 보소코포요를 방문했을 때 출판사와 아카데미의 흔적이라고는 닭장 뒤에 쌓여 있는 돌무더기뿐이었다. 이 도시에서 가장 아름다운 성 니콜라이 교회에서 나는 한 쌍의 독일 노부부와 또 한 쌍의 프랑스 노부부 방문자를 만났다. 교회 안으로 들어가기 위해 우리는 모바일폰으로 정교회 사제를 불렀다. 그가 나타났을 때 그가 하는 말은 전혀 알아들을 수 없었는데, 갑자기 로이틀링겐Reutlingen에서 온 독일 부부는 실제로는 트란실바니아 브라소프Braşov 출신의 색슨인이라는 것이 분명해졌다. 그들이 사제에게 루마니아어로 말하자, 그는 유창한 아로마니아어로 대답했다. 그 사제는 자신의 아들은 마인츠Mainz에 살고, 딸은 트리에Trier에 산다고 말했다. 산악지역에는 젊은이가 별로 남아 있지 않다고 그는 말했다.

———

고지대의 길이 목축자들과 그들의 가축에게 속해 있다면, 저지대의 길은 거지들에게 속했다. 소유한 가축 없이 살아가기 위해서는 다른 사람의 적선에 의지할 수밖에 없었다. 그러나 거지는 범상한 존재가 아닐 수 있으므로 존경을 받아야 했다. 유대인인 엘리야와 이슬람 신화에서 불명의 '녹색인Green One'으로 알려진 히드르 같은 선지자들은 위장을 하고 땅 위를 떠돌며 기적을 행하고 가난한 사람들을 도왔다.[5] 그런 사람이 줄 수 있는 축복을 놓치는 것은 어리석은 일이었다.

소도시마다 거지 길드에 등록된 극빈자가 있었지만, 일부 거지들은 이곳저곳을 떠돌며 더 많은 수입을 올리려고 했다. 19세기 말에서 20세기 초 사이에 대부분의 리투아니아 떠돌이 극빈자들은 베즈루흐카Bezruchka 라는 대가족의 일원이었다. 베즈루흐카는 러시아어로 '손이 없는 사람'이라는 뜻이다. 이 가문의 시조 가부장에게는 많은 자녀가 있었고, 그들은 모두 거지들과 결혼했다. 첫 베즈루흐카는 마차에 이 무리를 태우고 생계를 위해 이 마을 저 마을을 돌아다녔다. 그들이 이런 생활을 지속하기에 너무 나이가 들자, 그는 리투아니아를 나누어 아들과 사위들에게 구걸 생활을 할 영토를 할당해주었다.[6]

가난은 운명일 수도 있지만, 신의 의도일 수도 있었다. 동유럽에서 가장 영적인 거지들은 발칸반도의 수피교도 데르비시dervish였다. 수피가 되면서 그들은 통상적인 사회 영역 밖에서 살기 위해 가지고 있는 모든 것을 포기했다.

떠돌아다니는 수피는 통제되지 않는 신의 친구들이었다. 그들의 헌신은 금욕과 과잉이 동등하게 혼합되어 있었다. 서유럽의 탁발 수도사처럼 그들은 구호금으로만 살았다. 데르비시라는 단어 자체가 페르시아어로 '가난'이나 '궁핍'을 의미한다. 수피 데르비시는 모든 세속 소유물을 직접 가지고 다녔다. 구걸 밥그릇, 주머니, 숟가락, 허리띠, 종, 부싯돌, 바늘, 면도날, 촛불, 몽둥이가 전형적인 소유물이었다.[7] 그들은 최소 한 가지의 악기를 들고 다녔는데 대개 탬버린이나 북이었다. 사람들은 데르비시를 눈으로 보기 전에 먼저 그들의 소리를 듣게 된다.

데르비시는 모두 남자였다. 그들의 옷은 집단에 따라 달랐고, 대개 맨발로 다녔다. 대부분 살에 천을 두르거나 마을에서 따돌림받는 사람들의 전통적 의상인 모피로 만든 외투를 입었다. 어떤 사람들은 벌거벗은 채 돌아다녔다. 발칸 지역에서 가장 흔히 볼 수 있었던 룸Rum의 압달Abdals은 자신들의 사회로부터의 거리를 강조하기 위해 동물 가죽을 걸치고 다녔다. 데르비시가 쓰는 모자는 높은 원뿔 모양부터, 자신들이 정착 생활의 정해진 질서 밖에 사는 사람들이라는 메시지를 보내는 타르부시tarbooshes 술이 달린 챙 넓은 모자까지 다양했다. 그러나 데르비시의 외관 중 가장 충격적인 것은 그들의 두발이었다.[8] 그들 대부분은 '네 개의 눈썹'이라고 불리는 방식으로 머리, 턱수염, 콧수염, 눈썹을 밀었다. 선지자 무함마드가 턱수염과 콧수염을 기를 것을 명령한 것을 고려하면 이것은 아주 관습을 거스르는 행동이었다. 얼굴에 아무 털이 없이 다닌다는 것은 모든 명예와 지위를 잃는 것을 의미했다. 그러나 바로 이것이 데르비시의 의도에 부합하는 것이었다.

유럽의 이슬람 지역에서는 각기 특징적인 장식을 한 다양한 데르비시 집단을 만날 수 있다. 하이다리들Haydaries은 자신의 갈비뼈에 철제 틀을 끼고 긴 쇠사슬을 가슴에 묶는다. 일부 관찰자들의 말에 의하면 그들은 심지어 나쁜 행동을 막기 위해 때로 성기를 철제 고리나 싸개로 싸고 다닌다는 것이다. 룸의 압달은 항상 긴 손잡이가 달린 손도끼를 들고 다닌다. 그들은 자신의 정수리까지 여러 곳을 불에 지지고, 알리의 칼로 가슴에 문신을 새기고, 무기에는 몸을 꼰 뱀 그림을 새긴다. 모든 데르비시는 가죽 주머니를 두 개 들고 다닌다. 하나에는 부싯돌이 들어 있고, 다른 하나에는 대마가 들어 있다. 대마는 데르비시의 생활에 중요한 역할을 한다. 데르비시의 나체 행각과 머리를 미는 것이 세상의 무게를 던져내기 위한 것이라면, 대마는 특히 음악과 함께 희열로 인도하는 문이다. 압달은 대마초를 피우는 것이 숨겨진 현실의 진정한 속성을 받아들이고 잃어버린 낙원의 생명의 빛을 되찾는 길이라고 믿는다. 오랜 시간 춤을 추고, 대마초를 피우고, 음식을 먹은 다음 그들은 차가운 땅바닥에 누워 잔다. 뿔나팔 소리에 잠에서 깨면 그것은 대천사 이스라필Israfil이 그들을 죽음에서 불러내는 것과 같다.[9] 매일 밤이 무덤으로 내려가는 것이라면 매일 아침은 부활이다.

압달은 13세기경에 중앙아시아에 나타났다. 수피 지도자인 오트만 바바가 15세기 중반 그들을 유럽으로 데려왔다. 그의 추종자 중 한 사람이 쓴 전기를 보면 오트만 바바는 아프가니스탄과 접경 지역인 페르시아의 호라산Khorasan에서 왔다. 그는 티무르 군대와 함께 아나톨리아 지역으로 온 다음 추종자 수백 명과 함께 소아시아와 발칸반도의 고지대를 돌아다녔다. 그는 100년 이상을 살았고, 대부분 시간을 벌거벗은 채 지냈다. 그의 무덤은 불가리아 남부 하스코보Haskovo와 카르잘리Kardzali 중간 도로상에 있다. 풀이 만개한 봄에 만들어진 그곳은 깊은 고요의 장소다. 그곳에서는 눈을 감고 귀를 기울이면 떠나버린 데르비시의 흔적과 그들이 걸치고 다닌 사슬의 쇳소리, 뿔나팔 소리가 들리는 듯하다.

음악가들은 늘 떠돌아다녀야 했다. 음악가 무리를 항시적으로 먹여 살릴 수 있는 마을은 거의 없었다. 마을은 음악가 한 명을 두는 것도 쉽지

않았다. 우크라이나에서는 두 부류의 유랑시인이 두드러졌다. 한 부류는 콥자kobza라는 현악기를 들고 다니는 콥자리kobzary였고, 또 한 부류는 리라lira라는 악기나 휴대용 아코디언의 반주에 맞추어 노래를 부르는 리르니키lirnyki였다. 두 무리의 레퍼토리는 비슷했다. 그들은 종교적 노래나 적선을 구하는 노래, 정의와 불의를 묘사한 노래, 풍자 노래를 불렀다. 그들은 17세기 치러진 코자크 전쟁 서사시와 튀르키예 감옥에 간힌 포로들과 전쟁으로 미망인이 된 여인들에 대한 노래를 불렀다. 그들은 또한 이스탄불에서 갈비뼈에 갈고리가 걸린 채 매달리는 고문을 당하면서 술탄을 저주한 코자크 군사지도자인 바이다에 대한 노래도 불렀다.

발칸 지역 대부분에서와 마찬가지로 우크라이나에서 음악을 연주하는 것은 허가받은 구걸 행위였다. 데브리시와 마찬가지로 유랑시인들은 적선으로 생계를 유지했다. 그러나 데브리시와 다르게 음악인들은 고도로 구조화된 방식으로 적선을 구했다. 콥자리와 리르니키는 정교한 규칙의 지배를 받는 길드로 조직되었다. 길드는 음악가들에게 활동 지역을 지정하고, 새로운 견습 음악가들의 훈련을 감독하고, 유랑시인의 직업적 기술의 핵심이 되는 비밀 지식을 전달했다. 이 지식 중에는 유랑생활을 하는 유랑시인 길드 회원들만 아는 레비스카 모바lebiiska mova라고 불리는 암호화된 언어도 있었다. 이 언어는 앞뒤가 바뀐 우크라이나어 핵심 어휘들을 기본으로 하고 그리스어, 루마니아어, 헝가리어, 튀르크어, 히브리어, 러시아어, 심지어 스웨덴어에서 차용한 어휘들로 구성된 제대로 된 암호언어였다. 이 언어는 교육받은 사람들만 이해할 수 있었다. 이 비밀 언어의 의미를 노출하는 것은 길드 규약을 위반하는 것이었다.

유랑시인의 암호에서 하나의 핵심 규칙이 다른 무엇보다 중요했다. 모든 콥자리와 리르니키는 장님이어야 했다. 눈이 먼 것은 모든 음악 연주의 필수 전제조건이었다. 유랑시인들은 활동할 수 있는 영역이 지정되었지만, 소도시나 대도시의 축제에 참여할 수 있어서 갈리시아, 벨라루스, 러시아 깊숙한 오지까지 여행할 수 있었다. 그들이 아무리 먼 곳으로 여행을 하더라도 길드의 권력에서 벗어날 수는 없었다. 길드는 우크라이나의 모든 맹인 거지들과 관련된 중요한 일들을 감독했다. 길드에는 러시아 군대를 흉내 낸 장교와 부사관이 있었고, 자체 재무부도 있었다. 이 영향력 큰 길드는 봄이면 키이우 남쪽의 숲에 모여 회의를 했다. 이곳에서 길드 지도자들은 분쟁을 해결하고, 길드 법 개정을 협의했다.[10]

맹인 유랑시인들은 맹인이 아닌 길잡이의 도움을 받아 여행을 했다. 이 길잡이로 일하는 사람들은 여러 길드 법과 충돌할 법한 유혹을 받았다. 그러한 길잡이 가운데 한 사람이었던 올렉산드르 딤니치는 고아였지만 음악과 유랑시인의 유랑생활을 사랑했다. 그는 리르니키가 되기를 간절히 원했지만, 정상인이어서 자격이 없었다. 그럼에도 그는 일부 노래를 배웠다. 이보다 더 나쁜 것은 그가 이 노래들을 다른 소년에게 전수한 것이었다. 이것은 중대한 범죄였다. 유랑시인의 업nauka를 정상인에게 가르치는 사람은 적선 활동을 더 이상 할 수 없었다. 맹인인 유랑시인들에게 이것은 사형선고와 마찬가지인 형벌이었지만, 앞을 보는 올렉산드르는 그런 위험에 처하지는 않았다. 일군의 유랑시인들이 그를 붙잡아서 심하게 구타했으나 올렉산드르는 탈출에 성공했고, 시골 지역으로 그를 찾아 나선 사람들의 추격을 피할 수 있었다.[11] 올렉산드르는 구타에도 불구하고 유랑시인 생활을 포기하지 않았다. 그는 몇 년간 자유롭게 노래를 부르며 다니다가 맹인 여인과 결혼해서 그녀를 맹인 길드로 이끌었다. 그래서 대중들은 그를 진정한 리르니키로 여겼다.

유랑시인들은 기록된 음악이나 대중오락이 없던 세계에서 필요한 기능을 수행했다. 후에 기술 발전은 이러한 질서에 위협을 제기했다. 그러나 유랑시인 길드의 종말은 현대화로 인한 것이 아니라 최고 지도자의 명령에 의해 실행되었다. 널리 알려진 이야기에 따르면, 스탈린은 유랑시인들을 하르키우Kharkiv로 모이게 한 다음 그들 모두를 총살했다.[12] 운명적인 회의가 진행된 시점이 1933년부터 1940년에 이른다는데 이러한 회의에 대해 증언한 증인이 한 명도 없기 때문에 명징한 이야기는 아니다. 대량 학살이 상부 지시로 이루어졌다는 것을 증명할 자료는 하나도 발굴되지 않았지만, 1940년 무렵 우크라이나에 유랑시인이 거의 하나도 남지 않은 것은 분명하다. 그들은 모두 1932-1933년에 일어난 대기근Great Famine Holodomor으로 사망했거나, 1937-1938년 소련을 휩쓴 대숙청 때 우크라이나 민족주의를 고양한 죄로 처형되었을 수 있다.

———

집시는 동유럽의 가장 대표적인 유랑민이다. 아마도 전 세계 어디에도 이렇게 유랑과 밀접하게 엮인 다른 족속은 없을 것이다. 그들은 어디에서 왔고, 어떻게 유럽에 살게 되었는가? 18세기 언어학자들은 그들의 언어를 바탕으로, 그들이 인도아대륙 북부 사막 지역인 라자스탄Rajastan에서 왔으리라고 단정 지었다. 그들이 그곳을 출발한 시점은 9세기와 10세기 사이로 추측된다. 그들이 무엇 때문에 대탈출을 했는지는 알 수 없다. 무슬림 세력인 신디Shindh의 침공이나 비잔티움의 안티오크Antioch 함락과 연관이 있다고 추측하는 사람들도 있지만, 그들 이전의 슬라브족처럼 집시들이 원래 살던 곳에서 이동한 이유는 완전히 흑막에 싸여 있다.

문헌에 집시가 처음 언급된 것은 11세기다. 아트신가니Atsingani라고 불리는 집단이 1054년 콘스탄티노플에 나타났다.[13] 그들은 일정한 거처가 없었고, 마술과 신통력에 재주가 있었다. 비잔티움 황제는 야생 동물로 가득 찬 자신의 개인 정원을 가꾸는 데 그들을 고용했고, 그들은 독을 이용해 이 업무를 수행했다. 아트신가니는 그다음 세기에도 비잔티움 문헌에 간간이 나타나는데, 대개 뱀을 가지고 다니고, 점술로 먹고 살았다.

이들이 정말 집시였는지는 논란의 여지가 있지만, 14세기 초 그리스 섬의 여러 지역에 거주하는 이들이 드디어 분명한 존재감을 보였다. 몇십 년 동안 그들은 발칸반도 나머지 지역에도 주기적으로 나타났다. 1390년이 되자 몰다비아와 왈라키아(1859년 하나로 통일된 두 공국은 루마니아의 핵심이 되었다)의 공후들은 주기적으로 집시 수백 명을 루마니아 수도원에 기증했다. 그들이 전쟁포로였는지, 이전에 타타르족이나 튀르크인에 의해 노예가 되었는지는 불분명하다. 그들의 숫자는 점점 늘어난 것으로 보이고, 1445년 전설적인 드라큘라 공의 아버지인 왈라키아의 블라드 드라쿨 2세는 오스만제국이 통제하는 불가리아를 성공적으로 공략한 뒤 '이집트인처럼 생긴' 노예를 수백 명 데려왔다.[14]

이 정도가 글로 기록된 역사다. 집시의 진정한 역사는 그들의 언어에 담겨 있다. 어휘와 문법의 핵심은 인도에서 유래한다. 집시 언어의 많은 단어는 베다Vedas 시대의 산스크리트어까지 거슬러 올라간다. '교회'를 뜻하는 집시 단어 한게리khangeri는 산스크리트어의 '탑'이란 단어에서 왔다. '십자가'를 뜻하는 단어는 '삼지창'에서 왔다. '사제'를 뜻하는 라샤이rashai는 산스크리트어에서 '음유시인bard'을 뜻하는 리시rishi에서 왔다. 어휘론적으로 설명하면, 집시들은 교회에서 예배를 드릴 때, 탑 속 고대 신 시바의 상징물 앞에서 시인의 노래를 들었다.[15] 이러한 유산은 계속 찾을 수 있다. 그러나 집시어와 관련해 정말 놀라운 점은 이 언어가 다른 언어들을 빨아들이는 스펀지 역할을 했다는 점이다. 많은 차용어는 20개가 넘는 방언에서 왔고, 수세기에 걸친 이민과 변화에 대한 다층적 흔적을 보여준다. 그래서 집시어 사전은 목록이 아니라 지도에 가깝다.

이러한 차용어의 가장 깊은 층은 페르시아어에서 왔다. 이 언어는 집시어에 '별', '꿀', '숲', '행운' 같은 언어를 주었고, 아르메니아어는 '화로', '가슴', '말'이란 단어를 주었다. 그리스어는 무거운 족적을 남겼는데 이것은 집시들이 비잔티움제국 내에서 보낸 세월을 증언한다. 그리스어는 '하늘', '수프', '할아버지', '길'을 포함한 수많은 기본 어휘를 제공해주었다. 발칸반도의 슬라브어들과의 접촉도 일찍 시작되어 오래 지속되었다. 그 유산으로 '침대', '헛간', '녹색'을 나타내는 단어가 전수되었다.

튀르크어는 집시어에 상대적으로 적은 흔적을 남겼지만, 특히 중요한 한 가지 단어가 있다. 그것은 우선 집시들이 언제, 왜 인도를 떠났는지에 대한 실마리를 제공해준다. 발칸 지역에서 사용되는 집시어에서 튀르크인 또는 무슬림을 나타내는 단어는 '코라하이Koraxaj'다.[16] 이 단어는 9세기부터 13세기까지 중앙아시아를 지배했던 왕조의 이름인 카라하니드Karakhanid에서 온 것이다. 이 왕조는 칭기스칸에 의해 멸망했다. 카라하니드 왕조 사람들은 인도아대륙을 떠난 집시들이 최초로 만난 무슬림이었을 가능성이 크다. 아마도 집시들은 그 군대에서 봉사하거나 그들의 진영에서 음악을 담당했을 것이다.

집시들의 진정한 기원이 무엇이건, 그들 중 일부 집단들은 15세기에 발칸반도 이외 지역에 나타났다. 사람들은 이들을 어떻게 대해야 할지 몰랐다. 그들은 50-100명의 집단을 이루어 도착했다. 멋진 말을 타고 왔고 뒤에 무거운 짐을 실은 마차가 따라왔다. 어두운 피부를 가진 이방인들은 화려한 옷을 입고, 귀고리를 하고, 손금을 보는 재주가 있었다. 그들에게 어디에서 왔냐고 물으면, 그들은 이슬람에서 개종한 후 사라센인들의 잘못된 신을 섬기며 보낸 세월에 대한 참회로 교황의 명에 의해 순례를 하고 있다(그것도 70년이나)고 대답했다.

중세 기독교인들의 심금을 울리기 위해 만들어진 이 이야기에는 어느 정도 근거가 있다. 중세 유럽 대부분의 집시들은 인상적인 서류를 가지고 다녔는데, 이 서류는 교황, 왕, 황제의 어인으로 장식되어서 이 이야기가 진실이라는 것을 증명해주었다. 한 세기 이상 이러한 사칭詐稱은 마법 같은 작용을 했다. 아우크스부르크부터 세비야에 이르기까지 여러 도시가 이 새로운 이주민들에게 식량과 거처를 제공했다. 그러나 점점 이 속임수는 효과를 잃어갔고, 서유럽 국가들은 이 이방인들을 추방하기 시작했다.

동유럽은 이런 움직임에 늦게 반응했다. 폴란드왕국은 '작은 이집트'에서 온 순례자 집단을 마지막으로 환영했다. 1452년 자신이 기사이고 백작이라고 주장한 페테르 로템베르크가 이끈 집시 집단이 도착했다. 그는 리옹 대주교가 쓴 편지를 가지고 있었고, 거기에는 교황이 부과한 참회가 설명되어 있었다. 또한 페테르와 그의 동료 '속물들Philistines'을 도와주는 사람들은 '죄사함'을 받을 것이라고 쓰여 있었다.[17]

페테르와 그의 집단에 대한 문헌 뭉치가 우연히 보존된 덕분에 우리는 그들이 이후 20년 동안 폴란드와 리투아니아 여러 지역을 이동한 경로를 추적할 수 있다. 그들은 폴란드-리투아니아의 국경 지역을 큰 원을 그리며 이동해서, 그들의 마차 행렬은 크라쿠프에서 에스토니아까지 갔다가 다시 돌아왔다. 이 여행 동안 시장, 주교, 권세가가 그들을 대환영했다. 그러나 점차적으로 집단에 대한 페테르의 장악력은 약해졌다. '속물들'은 점점 더 궁핍해졌고, 점점 더 많은 사람들이 도망갔고, 일부는 한밤중에 집단을 이루어 빠져나갔다. 또 어떤 일부는 페테르의 은제 식기와 말을 훔쳐서 도주했다.[18] 누렇게 변한 양피지 묶음을 보면 우리는 페테르가 자신의 추종자들에게 어떤 모습으로 나타났는지를 어렴풋이 알 수 있다. 점점 더 외톨이가 되어 궁정에다가 도망친 자신의 친구들을 추적해달라고 간청할 지경에 이른 그는 더 이상 기사나 백작, 심지어 순례자도 아니고, 평범함 집시가 되었다.

이후 몇 세기 동안 많은 집시들이 폴란드-리투아니아, 특히 동부인 리투아니아 쪽에 거주했다. 그곳에서 그들은 초반부터 쫓겨나지 않고 머물렀다. 폴란드왕국은 신앙, 언어, 종교의 모자이크 같아서 집시들은 두드러지게 튀지 않았다. 대부분의 집시들은 더 이상 유목 생활을 하지 않고 마을에 정착하여 장인이나 하인으로 생계를 이어갔다.[19] 많은 집시들이 권력과 환락에 대한 욕구가 끝날 줄 몰랐던 리투아니아의 대영주 라즈위워 가문을 위해 일했다.

유럽에서 가장 큰 지주가 되는 것에 만족하지 않은 라즈위워가는 왕이 되기를 갈망했다. 그들의 부와 영향력을 부러워하던 동료 대귀족들은 그들이 폴란드-리투아니아의 왕좌에 오르는 것을 절대 허용하지 않았다. 정치에서 좌절을 맛본 라즈위워가는 다른 분야에서 두각을 나타냈고, 곰을 춤추게 훈련시키는 재주도 그중 하나였다. 18세기 내내 유럽에서 가장 훈련이 잘된 곰들은 한 곳에서 배출되었다. 그곳은 오늘날 벨라루스 땅인 스마르혼Smarhon의 곰 아카데미였다. 스마르혼은 라즈위워가가 소유한 수십 개 소도시 중 한 곳이었다. 실상을 보면 이곳은 소도시라기보다 숲에 흩어진 벨라루스인, 폴란드인, 유대인, 타타르인, 집시가 다양하게 섞여 살고 있는 여러 마을의 집합체였다. 곰 아카데미는 스코로모흐Skoromokhs('익살꾼'이란 의미) 거리에 위치하고 있었다. 매년 라즈위워가가 소유한 광대한 숲에서 아기곰 수십 마리가 이 아카데미로 보내졌다.

아카데미에 있는 집시들이 이 곰들을 훈련시켰고, 개인 고객이 데려온 곰 학생들도 훈련을 받았다. 개인 고객은 그곳에 머무는 동안 방값과 식비를 내야 했다. 곰들은 춤추는 법뿐만 아니라 하인 역할을 하도록 훈련받았다. 식탁에 물을 가져가고, 저녁 식사 때 급사 역할을 하고, 이 외에도 다양한 재주를 선보였다.

스마르혼의 아카데미가 공연한 가장 유명한 축제가 18세기 말에 열렸다. 그 시절 학교와 소도시는 카롤 라즈위워 공의 소유였다. 그는 '사랑의 군주Panie Kochanku'라고 알려졌다. 엄청난 갑부인 그는 16개 도시, 683개 마을, 25개의 숲과 파리에 저택을 소유했다. 카롤은 베푸는 것을 즐기고, 모험을 좋아하고, 툭 하면 폭력을 휘둘렀다. 그는 상습적인 난봉꾼이자 술 주정꾼이고, 유대인 여자들을 좋아하는 바람둥이였고, 장황한 이야기를 즐겨 말하는 재담꾼이었다. 그는 리투아니아판 뮌히하우젠 남작*으로 기억되었다. 카롤의 경우 최소한 몇 가지 이야기는 사실이었지만.

카롤의 시기에 스마르혼과 리투아니아 대부분 지역의 집시 공동체는 얀 마르친키에비츠 '왕'이 통솔했다. 후에 사람들은 그를 키가 크고 위압적인 몸에 무서운 눈매를 한 사람으로 회상했다. 지위의 상징으로 그는 십자가 자리에 공작 깃털이 장식된 왕관을 연상시키는 모자를 썼고, 원숭이와 곰을 묘사하는 펜던트가 달린 하얀 진주 목걸이를 착용했다.[20] 어느 날 마르친키에비츠는 카롤 라즈위워에게 속임수를 쓰기로 했다. 그는 집시들에게 곰들이 마차를 끌 수 있게 훈련시키라고 지시했다. 그런 다음 곰 여섯 마리에 마차를 연결해 그것을 타고 네스비즈Nesvizh에 있는 공후

---

* 뮌히하우젠 남작(Baron Münchhausen)은 독일 작가 루돌프 에리히 라스페가 1785년에 쓴 소설 《허풍선이 남작의 모험》의 주인공이다. 소설에서 그는 자신이 러시아 지역을 여행하면서 겪은 기상천외한 모험을 허풍스럽게 회상하여 이야기한다.

의 성으로 달려갔다. 라즈위워는 무척 기뻐하며 그를 진짜 왕처럼 대했고, 여러 날 지속된 축제를 열어 그를 환영했다. 축제가 끝나자 모두는 곰이 끄는 마차를 타고 그의 여름 궁전으로 갔다. 수십 마리의 곰, 집시, 주민들과 귀족들이 그 뒤를 따라갔다.

라즈위워를 위해 일한 집시들은 자유민이었다. 그러나 발칸 지역, 특히 왈라키아공국과 몰다비아공국에 거주하는 집시 대부분은 노예가 되었다. 이 지역 노예제의 뿌리는 중세 초기로 거슬러 올라간다. 그러나 노예제의 기원이나 발전 과정에 대한 문헌은 거의 존재하지 않는다. 오늘날 집시 노예제는 유럽 역사 전체에서 가장 연구가 덜 된 주제다. 지금까지 전해져 오는 자료들로, 우리는 여러 면에서 '신대륙'의 노예제와 매우 유사했고, 다른 노예제와는 크게 달랐던 집시 노예제에 대한 그림을 만들 수 있다.

왈라키아와 몰다비아의 노예들은 시민권이 없었다. 그들은 노동력 임차에 사용되거나 매매될 수 있었다. 그들은 재판을 받을 수 없었다. 노예들은 자유민과 결혼할 수 없고, 만에 하나 그런 결합이 이루어져도 자식들은 노예가 되었다. 노예의 배우자도 노예가 되었다. 이것은 인근 오스만제국 지역(왈라키아와 몰다비아는 오스만제국의 가신국이었다)의 노예제 관습과도 크게 달랐다. 오스만제국에서 노예 신분은 상속되지 않았다. 루마니아에서는 노예 소유주가 원하는 대로 노예를 처벌할 수 있었고, 이런 징벌은 아주 잔인했다. 노예에게 피해를 입히는 것은 사람이 아니라 재산에 대한 범죄로 간주되었다. 법에 따르면 자유민이 집시를 살해하는 경우 사형에 처할 수 있었지만, 대개는 벌금 부과로 끝났다.

몰다비아와 왈라키아에서 완전한 자유 신분을 가진 사람은 아주 드물었다. 노예제와 농노제는 동전의 양면처럼 성격이 반대였다. 주민의 대부분을 차지하던 농노는 자신들의 속박에서 벗어날 방법이 없는 구속된 노동자 같았다. 그러나 농노들은 재판에서 증언하는 것과 같은 일부 기본적인 민권을 누렸다. 이와 대조적으로 집시 노예들은 노동에 대한 요구가 덜 직접적이라는 점에서 혜택을 받았다. 집시 노예들은 농민들보다 세금을 덜 냈고, 유랑하는 자유를 누렸다(일부는 그렇게 될 수밖에 없었다).[21] 그들은 현금 임금을 받을 수 있었고, 자신들이 생산한 것을 시장에 내다 팔 수 있었다. 그러나 이렇게 얻은 돈의 일부는 주인에게 상납해야 했다.

일부 노예들은 여행하기 힘든 계절인 겨울이면 주인의 영지에 머무르기도 했지만, 기본적으로 1년에 두 번, 4월 성 게오르기 축일과 11월 성 미하일 축일에만 주인에게 세금을 내기 위해 영지에 들르면 되었다.[22] 나머지 기간에는 장사를 하며 떠돌아다녔다. 각기 다른 집시 집단은 다른 상업 활동에 종사했다. 우르사리Ursari는 춤추는 곰을 데리고 시골 지역을 돌아다녔다. 링구라리Lingurari는 숟가락과 기타 목제품을 만들었다. 라이에시Lăieşi는 대개 대장장이였지만, 석공으로 일하거나 빗 만드는 일에 종사했다. 아우라리Aurari 또는 즐라타리Zlatari는 높은 카르파티아산맥 급류에서 사금을 캤다.[23]

이러한 전통적 직업 배분 덕분에 일부 집시 집단들은 이동의 자유를 누렸다. 그럼에도 그들은 사회 피라미드의 바닥에 존재했고, 소수의 공후, 대영주, 사제가 이들을 지배했다. 이러한 사회적 장벽은 전혀 극복할 수 없는 것은 아니었다. 일부 노예 주인들은 노예를 해방했고, 일부 집시들은 자유로운 농민이나 장인으로 일했다.[24]

집시 노예가 자신의 태생을 극복한 가장 극적인 사례가 16세기 말 발생했다. 슈테판 라즈반은 왈라키아 공후가 소유한 노예 집시의 아들로 태어났다. 소년이 되자 그는 몰다비아 최고위 성직자인 야시Iaşi 대주교 소유의 노예가 되었다. 대주교는 그에게 좋은 교육을 시켜주고 후에 그를 자유민으로 해방해주었다. 그는 대사가 되어, 이스탄불과 우크라이나 코자크에게 파견되어 외교를 했다. 우크라이나에서 슈테판은 폴란드 군대의 대령이 되었고, 루마니아 귀족 그리고 코자크 부대의 헤트만이 되었다. 그는 코자크를 이끌고 오스만제국을 상대로 한 많은 원정을 성공적으로 이끌었다.

이 기병들과 폴란드 동맹군의 지원을 받은 슈테판은 몰다비아의 지배 공후를 하야시키고 호스포다르hospodar라는 통치자 직함을 차지했다. 역사상 유일한 집시 출신 국가 수장이었다. 그의 통치는 오래 지속되지 못했다. 그가 통치한 지 5개월 만에 그의 폴란드 지원 세력은 좀 더 순종적인 허수아비 지도자를 원했다. 라즈반은 짧은 생애에 노예, 집시, 귀족, 코자크, 왕을 모두 경험했다. 권력 강탈자와 폴란드 연합군에 의해 패배한 그는 말뚝에 박혀 생을 마감했다.

17세기 중반 집시 노예제는 훨씬 더 상업적 제도로 바뀌었다. 노예무역이 대규모로 행해졌고, 노예 가족을 해체하지 않는다는 오래된 불문율도 사라졌다. 수백 명의 노예를 사고파는 경매가 자주 열렸다. 1855년 부쿠레슈티에서 열린 큰 노예 경매는 여론을 악화시켰다.[25] 거의 같은 시기에 해리엇 비처 스토의 《톰 아저씨의 오두막》이 루마니아어로 번역되었는데 귀족, 병사, 사제, 귀족부인과 심지어 해방된 집시들도 이를 읽으며 베스트셀러가 되었다.[26]

왈라키아와 몰다비아 모두에서 노예제 폐지 압력이 컸지만, 외국 간섭이 있을 때까지 실제로 폐지하지는 않았다. 크림 전쟁 종결 후 맺어진 파리 조약에서 두 공국 모두 노예제를 철폐한다는 조항에 들어갔다. 1856년 두 공국은 국가가 소유자로부터 노예를 사서 그들을 자유민이 되게 만드는 법령을 통과시켰다.

처음에 이들은 노예제가 제공하는 세금 납부 면제 이익과 여행의 자유를 계속 누리고 싶어서 자신들의 지위가 변경되는 것을 꺼렸다.[27] 어느 정도 시간이 흐르자 수문이 활짝 열렸고, 두 공국에서 유랑 생활을 하는 데 익숙해 있던 오래된 유목 부족은 좀 더 넓은 세상으로 쏟아져 나왔다. 집시 중 가장 수가 많고 상업 정신이 투철한 집단은 전통적으로 말 장사꾼이었던 로바리Lovari와 무두장이였던 칼데라시Kalderash였다.

두 공국을 떠난 집시들은 처음에는 이웃 국가인 발칸반도의 불가리아와 세르비아로 이주했고, 오래지 않아 유럽 나머지 지역으로 퍼져나갔다. 1863년 일군의 칼데라시가 폴란드에 도착하기 시작했다. 한 집단은 바르샤바의 비스와강 너머 구시가지에 나타났다.[28] 그들의 외양은 놀랍도록 화려했다. 여인들은 금귀고리와 오스트리아산 은으로 만든 목걸이를 했다. 그리고 붉은 스카프, 붉은 드레스, 붉은 산호 목걸이, 구슬에 엮은 붉은 리본 등 붉은 장식으로 몸을 치장했는데, 이는 칼데라시의 전통이었다. 키가 크고 건장한 체구에 사람을 꿰뚫어 보는 듯한 눈을 한 남자들도 화려했다. 그들은 달걀만 한 은세공 장식 단추가 달린 특별한 재킷을 입었다.

상업에 능하고, 매인 데 없고, 기업가 정신이 있는 칼데라시는 10년도 되지 않는 기간에 폴란드, 리투아니아, 러시아, 베사라비아에서 가장 눈에 띄는 집시 집단이 되었다. 폴란드의 집시들을 통치하는 '왕'들(최소한 왕처럼 행동했다)은 가장 수가 많고 귀족적인 이 집단에서 나왔다.

두 공국에서 이주해 나온 칼데라시는 익숙한 곳보다 훨씬 넓은 세상을 옮겨 다니게 되었지만, 재빨리 적응했다. 발칸반도 너머 지역에 도착한 지 한 세대 만에 그들은 유럽 모든 나라뿐 아니라 북아메리카, 남아메리카와 오스트레일리아까지 퍼졌다. 다른 집시 집단들도 이와 유사하게 자신들의 문화적 지평선이 갑자기 넓어진 것을 느꼈다. 해방은 의상, 음악, 수공업에서 문화적 르네상스를 가져왔다. 문학에서도 마찬가지였지만, 집시 문학은 전적으로 구전 문학이었기 때문에 문학의 변형에 대해 상세한 것을 알기는 어렵다.

유일한 예외는 지나 라니치치다. 어느 우연한 만남 덕분에 우리는 그녀의 생애와 작품에 대해 알게 되었다. 1890년 동부 크로아티아 노천에서 퇴직한 교사 하인리히 폰 블리스로츠키는 생의 마지막 시기를 살고 있던 이 나이 든 여인을 만났다. 폴란드 귀족 아버지와 트란실바니아 색슨족 어머니 사이에서 태어난 그는 언어학에 대한 열정이 있어서 고대 노르드족 언어에 대해 학위 논문을 쓰고, 아이슬란드의 에다Edda를 헝가리어로 번역했다. 블리스로츠키는 집시에 매료되어 그들의 언어를 배우고, 유랑하는 집시 집단을 따라다니며 여름을 보냈다. 이는 당시에 드문 일은 아니었다. 황제 프란츠 요제프 1세의 사촌인 황태자 요제프 카를도 집시 언어를 연구하고, 집시어 사전을 편찬했으며, 자신의 헝가리 영지에 집시 마차 행렬을 초대하기도 했다.

시간이 지나면서 블리스로츠키는 집시 인류학과 신화에 대한 당대 최고의 전문가가 되었다. 그는 지나 라니치치의 생애 마지막 시간에 그녀를 소개받았고, 그녀의 시집을 구입하고 싶어하는 솜보르Sombor의 세르비아 영사에게 그녀의 소재를 알렸다. 두 사람은 그녀의 거처를 오시예크Osijek 외곽에서 찾았다. 처음에 그들은 넝마로 몸을 감싼 쭈글쭈글하고 자그마한 이 여인이 한때 시인이었고 대단한 미인이었다는 사실을 믿기 힘들었다. 그러나 이러한 인상은 그녀가 말을 시작하자 바로 바뀌었다. 블리스로츠키는 "이 여위고 자신에게만 몰두한 여인은 당당하게 서 있었다. 그녀의 검은 큰 눈은 오묘한 불빛으로 타오르고 있었고, 그것은 가슴 가장 깊은 곳을 뚫고 들어오는 것 같았다"고 회상했다.[29] 곧 그녀는 이 낯선 사람들에게 범상하지 않은 자신의 생을 털어놓았다.

지나가 기억하는 첫 사건은 1848년 헝가리인들이 합스부르크제국을 상대로 벌인 실패한 혁명이었다. 그때 그녀는 네벨랴Nevelja라는 집시 유랑 집단과 함께 크로아티아에서 살고 있었다. 크로아티아 군대가 그들에게 라요스 코수드의 헝가리군에 대항하여 싸우도록 압력을 가하자 이 집단은 남쪽인 세르비아로 도망쳤다. 열두 살 때 지나는 베오그라드에 있는 부유한 아르메니아 상인 집에 들어갔다. 튀르크 군대의 물자를 훔치다가 걸린 네벨랴 집단은 사바강을 다시 건너 헝가리로 되돌아가야 했다. 지나는 아르메니아 상인 집에 남았다. 그 상인은 곧 그녀를 입양했고, 그녀를 콘스탄티노플의 자기 집으로 데려갔다. 그곳에서 그녀는 학교를 다니며 읽고 쓰는 법을 배웠다.

시간이 지나면서 그 아르메니아 상인의 동생이 그녀와 사랑에 빠졌고, 두 사람은 연인이 되었다. 그렇게 해서 그녀 생의 가장 멋진 시간이 시작되었고, 그녀는 처음으로 아르메니아어, 튀르크어, 집시어로 시를 썼다. 그녀 말에 따르면, 그녀는 '그 늙은 사람과 너무 행복해서' 시를 쓰기 시작했다. 그러나 어느 날 그리고르라는 이름을 가진 잘생긴 젊은 아르메니아인이 그들의 집에 들이닥쳤다. 그는 지나에게 술탄이 곧 콘스탄티노플에 있는 모든 아르메니아인을 죽일 것이기 때문에 살고 싶으면 자기와 함께 도망을 가야 한다고 말했다. 그리고르는 그녀를 튀르키예 트라케 지방에 있는 아드리아노플Adrianople로 데리고 간 뒤, 아르메니아인 상인 형제가 살해당했고 그녀가 범인으로 의심을 받고 있어서 집으로 돌아갈 수 없다고 말했다.

그리고르는 여행을 하기 시작했고, 헝가리 전선으로 오가는 대상들의 무장 경호원으로 일했다. 이 한 여행에서 그는 대상을 납치했다. 그와 지나는 자신들의 탈취물을 숨기기 위해 알바니아 산악지방으로 갔다. 그들은 서로 다투었고, 그리고르는 지나를 심하게 매질했다. 그녀의 마음을 돌리기 위해 그는 세르비아에 있는 그녀의 친척을 찾겠다고 약속했다. 그가 멀리 가 있는 동안 그녀는 아드리아노플에서 헝가리인과 동거했다. 그곳에서 그녀는 이름은 비밀로 지키고 단순히 '하얀 남자'라고만 부른 세르비아인과 가장 뜨거운 사랑을 했다. 그러나 그 세르비아인은 그녀의 물건을 다 빼앗고, 그녀가 헐벗고 굶주리게 만들어서, 그녀는 아드리아노플 거리에서 구걸을 해야만 했다. 그녀는 이제 스물세 살이었고, 그녀의 모험은 겨우 시작 단계였다.

그녀 생의 후반부도 젊었을 때와 마찬가지로 우여곡절이 많았다. 빈, 나폴리, 파리, 부쿠레슈티에서 많은 일들이 있었다. 그녀는 부를 얻기도 하고 잃기도 했다. 살인 혐의를 받기도 하고, 선박 파선에서 구조되기도 했다. 병으로 인해 그녀의 아름다움이 사라지자, 그녀는 자신의 부족인 네벨랴로 돌아와서 생애 마지막 25년을 극도의 가난 속에 집시 행렬과 함께 살았다.

블리스로츠키는 만일 지나 라니치치가 다른 시기에 다른 환경에서 태어났었다면 그녀는 '모든 시대를 통틀어 가장 위대한 시인 중 하나'로 기억되었을 것이라고 썼다. 그녀의 시는 항상 사랑을 노래했다. 사랑이 꽃필 때의 환희와 배신의 공포를 썼다. 그녀는 밝게 타올랐고, 잠잠히 있지 못했다. 그녀 시의 한 구절은 이렇다. "언덕에 있을 때 나는 계곡으로 내려가기를 원하고, 들판에서 잠잘 때 나는 바다로 나아가는 것을 꿈꾼다."[30]

오늘날 지나 라니치치를 기억하는 사람은 거의 없다. 심지어 그녀가 실제 인물인지, 블리스로츠키가 상상으로 만들어낸 허구인지를 묻는 사람도 있다. 그러나 20세기 가장 비극적인 집시 시인인 브로니스와바 바이스에 대해서는 그런 의심의 여지가 전혀 없다.

그녀는 1908년 태어났다. 그녀의 본명은 브로니스와바였지만, 루마니아어로 '인형'을 뜻하는 파푸사라는 이름으로 알려졌다. 그녀의 미모로 얻은 별명이었다. 파푸사의 어머니는 갈리시아 집시 부족의 일원이었고, 그녀가 거의 얼굴을 보지 못한 아버지는 절도죄로 유형을 간 시베리아에서 죽었다. 그녀의 양아버지는 도박꾼에 술주정뱅이였다. 그는 가족을 지금은 벨라루스 땅이지만 당시는 폴란드 영토였던 그로드노로 데리고 갔고, 거기에서 5년을 머물렀다.

그로드노는 파푸사가 가장 사랑한 도시가 되었다. 그녀는 그곳에서 읽는 법을 배웠다. 학교를 다닌 적은 없지만, 시 중앙광장에서 떨어진 가게의 점원인 유대인 여자가 그녀에게 문자를 가르쳐주기로 했다. 그러나 여기에는 치러야 할 값이 있었다. 파푸사는 매주 금요일 점원의 안식일Sabbath 만찬을 위해 통통한 암탉을 훔쳐야 했다. 파푸사는 도둑질을 하며 글을 배웠다. 몇 주 만에 그녀는 신문을 읽을 수 있었다. 이윽고 그녀는 도서관에서 책을 빌려 읽었다. 아담 미츠키에비치와 헨리크 시엔키에비치가 쓴 폴란드의 고전적 문학 작품을 주로 읽었다.[31] 독서는 그녀의 점술 능력을 높여주었다. 그녀는 네 살 때부터 점을 쳤다. 고객들은 때로 그녀에게 책을 빌려주었다. 그녀는 기사들과 위대한 사랑 이야기를 특히 좋아했다.

파푸사가 18세가 되었을 때 나이 든 남자가 그녀와 결혼하기 위해 그녀 어머니에게 돈을 주었다. 디오니지 바이스는 악단의 단장이었고, 그의 악단은 바이올린, 콘트라베이스, 드럼, 덜시머(민속 현악기), 아코디언, 세대의 하프로 구성되었다. 디오니지와 악단 동료들은 2차 세계대전 내내 자신들의 악기를 들고 다녔다. 그들은 늪지에 숨어야 하고 겨울이 오고 먹을 것이 없을 때에도 악기를 버리지 않았다.

한번은 하프가 그들의 목숨을 구했다. 악단이 마차를 타고 시골길을 가고 있을 때 독일군 순찰대가 먼 곳에서 나타났다. 그때 마차 한 대가 길 구덩이에 빠지면서 하프 한 대가 길에 떨어졌다. 독일군은 하프를 일종의 대포라고 생각하고 멈칫했다. 갑자기 "땅에서 바람이 일면서 하프 줄을 쳤고, 그 어느 때보다 아름다운 소리를 냈다. 독일군들은 가만히 서서 그 소리를 들었다. 우리는 그 틈을 타서 하프를 들고 도망쳤다"라고 파푸사는 회상했다.[32]

한숨 돌리며 휴식을 즐길 만한 밤은 별로 없었다. 오래 시달린 공포는 여전히 떨쳐버리지 못했다. 서부 우크라이나의 볼히냐Volhynia 지방은 특히 무자비한 전쟁의 참화가 벌어지던 곳이었다. 독일군들이 유대인과 집시를 처형하는 동안, 그 지역 폴란드인들과 우크라이나인들은 서로 전쟁을 벌이고 있었다. 이 두 전쟁에 휘말리지 않게 파푸사의 악단은 쉬지 않고 이동해야 했다. 디오니지와 파푸사는 매일 밤 어디에서 잠을 자야 할지를 알지 못했다. 때로 숲 깊숙이 숨고, 때로 목만 내밀고 연못에 숨고, 때로 땅에 구덩이를 파고 잠을 잤다. 그들은 배고픔, 추위, 발진티푸스에 시달렸다.

전쟁이 끝나자 그로드노는 소련에 편입되었다. 파푸사의 악단은 직전에 독일로부터 되찾거나 병합된 서부 폴란드로 옮겨갔다.* 1949년 한 낮

---

* 2차 세계대전 후 폴란드는 얄타회담 합의에 의해 갈리시아 지역을 포함한 약 10만 평방킬로미터의 동부 영토를 소련에 잃은 대신, 실레시아 지역 등 독일 영토 7만 평방킬로미터를 얻었다.

선 사람이 그들의 캠프로 들어왔다. 예르지 피초프스키는 바르샤바 봉기 때 전투를 치르고 악명 높은 파비아크Pawiak 감옥에 수감되었던 사람이었다. 청소년 시절부터 그는 모든 아름다운 것과 이국적인 것, 특히 문학에 열정을 가지고 있었다. 그는 볼레스와프 레스만의 시와 브루노 슐츠의 산문을 사랑했다. 1942년 그는 슐츠가 이미 죽은 것을 모르고 그를 만나고 싶다는 편지를 보내기도 했다. 피초프스키는 후에 슐츠의 서신들을 수집했는데, 우리가 슐츠에 대해 아는 것의 상당 부분은 그의 노력 덕분이다. 전쟁이 끝난 후 과거 조국군대의 파르티잔이었던 피초프스키는 비밀경찰의 탄압을 받았다. 비밀경찰은 그를 과거 동지들에 대한 밀고자로 만들기 위해 계속 심문하고 고문했다.

피초프스키는 부역을 거부했다. 결국 그는 탈출하기로 결심했다. 집시들과 폴란드 전역을 돌아다니며 연주를 했던 친구 에드바르드 차르네츠키가 한 곳을 소개했다. 그는 디오니지 악단을 알고 있었다. 차르네츠키는 악단의 하프를 수리해주었고, 그들은 자주 같이 반조를 연주했다. 차르네츠키는 타보르tabor라고 알려진 이 마차 행렬이 비밀경찰을 피해 피초프스키가 숨을 좋은 장소가 될 만하다고 생각했다.

피초프스키가 도착하자 누군가 그에게 파푸사를 소개하면서, 그녀는 시인이고 노래를 작곡해서 즉석에서 부른다고 얘기해주었다.[33] 피초프스키는 그녀에게 펜과 종이를 주었고, 다음에 영감이 떠오를 때 시를 한 편 써달라고 부탁했다. 그녀는 자신의 첫 시에 〈파푸사의 마음이 작곡한 집시 노래〉라는 제목을 붙였다. 피초프스키의 말에 의하면 이 시는 '유랑, 숲, 자신의 젊은 시절'에 대한 모든 갈망을 표현했다.[34] 그 시는 이렇게 시작된다. "나는 자랐지, 황금빛 덤불 같은 숲과 / 버섯 같은 집시의 집에서. / 나는 내 마음 같은 불을 사랑했다네. / 크고 작은 바람이 / 작은 집시 소녀를 요람에서 흔들어 / 넓은 세상을 유랑하게 했다네."

파푸사의 시가 처음 인쇄되어 피초프스키에 의해 폴란드어로 번역되자 이 시들은 기성 폴란드 문학계의 경탄을 불러일으켰다. 파푸사의 집시 동료들은 이를 달가워하지 않았다. 그들은 파푸사가 집시 여인 행실의 경계를 넘어섰고, 집시 아닌 사람들gadje에게 비밀을 드러냈다고 그녀를 비난했다. 1953년 피초프스키의 《폴란드 집시들》이 출간되면서 이러한 경향은 더 심해졌다. 이 책이 출간된 후 파푸사는 점점 더 탄압을 받고 외톨이가 되어갔다. 그러는 동안 공산 당국은 대정지Great Halt라는 운동을 시작해서 폴란드 집시들이 유랑을 끝내고 국가 주거 시설에 정착하도록 만들었다. 고립되고 외톨이가 된 파푸사는 서부의 고르주프비엘코폴스키 Gorzów Wielkopolski에 정착했다.

집시들의 거처, 프루슈코프, 폴란드, 1957년

어린 시절을 보낸 숲에서 멀리 떨어지게 된 파푸사는 그 환경을 자신의 시에 재창조하려고 노력했다. 그곳에서 숲은 늘 함께 있는 친구이자, 선생이자, 안식처이자, 따뜻한 집이었다. 그것은 살아 있는 존재였다. 그것은 현자처럼 모든 질문에 메아리로 대답했다. 밤에 걸어다니는 곰들은 은빛 달과 같아 보였고 머리 위에는 암탉과 병아리들의 별자리(우리가 플레이아데스Pleiades라고 부르는)가 미래로 가는 길을 보여주었다. 전쟁 중에도 숲은 파푸사를 도와주었다. 파푸사는 서사시 〈피눈물〉에서 거대한 가족이 어떻게 광활한 숲에 사는지, 숲이 어떻게 그들에게 먹을 것을 주는지, 숲속의 시냇물이 먼 곳에서 일어나는 고통의 소리를 어떻게 전하는지 묘사했다.[35]

8장

민족주의

소콜 집단 체조 시범, 체코슬로바키아, 1921년

동유럽 민족들의 복잡한 분쟁을 무시하고 싶은 사람도 있을 수 있겠지만, 슬프게도 그것은 불가능하다. 궁극적으로 세계의 운명은 그들의 옹졸한 혐오와 역겨운 야망에 달려 있기 때문에, 무시하기에는 너무 중요하고 너무 파괴적이다. 동유럽은 화약고이고, 암살범의 둥지이고, 살인적인 적대감이 얽히고설킨 실타래다.

지난 두 세기 중 어느 시점에라도 서유럽 사람들에게 동유럽 이웃에 대한 여론 조사를 한다면 당신은 위와 같은 답을 얻을 것이다. 당연히 편견에 가득 찬 시각이지만, 진실의 일면에 기초한 것이기도 하다.

19세기에 폴란드인들은 러시아에 대항하는 반란을 멈출 수 없었다. 그들은 오스트리아와 프로이센에도 골칫거리를 안겨주었다. 민족주의는 기독교인 신민들뿐만 아니라 오스만제국 가신들로 하여금 반란을 일으키게 만들었다. 세르비아인이 처음으로 1804년 예니체리 지배자들에 대항하여 반란을 일으켰고, 예니체리는 제국을 대상으로 반란을 일으켰다. 세르비아인들은 술탄을 위한 것이라며 첫 반란을 일으켰지만, 술탄은 이를 좋게만 볼 수는 없었다. 이 첫 봉기는 진압되었으나 세르비아인들은 투쟁을 계속했고, 드디어 1830년 자치권을 얻게 되었다. 이와 거의 같은 시기에 그리스는 서방의 도움을 받아 독립을 얻었고, 몰다비아공국과 왈라키아공국은 러시아의 보호 아래 어느 정도 주권을 얻었다. 이 민족들의 사례는 전파력이 있었다. 1875-1876년 보스니아인과 불가리아인이 같이 오스만제국에 반란을 일으켜서 불가리아는 사실상 독립 국가가 되었고, 보스니아는 사실상 합스부르크제국의 일부가 되었지만, 국제 관계에서 지속적으로 문제 지역이 되었다.

19세기 말이 되자 유럽의 오스만제국은 입에 가득 찬 썩은 이처럼 흔들렸다. 1848년 합스부르크 지역에서 헝가리인들이 독립을 얻기 위한 큰 움직임을 보였다. 그들의 혁명은 진압되었지만, 19년 후 오스트리아가 프로이센과의 전쟁에서 패배한 결과로 자치를 획득하게 되었다. 절대주의적 오스트리아제국은 이제 이중 군주정이 되어서, 공동의 오스트리아-헝가리제국 안에 헝가리왕국이 포함되었다. 두 국가는 군주(프란츠 요제프)는 공유했지만, 각각의 의회와 수상을 가졌다. 두 국가가 공유한 행정은 외교와 국방뿐이었다.

이러한 조정은 전무후무한 것이었고, 겉으로 보기에도 실제적이지 않았다. 한 역사가는 이것을 '노른자가 두 개 있는 달걀'이라고 불렀다.[1] 일부 학자들은 이것을 합스부르크가의 가장 치명적 실책이라고 간주했다. 그 이유는 실질적으로 두 집단 — 오스트리아의 독일인들, 헝가리의 헝가리인들 ― 이 제국 내 모든 다른 민족들에 대한 통제권을 확보했기 때문이다. 헝가리인들이 다수의 소수민족인 크로아티아인, 루마니아인, 슬로바키아인, 루테니아인, 세르비아인을 통치하게 되었다. 이 모든 민족들은 새로운 주인에 반기를 들었다.

군주 제국의 절반인 오스트리아에서도 상황은 이와 유사하게 복잡했다. 체코인들은 보스니아 통제권을 놓고 독일인들과 충돌했다. 갈리시아의 폴란드인들은 자신들의 자치권을 보존하려고 노력했고, 그러기 위해서는 이 지역의 우크라이나인들을 압제해야만 했다. 카르니올라Carniola의 슬로베니아인, 달마티아Dalmatia의 크로아티아인 모두 자치를 요구했지만, 오스트리아인들은 자신들이 통치하는 민족들의 자치를 확대하는 데 거의 관심을 보이지 않았다. 헝가리인들도 마찬가지였다. 한 헝가리 수상은 오스트리아 수상에게 "당신들은 당신들의 슬라브인들을 잘 통제하라. 우리는 우리의 슬라브인들을 통제할 것이다"라고 말했다.[2]

합스부르크 군주정 내의 모든 것에 이중적 성격을 유지하기 위해 1878년 제국에 합병된 보스니아는 오스트리아인과 헝가리인 공동위원회에 의해 통치되었다. 그러나 그들은 이 작은 지방이 자신들의 제국 전체를 파괴하는 폭탄이 될지 알 수 없었다. 1914년 프란츠 페르디난트에게 방아쇠를 당긴 것은 보스니아계 세르비아인이었다. 황태자의 암살은 제국 내의 남슬라브인들을 해방시키는 혁명을 일으켜서 이들은 유고슬라비아라는 새로운 국가로 통일될 것이라고 기대했다.

이러한 분쟁은 한 가지 인식에 대한 차이에 의해 추동되었다. 민족들은 스스로를 통치해야 한다는 것이었다. 그러나 민족은 무엇인가? 그리고 무슨 특질이 그들을 민족으로 만드는가? 여기에 대한 가장 일반적인 대답은 언어였다. 특정 언어를 사용하는 사람은 그 특정 민족에 소속된다고 보았다. 언어와 민족을 이렇게 하나로 보는 것은 다소 특이한 사상이었고, 아주 동유럽적인 사상이었다. 이것을 가장 먼저 주장한 것은 사제들과 다언어 사용 지식인들이었다. 이것을 법으로 만든 것은 시인들이었다. 먼지가 쌓인 오래된 잡지와 사람들의 땀이 밴 구전 시에서 국가의 탄생과 제국의 붕괴가 시작되었다.

———

몰도바 사람들은 국가인 〈우리의 언어〉를 부를 때 특정한 역사적 위업이나 전설적인 지도자나 전투를 언급하지 않는다. 그 대신에 그들은 자신들의 언어를 찬양한다. "우리의 언어는 보물이다"라고 이 노래는 시작한다. "타는 불꽃이고, 빵의 언어이고, 땅에 흩어진 소중한 보석으로 만든 목걸이다."

세계 다른 어느 곳에서보다 동유럽 민족주의자들은 자신들의 언어를 숭앙했다. 그들에게 이것은 민족의 영혼 자체였다. 그러나 역설적으로 이 분열되고, 점점 더 다양해지는 다언어 장소에서 구어와 정체성의 관계는 명쾌했던 적이 별로 없었다. 실상을 보면 이것은 어지러울 정도로 복잡했다. 하나의 예를 들자면 〈우리의 언어〉란 시를 썼던 시인은 자신이 보기에 방언에 불과한 몰도바어를 생각한 것이 아니고, 루마니아어를 염두에 둔 것이었다.

동유럽 민족주의자들은 언어를 축복하는 데 그치지 않았다. 그들은 언어를 보존하고, 재생하고, 생명을 불어넣었다. 다시 몰도바의 국가 가사를 보면 "이제 우리의 언어를 부활시키자. / 오랫동안 녹이 슬었던 / 먼지를 닦아내고, 모인 것들을 다듬자. / 우리 땅에서 잊힐 때"라고 이어진다.

그들은 자신들의 희망을 매달아놓은 언어들이 많이 쓰이거나 확립되어 있지 않았기 때문에 의식적으로 이러한 노력을 기울여야 했다. 19세기 초에 체코어는 농촌 사무원의 언어였고, 크로아티아어는 농민이나 소상인들의 언어였다. 슬로바키아어는 헝가리어의 영향에 파묻혔고, 우크라이나어는 러시아어의 영향을 크게 받았다. 에스토니아어, 라트비아어, 리투아니아어, 벨라루스어 또는 슬로베니아어를 듣기 위해서는 시골 깊숙이 들어가야 했다.

낭만주의 시대의 정치 사업가들에게 정식 교육에 사용되지 않는 이러한 언어들은 마른 초와 같아서 숨결을 불어넣기만 하면 불꽃이 될 수 있었다. 민족들의 운명은 그들이 사용하는 언어와 뗄 수 없었기 때문에, 동유럽에서 독립을 위한 노력은 정치인이나 혁명가가 아니라 학자, 언어학자, 시인이 시작했다. 체코인들은 이 전선에서 선구자였다.

17세기 루돌프 황제 시대 보헤미아왕국에서 체코어와 독일어는 거의 비슷한 기반을 가지고 있었다. 두 언어 모두 정부에서 널리 사용되었다. 그러나 1620년 백산 전투Battle of White Mountain에서 보헤미아인들의 반란이 진압된 후 체코어는 오랜 쇠퇴의 시기에 들어섰다. 반란을 일으킨 지역을 제압한 합스부르크 통치자들은 이 언어를 행정, 언론, 문학, 학교에서 배제시켰다.[3]

18세기 독일어는 사실상 생활의 모든 부문에서 체코어를 밀어냈다. 여러 세대에 걸쳐 보헤미아인들은 라틴어와 독일어가 혼합된 교육을 받았다. 그러나 독일어는 실용적인 이점이 있었기 때문에 이런 상황은 크게 신경 쓰이지 않았다. 교육을 받은 보헤미아인들은 최소한 두 언어를 모두 사용했다. 독일어를 몰라서 좋은 직업을 갖지 못하는 사람은 거의 없었다. 그러나 독일어가 정신적으로 우월하다는 주장이 나타나면서 체코어의 지위에 대한 우려가 생겨났다.

프랑스 계몽사상의 '철학'의 주도권을 따라간 18세기 초 독일 지식인들은 문화와 사상의 전달자로서 독일어의 동등성뿐만 아니라 우월성을 주장하기 시작했다. 이러한 운동에 내재된 위협은 보헤미아에서 가장 강하게 느껴졌다. 체코인들이 이미 독일인 이웃 주민들과 너무 동화되었기 때문이다. 그들은 같은(대부분 독일) 대학에 다니고, 같은 책을 읽었다. 그런데 역설적으로 이런 곳에서 언어와 정체성의 관계에 대한 새로운 생각이 싹트기 시작했다.

민족주의는 프로이트가 사소한 차이에 대한 자아도취narcissism라고 부른 것을 바탕으로 꽃을 피웠다. '체코 문화'라는 개념 자체가 모순처럼 보였다. 체코어는 급사 소년이나 하녀 소녀가 사용하는 언어로 인식되었다. 시골 사제는 평신도들과 대화하기 위해 이 언어를 사용했다. 귀족들은 의회 회의 중에 빈에서 방문한 대귀족에 대한 경멸을 표시하기 위해 '토박이어'인 체코어 몇 마디를 사용했지만, 집에서 부인과 대화할 때는 체코어를 결코 사용하지 않았다. 이와 유사하게 체코 문학도 아주 제한되었다. 희극과 저속한 소극笑劇에서 체코어를 사용하는 것은 가능했지만, 체코어로 소설을 쓰는 것은 상상하기 힘들었다. 상류계급과 연관이 있는 모든 것에 체코어 사용은 금지되었다. 한 19세기 서적 평론가는 체코인들 생활의 '모든 면'은 독일어로 진행되기 때문에, 체코어를 말하는 것처럼 문학작품을 쓴다는 것은 잘못된 일이라고 지적했다.[4]

일반적 경멸에 부닥친 체코 재건주의자들은 자신들의 언어를 부활시키는 데 노력을 집중했다. 그들은 사전과 문법책을 만들었다. 그들은 중세 시대에 쓰인 오래된 단어들을 되살리고, 수많은 새 단어를 만들어냈다. 그들은 물리, 화학, 수학, 미학, 철학 작품을 체코어로 번역했다. 이 과정에서 그들은 새롭게 과학·기술 용어를 만들어냈다. 완전히 새로운 어휘들로 가득 찬 이 번역본을 아무도 읽을 수 없다는 것은 중요하지 않았다. 대수나 칸트에 대한 책을 읽고 싶어하는 보헤미아 주민은 독일어로 쓰인 책을 읽으면 되었다. 재건주의자들의 번역물은 대중 소비용이 아니었다. 그것은 의사 표현이었다. 그들은 아직 존재하지는 않았지만, 문화적인 독서 대중의 도래와 독자적인 체코 지식 영역의 도래를 선언한 것이었다. 때가 되면 교육받은 체코인들이 나타날 것이고, 그렇게 되면 이러한 책들이 그들을 기다리고 있을 터였다.

그러는 사이 1810년대와 1820년대 '민족적 자각'의 여명기에 기존의 체코 애국주의자들의 작은 세포들은 자신들을 더 넓은 대중이 이해할 수 있도록 큰 노력을 기울였다. 한 체코 소설가는 체코 애국주의자들에 대해 "빈한한 고래의 모국어를 되살리려고 살아 있는 사람이 이해할 수 없는 방식으로 말하거나 쓰는 사람들"이라고 평했다.[5]

이러한 무시는 초기 민족주의자들에게 큰 문제가 아니었다. 이들은 정치 조직이라기보다는 신흥 종교 집단 혹은 기이한 십자군 같았다. 체코 재건주의자들은 집중적인 개종의 시기를 거쳤다. 많은 종교 분파들과 마찬가지로 체코 민족을 '깨우는 자들'은 우선 먼저 자신의 체코성Czechness을 깨워야 했다. 위대한 체코 역사가인 프란티셰크 팔라츠키는 이러한 현실을 한 슬로바키아 여관에서 발견했다. 여관 주인이 그에게 체코어 신문을 읽어달라고 했을 때 모라비아 출신인 팔라츠키는 이 언어를 알지 못했고, 그 순간 그가 느낀 수치심은 이후 그의 인생 전체를 결정지었다. 다른 사람들은 좀 더 점진적으로 개인적 접촉이나, 위대한 중세 체코 시가집 — 슬프게도 후에 위작으로 밝혀진 — 을 읽으면서 이러한 인식을 갖게 되었다.

그러나 한 사람의 개종이 시작되었다고 해도, 최종 결말은 일종의 의식을 통해 기념되어야 했다. 전형적으로 자각한 체코인들은 자신들이 이름을 좀 더 슬라브적으로 바꾸는 것으로 자신들의 새로운 지위를 선언했다. 바르바라Barbars는 보제나Božena가 되었고, 베네딕트Benedikt는 블라호슬라브Blahoslav가 되었다. 이렇게 슬라브주의로 새롭게 세례를 받은 그들은 민족을 위해 투쟁할 준비가 되었다. 그들의 무기는 칼럼과 시였다.

동유럽의 재건주의자들에게 형식은 내용만큼이나 중요했다. 이 지역 곳곳에서 잉태하는 모든 민족은 하나같이 압제자들과 자신들을 구분하는 새로운 표기법과 철자법을 만들어냈다. 그러나 새로운 '민족적' 철자에 대해서 모든 사람의 동의를 얻는 것은 결코 쉽지 않았다.

1825년 학식 있는 사제 프란츠 메텔코는 슬로베니아어를 위한 음성 문자를 만들었다. 이것은 라틴 문자와 키릴 문자를 섞고 체로키어 문양을 곁들인 듯 보였다. 철자로서 이것의 가장 큰 장점은 온전히 음성적이라는 점이었다. 그러나 가장 큰 단점은 대부분의 슬로베니아인 작가들이 고지 카르니올라Upper Carniolan 방언을 쓰는 상황에서 이 철자법은 저지 카르니올라Lower Carniolan 방언을 표기하는 데 적절했다는 점이었다(슬로베니아어는 48개 방언이 있고, 이 방언들은 7개의 주요 방언군으로 분류할 수 있다). 이 작가들은 메텔코를 상대로 싸움을 벌였고, 이것은 '슬로베니아 문자 전쟁'이라고 알려진 문학 전쟁을 촉발했다.

문자 전쟁은 19세기 유럽 민족주의 활동가들 사이에 빈번히 일어난 현상이었다. 1834년 일어난 '루테니아 문자 전쟁'은 키릴 문자 사용론자들과 라틴 문자 사용론자들이 벌인 것이었다. 라틴 문자, 즉 폴란드 정자법으로 전환하기를 주장하는 지식인들은 이러한 변화가 유럽의 학문 전체를 젊은 루테니아인의 손가락 끝에 놓을 수 있다고 주장했다. 이에 반대하는 사람들은 우크라이나어를 말하는 조상들이 사용한 키릴 문자를 포기하는 것은 전통에 대한 반역이나 마찬가지라고 주장했다.[6] 결국 전통이 승리를 차지했다.

언어 재건주의자들에게 어떤 문자를 쓸 것인가 하는 문제는 노예제와 자유 사이의 차이를 의미했다. 철자법 자체도 이에 못지않게 중요했다. 모든 발음구분기호diacritic(이를테면 ć, ĉ, ċ, č 같은)는 잠재적으로 민족의 미래를 결정할 수 있었다. 작은 표기 하나에도 엄청난 감정이 촉발되었다. 슬로베니아 문자 전쟁에서 메텔코의 핵심 지지자였던 예르네이 코피타르는 그의 문자에 발음구분기호가 없기 때문에 그의 편을 들었다. 코피타르는 발음구분기호의 모양이 흉측하고, 너무 체코어처럼 보인다고 주장했다. 코피타르가 보기에 특히 뒤집혀 아래에 붙는 발음구분기호(이를테면 ş, ņ)는 페이지를 추잡하게 만드는 '새의 배설물' 같았다.[7] 그는 이런 부호들을 혐오했다.

리투아니아인들은 코피타르가 극렬히 반대한 체코 문자―č, š, ž―를 해방의 상징으로 보았다. 1877년 리투아니아 사제 카지미에라스 야우니우스는 폴란드어의 라틴 문자와 러시아의 키릴 문자를 대체하는 리투아니아 문자를 만들겠다고 선언했다. 그는 sz와 ż를 다시는 사용하지 않는다는 맹세로 이를 시작했다. 그는 "이 두 문자는 폴란드 문자이고, 우리 정자법에서는 폴란드어의 흔적이 조금이라도 있으면 안 된다"라고 썼다.[8] w와 ż를 기능적으로 같은 v와 ż로 교체한 것은 글로 쓰인 리투아니아어의 가독성을 눈에 띄게 높여주지 못했다. 그러나 이것은 수세기 동안 지속되어온 폴란드인들에 의한 문화적 지배에 타격을 입혔다.[9]

19세기 언어 개혁가들 가운데 리투아니아인들은 분리주의자가 되어 자신의 언어와 정자법이 이웃 국가들의 정자법과 구분되게 하려고 애썼다. 이 스펙트럼의 반대편 끝에는 합류파들이 있어서 방언들을 수집하여 단일 언어의 우산 아래 통일시키려고 했다. 남슬라브에서는 전체를 위한 하나의 언어를 고안하려는 일리리아주의자Illyrianist들이 있었다.* 언어가 아닌 그들의 구상은 나중에 유고슬라비아주의라는 정치적 표현으로 나타났고, 궁극적으로 유고슬라비아라는 국가 자체로 나타났다.

어떤 때는 하나의 언어가 이 두 진영을 오갔다. 슬로바키아인들을 위한 표준 언어를 만드는 과정에서 시인이자 언어 개혁가인 루도비트 슈투르는 과감하게 체코어로부터 물려받은 철자 y를 없앴다. 이것은 슬로바키아어를 체코어와 좀 더 구분되게 만들어서 분리주의자들의 승리가 되었다. 한 세대 후 슬로바키아 지식인들의 물결은 체코-슬로바키아주의로 기울어서, 체코어와 슬로바키아어가 가능한 한 비슷해져야 한다고 주장했다. 그들은 슬로바키아어에 y를 다시 도입해서 이번에는 합류파가 승리했다.

에스토니아에서도 y가 치열한 논쟁의 대상이 되었다. 에스토니아가 1918년 러시아로부터 독립을 선언한 후, 많은 사람들은 새 나라가 세계에서 차지하는 새로운 위치를 반영하는 새로운 표기 체제가 필요하다고 생각했다. 1920년 언어학자 요하네스 아비크는 〈Ü인가 Y인가? Y!〉라는 소책자에서 이러한 사고에 대한 자신의 지지를 표명했다.[10] 그의 제안은 단순했다. ü를 y로 바꾸자는 것이었다. 그는 이러한 조치를 취해야 할 여덟 가지 이유를 제시했다. 그중 두 가지는 이것이 에스토니아어를 자매 언어인 핀어에 더 가까워지게 만들고, 여전히 에스토니아어가 영향력에서 벗

---

* 일리리아는 발칸반도 서부에 해당하는 고대 지역으로, 이곳에 정착한 사람들이 단일한 일리리아어를 썼다.

어나려고 애쓰는 독일어에서 멀어지게 한다는 것이었다. 일부 사람들은 아비크가 제안한 변화를 좋아했지만, 민족주의자-예술가 집단 밖에서는 관심이 거의 없었다. 1918년부터 1939년 사이 에스토니아의 정치적 독립과 문화적 독립이 보장되었기 때문에 이것은 그렇게 중요한 문제로 부각되지 않았다.

2차 세계대전 후 에스토니아가 소련에 병합되자 정자법과 정치 문제가 다시 한 번 크게 부각되었다. 소련 당국은 에스토니아어 철자법을 엄격히 규제했다. 아비크가 제안한 y 철자의 사용은 철저히 금지되었다. 이 철자의 사용은 지하 문화 운동에서 유행하여 지하출판samizdat 잡지와 반체제 시인들 원고에 널리 사용되었다. 애초 에스토니아어를 유럽에 가깝게 하려고 도입된 y는 이제 러시아적인 것을 거부하는 의미를 가지게 되었고, 에스토니아성을 더욱 강조하는 기호가 되었다.

다른 대부분의 동유럽 국가에서와 마찬가지로 에스토니아에서 언어와 철자는 종교 및 정체성과 떼려야 뗄 수 없게 연계되었다. 러시아인이 아니라 에스토니아인이나 리투아니아인이 된다는 것은 동방정교회 교인이 아니라 루터교 교인이나 가톨릭이 되는 것을 의미했고, 또한 키릴 문자 대신에 라틴 문자를 사용하는 것을 의미했다. 문자는 신앙을 대변했고, 이로 인해 문자 선택은 둘 이상의 종교를 신봉하는 국민들에게 더욱 어렵고 복잡한 일이었다. 알바니아만큼 이런 점이 분명히 드러난 곳은 없다. 그곳 주민들은 가톨릭, 동방정교회, 이슬람 신앙으로 갈라져 있었다. 20세기 전에 알바니아어는 거의 표준어로 쓰이지 않았다. 실제로 그때까지의 문서들은 거의 다 아랍어 문자, 라틴 문자, 그리스어 문자, 키릴 문자 중 하나로 쓰여 있었다.

세 종교가 가장 완벽하게 중첩된 중부 알바니아에서 이 철자 중 하나를 표준 표기로 정하는 것은 가망 없는 일로 보였다. 18세기에 필요를 감지한 지역 현인들은 자신들의 문자를 고안하기 시작했다. 몬테네그로를 빼면 글을 읽을 줄 아는 사람 수가 가장 적었던 알바니아는 그럼에도 철자 발명의 실험실이 되었다. 엘바산에서만 최소한 두 종류의 문자가 나왔다. 하나는 정교회 사제가 고안했고, 다른 하나는 학식 있는 은 세공인이 발명했다.[11] 두 사람 모두 블라흐인의 상업적 수도이자 사라진 발칸 학문의 중심지인 모스초폴리스에서 공부했다. 두 사람은 각자 독자적으로 철자법을 고안한 것으로 보이고, 이것을 주로 지역 교회 업무에서 사용했다.

최소한 열 가지 알바니아어 문자가 있었고, 일부는 개인적 취미로 만들어진 듯하다. 이 문자 중 단 하나만 진정으로 민족적 목표를 가지고 만들어졌다. 이것은 나움 베킬하룩시가 만들었다. 변호사이자 학자인 그의 가족은 코르처 인근 비트쿠흐Vithquq에서 왔다. 그는 나중에 알바니아인 망명 공동체의 중심인 루마니아에 정착하여 변호사로 일했다. 그는 여가 시간에 알바니아의 모든 신앙을 통합할 수 있는 문자를 만들고 이것을 전파하는 데 힘썼다.

베킬하룩시가 만든 문자는 완전히 독창적이었다. 무슬림들이나 기독교인들이 편견을 갖지 않도록 라틴 문자나 키릴 문자를 전혀 바탕으로 삼지 않았다. 그는 자신의 문자가 진정으로 민족적 문자가 되어 알바니아인들이 자신들의 언어를 발달시키고, 이것을 외국어가 대체하지 않기를 바랐다. 이 목표를 위해 그는 어린이들을 위한 철자법 책과 기초 교과서를 만들어서 남부 알바니아에 배포했다. 소수의 학생들이 이 새 문자를 익혀서 노년이 될 때까지 기억했지만, 베킬하룩시는 자신의 사업이 부분적으로라도 성공을 거두는 것을 보지 못하고 죽었다. 1945년 그의 철자법 개정판 책이 나왔지만, 이듬해에 그는 사망했다. 이스탄불에서 정교회 콘스탄티노플 총대주교가 보낸 암살범에 의해 독살되었다는 소문이 돌기도 했다. 민족주의는 제국에만 위협이 되는 것이 아니었다. 오스만제국 내 기독교인들이 벌이는 모든 민족주의 운동은 교인들에 대한 교회의 장악력을 약화시킬 잠재력을 가지고 있었다. 이러한 강력한 집단 정체성의 새로운 근원으로 인해 종교도 그 장악력이 느슨해지는 것을 느끼지 않을 수 없었다.

민족주의가 민족을 만들었다. 어딘가에 소속된다는 이 이념이 사람들을 끌어들였다. 이것은 특히 힘이 없고 방랑하고 있다고 느끼고, 좀 더 큰 '세계적' 규모에 의존할 방법을 찾고 있던 사람들에게 큰 호소력이 있었다. 한 역사가의 말을 빌리면, 이것은 "작은 공동체를 대표하는 작은 사람들이 전체성에 참여할 수 있는" 수단이었다.[12]

인정을 찾는 이러한 과정에서 문화는 최소한 정치만큼 중요한 주제였다. 언어와 마찬가지로 이것도 전투 무대가 되었다.

18세기에 계몽 철학자들은 문화를 이성에 대한 보편적 추구로 보았지만(이것은 자연적으로 프랑스에서 진행되었다), 19세기가 되자 문화는 주민들이 가장 큰 정신적 자산을 놓고 벌이는 국제적 경쟁처럼 보였다. 독일인들은 독일이 바로 그것이라고 보았다. 다른 누가 괴테, 칸트, 베토벤을 자랑할 수 있겠는가? 동방의 이웃 민족 중 누가 이렇게 오래되고 우아한 언어를 내세울 수 있겠는가? 슬라브인들의 오래된 노래는 어디에 있는가?

19세기 초 동유럽 민족주의자들은 이 도전에 대응할 방법을 찾는 데 목말라 있었다. 그들은 자신들의 것이라고 주장할 수 있는 것이 필요했고, 자랑할 만한 영웅적 역사가 필요했다. 이상적으로는 먼 과거의 서사 작품이 이 두 가지 갈망을 만족시킬 수 있었다. 발견될 수 없는 것이라면 만들어내야만 했다.

민족주의 시대는 위조의 황금시대였다. 다시 한 번 체코인들이 이 길의 선구자가 되었다. 1817년부터 시작해서 연이은 기적과 같은 발견이 발아하는 체코 지식 무대를 뒤흔들었다. 먼저 엘베강 유역의 드부르크랄로베Dvůr Králové라는 작은 마을의 교회 지하실에서 중세 문헌이 발견되었다. 13세기로 거슬러 올라가는 이 문헌은 많은 영웅 서사시와 민요를 담고 있었고, 이 중 일부는 샤를마뉴에게 대적하는 슬라브인들이 이끈 봉기를 노래하고 있었다. 정말 놀라운 것은 이것이 체코어로 쓰였다는 사실이었다. 독일인들은 자신들이 발견한 민족 서사시 〈니벨룽의 노래〉를 몇십 년이나 크게 자랑하고 있었다. 몇몇 문학 평론가는 이것을 이미 '독일의 일리아스'라고 불렀다. 이제 기적적으로 체코인들도 이에 못지않게 중세 전투와 기사도 이야기로 가득 차고 오래되고 시적인 자신들의 일리아스를 갖게 된 것이다.

두 번째 발견은 더 파장이 컸다. 1818년 또 다른 잠자던 문헌이 나타났다. 이것은 다른 사람도 아닌 뛰어난 젊은 학자이자 활동적인 '각성자'로 슬라브 고대와 관련된 것에 열정을 가진 바츨라프 한카의 손에 들려 있었다. 한카의 말에 의하면 이 문헌은 체코의 이상을 지지하는 보헤미아 귀족이 보낸 익명의 편지와 함께 도착했다. 이것을 보낸 사람은 자신이 젤레나호라Zelená Hora의 한 성을 방문했을 때 양피지에 녹색 잉크로 쓴 이 원본을 발견했다고 주장했다. 그는 체코를 미워하는 그 성의 주인인 독일인이 이 양피지 문헌을 소유하게 되면 이것을 파괴할 것을 우려했다고 썼다. 그래서 그는 이것을 한카의 좀 더 조심스러운 손에 맡기기로 했다.

'녹색산 필사본Green Mountain Manuscript'이라고 불린 이 신비한 텍스트의 중심 부분은 후에 〈리부셰의 판단〉이라는 이름이 붙은 시였다. 이것은

8세기나 9세기에 쓰인 것으로 보였다. 그 시기는 슬라브 고대 역사가 시작되던 시점이었다. 이 시는 기독교를 수용하기 전 체코인들이 섬기던 토속신앙 사제인 리부셰의 이야기를 담고 있다. 리부셰에 대한 서술은 이전 판본과는 크게 차이가 났다. 중세 연대기 작가들은 일반적으로 강력한 토속신앙 여왕에게 적대적이어서 리부셰를 그녀의 여동생과 함께 베개의 보금자리를 돌아다니며 남자 신민들에 대해 초자연적 힘을 발휘하는 타락한 마녀로 그렸다. 이와 대조적으로 〈리부셰의 판단〉에서 그녀는 체코 민족 귀족회의 앞 황금 보좌에 앉은 여성 통치자로 묘사되었다.

시가 시작되는 부분에 리부셰는 두 형제간의 유산 싸움을 조정하는 역할을 맡는다. 한 형제는 고대 체코 관습을 따라 공동으로 아버지의 재산을 관리하기를 원했고, 다른 형제는 독일 관습을 따라 유산을 나누기를 원했다.[13]

리부셰는 문명화된 민족이 하는 대로 성문법을 바탕으로 결정을 내렸다. 진리의 뜨거운 불길이 판단의 올바름을 증언한다. 모든 사람이 외국 관습을 따르는 것에 반대했다. 흥분한 한 공후는 이렇게 소리쳤다. "독일의 진리를 따르는 것은 잘못된 것이다. 우리는 우리 고유의 진리와 성스러운 법을 가지고 있다." 리부셰는 이 말에 동의했다. 체코 각성자들에게 천 년이 넘게 전해져 온 그녀의 메시지는 체코 국가가 행정을 하는 기반인 체코법을 준수하라는 것이었다.[14]

이렇게 당대에 딱 맞는 메시지는 보헤미아의 다소 겁먹은 민족주의자들의 필요에 맞게 재단된 것이었다. 그들은 합스부르크의 절대주의가 지정한 좁은 범위 안에서 제한된 자치를 얻는 것 이상의 일을 하려고 하지 않았다. 이러한 시의성이 즉각적인 의심을 불러일으켰다. 이것이 정말 중세 토속신앙 여사제가 실제로 한 말인가?

문헌이 발견된 순간부터 저명한 언어학자와 슬라브학 전문가들은 〈리부셰의 판단〉과 기타 필사본이 진본인지에 대해 의문을 제기했다. 그러나 필사본이 출간되었을 때 회의를 제기하기에는 너무 늦었다. 그것은 이미 애국적 숭배의 초점이 된 상태였다. 체코주의 교사들은 '중세' 시 사본을 자신들이 가장 아끼는 제자들에게 돌렸다. 학생들은 수업을 중단하고 이 시를 읽었고, 그들의 가슴은 자신도 체코인이라는 갑작스러운 발견으로 인해 '표현할 수 없는 환희'로 불탔다.[15] 수십 년 후 체코인들이 첫 체코어로 교육하는 대학을 설립했을 때 학생들은 이 필사본 노래들이 호머의 작품보다 더 아름답다고 배웠다.[16] 체코어로 공연하는 민족극장이 프라하에 설립되었을 때 그 첫 공연은 리부셰의 이야기에 작곡가 베드르지흐 스메타나가 곡을 붙인 오페라 작품이었다.

그러나 필사본의 진위를 둘러싼 논쟁은 지속되었다. 독일 학자들은 필사본이 위작이라고 주장했고, 체코인들은 애국적으로 그것이 진본이라고 주장했다. 그때가 되자 필사본에 대한 믿음은 민족적 신조가 되었다. 리부셰를 의심하는 것은 체코의 이상이라는 정당성을 의심하는 것과 동일시되었다. 그래서 1886년 체코 학자인 토마시 마사리크가 이 필사본이 위작이라는 것을 밝혀냈을 때 충격은 더욱 컸다. 그는 후에 체코슬로바키아의 초대 대통령이 되었다. 그러나 그의 뛰어난 분석도 논쟁에 종지부를 찍지는 못했다.

1950년대 초 스탈린주의가 절정에 이르렀을 때 필사본의 진위에 대한 논의는 연구자들에게 금기 사항이었다. 그러나 이것은 1968년 프라하의 봄이 시작되기 직전인 1960년대 후반 이념 논쟁의 해빙 시기에 다시 부각되었다. 필사본은 문서고에서 반출되어 집중적인 새로운 검증을 받았다. 비밀경찰 전문가들은 이 필사본이 원자료를 능숙하게 뜯어 맞추기는 했지만, 위작이라고 결론 내렸다. 위조에 대한 의심은 그것을 발견한 사람인 바츨라프 한카에게 돌아갔다. 그는 이러한 대단한 위작을 만들어 낼 수 있는 모든 학문적 도구를 갖춘 능력 있는 언어학자였다. 그러나 이 분석이 마무리되었을 때 위조 여부에 대한 논의는 다시 금지되었고, 조사 결과는 비밀로 지켜졌다.

동유럽의 모든 사람이 서사적 과거를 재구성하기 위해 위작에 의존한 것은 아니다. 일례로 세르비아인들은 과거 영웅들에 대한 민요가 오랜 세월 전승되어왔다. 다른 무엇보다도 오스만제국을 상대로 한 전투를 주제로 한 민요들이 많았다. 코소보 전투의 패배, 라자르 왕자의 희생, 술탄 무라드의 살해 등이 주된 주제가 되었고, 최종적으로 14세기 세르비아왕국의 영웅적 멸망이 큰 주제가 되었다. 유랑시인들은 이러한 이야기를 구슬리gusle라는 전통 악기 선율에 맞추어 사람들에게 전해주었다. 때로 그들은 자신들만의 새로운 버전을 만들어내기도 했다.

19세기 초 세르비아 언어학자이자 고고학자인 부크 카라지치가 이러한 민요를 대거 수집하여 해외에서 출판해서 국제적 찬사를 받았다. 그러나 카라지치는 이 민요집을 세르비아 국내에서는 출간할 수 없었다. 세르비아의 통치자인 밀로시 오브레노비치 공이 그것을 너무 선동적이라고 생각했기 때문이다. 당시 세르비아는 공식적으로는 여전히 오스만제국의 가신국이었고, 오브레노비치는 카라지치의 서사 민요집이 출간되면 세르비아인들을 자극해 새로운 반란을 일으킬 것이라고 우려했다.

카라지치는 세르비아 외부에서 《세르비아 민요집》을 출간하면서 음유시인의 전통을 살렸다. 음유시인들의 즉흥적인 서사 기교는 후에 미국 학자들이 연구하여 《일리아스》와 《오디세이아》 같은 고대 거작 분석에 사용했다. 19세기 서사 열병을 앓고 있던 다른 발트국가들의 주민들은 이에 견줄 만한 영웅 서사 민요집을 가지고 있지 못했다. 그러나 체코인들을 모방하여 완전히 날조한 이야기를 만들어내지는 않았다. 대신에 그들은 역사, 판타지, 신화에서 자신들의 민족적 서사시를 조작하여 일종의 시적 브리콜라주bricolage를 만들어냈다.

1835년 처음으로 출간된 핀란드의 《칼레발라Kalevala》의 영감을 받은 프레드리히 라인홀드 크로이츠발트는 에스토니아의 민족 서사시인 〈칼레비포에그Kalevipoeg〉를 만들어냈다. 이것은 에스토니아 지역 전설과 방랑 거인에 대한 핀란드 민담을 소재로 삼았다. 이와 마찬가지로 안드레이스 품푸르스는 다양한 지명의 기원을 설명하는 민담을 바탕으로 라트비아의 민족 서사시인 〈라츠플레시스Lačplesis〉(〈곰 사냥꾼〉)를 만들어냈다. 그는 중세 토속신앙을 숭배하는 라트비아인들과 기독교 십자군 사이의 전쟁 시기를 배경으로 해서 이야기를 만들었다.

두 작품 모두 고대의 이야기를 소재로 했지만 전형적인 당대의 정신을 반영한 작품이었다. 라트비아의 〈라츠플레시스〉는 자유민주주의에 대한 명백한 옹호가 들어 있었다. 이 서사시의 시작 부분에서 토박이 영웅은 맨손으로 곰을 죽이고, 사람을 잡아먹는 귀신부터 독일인에 이르기까지 공동체에 대한 다양한 위협을 순서대로 물리친다. 후에 영웅의 아버지는 차분하게 그의 모든 대단한 행동이 그가 부족의 지도자가 되도록 만들어주지 않는다고 설명한다. 라트비아인들은 이름이 거명되지 않은 다른 민족들처럼 자신들의 지도자를 선출하고, 선출된 지도자는 제한된 임기 동안만 통치한다. 이 이야기를 읽는 독자들은 이것이 라트비아를 통치하는 러시아제국에는 해당되지 않는다는 것을 바로 알아차린다.

에스토니아의 〈칼레비포에그〉도 이와 유사한 진보적 사상을 설교한다. 이 작품은 특히 비폭력에 대한 강력한 주장을 내세운다. 이것은 러시아 차르 정부에 대한 에스토니아 민족 투쟁의 핵심 원칙이었다. 그러나 이것은 야만인 시대의 혼란을 배경으로 의도적으로 쓰인 서사시에 표현하기에는 어울리지 않는 가치였다. 이 서사의 핵심 플롯은 발트해 연안을 돌아다니며 젊은 여인들을 잡아가고, 다른 거인들과 결투를 벌이는 피에 목마른 거인의 행각이다. 관용의 메시지와 인류의 비이성적인 충동을 피하는 정의로운 법의 필요를 전하는 것은 주인공이 가진 칼이다. 그러나 오해와 대장장이의 저주로 그 칼은 거인의 다리를 절단한다.

한 민족에 속한다는 것은 하나의 언어를 말하고 같은 꿈을 꾼다는 것을 의미한다. 위조든 아니든 서사시는 이 두 갈망을 충족시켰다. 일부 민족주의자들은 이것으로 충분하다고 생각했다. 1839년 발트 독일인 언론인은 자신의 에스토니아 독자들에게, 만일 그들이 민족을 원한다면 '서사시와 역사'를 만들어야 하고, 그러면 모든 것이 달성된다고 충고했다. 그러나 민족들이 영웅을 필요로 한다는 것도 진리였다.

19세기 동유럽에서 민족적 영웅이 정치인인 경우는 드물었다. 그들 대부분은 살아 있는(아니면 더 선호하기로는 최근에 죽은) 작가들이었고, 청중들은 그들을 언어의 수호자인 음유시인의 반열에 올려놓았다. 음유시인은 훌륭한 작품을 만들어내서 주민들의 언어를 지금까지 알려지지 않은 높은 위치로 고양시킨다. 그들은 자신들의 예술을 위해 큰 고난을 겪지만, 조국에 대한 헌신으로도 고난을 겪는다.

음유시인은 시인 이상의 존재다. 그들은 순교자이자 성인이고, 그들의 어깨에 한 종족의 모든 갈망이 놓여 있다. 그들은 또한 낭만주의 사상의 필수적 산물이다. 19세기 초 퍼시 뷔세 셸리는 시인은 '인류를 위한 법률가'라고 썼다. 동유럽 대부분의 지역은 이 이상을 문자 그대로 받아들였다.[17] 음유시인은 상징일뿐더러 행동가가 되는 것으로 기대되었고, 자신의 언어뿐만 아니라 행동으로 민족에게 목소리를 주어야 했다. 그들의 생은 최소한 그들의 언어만큼 중요했다.

이들의 사명이 그러했기 때문에 영국의 바이런 경은 낭만파 시인이자 행동가로서 그들의 핵심 영감이 되었다. 민족시인들 중에 폴란드의 아담 미츠키에비치만큼 이에 닮은 사람은 없다.* 줄이 잡힌 멋진 바지와 폭이 넓은 깃이 달린 셔츠에 여러 색의 스카프로 멋을 낸 이 시인은 산꼭대기에 앉아 깊은 생각에 잠긴 채 지평선을 바라보는 버릇이 있었다. 그는 마치 새로운 예언을 받아들이는 꼭대기에 선 것처럼 먼 곳을 바라보는 자세를 취하는 것을 좋아했다.[18]

몬테네그로의 페타르 페트로비치 니에고슈 2세는 미츠키에비치와 같은 바이런적 효과를 성취했지만, 그는 훨씬 더 자연스럽게 다가왔다. 공후이자 주교였던 그는 자기 나라의 세속적 지도자인 동시에 가장 지위가 높은 종교 지도자였다. 키가 크고, 호리호리하고, 왕족 같은 외모에, 우아한 턱수염과 콧수염을 한 니에고슈는 폐결핵으로 죽어가면서도 머리부터 발끝까지 낭만주의적 영웅처럼 보였다. 그는 외국 여행을 할 때마다 자신의 주교 외투를 벗고, 몬테네그로 전사의 셔츠와 바지를 입었다. 니에고슈는 몬테네그로와 오스만제국의 유혈의 역사를 서술하는 장편 서사시를 썼고, 우주의 작동에 대한 글도 썼다. 슬프게도 그는 자신의 나라에서 문자를 사용하는 많지 않은 사람 중 하나였다. 그때까지 몬테네그로의 문학

---

* 아담 미츠키에비치(1798-1855)는 폴란드 시인으로, 빌나대학 재학 중 학생결사 '필로마트'를 조직했다가 발각되어 러시아 모스크바, 오데사 등으로 유형을 갔다. 폴란드 낭만주의의 선구자로 첫 시집 《발라드와 로망스》와 서사시 〈그라지나〉, 〈판타데우슈〉 등을 남겼다. 이탈리아 통일운동에도 참여했고, 크림 전쟁이 발발하자 폴란드 독립을 위해 의용군을 조직해 전투를 준비하던 중 콘스탄티노플에서 발진티푸스로 사망했다.

아담 미츠키에비치 그림이 들어간 성냥갑, 바르샤바, 1899년

은 자신이 통치하는 시기에 일어난 사건들을 기록한 이전의 공후 겸 주교들이 쓴 것이었다. 그럼에도 니에고슈의 작품은 구전 문학이 되어 대중적 인기가 너무 커서, 최근까지도 몬테네그로에서는 문맹인 사람도 니에고슈의 〈산의 화관〉을 암송했다.[19]

모든 음유시인이 이렇게 영웅적 모습을 한 것은 아니다. 체코와 슬로베니아의 민족 시를 책임진 시인인 카렐 마차와 프란체 프레셰렌은 좀 더 부르주아에 가까웠다. 작은 도시의 변호사였던 두 사람은 음주와 불륜에 열중했고, 제대로 열리지 않는 경력으로 고생했다. 통통하고 평범하게 생긴 두 사람의 긴 머리는 보헤미아주의를 받아들였다는 신호로 기른 것이었다.

이와 대조되게 루마니아의 미하이 에미네스쿠는 진정한 관행이탈자 nonconformist였다. 아무렇게나 옷을 입고, 뚱뚱하고, 장발을 하고, 커피를 벌컥벌컥 들이마시고, 연이어 담배를 피우는 그는 낭만주의 우상이라기보다는 구겨진 원고를 들고 다니는 특종기자 같아 보였다. 그는 자신의 외모를 극심한 고생으로 보상했다. 평생 사람들의 인정을 받지 못하고, 만성적 우울증에 시달린 수년간 정신병동에서 극심한 고통을 겪은 후에 죽을 때도 사람들의 주의를 끌지 못하고 조문도 받지 못했다. 시간이 지나면서 당대 루마니아인들의 무시는 그에 대한 전설의 일부가 되었다.

과식하고, 성욕이 넘치고, 부스스한 머리에 한껏 멋을 부리고, 무모한 민족 음유시인들은 위대한 사상을 전달하는 데는 하자가 있는 전달자였다. 그들의 행운뿐만 아니라 그들의 운명도 민족이라는 이름으로 고통을 받아야 했다. 고난은 매우 중요한 일이었다. 한 슬로베니아 비평가는 자신들의 민족시인인 프레셰렌에 대해 쓰면서, 슬로베니아의 문화적 영웅이 되기 위해서는 '어느 정도의 불행'을 겪어야 한다고 언급했다.[20] 과거의 순교자들과 마찬가지로 그들은 자신의 이상의 정당성을 증명하기 위해 피를 흘려야 했다.

불운은 민족적 성자가 되는데 전제조건이었다. 비극적 죽음도 당연히 따라야 했다. 이상적으로는 민족이 상실한 국가성을 얻기 위한 과정에서 죽음을 맞아야 했다. 헝가리의 샨도르 페퇴피는 1848-1849년 실패한 헝가리 혁명에서 러시아군과 전투를 하다가 죽었다. 그는 단순히 관찰자로 전투에 참가했지만, 적을 피해 도망가다가 죽임을 당했다. 그러나 이러한 상세한 상황은 거의 문제가 되지 않았다. 헝가리의 비극적 예언자라는 페퇴피의 전설은 그 순간부터 확고해졌다. 한 비평가의 말에 따르면 그는 "개인적으로 대중 혁명을 이끈 유일한 시인이었다".[21] 이러한 명성이 불완전하게 얻어진 것만은 아니었다. 페퇴피가 부다페스트국립박물관 계단에서 자신의 시를 낭송한 것은 실제로 봉기를 촉발시키는 데 도움을 주었다.

불가리아의 흐리스토 보테프는 짧은 생을 살기도 했지만, 최소한 시의 편수로 보았을 때 대단한 시인이라고 보기가 어려웠다. 그는 20편의 시만 남겼다. 그러나 그는 뛰어나게 비극적인 반란자였다. 그가 1876년 수십 명의 망명 동료와 함께 계획한 오스만제국에 대항하는 혁명은 아무 결과를 가져오지 못했다. 이것은 그의 죽음과 관련자 거의 모두의 체포와 처형으로 끝이 났다. 그러나 후에 가장 중요한 민족 순교자로 (그리고 묘하게도 열성적인 공산주의자로) 성화되었고 보테프는 산, 도시, 수많은 거리, 행성, 남극의 만의 이름으로 기념되었다.

우크라이나 민족시인인 타라스 셰브첸코는 전장에서 자신의 용기를 증명할 기회를 갖지는 못했다. 농노 집안에서 태어난 그는 어려서 미술에 재능을 보였고, 일부 화가들이 돈을 모아 그를 자유인으로 만들어주었다. 그는 풍자시에서 차르 니콜라이 1세의 부인을 모욕한 죄로 상트페테르부르크 감옥에 수감되었다가, 후에 비밀 결사를 조직한 죄로 체포되어 시베리아로 유형을 갔다. 셰브첸코는 자신의 시에서 표트르 대제와 예카테리나 황제에 대해 우크라이나의 자유를 앗아간 쌍둥이 같은 파괴자로 비판했다.[22] 19세기 민족주의의 국제적 취향에 맞추어 그는 체코의 이교도 얀 후스의 반란을 찬양하고, 러시아제국과 싸우는 무슬림 전사들의 용기를 높이 평가했다.

죽음이 민족 해방과는 아무 상관이 없는 시인들도 시성되었다. 체코인 시인 카렐 마차는 이웃들의 화재 진압을 돕다가 걸린 감기로 사망했다. 낭만주의적 전설은 이 죽음을 시적 탈진으로 재구성했다. 즉 그는 자신의 모든 힘을 작품에 쏟아넣고, 창작력이 절정일 때 탈진해 사망한 것이다. 이 이야기는 출간되지 않은 마차의 일기에서 그가 충동적인 여성 편력가이자 자위행위자였다는 것이 드러난 다음에도 계속 힘을 발휘했다. 마차의 전설은 거대했다. 이러한 전설이 만들어지는 과정은 민족주의가 문학 운동에서 대중 정치로 옮겨가는 방식을 보여준다.

마차는 1836년에 사망했다. 1859년 그를 기리는 행사가 프라하에서 열렸다. 당시 이것은 모든 대중 시위나 집회를 금지한 오스트리아 당국이 허가한 드문 집회 중 하나였다. 그날 저녁 행사 분위기가 무르익었을 때 참가자들은 마차에 대한 시를 낭독하기 위해 모였다. 대중 연설과 선언은 금지되었기 때문에 그들은 이것을 아주 조용히 진행해야 했다.[23] 허용되는 것 중 하나는 노래를 부르는 것이었다. 그래서 그날 저녁 행사는 체코 민족 노래들을 부르는 것으로 끝났다. 2년 후 〈리부셰의 판단〉을 발견한 바츨라프 한카의 장례식도 120명의 남성 합창단이 부르는 체코 노래가 주는 감동으로 막을 내렸다. 종소리와 고대 글라골Glagolitic 문자를 따서 지은 흘라홀Hlahol이라는 이름이 붙은 이 합창단은 곧바로 큰 성공을 거두었다. 이 합창단은 거대한 규모로 확대되었고, 체코 전역에 이를 모방한 '민족' 합창단들이 생겨났다.

이와 유사한 발전이 다른 동유럽 국가에서도 일어났다. 합창단은 세기말 사라예보에서도 번성했다. 에스토니아와 라트비아에서 합창단, 특히 노래 축제는 두 나라의 민족 문화 부흥에 핵심적 역할을 했다.[24] 그러나 체코에서 합창단의 번성은 생활의 모든 부분을 민족화하려는 좀 더 넓은 움직임의 하나에 지나지 않았다. 특히 더 크고 경제적으로 성공한 독일 소수민족과의 경쟁은 이러한 과정을 매우 가열차게 만들었다. 독일인이 지배하는 문화기구나 협회가 있으면 이에 상응하는 체코 조직이 생겨났다. 1960년대를 시작으로 체코인들은 자신들만의 예술협회, 극장, 학교를 갖게 되었다.

이러한 민족화 과정은 고급문화 영역을 넘어섰다. 1862년부터 시작해서 투른베레이네라는 독일 체육 클럽에 대항하기 위해 체코 애국주의자들은 소콜Sokols이라고 불리는 자신들만의 체육회를 만들었다. 체코인의 신체를 민족의 영광에 맞게 단련하는 것이 이 단체의 목표였다. 1882년부터 그들은 프라하에서 거대한 청년 야영대회를 열었고, 여기에는 근육이 발달한 수천 명의 체코 남자들이(나중에는 여자들도) 동작을 맞추어 운동해서 체코의 힘을 거대한 시각 효과로 과시했다.

이와 동시에 체코 소비자들은 독일 맥주의 지배력에 반기를 들었다. 보헤미아의 여러 도시에서 체코인들은 자신들의 양조장을 만들었고, 체코 고객들은 체코 맥주만을 구입했다. 이 경쟁의 열기는 프라하의 외양에도 큰 영향을 미쳤다. 프라하에 아르누보와 분리독립 시대풍의 건물이 많은 것은 체코 건축가들과 독일 건축가들이 서로 자신들의 건물에 사치스러운 장식과 창의성을 가미하느라 치열하게 경쟁했기 때문이다. 이에 따라 세기 전환기로 거슬러 올라가는 멋진 장식을 한 많은 건물들이 나타나게 되었다. 가장 멋진 건물 중 하나는 흘라흘합창단의 본부였다. 무지개색 불사조 모자이크 위에 이 합창단의 좌우명인 '노래에서 마음으로, 마음에서 조국으로'가 금색 글자로 새겨졌고, 이것은 음악에 취한 시기의 의기양양한 분위기를 잘 전달해준다.

그러나 불사조가 완성된 1905년이 되자 대부분의 체코인들은 자신들의 불만을 단지 노래로 표현하는 것에 더 이상 만족할 수 없었다. 19세기 마지막 시기에 오스트리아-헝가리제국의 민족주의 정치는 공동체 사이의 벽이 점점 더 높아지면서 점점 더 강경해졌다. 이와 동시에 제국 전체는 자유화되면서 언론의 자유에 대한 많은 제한을 철폐하고, 주민들의 투표권과 대중 운동을 위한 길을 열어놓았다. 체코인들은 더 이상 죽은 시인들에 대한 찬양을 침묵 속에서 읽을 필요가 없었다. 그들은 길거리에서 그들을 기념할 수 있게 되었다. 슬로베니아인과 폴란드인을 비롯해 제국의 모든 소수민족들도 마찬가지였다. 역설적으로 이러한 분위기는 많은 긴장을 더 심화시키는 결과를 가져왔다. 언어 정책과 교육 규제에 대한 과거의 사소한 이견도 이제 생존을 위한 전투로 느껴졌다.

1900년이 되자 오스트리아-헝가리제국의 의회 정치는 거의 전적으로 민족적 선례의 세부 사항을 중심에 두고 돌아갔다. 1897년 보헤미아의 관료들로 하여금 체코어를 배우게 만든 법령은 오스트리아 전역에서 폭동을 유발했고, 특히 대학생들은 이것을 독일어의 우위에 대한 모욕으로 간주하며 격노했다. 이 법이 철회되자 두 번째 폭동이 프라하에서부터 체코어를 사용하는 지역으로 퍼져나갔다. 이어 벌어진 운동에서 체코 민족주의자들은 군 징집병들이 점호 출석 때 독일어 '이에르hier' 대신에 체코어 '즈데zde'로 대답할 것을 촉구했다. 프란츠 요제프 황제에게 이것은 너무 위협적으로 느껴져서 그는 체코에 계엄령을 선포하겠다고 위협했다.[25] 1906년 헝가리 의회는 헝가리 장교 칼의 수실 색깔이라는 사소한 문제로 사실상 작동이 멈추었다. 그것은 제국의 색인 검은색과 노란색 수실을 달 것인가 아니면 헝가리의 붉은색과 녹색을 달 것인가 하는 문제였다.[26]

따로 떼어 생각하면 이런 모든 논란은 사소한 것처럼 보였지만, 이것이 축적된 효과는 정말로 거대했다. 거미줄처럼 퍼지는 균열은 한때 평온했던 오래된 군주정의 표면에 나타났다. 1차 세계대전 패배의 후유증 속에 이런 균열은 치명적이었지만, 그것을 피할 방법은 없었다. 서유럽 민족주의자들이 보기에는 동유럽 민족주의자들이 비정상적이고 비이성적인 열정을 가지고 언어 문제를 접근하는 듯했을지도 모르지만, 그것은 그들이 문화적 멸절의 위협에 시달리고 있기 때문이었다.

이러한 멸절에 대한 공포는 프랑스나 영국에 있는 사람들이 이해하기 힘든 것이었지만, 많은 동유럽 사람들에게는 실제적 가능성이었다. 19세기가 끝나갈 때 폴란드어와 우크라이나어로 진행하는 교육은 러시아제국 내에서는 거의 금지된 상태였다. 헝가리에서 슬로바키아어와 루마니아어는 꾸준히 헝가리어에게 기반을 빼앗기고 있었지만, 제국의 절반에서 독일의 경제적 힘과 영향력이 냉혹한 유혹의 손길을 뻗었다.

역사적 전례도 이에 못지않게 불길했다. 19세기 초반 체코와 슬로바키아 '각성자들'이 잘 이해했듯이 동부 독일 지역은 한때 슬라브인들의 중심 터전이었고, 완고하게 나무를 숭상하는 토속신앙 숭배자들이 거주하던 곳이었다. 그러나 오늘날 누가 한때 그 지역에 거주했던 폴라비아인, 오보트리트인 또는 와그리아인을 기억하는가?● 몇 세기에 걸친 튜턴인들의 확장으로 이들 원주민 대부분은 동화되었다. 그들이 뒤에 남긴 흔적이라고는 여기저기 남아 있는 지명과 일부 살아 있는 웬디어●● 사용자들이었지만, 그들은 18세기 말 극소수만 남았다.

발트어들 역시도 중세 이후 큰 손실을 겪었다. 쿠로니아어Curonian, 수도비아어Sudovian, 스칼비아어Skalvian, 세미갈리아어Semigallian 모두 발트해 연안에서 사라졌고, 이 언어 사용자들은 죽임을 당하고, 기독교화되고, 13세기와 14세기 튜턴기사단의 오랜 대량 살상으로 궁극적으로 독일어 사용자로 바뀌었다. 고古프로이센어(독일어가 아닌 발트어이고, '프로이센'이라는 이름 자체가 토속신앙 종족들이 십자군을 부르던 이름이었다)는 조금 더 오래 살아남았다. 마지막 고프로이센어 사용자들은 1710년경 발생한 임파선 전염병으로 사망했다. 그러나 이 언어는 대부분 종교적 문서인 작은 인쇄 문학을 남길 정도로 오래 살아남았다. 이와 대조적으로 세속적 고프

● 폴라비아인(Polabians)은 오늘날 독일 동부에 속하는 엘베강 유역에 흩어져 살던 레히트게 슬라브인들을 지칭하며 폴라비아 슬라브인 또는 엘베 슬라브인이라고 불렸고, 좀 더 넓게는 웬드인(Wends)이라고도 불렸다. 오보트리트인(Obotrites)은 오늘날 독일 북부의 메클렌부르크와 홀스타인 지역에서 서슬라브인 부족 연맹체를 이루고 산 주민들이다. 와그리아인(Wagrians)은 북구 독일 동부 홀스타인 또는 와그리아에 살던 폴라비아 슬라브인 부족이다.
●● 웬디어(Wendish)는 웬드인이라고도 불린 폴라비아 슬라브인들이 사용한 언어다.

로이센어 사본은 단일 각운 2행 연구couplet로만 남아 있다. 라틴어로 쓰인 철학 논문 여백에 손 글씨로 쓴 이 사본은 바젤대학에 보관되어 있다가 1974년 한 미국 대학원생에 의해 발견되었다. 이 2행 연구는 이렇게 쓰여 있다. "그대에게 축배를! 당신은 좋은 친구임이 분명하다 / 술 마시고 싶어하면서 그 값은 내지 않으려 한다면." 1369년 프라하에 있던 프로이센 대학생이 쓴 것으로 보이는 이 시는 구두쇠 같은 술친구들에 대한 불만을 표시한 글이다.[27]

민족 재건주의자들은 자신들의 언어도 고프로이센어처럼 언어 무덤에 묻히게 될 것을 우려했다. 그래서 그들이 해야 할 일은 시급했다. 그런데 일단 각성이 시작되긴 했지만, 어디서 끝날 것인가? 압제는 대개 규모의 문제였다. 만일 제국이 민족들의 감옥이라면, 민족국가는 더 작은 민족들의 감옥이었다. 이 작은 민족들 하나하나도 자신들의 위치를 광명으로 이끌 자신들만의 투사를 기다리고 있었다.

———

온드라 위소호르스키는 동유럽의 마지막 민족 각성자 중 한 사람이었다. 그의 노력은 돈키호테 같았다. 그는 오늘날 체코공화국, 폴란드, 슬로바키아 접경인 모라비아의 실레시아에서 1905년 에르빈 고이로 태어났다. 위소호르스키는 가명이었다. 고이는 이 이름을 17세기 실레시아 도적과 그의 근거지가 된 산의 이름에서 따왔다. 그의 출생지인 소도시 프리데크Frýdek는 그 지역의 순례지로 유명했다. 그곳 주민들은 독일어, 슬로바키아어, 폴란드어, 모라비아어, 체코어 등 여러 언어를 사용했다. 그들은 또한 이 모든 언어에서 어휘와 특징을 혼합한 자신들만의 언어도 사용했다. 위소호르스키는 문자로 쓰이지 않고 학교에서 가르치지도 않은 이 언어를 라키아어Lachian라고 불렀다. 그는 이 언어의 계관 시인이 되기로 작정했다.

프리데크가 이미 독립국 체코슬로바키아의 일부가 된 1930년대부터 위소호르스키는 라키아어의 표기 문자를 개발했다. 이것은 폴란드어와 체코어에서 주요 문자를 차용한 것이었다. 이러한 시도에 체코인들은 격노했고, 이것은 민족적 단합을 해치는 일이라고 그를 비난했다. 폴란드인들은 이 움직임을 거의 감지하지 못했다. 그럼에도 위소호르스키는 자신의 노력을 계속하며 이전에 아무도 읽지 않은 언어로 시와 산문을 써서 출간했다. 몇 명의 제자가 그의 부름에 응해서 문학회를 결성했지만, 2차 세계대전의 발발로 그들의 실험은 끝이 났다.

위소호르스키는 전쟁 기간 대부분을 소련에서 보냈다. 그곳에서도 그는 라키아어로 계속 글을 썼고, 망명 중인 체코슬로바키아 공산주의자들은 그에게 작업을 중지할 것을 요구했다. 자본주의자 체코인들과 마찬가지로 그들은 라키아어가 통일된 체코슬로바키아의 단합에 쐐기를 박을 것을 우려했다. 그들의 간섭에 실망한 위소호르스키는 1944년 스탈린에게 문제를 보고하는 편지를 썼다. 그러나 이런 시도는 역효과를 가져왔고, 그는 작품 출간이 더 어려워졌다. 이후 W. H. 아우덴이 그의 시를 옹호했고, 마리나 츠베타예바와 보리스 파스테르나크가 그의 시를 러시아어로 번역했다. 그러나 위소호르스키는 집에서 자신이 선택한 언어로 의사소통을 할 기회를 거의 갖지 못했다.

이 시기에 이러한 실망스런 상황은 그렇게 놀랄 일이 아니었다. 위소호르스키는 항상 시대에 한 발 뒤떨어졌다. 그는 언어의 부활이라는 유행이 한참 지난 후에 너무 늦게 각성 작업을 시작했다. 그의 고향 실레시아에서 라키아어로 그의 작품을 읽거나 이에 주의를 기울이는 사람은 많지 않았다. 위소호르스키는 폴란드와 체코슬로바키아에 많게는 200만 명의 라키아어 사용자가 있다고 주장했지만, 이 특수 언어는 오스트라비체강 계곡에 한정된 작은 지역에서만 구어와 일치했다.

위소호르스키가 죽기 직전인 1989년 몇몇 체코 비평가들은 그에게 입장을 완화하고 라키아어는 체코어의 한 방언에 불과하다는 것을 인정할 것을 간청했다. 그게 과하다면 조금만 양보하여 폴란드어 철자 w를 체코어 철자 v로 바꾸는 것만으로도 그는 더 많은 독자를 얻게 될 것이라고 설득했다. 그러나 위소호르스키는 고집을 꺾지 않았다. 압박을 받을 때면 그는 유년 시절과 당시 프리데크의 성모 마리아 교회 옆 작은 골목을 회상했다. 그는 여전히 그의 모든 이웃을 기억할 수 있었다. 레흐너 여사는 독일인이었고, 스타슈와 글라디슈는 폴란드인이었고, 스코트니차, 헤세크, 파르니크, 자바드키스는 모두 라흐인Lach이었다.[28] 생애 마지막 순간까지 위소호르스키는 그들에 대한 신념을 고수했다. 그는 군대나 정부를 신경 쓰지 않았다. 그의 민족주의는 한 소도시, 한 거리의 민족주의였다.

3부
──

20세기

9장

'아름다운 시절'의 종식

전동자전차에 탄 세 자매, 폴란드, 1910년

프리퍄트 습지Pripyat Marshes만큼 문명에서 멀리 떨어진 곳은 유럽에 없었다. 오늘날 벨라루스와 우크라이나 국경 지역인 폴레시아에 위치한 이 습지는 통과하기 불가능한 늪, 구불구불한 하천, 발이 푹푹 빠지는 진흙탕으로 된 땅이고, 다리나 도로는 눈에 들어오지 않는다. 이 지역에 대해 후진성과 접근 불가능이라는 속성이 만들어졌고, 이 두 가지 속성은 이곳이 슬라브족의 원래 고향이라는, 그럴싸하면서 지속적으로 회자된 전설을 만들어냈다. 한마디로 사람들이 최신 패션이나 유행을 보러 가는 곳은 아니었다. 그러나 1900년이 되자 현대성이란 선물이 이곳까지 도달했다.

야나나 푸트카메로바는 1900년에 열한 살이었다. 그녀는 러시아령 폴란드 빌뉴스의 폴란드 귀족 집안에서 자랐다. 그녀는 여름과 휴일을 폴레시아에 있는 할머니의 장원인 데레셰비체Dereszewicze에서 보냈다. 그곳은 프리퍄트강 절벽 위에 지어진 대저택이었다. 야나나는 회고록에서, 저택의 테라스에서 보이는 끝없이 이어지는 물이 넘친 들판은 청교도들이 오염시키기 전 미주 대륙을 연상시킨다고 썼다.[1]

하루에 한 번 증기선이 저택 아래를 지나갔다. 종종 이 증기선을 타고 손님들이 왔다. 명랑한 숙모 비바는 타조 깃털로 만든 목도리에 주름과 레이스 리본이 잔뜩 달린 비단 드레스를 입어서 마치 돛을 한껏 편 범선 같은 모습이었다. 또 분위기를 타는 숙모 이시아는 빈의 최고급 양장점에서 새로 구입한, 화려하지 않지만 세련된 드레스를 입었다. 이시아 숙모가 가장 좋아하는 가운은 장밋빛 물결 무늬 비단 소재에 무지갯빛 호박단이 둘러진 것이었다. 이 옷은 걸을 때면 부드러운 소리를 내서 집을 방문한 신사 손님들에게 그녀가 가까이 왔음을 알렸다.

데레셰비체의 하루 일과는 유쾌했지만 변화는 없었다. 리비에라나 스위스 알프스에서 시즌을 보내고 온 어른들은 거실에서 카드놀이를 하고 프랑스 잡지를 읽었고, 아이들은 크로켓 게임을 하거나 영국 교사와 미술 수업을 했다. 매일 저녁 가족 모두가 모여 정원을 산책했다. 그들은 함께 포플러 가로수 길이나 꽃이 심어진 산책로를 걸었다. 그들은 거닐며 버베나의 날카로운 향과 패랭이꽃의 달콤한 향, 카네이션의 사향 냄새를 맡았다.

매년 여름의 절정은 야나나의 할머니 생일을 축하하는 큰 소풍이 진행되는 8월 4일이었다. 가족 모두가 노를 젓는 배를 타고 강 하류로 내려가 풀밭에서 소풍을 했다. 선원 복장을 한 하인들이 과일, 케이크, 아이스크림을 펼쳐놓았다. 석양이 내리깔리면 일행은 다시 저택으로 올라와 아마추어 소극을 감상했다. 파랑, 분홍, 노랑 램프 화환이 관람석 위에 걸렸다. 화려한 불빛 아래서 이 집의 여인들은 셰익스피어, 미츠키에비치, 티티안의 작품에 나오는 장면을 재현했다. 한번은 성격이 예민한 이시아 숙모가 그녀의 요정 복장을 빛내는 시점에 불꽃이 터지지 않자 발작을 일으켰다.

이시아 숙모는 자매 중 가장 현대 여성이기도 했다. 그녀는 예술의 최신 경향을 꿰뚫고 있었고, 청년 폴란드 집단의 데카당스 운동을 데레셰비체에 소개하고, 논란이 많은 브워지미에서 테트마예르의 추상시를 소개하고, 상트페테르부르크에서 코카인과 에테르에 버금가는 자극을 준다는 평가를 받은 스타니스와프 프시비셰프스키의 놀라운 희곡 작품을 소개했다. 집안의 모두가 이런 작가들에 대한 그녀의 열정을 공유하지는 않았다. 나이가 든 세대들이 보기에 이것은 완전히 역겨운 것이었고, 문화가 공격을 받고 있다는 징조였다.

오랜 기간 그녀는 민스크의 러시아인 총독 무신-푸시킨 백작과 염문이 있었다. 매일 정오에 검은 마차가 그녀 남편의 저택 앞으로 왔다. 이 만남은 1905년 실패한 혁명 기간에 항의자들을 너무 점잖게 대했다는 이유로 그가 해임될 때까지 지속되었다.

애인이 상트페테르부르크로 돌아가자, 이시아는 정체를 알 수 없는 긴 병을 앓았다. 1906년 그녀는 자신의 민스크 영지를 흐르는 강으로 걸어 들어갔다. 그녀의 염문에 조심스러운 침묵을 지키던 남편은 그녀가 익사한 곳에 살구나무를 심었고, 가진 모든 것을 투기꾼과 사기꾼에게 잃었다. 유족들은 초상화 세 점으로 이시아를 기억했다. 두 점은 바르샤바에, 한 점은 시골 영지에 있었다. 그러나 조카 야니나가 쓴 것처럼, '모든 것을 전쟁과 침략으로 잃은' 폴란드에서 이 초상화 중 어느 것도 1939년의 재앙에서 살아남지 못했다.[2]

이시아는 짧은 생애 동안 자신이 시대를 앞서간다고 확신했다. 그러나 바로 그 점에서 그녀는 완벽하게 그 시대 자체였다. 1900년이 되자 새로운 정신이 중유럽을 감쌌다. 이것은 마음과 머리의 격렬한 분리로 쉽게 특징지을 수 있었다. 물질적으로는 더 이상 나을 수가 없었다. 유럽은 거의 반세기를 (간신히) 이어온 지속적 평화의 끝에 다다르고 있었다. 이 반세기에는 전례 없는 경제적 성장과 기술적 혁신도 목격했다. 기선이 승객들은 데레셰비체에 하선시킬 때 부다페스트 시민들은 이미 1896년에 개통된 첫 지하철을 타고 움직였다. 도시들에는 밤에도 조명이 밝혀졌는데, 이 부문에서 동유럽은 전례 없는 선구자가 되었다. 르비우는 현대적 등유 램프로 거리를 밝힌 첫 도시가 되었고, 오늘날 루마니아 땅인 티미쇼아라는 전기로 불을 밝힌 유럽 첫 도시가 되었다.

이제 철로가 유럽대륙에 종횡무진 가설되었고, 잊힌 리투아니아의 오지 비에니아코니에의 야니나 집까지 다다랐다. 우크라이나에서 생산된 곡물이 미국 시장에 넘쳐났고, 리투아니아의 먼 삼림지대에서 벌목된 목재가 리버풀과 그 너머까지 바다로 운송될 수 있었다. 이러한 새로운 교통 연결에 고무된 지주들은 벼락부자가 되었다. 목재로 부자가 된 야니나 가족은 휴가를 프로방스, 플로렌스, 세인트 모리츠에서 돌아가며 보냈다.

그러나 아무리 번영하는 듯 보였어도, 정신적으로는 위기의 느낌이 점점 더 커졌다. 사람들은 진보와 과학적 발전을 신뢰해서 오래된 신념을 훼손했다. 민족주의는 정치적으로는 여전히 ─ 좀 더 정확히 말하자면 그 어느 때보다 ─ 큰 영향력을 발휘했지만, 예술에서는 그 전성기가 저물기 시작했다. 위대한 민족시인들은 여전히 존경받았지만, 반드시 읽어야 할 작가로서가 아니라 투쟁의 상징 역할이 더 컸다. 젊은 사람들은 특히 새로운 것을 탐했다. 많은 젊은이들이 자신의 부모에 대해 오이디푸스적 반항을 했다. 프로이트의 저술은 아직 널리 읽히지 않았지만 곧 그렇게 될 터였다.《꿈의 해석》은 1900년에 출간되었다.

니체에 취하고, 빈과 파리에서 동시에 일어나는 일에 경탄한 세기말 동유럽 작가들은 그리스도를 모독하고 엄청난 아편을 소비했다. 그들은 알코올 중독, 매독, 모르핀, 자살로 죽음에 다가간 집단이었는데, 대개는 두세 가지가 결합해서 사망했다. 근친상간과 시신 숭배necrophilia에 대한 눈살 찌푸려지는 소설을 쓴 체코 작가 라디슬라프 클리마는 자신이 '절대 의지'라고 부른 것의 이름으로 스스로 굶고, 죽은 쥐를 먹었다. 루마니아 문학 아방가르드의 숨은 천재인 우르무즈는 '사람의 생을 불가능하게 만드는 마비' 때문에 총을 쏘아 자살했다. 그는 멋진 부쿠레슈티 레스토랑 뒤의 관목 사이에서 발견되었다.[3] 마술, 아편, 권태에 대한 화려하고 보석 같은 이야기를 쓴 헝가리 작가 게자 사스는 최악의 뒤틀린 살인과 자살을 시도했다. 그는 마약에 취한 채 자기 부인을 살해하고, 그것을 잊어버렸다가 자신이 한 일을 발견하고서야 독약을 마셨다.

———

1900년의 작가들은 자신을 반란자로 생각했다. 무엇에 반란을 일으키는지 정확히 지적할 수 없을 때조차도 말이다. 그들은 유럽 문명의 순응적 확실성이 생에서 가장 중요하고 진실한 것을 덮고 있다는 감각을 가지고 글을 썼다. 수십 년 뒤, 되돌아볼 수 있는 이점을 가지고 글을 쓴 그들의 동생뻘 작가들은 이 시기를 잃어버린 낙원으로 회상했다. 그들에게 세기가 바뀌는 시기는 유럽의 인디언 섬머* 같았다. 전쟁과 혁명이 그간 평

---

* 인디언 섬머는 북아메리카에서 한가을과 늦가을 사이에 비정상적으로 따뜻한 날이 계속되는 기간을 말하며, 인디언처럼 느닷없이 나타나기 때문에 이런 명칭이 붙었다. 유럽에서는 '늙은 아낙네의 여름(old wives' summer)'이라거나 '물총새의 날(halcyon's days)'이라고 한다.

화와 산업이 얻은 것 모두를 쓸어가 버리기 전의 마지막으로 위대하고 비극적인 개화로 보았다. 수십 년의 간극을 둔 후 그 세계로 돌아왔을 때, 그들이 찾은 것은 감각적 기쁨의 세계였다. 그들은 신사들이 여인을 만나러 갈 때 낀 진주색 장갑과 머위 잎에 쌓은 신선한 버터의 냄새, 모닥불과 광활한 하늘의 향취가 남아 있는, 스텝을 건너 대상이 가져온 진짜 중국 차의 맛을 기억했다. 무엇보다 그들은 수많은 하인이 준비하는 대단히 정성스러운 정찬을 회상했다. 그들에게 이것은 마치 1차 세계대전과 대공황으로 인한 근본위제와 합스부르크가의 희생과 같은 것이었다.

유제니 프레이저는 혁명 전 러시아 북쪽 끝 백해 해안에 있는 아르한겔스크Arkhangelsk의 부유한 스코틀랜드-러시아 상인 가족에서 성장했다. 그녀는 젊은 시절의 부활절 축제를 기억했다. 부드러운 송아지 요리, 핑크빛 햄, 검은색 캐비어와 오렌지색 캐비어, 다양한 빵들—파슈하, 쿨리치, 럼바바 등—이 자색, 파란색, 금색, 녹색으로 칠해진 거대한 달걀 피라미드를 둘러싸고 정교한 순서로 놓였다.[4] 본치다 성의 성주이자 동유럽 최고위 대귀족인 미클로시 반피는 대공녀의 부다페스트 궁전에서 열린 대연회와 황태자가 참석한 시골 사냥 축제 같은 더욱 성대한 행사를 기억했다. 이런 행사에는 언제나 '트란실바니아 연회의 주요리'인 트러플이 들어간 차가운 칠면조 요리가 나왔다.[5]

풍요의 시대에 작품 활동을 한 작가 대부분은 노이로제와 실험에 너무 몰두하여 이런 것에 큰 주의를 기울이지 못했다. 여기서 예외가 되는 작가—벨 에포크Belle Époque*를 당연한 것으로 받아들인 세대와 이것을 먼

---

* 프랑스어로 '아름다운 시절'이라는 뜻으로, 19세기 말부터 20세기 초까지 프랑스를 필두로 유럽 전반에 걸쳐 다방면으로 발전, 번성하고 평화로웠던 시대를 일컫는 표현이다.

꿈으로 회상한 세대 간에 다리를 놓은—는 헝가리 소설가이자 언론인 귈라 크루디였다. 생의 아름다운 것의 즐거움에 천착한 그의 작품을 모아보면, 알아두면 유용한 것 '모음집'이라 할 만하다. 결투에서 우아하게 죽는법, 카드게임에서 엄청난 돈을 딴 후에 처신하는 법, 낭만적인 것에서부터 사악한 것까지 망라하여 뇌리에서 떠나지 않는 것을 다루는 법, 부다와 페스트의 모든 구역과 심지어 먼 곳인 니레기하자Nyíregyháza의 술집에서 주문하는 법, 양배추를 피클로 만드는 법, 맥주를 마시는 좋은 방법, 모욕을 불러일으키지 않고 귀부인을 구슬리는 방법, 차가운 맥주 한 잔과 같이 먹을 수 있는 가장 좋은 것(뜨겁고 신선한 돼지껍질, 찬 녹색 후추, 갈색 빵 한 조각), 훈제 오리고기 한 접시와 같이 내놓는 소스의 올바른 색(좋은 토카이 Tokaj 한 잔 같은 짙은 황금색) 등이 그의 글에 상세히 나온다.

크루디는 부다페스트 출신이 아니다. 그는 헝가리 먼 동쪽 시골 지역에서 자랐다. 1896년 부다페스트에 왔을 때 불과 17세였던 그는 상속권을 박탈당하고 낭비벽이 있는 시인 지망생이었다. 크루디는 또한 신동으로 많은 신문의 문학란을 장식하던 작가이자 곧 대작가가 될 재원으로 촉망받았다. 그는 누구도 따를 수 없는 쾌락에 대한 욕망을 가지고 부다페스트로 왔고, 이 도시는 그의 욕망에 부응했다.

당시 부다페스트는 상트페테르부르크와 빈 사이에 있는 가장 큰 도시였고, 전차, 일급 호텔, 뛰어난 경마장, 유럽 최고의 사창가가 있는 현대적 대도시였다. 이것이 크루디의 세계였다. 그는 술집과 무도회장, 카지노, 경마장의 위대한 시인이었다. 또한 그곳에 상주하는 사람들, 즉 조증躁症 신문 편집자, 사회 낙오자인 기자들, 슬로바키아 술집 여자들, 백일몽을 꾸는 웨이터, 부드러운 마음을 비밀로 간직한 피에 굶주린 장교들의 시인이었다. 크루디는 그들 속에 살며 경마와 카지노 룰렛 게임과 엄청난 와인을 마시며 재산을 탕진했지만, 매일 16쪽씩 글을 꼬박꼬박 썼고, 이 글 하나하나는 모든 시대 중 가장 여유 있고 하고 싶은 일을 마음대로 할 수 있었던 벨 에포크가 수용할 수 있는 지속적 관용에 대한 증언이었다.

———

이러한 오랜 한가함은 길고도 예외적으로 아름답던 여름 한가운데인 1914년 7월 28일 갑자기 끝이 났다. 이어 벌어진 참화에서 살아남은 동유 럽인 대다수는 그 운명적인 날에 자신이 어디에 있었고, 무엇을 하고 있 었는지를 정확히 기억했다.

헝가리 예술가 벨라 좀보리-몰도반은 수영하러 나갔다. 그는 크로아 티아 해안 아바지아Abbazia의 휴양지에 머물고 있었다. 당시 이곳은 헝가 리 영토였고, 부다페스트에서 기차로 몇 시간이면 갈 수 있는 곳이었다. 그날 아침 그는 가장 좋아하는 장소인 소도시 노비Novi 옆에 있는 모래톱 으로 나갔다. 벨라가 모래톱으로 수영하러 나갔다가 돌아온 그 사이에 그 때까지 그가 살아오면서 알던 세계는 사라져버렸다. 부다페스트로 돌아 온 그는 일기에 미래에 대해 단 한 가지만 분명하다고 썼다. "20세기는 유 대인의 세기와 혁명의 세기가 될 것이다."[6]

서유럽에서와 마찬가지로 오스트리아-헝가리에서 황태자 암살 소식 은 번개처럼 퍼졌다. 러시아에서 이 뉴스는 훨씬 느리게 전파되었고, 즉각 적인 반응도 덜했다. 당시 러시아군 장군이었던 미하일 드미트리에비치 본츠-브루예비치는 전쟁이 우크라이나 북부 체르니히우Chernihiv에 어떻 게 도착했는지를 적었다.

여름이 절정에 이르렀다. 도시 축제에 다닥다닥 붙은 탁자들은 분홍빛 사과, 은빛 배, 불에 타는 듯한 토마토, 백합 빛깔의 달콤한 양파, 입안에서 그대로 녹는 소금에 절인 5인치 두께의 돼지고기 조각, 기름이 뚝뚝 떨어지는 수제 소시지 무게를 견디며 서 있었다. 이 광경은 우크라이나가 너무 풍요롭다는 것을 보여주었다. 구름 한 점 없고, 눈이 멀 것같이 푸른 하늘이 꿈을 꾸는 듯한 도시 위에 걸려 있었다. 어떤 것도 이렇게 평화로운 시골 생활의 정갈한 흐름을 방해할 수 없을 것처럼 보였다. … 그러나 7월 29일 오후 5시 갑자기 부관이 키이우로부터의 명령문을 가져왔다. … 그것은 병영의 모든 부대를 사전동원 태세로 준비시키라는 명령이었다. … 3일 뒤 총동원 명령이 내려왔다. … 그러나 우리는 누구와 싸워야 하는지를 아무도 몰랐다.[7]

처음에는 겨울이면 끝날 것으로 예상된 전쟁이 4년이나 걸리고, 사기를 저하시키고, 결국은 재앙이 될 것이라고 예측한 참전자는 아무도 없었다. 누구 편을 들었는지를 떠나서 동유럽의 제국들에게 이 전쟁은 죽음의 타격이 되었다. 1917년 차르 니콜라이 2세가 하야함으로써 16세기 이반 4세의 정복 이후 형성되어온 러시아제국은 종말을 맞았다. 오스트리아-헝가리도 1년 후 같은 운명을 맞았다. 오스만제국은 1922년까지 간신히 명맥을 유지했지만, 이 시기에 우리가 오늘날 아는 튀르키예라는 세속적 민족국가로 바뀌었다.

이제 동유럽 지도는 완전히 바뀌어서, 유고슬라비아, 라트비아, 에스토니아, 체코슬로바키아처럼 역사에 새로 나타난 국가들이나 폴란드, 헝가리, 리투아니아처럼 오랫동안 잠자고 있던 많은 국가들이 지도를 채웠다. 19세기 동안 독립은 많은 동유럽인들의 꿈이었다. 전쟁이 이것을 가져올 것이라고 기대하거나, 궁극적으로 그것에 얼마나 많은 대가를 치러야 하는지 예측한 사람은 거의 없었다.

전쟁 초반의 지배적인 감정은 확실한 승리에 대한 기대에서 오는 과도한 흥분이었다. 이러한 과신은 잘못된 기사도의 발현으로 나타났다. 오스트리아-헝가리가 세르비아에 선전포고를 한 날, 세르비아 총사령관 라도미르 푸트니크 장군은 적진 깊숙한 곳인 부다페스트에 있었다. 푸트니크는 무서운 지휘관이었고, 직전에 오스만제국과 불가리아를 상대로 벌인 전쟁의 영웅이었다. 합스부르크 총참모부는 즉각적인 그의 체포를 요구했다. 프란츠 요제프는 이것이 신사적이지 않다고 생각하고 그가 자유롭게 떠나도록 허용했다. 특별 열차가 동원되어 그를 베오그라드로 데려갔고, 그곳에서 그는 바로 자국을 침략한 오스트리아군에 대항해 싸울 준비를 했다.[8]

전쟁 발발과 함께 느낀 흥분 다음에 바로 혼란, 무질서, 패배가 따라왔다. 러시아는 세르비아 편을 들었고, 영국과 프랑스도 이쪽에 가담했다. 독일, 오스만제국은 오스트리아 편에 섰다. 오스트리아의 전략은 갈리시아로부터 러시아 영토 내로 신속히 진격하는 것이었다. 폴란드 귀족과 헝가리 귀족으로 구성된 엘리트 기병 연대는 러시아 영토 내로 과감한 수색 공격을 준비했다. 넓은 붉은색·금색 술로 장식된 멋진 파란 재킷을 입은 기병대원들은 국경 너머로 진격했지만, 무자비한 기관총 사격에 추풍낙엽처럼 쓰러졌다.

보병도 더 나을 것이 없었다. 8월 동원령이 발동된 기간에 제국 전체에서 소집된 수십만 명의 젊은이가 기차를 타고 가서 무모하게 적군을 공격했다. 동부 전선 《전쟁과 평화》의 희극판이라 할 수 있는 야로슬라프 하셰크의 서사 소설 《좋은 병사 슈베이크》는 혼란스러웠던 전쟁 초반 몇 주를 다루고 있다. 1914년 9월이 되자 불과 한 달 전 러시아를 공격했던

90만 명 중 3분의 1은 전사하거나 부상당하거나 적군의 포로가 되었다.[9] 장교 집단의 피해가 특히 컸다. 1914년 말이 되자 오스트리아군은 장교의 절반을 잃었다. 이것은 대단한 재앙이었다. 하셰크가 묘사한 어리석은 행동과 무능력에도 불구하고 장교단은 군대의 중추였다.

오스트리아-헝가리군의 다양성은 조율과 통제에 엄청나게 복잡한 문제를 야기했기 때문에 장교들은 더욱 중요한 중추였다. 뛰어나게 훈련을 받은 장교 집단만이 이 문제를 다룰 수 있었다. 최소한 이론적으로는 독일어가 오스트리아군의 지휘 언어였다. 징집병들은 어느 민족 출신이든 최소한 80개의 독일어 지시 용어를 외워야 했다. 장교들은 독일어를 능숙하게 구사하거나, 자신이 지휘하는 병력의 언어를 구사해야 했다.

양측 모두에게 현실은 이상과 거리가 멀었다. 제대로 훈련받지 못한 병사들은 지시 용어를 이해하느라 고생했고, 좀 더 나은 훈련을 받은 장교들은 전쟁 초기 몇 달 동안 대량으로 전사했다. 일부 연대들은 임시방편으로 만든 신호 언어를 사용해 의미를 전달했다. 또 어떤 부대들은 다른 수단을 찾아냈다. 헝가리인-슬로바키아인-독일인 연대는 영어를 의사소통 언어로 사용했다. 장교들은 화려한 기숙학교 시절부터 영어를 배웠고, 사병들은 미국의 철강공장에서 일하면서 영어를 배웠다.[10]

프랑스와 벨기에에서 벌어진 독일군, 프랑스군, 영국군의 전투는 얼마 후 힘겨운 사활을 건 참호전으로 바뀌었지만, 동부의 전선은 전쟁 내내 훨씬 더 변화가 컸다. 갈리시아의 도시들은 주인이 여러 번 바뀌었다. 내 할머니가 태어난 곳인 스트리이Stryi는 전투 개시 몇 주 만에 러시아군 수중에 떨어졌다. 러시아군과 함께 작은 말을 타고 아스트라한 모직 모자를 쓴 코자크 부대가 진격해왔다. 그들은 젊은 폴란드 유대인 작가 줄리안 스트리코프스키에게 큰 인상을 남겼다. 그의 형은 담배를 팔기 위해 용감하게 거리를 돌아다녔다. 코자크 병사들은 값을 신경 쓰지 않고, 주머니에 있는 은화 루블을 꺼내 진흙에 던졌다. 이것은 큰 수익을 가져왔지만, 코자크 병사들은 무서운 고객이었다. 몇 달 후 독일군이 스트리이를 탈환하자 공포에서 벗어난 주민들은 담배와 사탕을 던지며 독일군을 환영했다.[11] 후에 러시아군이 이 도시를 다시 점령한 후 모든 거리 이름을 위대한 러시아 작가의 이름을 붙여 개명했다. 몇 달 동안 갈리시아의 유대인 거주지 주민들은 푸시킨, 레르몬토프, 고골이라는 이름이 붙은 거리를 걸어다녔다.

독일군들은 심지어 러시아 땅에서도 러시아군보다 훨씬 더 바르게 행동했다. 그들은 식품값을 현찰로 지불했고, 약탈하지 않았고, 유대인을 포함한 민간인을 잘 대우했다. 독일군은 너무 좋은 인상을 남겨서 2차 세계대전이 시작되었을 때 바르샤바에 있던 내 할아버지의 사촌은 소련으로 피난 가는 것을 거부했다. 그녀는 독일군을 잘 안다고 말했고, 그들이 좋은 사람들이라고 믿었다.

전장이 된 동유럽은 승자가 없다는 점에서 특이했다. 동부에서 전쟁에 참여한 제국들은 모두 패배했다. 먼저 러시아가 넘어졌다. 1917년 2월 식량 부족으로 수도인 상트페테르부르크에서 대규모 민중 시위와 파업이 일어났다. 곧 시내 주둔 병력이 시위대에 가담했다. 불과 며칠 만에 차르 니콜라이 2세는 하야할 수밖에 없었고, 이제 막 출발한 러시아 의회 의원들로 구성된 임시정부가 들어섰다.

재앙 같은 8개월의 통치 동안 임시정부는 동맹국을 상대로 한 전쟁을 계속 수행했다. 이 기간 러시아군은 연전연패했고, 거리에서는 권력이 점점 더 소비에트라고 불리는 병사와 농민의 거리 현장 위원회로 넘어갔다. 1917년 10월 소비에트를 대표한다고 주장한 볼셰비키가 잘 조직된 쿠데타로 임시정부를 전복했다. 그들이 취한 첫 행동은 전쟁을 끝내고 독일, 오스트리아-헝가리와 강화조약을 할 의사를 표명한 것이었다.

잠시 동맹국이 승기를 잡은 것처럼 보였다. 독일군은 발트해 지역을 밀고 들어갔다. 오스트리아군은 우크라이나 깊숙이 진격하여 가는 곳마다 괴뢰정부를 세웠다. 그러나 전선에서 먼 베를린과 빈에서 주민들은 굶고 있었다. 1918년 전쟁에 새로 참여한 미군이 프랑스에 도착하면서 서부전선에서 독일군의 저항은 약해졌고, 오스트리아군은 이탈리아군을 막는 데 실패했다. 외국 군대가 독일 땅이나 오스트리아 땅에 발을 들여놓지는 않았지만, 패배의 시간이 다가오고 있었다.

오스트리아에서는 1918년 이탈리아 원정이 실패하면서 재앙이 시작되었다. 가을이 되자 독일이 패배할 것이 점점 더 분명해졌다. 합스부르크 제국 내 소수민족들은 자신들의 국가를 만들기 시작했다. 체코슬로바키아가 제일 먼저 움직여서 10월 28일 독립을 선언했다. 그 직후 폴란드인들과 크로아티아인들도 독립을 선언했다. 이 시점에 헝가리도 좀 더 유리한 조건으로 강화조약을 맺겠다는 헛된 기대를 가지고 군주정과 거리를 두려고 시도했다.

11월 3일이 되자 오스트리아-헝가리제국은 더 이상 존재하지 않았다. 발칸반도와 이탈리아령 알프스에 흩어져서 싸우던 여러 민족의 병사들은 이제 독립적 민족국가로 인정된 자신들의 고향으로 돌아갔다. 이것은 사병들에게는 큰 문제가 아니었지만, 합스부르크제국 장교들은 곤란한 진퇴양난 상황에 빠졌다. "군주정을 자신의 대가족으로 여기고 자신들의 연대를 직계 가족으로 여겼던" 수천 명의 장교들은 하루아침에 자신이 목표도 없고 고향도 없는 존재가 된 것을 발견했다.[12] 이 사람들은 국가보다는 계급에 속한 사람들이었다. 이제 갑자기 그들의 법적인 위치 — 한때 각자의 개인 이력서에 거의 의미 없는 기록 사항이었던 — 는 그들이 오스트리아, 헝가리, 체코슬로바키아, 폴란드, 유고슬라비아 또는 루마니아 국민인지를 결정했다.

새로 형성된 국가 중 일부는 모국이 없어진 이 사람들을 환영했지만, 또 다른 국가들은 그들에게 문을 닫아버렸다. 많은 오스트리아군의 전 장교들은 영적인 고향인 빈으로 도망쳤고, 그곳에서 연금을 받았지만, 천정부지의 인플레이션으로 인해 휴지 조각이 되고 말았다. 러시아군에 포로가 되었다가 돌아온 수천 명의 동료 장교들도 이들에 합류했다. 제정 러시아는 계급을 존중해서 포로가 된 장교들은 노동에서 면제되고 음악, 언어, 나무 세공 등 자신들이 몰두하고 싶은 취미생활을 할 수 있었다. 그러나 일반 병사들은 러시아에 포로가 된 동안 중노동에 시달리고 콜레라로 죽어갔다.

일부는 일상적이지 않은 일을 추구했다. 비노흐라디우의 저택에서 미국 태생인 여남작 엘리노어 페레니는 자신의 선생인 귀외르피로부터 헝가리어를 배웠다. 그는 톰스크Tomsk 인근에서 오스트리아 전쟁포로로 생활했는데, 그곳에서 그는 러시아어를 숙달하고, 아동 장난감 영업사원이 되었다. 결국 그는 탈주해 헝가리로 가려고 했지만, 국경에서 간첩으로 의심받아 체포되었다. 그는 이후 공산 정권에 의해 투옥되어 시베리아에서 2년을 보냈다.[13]

귀외르피는 러시아혁명을 현지에서 목격할 수 있었던 수만 명의 오스트리아-헝가리군 포로 중 한 명이었다. 일부는 이 이상에 위험할 정도로 끌렸다. 일례로 야로슬라프 하셰크는 포로수용소를 떠나 볼셰비키에 가담했고, 소비에트 타타르스탄 부굴마Bugulma구의 정치위원이자 부사령관이 되었다. 하셰크는 새로 출범한 독립국 체코슬로바키아로 돌아오면서 정치에서 손을 떼었지만, 다른 많은 전쟁포로들은 자신들이 목격한 것의 영향을 받아 급진화되었다. 그들 중 한 명은 자신만의 혁명을 잠시나마 성공시키기도 했다. 1차 세계대전 전 벨라 쿤은 트란실바니아에서 남의 사생활을 캐는 기자로 활동했다. 1916년 전쟁포로가 되어 우랄 지역에 수감된 그는 레닌과의 우연한 만남 덕분에 혁명의 중심으로 뛰어들었고, 이제 날개를 펴는 헝가리 공산당의 지도부에 들어갔다.

벨라 쿤은 전쟁이 끝나고 일주일 후 부다페스트로 돌아왔다. 헝가리인민공화국은 출범한 지 불과 며칠밖에 되지 않았지만 해체되고 있었다. 헝가리는 이웃 국가인 체코슬로바키아, 루마니아, 유고슬라비아에서 진격하는 병사들에 의해 국토가 잘려나갔다. 이러한 영토 상실이 파리 평화조약에 의해 법으로 비준되자 헝가리 정부는 더 지탱할 수 없게 되었다. 자유주의자 총리는 하야했고, 당시 감옥에 있던 벨라 쿤은 정권을 탈취할 필요도 없었다. 그는 싸우지도 않고 정권을 잡았다.

헝가리인민공화국은 1919년 3월부터 8월까지 단 133일 동안 존속했다. 이 짧은 통치 동안 작가 귈라 크루디는 다른 '부르주아 언론인들'과 함께 인민위원 앞으로 소환당했다. 이 회동은 한 백작으로부터 징발한 저택에서 열렸다. 누더기 같은 군복을 입은 병사들이 수류탄을 든 채 거리를 돌아다니고 있었다. 처음에 크루디는 쿤이 그들 모두를 처형할 것이라고 생각했다. 그러나 쿤은 가능한 한 많은 작가들이 혁명의 편으로 돌아서기를 원한다는 것이 곧 드러났다. 이후 몇 시간 동안 쿤은 그 자리에 모인 언론인들에게 문학의 집단화에 대해 장광설을 늘어놓았다. 이 연설이 진행되는 동안 크루디는 쿤에게서 저항할 수 없는 '카리스마적인 면'을 찾으려고 노력했으나, 그가 본 것은 "시골 결혼식 신랑으로 착각하기에 충분한 … 보잘것없어 보이는 남자였다".[14]

몇 주 후 혁명은 끝났다. 쿤의 '레닌의 소년들'이 정적들에게 자행한 붉은 테러는 미클로시 호르티 제독이 공산주의자들에게 실행한 백색 테러로 바뀌었다. 전 오스트리아-헝가리제국의 제독이었던 호르티는 주인 없는 헝가리 왕좌의 섭정이 되었다. 벨라 쿤은 극적인 상황에서 탈주했다. 소설가 데죄 코스톨라니에 의하면 쿤은 오후 5시에 탈주 행각을 시작했다. 그는 소비에트 사령부로 사용하고 있던 호텔 헝가리의 옥상에서 쌍발 엔진 비행기를 타고 떠났다. 그는 비행기를 직접 몰았는데 지상에 너무 가깝게 비행해서 아래 거리를 걸어다니는 사람들이 그의 얼굴을 볼 수 있을 정도였다.

그는 창백해 보였고, 늘 그렇듯이 수염을 깎지 않은 상태였다. 그는 아래에 있는 사람들을 향해 웃음을 보이고, 가끔 초라하고 냉소적인 작별 손짓을 했다. 그의 주머니에는 단 과자가 가득 차 있었다. 그는 한때 그에게 호의 적이었고 아량이 넓었던 대귀족 부인이 소유했던 보석, 그리고 교회 유물과 값비싼 원석을 가지고 갔다. 다른 귀중품도 있었다. 그는 금팔찌를 차고 있었다.[15]

비행기가 창공으로 솟구치면서 금팔찌가 부다Buda 공원 한가운데 떨어졌고, 크리스티나Krisztina구에서 온 나이가 많은 점원이 그것을 주웠다. 비행기는 결국 시야에서 사라졌고, 그렇게 벨라 쿤은 소련 땅으로 완전히 사라졌다.

당시 기준으로 보면 헝가리인민공화국이 통치한 4개월은 영원처럼 긴 시간이었다. 전쟁의 여파로 제국들이 무너지고, 새로운 사회 조직의 임시 형태가 우후죽순처럼 나타났다가 사라졌다. 1차 세계대전 직후 시기 동유럽의 정치 지도는 끊임없이 이동하는 먹구름으로 가득 찬 하늘 같아 보였다.

1916년부터 프랑스의 지원 아래 짧게 존속한 알바니아공화국이 오흐리드 호수 위 코르처 주변 땅을 통치했다. 이 통치가 남긴 것 중 하나는 후에 독재자가 되는 엔베르 호자가 프랑스어를 배운 것이었다. 1918년 카르파티아산맥에 위치한 두 루테니아 마을 집합체는 각각 코만차공화국과 렘코공화국으로 독립을 선언했지만, 후에 그들의 뜻에 반해 폴란드에 병합되었다. 그사이 폴란드와 리투아니아 틈새 구역에 작은 페를로야공화국 혁명위원회가 1923년까지 존속했지만, 두 이웃 국가에 의해 분할되었다.

우후죽순처럼 생겨난 이 국가들은 각기 다른 수준으로 민족국가의 무서운 통일성에서 벗어난 지역 자치를 유지하고자 했다. 이러한 갈망이 바나트보다 더 크게 나타난 곳은 없다. 바나트는 동유럽에게 가장 현란하고, 민족 구성이 다양하고, 코스모폴리탄 도시인 티미쇼아라를 중심으로 둔 곳이었다. 1918년 11월 오스트리아-헝가리제국이 해체될 때 독일계 유대인 변호사 오토 로스는 바나트자치공화국을 선포했다. 그는 바나트 내 헝가리인, 독일인, 루마니아인, 세르비아인 모두의 민족적 열망을 하나로 모으려고 했다. 독일인 노동자들과 헝가리인 노동자들이 이 이상을 지원했지만, 루마니아인 농부들과 세르비아인 농부들은 이에 반대했다.

세르비아인들은 민족위원회를 설립했고, 루마니아인들은 민병대를 소집했다. 그사이 농촌 지역 대부분은 녹색파Greens라고 알려진 농민 혁명 세력이 장악했다. 두 세르비아 마을이 동시에 자신들만의 독립적 소비에트를 선언했다. 1919년 2월이 되자 모든 것이 와해되었다. 바나트공화국이 붕괴된 것이다. 유고슬라비아, 루마니아, 헝가리가 바나트의 영토를 분할했다. 오토 로스는 도주했지만, 독립 바나트에 대한 꿈을 버리지 않았다. 아마도 비뚤어지게 이 공화국을 프랑스 해외 제국 보호 아래 두려고 했던 것 같다.

바나트의 상황이 복잡했다면, 우크라이나의 상황은 무정부 상태에 가까웠다. 1918년 동맹국들과 강화가 시급했던 레닌은 브레스트-리톱스크 조약에 서명하여, 우크라이나를 사실상 독일과 오스트리아 통치에 넘겨주었다. 몇 달 동안 독일은 새로운 유사 코자크 헤트만이 이끄는 보수정부를 유지시켰다. 11월이 되자 독일은 전쟁에서 패배했고, 헤트만의 날도 막을 내렸다.

이듬해 내내 우크라이나는 혼란 상태에 빠져들었다. 1919년에만 여섯 개의 각기 다른 군대가 우크라이나 땅에서 활동했고, 키이우는 1년도 채 안 되는 시기에 주인이 다섯 번 바뀌었다.[16] 우크라이나 영토 대부분은 지방 군벌의 통제 아래 들어갔고, 각 군벌은 각기 다른 목표와 이념을 선언했다. 일부는 왕정주의자였고, 어떤 세력은 볼셰비키와 연대했다. 또 다른 세력은 진정한 유토피아적 꿈을 꾸었다. 남부 우크라이나에서 혁명가 네스토르 마흐노가 이끄는 무정부주의자들은 소위 자유 영토Free Territory를 수립했다. 이들은 벨기에보다 더 넓은 지역에서 자치 조직을 가진 농업 공동체들로 구성된 거대한 독자 영역을 꿈꾸었다.

기관포 마차 타찬가tachanka를 보유한 군대의 보호 아래 '자유 영토'는 1918년부터 1921년까지 존속되다가 소비에트 붉은군대에 의해 분쇄되었다. 독립 우크라이나나 차르 제도의 재건을 꿈꾼 모든 조직의 운명은 이와 유사했다. 우크라이나 민족 운동이 하나같이 종말을 맞은 중요한 이유는 비전의 부재 혹은 실패였다. 만일 그들이 사회 혁명을 수용하고 농민들에게 몇 세기 동안 경작해온 토지를 분배해주었더라면 그들은 농민의 충성을 확보할 수 있었을 것이다. 그러나 그들은 허약한 군대를 강화하기 위해 외국 동맹을 찾았다. 분열이 무조직을 심화시켰고, 보수주의자, 왕정주의자, 민족주의자 등 다양한 분파는 어떻게 과거로 돌아갈 것인가에 대한 서로 다른 생각을 가지고 있었다. 볼셰비키만이 미래를 향한 큰 걸음을 어떻게 내디딜 것인가에 대한 일관된 비전을 가지고 있었다.

이 사상은 전염성이 강했고, 러시아인에게만 호소력이 있었던 것이 아니다. 그 핵심은 소비에트에 있었다. 차르 체제에 대항하는 혁명을 가져온 독자 행정·조직위원회인 소비에트는 후에 볼셰비키당에 의해 흡수되었다. 각 소비에트는 작은 혁명이나 마찬가지였다. 평범한 노동자들이 귀족 관리나 왕관을 차지한 국가 수장과 마찬가지로 자신들의 운명을 관할해야 한다는 주장을 내세웠다. 내 증조부인 살로몬 미카노프스키는 비텝스크Vitebsk에서 붉은군대 병사들이 조직한 이런 소비에트에 가담했다. 그곳에서 직전까지 제정 러시아군의 병사로 복무했던 그는 소비에트 임시 법정의 판사로 복무했다. 일종의 군법회의인 이 법원에서는 왕정파 장교들에게 반역 혐의로 사형을 선고했다.

비텝스크가 딱히 호감을 주는 장소는 아니었다. 오늘날의 벨라루스 동부에 자리 잡은 이 작은 도시는 1910년 백과사전에 "낡은 귀족 저택들과 더러운 유대인 거주지역을 가진 오래된 소도시"로 묘사되었다.[17] 5년간 지속된 전쟁, 혁명, 시민 소요로 더 나아진 것은 거의 없었다. 그러나 나의 증조부가 그곳에서 보낸 기간 동안 비텝스크는 세계의 중심이라고 합법적으로 주장할 수 있었다. 세 가지 혁명이 동시에 겹쳐서 일어났다.

정치적 혁명, 기술 혁명, 예술 혁명이 그것이다.

이 혁명 중 세 번째 것은 '부활 거리' ― 후에 레닌의 가까운 동지였던 부하린의 이름을 따 개명되었다 ― 에 있는 전직 은행가의 집에서 일어났다.[18] 이곳은 비텝스크인민예술학교(UNOVIS)로 사용되었다. 모든 연령에 개방되고 수업료가 무료인 이 학교의 목표는 프롤레타리아의 예술적 발전과 그 지식을 일반 대중에게 전파하는 것이었다.

이 학교의 첫 교장은 마르크 샤갈이었다. 그는 1919년에는 아직 유대인 키치문화의 조달자가 아니었고, 엄격한 혁명에 대한 확신을 가진 화가였다. 그의 작품은 〈농가의 평화〉, 〈국가 터전에 대한 전쟁〉 같은 제목을 얻었다. 동료 강사들을 찾던 샤갈은 화가 카지미르 말레비치를 비텝스크 학교로 초빙했다. 키가 크고 얼굴에 곰보 자국이 있으며, 최면술사의 눈과 날카로운 목소리를 가진 말레비치는 당시 모더니즘 화가로 명성을 얻고 있었다. 그는 절대주의suprematism라고 알려진 예술 운동의 리더였다. 이 운동은 '객관적인' 세계에 대한 아무런 묘사 없이 벡터, 형태, 색을 통해 감정을 표현할 것을 요구했다. 말레비치는 조수들과 함께 좀 더 섬세한 샤갈을 몰아내고 예술학교를 차지했다. 비텝스크는 이제 절대주의뿐만 아니라 아방가르드의 세계적 중심지가 되었다.

말레비치는 우크라이나 중부의 흑토 지역에서 성장했다. 그의 아버지는 사탕무 농장을 관리한 폴란드 기술자였고, 1863년 러시아에 대항한 혁명이 실패한 후 키이우로 이주해왔다. 어린 말레비치는 흙의 냄새와 거대한 지평선의 전경을 알게 되었다. 이제 예술학교 교장이 되어 하루 12시간씩 그림은 그리지 않고 글을 쓰며 새 시대 건설을 꿈꾸었다. 그는 사무실 창밖으로 세묜 부돈니가 지휘하는 코자크 붉은 기병대가 폴란드의 자본주의자들과 싸우기 위해 이동하는 것을 보았고, 붉은군대의 몇 안 되는 비행기가 기차에 실려 전선으로 가는 모습을 보았다.

그 비행기들은 그들 자신의 혁명의 일부였다. 1909년 프란츠 카프카와 친구 막스 브로드는 브레시아Brescia에서 열리는 항공 쇼를 보기 위해 프라하에서 이탈리아로 갔다. 용감한 프랑스 조종사들과 이탈리아 조종사들은 오랜 시간 공중에서 선회하다가 당시로서는 생각할 수 없는 650피트 상공까지 상승했다.[19] 그러나 불과 몇 년 후 같은 비행기가 동유럽 전선의 민간인들에게 폭탄을 쏟아붓는 데 사용되었다. 그곳에서 비행기는 무서운 유령처럼 보였다. 오스트리아군이 처음으로 갈리시아 상공 정찰에 쌍발 비행기를 투입하자, 그곳에 있던 오스트리아군이 그것을 격추시키려고 시도하기도 했다.[20]

비행기는 소문을 만들어내기도 했다. 그 소문의 상당수는 유대인과 관련된 것이었다. 유대인들은 온갖 종류의 기발하고 비현실적인 방법으로 적군기에 신호를 보내 폭격을 유도한다는 의심을 받았다. 거울이 있는 현관 옆에 서거나 단순히 재채기하는 것으로 신호를 보낸다는 말이 돌았다. 우크라이나의 소도시 볼로디미르-볼린스키Volodymyr-Volynskyi에서 격추된 적군기에는 조종사 말고도 코벨Kovel 출신의 유대인 신발 수선공이 타서 폭탄을 투하할 곳을 알려주었다는 소문이 돌았다.[21] 이것은 순전히 상상이었지만, 폭력을 유발했다. 스파이 행위에 대한 보복으로 코자크는 볼로디미르의 유대인 구역 전체를 불태웠다.

1차 세계대전이 끝난 지 2년 후 벌어진 폴란드-소비에트 전쟁에서 전투기가 사용되었다. 20세기 초 오데사의 유대인 생활을 묘사한 단편소설로 유명하고, 부돈니의 코자크군에 종군 기자로 복무한 이삭 바벨은 전투기의 활약상을 직접 목격했다. 소설 《적위군》에서 그는 순진하고 용맹스러운 지휘관 파슈카 트로노프가 소칼 도시 전투 중 공중에서 쏟아지는 기총소사로 사망하는 모습을 묘사했다.

파슈카를 죽인 전투기들은 폴란드군 소속이었지만, 1차 세계대전 후에도 그 비행기들은 공산주의라는 유령과 싸우기 위해 유럽에 머물고 있던 미국 자원병과 캐나다 자원병들이 조종했다. 이 조종사들의 사령관인 세드릭 폰틀로이는 미시시피 출신의 에이스 조종사였다. 그를 비행단에 들어오게 한 가장 가까운 친구 메리언 쿠퍼는 후에 할리우드에서 영화 〈킹콩〉을 제작하고 감독했다. 바벨은 폰틀로이가 벨료프Belyov에서 격추되어 사로잡힌 후 그를 만났다. 두 사람은 프랑스어로 대화를 나누었다. 그들은 파리, 뉴욕, 탐정 소설, 그리고 볼셰비즘의 진정한 정체에 대해 토론했다. 바벨은 일기에 포로가 된 이 미국 조종사가 "맨발이었지만 우아하고, 목은 기둥처럼 강인하고, 눈부시게 흰 치아에 기름과 먼지가 묻은 옷을 입었고, 슬프고도 달콤한 인상을 가졌다"라고 기록했다.[22]

코자크와 킹콩, 사탕수수밭과 쌍발기같이 구세계와 신세계의 충돌은 우리의 머리를 빙빙 돌게 하기에 충분하다. 말레비치는 이런 광경에 취했다. 주변에서 전쟁이 진행되는 가운데 비텝스크의 난방이 되지 않는 교실에 앉아서 그는 사람이 신의 위치를 자처하고, 자연을 자신들의 필요에 맞게 조작하는 고도 기술의 미래를 예언했다. 말레비치는 검은 사각형을 자신의 서명으로 선택했다. 그에게 이 사각형은 영원과 무한을 상징했다. 당시 취리히의 다다이스트와 마찬가지로, 말레비치는 각운이나 의식의 족쇄를 걷어찬 부조리 시를 썼다. 그는 예술가를, 중력을 무시하고 시간이나 의미를 넘어서서 순백색의 무한대로 날아 올라가는 비행사로 보았다. "비행사 동무들이여, 나를 따라 큰 틈으로 항진하라"라고 그는 시에 썼다.[23] 이것이 혁명의 진정한, 숨겨진 의미였다. 이것은 단순히 정부 교체가 아니라 일종의 공중부양이었다. 동방에서 현대성은 서방처럼 느리고 꾸준한 진보에 의해 성취되는 것이 아니라, 진흙탕에서 별을 향해 단 한 번의 갑작스러운 도약으로 이루어질 터였다.

———

야니나 푸트카메로바는 1949년 망명지인 런던의 집에서 머나먼 벨라루스 땅의 유년 시절 세계를 다시 불러오는 데 어려움을 겪었다.

두 번의 세계대전과 유혈이 낭자한 혁명이 일어난 후에 우리의 텅 비고 외로운 폴레시아를 지배한 안전감을 전달하는 것은 힘들다. 우리 집 창문에는 창문 덮개가 없고, 저택에서 외부로 난 문은 잠근 적이 없었다. 나는 사나운 개를 본 적도 없고 야간 경비원이란 말을 들어보지도 못했다. 당신은 새벽 여명에 눈 속이나 황량한 길, 텅 빈 공원을 산책한다. 이 거대한 목초지, 떡갈나무 숲, 얼어붙은 들판과 숲에 평화와 고요가 쉬고 있다.[24]

혁명에 대한 말레비치의 믿음을 공유하지 않고, 10년의 유혈, 기아, 소요 속에 산 사람들에게는 1차 세계대전 이전의 시간이 잃어버린 낙원 이상이었다. 슈테판 츠바이크는 이 시기를 모든 것이 예측 가능하고, 모든 사물이 '규격과 정확한 크기와 무게'를 가지고 있던 '안전의 황금시대 Golden Age of Security'라고 불렀다.[25] 유고슬라비아 작가 다닐로 키슈는 '사람들이 여전히 더비 구두를 신고 있던 오래되고 신비로운 시기'로 생각했다.[26] 브루노 슐츠는 '천재의 시대'였다고 간단하게 표현했다.

슐츠가 어린 시절의 사라진 세계를 되살리기 위해 기억을 거슬러 올라가면 두 사람이 누구보다 크게 다가왔다. 한 사람은 합스부르크 황제인 프란츠 요제프 1세였고, 다른 한 사람은 안나 츠실라그였다. 그녀의 모습은 1차 세계대전 전 동유럽 모든 신문에 나타난 듯했다. 목판화로 만든 거친 선으로 그려진 광고에서 그녀는 꽃장식이 된 공작 코트를 입고 높이 쳐든 한 손에는 백합 세 송이를 들고 있다. 그녀의 모습에서 가장 놀라운 것은 머리카락이었다. 거의 2미터 길이의 머리카락이 된 나이아가라 폭포처럼 그녀의 등으로 흘러내리고 있었다.

이 그림 아래에 있는 문구는 이 놀라운 머릿결에 대해 설명하고 있다. 신문이 발행되는 나라의 말로 번역된 이 광고 문구는 같은 문장으로 시작된다. "나 안나 츠실라그는 특별히 제조된 크림을 14개월 동안 사용한 덕분에 로렐라이 모발 같은 185센티미터의 머리카락을 갖게 되었어요." 때로 그녀는 자신의 모발을 독일의 요정이 아니라 슬라브족의 강에 사는 인어인 루살카rusalka에 비유했다. 슐츠는 안나의 이야기를 거의 사기 같은 이야기로 기억했다. 머리숱이 없고, 매력적이지 않은 모발을 가져서 저주받은 젊은 여인이 남편감을 찾을 수 없다는 두려움에 항상 시달리고, 마을 전체가 그녀의 고통을 동정하는 상황을 상상했다.

그러던 어느 날 구원의 길이 열렸다. 화학제품과 약초를 가지고 안나는 자신의 모자란 머리숱을 해결해줄 뿐만 아니라 머리카락을 자라게 하는 마법의 치료약을 발명했다. 그녀의 머리는 두피에서부터 통제할 수 없는 물결처럼 자라났다. 곧 그녀 가족의 모든 남자들이 윤기 나는 검은 머릿결을 칭찬하기 시작했다. 이윽고 그녀의 모발은 허리까지 내려왔고, 밧줄같이 꼰 머리는 거대한 보아뱀처럼 그녀의 몸을 감쌌다. 안나는 부다페스트, 크라쿠프, 우치, 비엔나, 헬싱키, 리가 등지의 일간지에 유료 인쇄 광고를 끊임없이 게재해 이 축복 같은 소식을 알렸다.

안나 츠실라그의 광고가 나오지 않는 곳이 없게 되면서 그것은 벨 에

안나 츠실라그의 광고, 1900-1910년경

포크 시절 동유럽 생활의 배경 음악처럼 되었다. 슐츠 말고도 많은 작가들이, 사라진 황금시대를 회상할 때 안나를 생각했다. 체스와프 미워시, 궐라 크루디, 카를 클라우스, 칼만 미크자스 모두 그녀를 언급했고, 1차 세계대전 전 르비우의 위대한 연대기 작가인 요제프 비틀린은 시 한 편 전체를 안나에게 바쳤다. 그 시에서 그녀는 세상에서 사라진, 달콤하고 어리석은 것의 상징이었다. 나에게는 슐츠의 이야기가 가장 기억에 남는다. 그것은 드로호비츠를 비자연적이고, 과도하게 성장하고, 확산되는 장소로 본 그의 비전에 깔끔하게 들어맞는다. 그곳에서 창조의 작업은 결코 완결되지 않았고, 심지어 사멸한 것도 자신만의 생을 가지고 있었다. 그 시절은 너무 그랬기 때문에 나는 처음에는 슐츠가 안나 츠실라그라는 인물을 난데없이 만들어낸 줄 알았다. 그러나 그녀가 광고에서 말한 대부분은 거짓이었을지언정 그녀는 실제 인물이었다.

안나 츠실라그의 실제 이름은 안나 슈테른이었다. 슈테른과 츠실라그는 독일어와 헝가리어에서 각각 '별'이란 단어다. 그녀는 1852년 광고에서 주장한 '모라비아의 카를로비츠'가 아니라 헝가리의 잘라에게르세그 Zalaegerszeg라는 소도시에서 태어났다. 안나는 1876년경 사업을 시작했고, 빈과 부다페스트를 번갈아 오가며 사업을 했다. 남동생과 같이 일하기도 하고 혼자 일하기도 했다. 그들은 마법과 같은 포마드와 함께, 영약의 효능을 높여주는 '세계 최고의 비누'와 특별한 머리 브러시 및 빗 같은 부산품을 팔았다.

철두철미함을 자랑하는 오스트리아-헝가리 당국은 모든 제품을 검사했다. 당국은 '세계 최고의 비누'는 최악의 품질을 가진 아주 딱딱한 적갈색의 화장실 비누이고, '머리를 감는 데 쓰는 특별한 차'는 그저 카모마일인 것을 발견했다. 무엇보다 포마드가 지방과 베르가못 오일을 결합한 것에 지나지 않았다는 점이 가장 실망스러웠다. 그것은 회백색에 어느 정도 농도의 라드를 함유했고, 얇은 층에 널리 퍼지는 알갱이처럼 보였다.[27]

그러나 지금 시점에서 회상해보건대, 제국 검사관들은 표적 한가운데를 맞추지 못했다. 그들이 검사한 것은 물리적 제품이었지만, 안나가 판매한 진짜 기적은 그녀의 메시지였다. 광고를 계속해서 반복하면 그것은 암호 같은 복음이나 기도의 힘을 획득하게 된다. 빈의 남자 기숙사에서 무일푼의 예술 전공 학생으로 고생하던 아돌프 히틀러는 매일 아침 신문에 나타나는 풍성한 모발의 '모라비아' 처녀에게 시선이 고정되고 동시에 격노했다.

히틀러가 전혀 존재감이 없던 이 시절 그의 친구 한 사람은 히틀러가 몇 시간씩 츠실라그의 광고문을 들여다보았다고 회상했다. 그는 특히 광고에 실린, 그 회사로 발송된 감사 편지에 매료되었다. 이 편지들을 면밀히 분석한 히틀러는 그것들이 위조되었고 발송자는 모두 죽은 사람이라는 사실을 알아냈다. 그는 거대한 신비의 열쇠를 찾아낸 것 같았다. 그것은 프로파간다의 비밀이었다. 그는 프로파간다의 힘을 과장하여 떠들고 다녔다. "프로파간다, 좋은 프로파간다는 의심하는 사람들을 믿게 만든다"라고 그는 친구에게 말했다. "프로파간다! 우리는 프로파간다만을 원한다. 바보 같은 사람은 항상 넘쳐난다."[28]

이 시기 히틀러의 또 다른 친구의 말에 따르면, 히틀러는 츠실라그의 성공의 비밀을 깨달은 데 너무 흥분해서 자신의 남자 기숙사를 일종의 '광고 연구소'로 만들려고 했다. 기숙사 학생은 모두 제품을 파는 데 나서야 했다. 이를테면 유리를 강화하는 풀 같은 것이었다. 이것이 제대로 기능을 하든 아니든 히틀러는 기숙사 학생들이 그것을 선전하고 다니기를 바랐다. 이것이 성공하기 위해서 그들은 이 메시지를 가능한 한 자주 반복해야 했다. 이것은 웅변 기술과 결합되어 그에게 자신이 원하는 고객들을 얻게 만들어주었다.

히틀러의 친구는 그렇게 되더라도 그들은 실제로 팔 물건이 필요하다고 답했다. 결국 웅변 자체만으로는 아무 소용이 없었다.

10장

예언자들

레닌의 초상화를 들고 있는 심령치료사, 폴란드-리투아니아 국경

1908년 또는 1909년 어느 날 저녁, 예르지 스템포프스키와 그의 아버지가 우크라이나 북부의 베르디치우Berdychiv 거리를 걷고 있을 때 두 사람은 발걸음을 멈추게 하는 소리를 들었다. 그것은 기도하는 듯한 목소리였다.[1] 이 당시 베르디치우 주민 대부분은 유대인이었고, 하시디파였다. 히브리어 기도는 베르디치우에 있는 74개의 시나고그에서 끊이지 않고 흘러나왔다. 그러나 그날 저녁 스템포프스키 부자가 들은 것은 시편 음악이 아니었다. 이것은 카를 마르크스의 《자본》의 구절들이었다.

예르지의 아버지는 무슨 일이 진행되는지 알기 위해 창문을 두드렸다. 그들은 안으로 인도되었고, 부자는 그날 저녁을 지역 양재사 길드 회원들과 함께 마르크스가 쓴 것을 들으며 보냈다. 《자본》 책을 소유한 사람은 노래하는 듯한 소리로 그것을 낭독했다. 문장을 하나 읽고 나서는 질문에 답하기 위해 멈추었다. 밤이 깊어갈수록 그 내용은 ─ 처음부터 어려웠지만 ─ 이해하기 힘들어졌지만, 이것은 양재사들에게 큰 문제가 아니었다. 스템포프스키가 회상한 바에 따르면, 마치 이것이 감추어진 진리를 드러내는 것인 양 그들은 '마치 진정한 신자들처럼' 낭독하는 내용을 들었다. 당시 스템포프스키는 세속적 교조를 아무 비판 없이 받아들이는 것에 뭔가 비자연적 것이 있다고 생각했다. 러시아제국의 폴란드─오스만 국경 지역에서 실증주의자와 자유사상가들 사이에서 자란 그는 이와 유사한 예언적 인도에 대한 갈망이 세계 많은 부분에 곧 확산될 것이라는 것을 미처 알지 못했다.

1차 세계대전 종전 후 20년의 기간은 동유럽에서 깊은 위기의 시간이었다. 우드로 윌슨 대통령의 말에 따르면, 세계를 '민주주의의 안전한' 곳으로 만들 것이라는 전쟁은 그런 일을 하지 못했다. 1차 세계대전 후 서명된 여러 평화협정으로 많은 수의 새로운 민족국가가 창설되었지만, 이들 중 윌슨이 상상하고 희망했던 번영하는 자유민주주의 국가가 된 곳은 거의 없었다. 1938년이 되자 체코슬로바키아만이 유일하게 다당제 국가로 남았고, 이마저도 히틀러의 독일에 의해 해체되는 과정에 들어가 있었다.

전후 타협은 다른 상처들도 남겼다. 단 한 번의 전쟁으로 합스부르크 제국, 오스만제국, 로마노프제국이 유럽의 지도에서 사라져버렸다. 다른 패배자도 있었다. 1920년 트리아농 조약은 헝가리의 완전한 독립을 확인했지만, 헝가리가 이중 제국 안에서 소유했던 영토의 72퍼센트를 빼앗아 갔다. 이러한 거대한 타격은 이후 몇 세대 동안 헝가리 정치가 불만을 가지도록 만들었고, 이 상실을 회복할 수 있게 만들어주는 국가의 수중에 들어가게 만들었다.

전쟁의 또 다른 패배자인 불가리아는 1919년 뇌이 조약으로 이보다 적은 영토를 상실했다. 그러나 이 합의는 너무 문제가 많아서, 압박을 받고 이에 동의한 불가리아 수상 알렉산다르 스탐볼리스키는 1923년 군사 반란을 맞았고, 이로 인해 체포되어 살해되었다. 이 불행한 남자의 머리는 비스킷 상자에 담겨 소피아로 보내졌다. 처형자들은 이 배신적인 조약에 서명한 그의 손도 잘랐지만, 다른 곳으로 보내지는 않은 것 같다.[2]

스탐볼리스키의 처형 후 탄압이 이어졌고, 이것은 주로 불가리아의 농민 운동을 목표로 했다. 1923년 모스크바는 불가리아 공산당에게 혁명을 일으켜 반격을 가하도록 명령했다. 이것은 실패했고, 이로 인해 또 한 번 정부가 묵인하는 살해 행위들이 벌어졌다. 공산당은 1925년 자신들이 암살한 장군의 장례식이 진행되는 소피아의 성당에 폭탄을 터뜨려 복수했다. 성당 지붕이 무너져 내려 150명이 사망했고 이것은 또다시 시골 지역에 테러 행위를 분출시켰다.

연속적인 잔혹 행위는 전쟁 후 정치 생활에 도입된 광신주의의 상징이었다. 사람들은 더 이상 칼의 장식술이나 군대의 경례 방식을 가지고 싸우지 않았다. 그들은 자신들이 느끼기에 세계의 운명이라고 생각되는 것을 놓고 거리에서 격전을 벌였다. 이 모든 분쟁을 날카롭게 만드는 숫돌은 혁명의 위험이었다. 정치 스펙트럼에서 어느 위치에 서 있는가에 따라 이것을 막거나 이것을 실현하기 위해 모든 수단을 동원했다.

전간기 동안 새로 설립된 소련의 사례는 사람들에게 천국의 약속이거나 지옥의 위협이었다. 소련 설립을 가져온 러시아 내전은 이웃 국가들에게 즉각적인 영향을 미쳤다. 발트 지역에서 격렬한 내전이 발생해 라트비아인과 에스토니아인은 지역 볼셰비키 및 붉은군대와 싸웠다. 라트비아의 우익 정부는 해산된 독일 병력들을 불러들여 용병 대대로 조직하여 전력을 보강했다. 공포를 자아내는 이 자유군단Freikorps은 이 전투를 장래 파시스트 세대의 훈련장이 되게 했다.

파시즘 자체는 혁명 세력과 반혁명 세력의 초기 전투에서 탄생했다. 그 구상 — 거리 폭력행위, 국가 통제 정책dirigisme, 지도자 원칙의 어지러운 결합 — 은 종말론적인 계급 봉기에 대한 두려움으로 활성화될 때만 효력이 있었다. 그러나 동유럽이 파시즘의 초기 시험장이기는 했지만(자유군단의 많은 구성원들은 나치당에서 뛰어난 경력을 쌓았다) 파시즘이 가장 큰 성공을 거둔 곳은 아니었다. 전간기 동유럽의 파시스트 정당은 폭력 능력을 전략적 순간에 보여준 다른 덜 급진적인 권위주의 정파에 의해 옆으로 밀려나거나 도구로 사용되었다. 이 유형은 헝가리 사례에서 볼 수 있었다. 헝가리의 전쟁 직후 여정은 라트비아와 불가리아를 닮았다.

1919년 벨라 쿤이 조직하여 짧게 존속한 소비에트 공화국은, 오스트리아-헝가리 해군의 마지막 사령관이었던 미클로시 호르티가 이끄는 '민족군대National Army'의 반공산주의 헝가리 병사들에 의해 종말을 맞았다. 1919년 8월부터 백마를 타고, 부하 경호원들에 둘러싸인 호르티는 헝가리를 훑고 다녔다. 11월이 되자 그는 부다페스트에 입성했다. 그가 권력을 잡자, 쿤과 그의 정권을 지지한 사람들을 대상으로 한 죽음의 물결이 일었다.

약 3천 명의 헝가리인이 이 '백색 테러'에 의해 살해되었다. 수천 명이 감옥에 갇혔고. 10만 명 이상의 주민이 헝가리를 떠났다.[3] 살해된 사람의 약 절반은 처칠의 말을 빌리면 '볼셰비즘을 만든' 책임을 뒤집어쓴 유대인이었다.

유대인을 볼셰비즘과 동일시하는 것은 전쟁이 남긴 또 하나의 치명적 유산이었다. 러시아혁명은 러시아제국 내의 많은 유대인들을 끌어들인 특별한 매력이 있었다. 일부 사람들에게 이것은 우선 오랫동안 꿈꿔왔던 평등 세계가 갑자기 실현되는 것을 의미했고, 신앙과 가난에 의해 세워진 모든 과거의 장애가 더 이상 작동하지 않는 것을 의미했다. 많은 사람들이 자신들의 열정에 휩쓸려갔고, 붉은군대와 갓 탄생한 소비에트 관료제에 뛰어들었다.

그러나 러시아 밖의 유대인들에게 이러한 관여의 결과는 종종 좋지 않았다. 동유럽 유대인의 일부만 러시아혁명에 참여했지만, 유럽 많은 지역에서 유대인들은 볼셰비즘이란 유령과 뗄 수 없게 동일시되었다. 이것은 유대인을 1차 세계대전 이전에 동유럽에서 거의 존재하지 않았던 형태의 정치적 폭력과 잔혹성의 대상이 되게 만들었다.

그러나 이런 전후 보복은 더 큰 양태의 시작에 불과했다. 이후 20년 동안 동유럽 전역의 국가들은 많은 반유대 법률을 통과시켜서, 유대인들이 정부와 군대에 들어가지 못하게 막았고, 고등교육을 받는 것도 제한하고, 경제에서의 역할도 축소했다. 이로 인해 많은 유대인들은 평등을 약속하고, 말한 것을 실천할 것으로 보인 공산주의로 향하게 되었다.

물론 이것은 많은 선택지 중에 하나였다. 20세기 첫 10년 동안 동유럽 유대인들은 여러 가지 운명의 미로 중 하나를 선택하도록 강요받았고, 이것은 각자의 정치, 조국, 모국어에 따라 달랐다. 그들은 미국으로 가서 영어를 배우고, 동화의 오랜 과정을 시작할 수 있었다. 또는 팔레스타인에서 시오니즘과 히브리어를 공부하는 것을 택할 수 있었다. 그들은 소련과 공산주의를 택하고 러시아어를 배울 수도 있었다. 마지막으로 그들은 태어난 곳에 남아 유대인 노동운동 분트Bund나 다른 디아스포라 기반 정당에 가담하고, 이디시어를 사용하며 계속 생활하고 논쟁할 수도 있었다. 그러나 전간기 기간에는 슈테틀(유대인 거주지역)의 전통적 언어인 이디시어를 계속 사용하기로 하는 결정도 의구심이 들 수가 있었다. 왜냐하면 진보적 사고를 하는 많은 유대인들이 이디시어를 포기하고 지역 구어를 택하고, 종교적 전통에 대한 자신들의 헌신을 세속적 문화로 대체했기 때문이다. 그래서 헝가리 유대인들은 산도르 페퇴피와 엔드레 아디의 시에 도취하고, 폴란드 유대인들은 스워바츠키나 미츠키에비치의 시를 읽고 한숨을 쉴 수도 있었다.

나의 친가, 외가 조부모들은 공산주의를 택했다. 그들에게 이러한 선택은 가족의 문제였고, 그 불만도 가족의 문제였다. 외할아버지 야쿠프는 10대 때 공산당 폴란드 지부에서 일하기 시작했다. 먼저 그는 수습 기간을 거쳐야 했다. 후에 그는 화학 공장에서 짐꾼으로 일하면서 불법 유인물을 배포했다. 그의 여동생인 야드비가와 에드바르다는 공산당 청년조직과 영향력 큰 봉제공 동맹에 가담했다. 그들은 독서를 아주 좋아했는데 한 사람은 프로스트에, 다른 사람은 도스토옙스키에 심취했다. 두 사람 모두 전통과 현대 사이, 기존 종교와 무신론 사이를 왔다 갔다 했다.

친할아버지인 체스와프 베르만은 좀 더 전통적인 환경에서 자랐다. 베잘렐이라는 이름을 가지고 정통 유대인 가정에 태어난 그는 공산당이 폴란드에서 불법일 때 조직에 가담했다. 그는 이런 일탈 행동으로 고등학교에서 퇴학당했고, 가족들이 있는 잠브루프 슈테틀에서 그의 조부모와 함께 살았다. 역시 공산당원인 그의 동생 지그문트는 이와 비슷하게 프랑스로 이민 갈 수밖에 없었다. 두 형제는 당시 소련이 아니라 폴란드에 있던 것이 얼마나 운이 좋은 것이었는지를 알지 못했다. 1937-1938년 대숙청 기간 때 소련은 폴란드 공산당원 거의 모두를 가공의 간첩 혐의로 처형했다. 나중에 2차 세계대전 후 폴란드 공산당을 인수한 당 간부들은 폴란드 감옥이라는 좀 더 안전한 폐쇄 장소에 있는 바람에 이 대량 학살로부터 살아남았다.

그러나 베르만 형제들에게 공산당은 좀 더 넓은 세상으로 나아가는 통로였다. 시오니즘이 그들의 사촌들에게 새 지평을 열어준 것처럼, 공산주의는 이들에게 새로운 지평을 열어주었다. 다른 많은 사람들은 미국으로 이민 가면서 새 지평을 보게 되었다. 이것은 잔혹한 반대자에 대한 세계적인 투쟁이었다. 또한 그들이 살던 슈테틀과 무라누프Muranów의 유대인 빈민가를 벗어나 세계주의자가 되는 길이었다. 그리고 이 선택은 그들의 목숨을 구해주었다. 폴란드와 독일의 전쟁이 시작되었을 당시 공산당 지하운동을 하던 우크라이나 친구는 체스와프가 부그강을 건너 소련이 점령한 안전 지역으로 도망치는 것을 도와주었다. 후에 그 친구는 발진티푸스 열로 반쯤 미친 상태에서 우즈베키스탄에 있던 소련의 감옥 캠프에 들어갔다. 그리고 1945년에 그는 베를린 포위 작전을 편 붉은군대에서 싸웠다.

우리 할아버지 세대 사람들에게 공산주의의 국제적 성격과, 종교나 국가의 경계를 넘은 투쟁에 참여한다는 생각은 중요한 매력 중 하나였다. 그러나 공산주의만이 세계적 범위를 가진 유일한 정치 운동은 아니었다. 파시즘도 유럽대륙 전역에서 지지자들을 끌어보았다. 히틀러와 무솔리니가 권력을 잡기 전에도 여러 사례는 동유럽 전체에서 수많은 모방자들에게 영감을 주었다. 그들 중 한 사람은 헝가리 시인이자 언론인인 졸탄 뵈쇠르메니였다. 파산한 지주의 아들인 그는 견습공, 전령, 일당 노동자로 일했다.[4] 1919년 반혁명이 그에게 전투의 맛을 알게 해주었다. 부다페스트의 대학에서 잠시 수학하는 동안 그는 격정적으로 애국적인 학생기숙사 하위문화를 접했지만, 그에게 생의 목표를 제시한 것은 히틀러와의 운명적 만남이었다. 그는 나치당과 유사한 마자르 정당을 만들었다. 그는 헝가리 민족사회노동당의 상징으로 서로 엇갈려 놓인 두 개의 낫 모양을 택했다. 이것은 일종의 시골 스와스티카였다. 얼마 후 그의 정당은 낫십자가당Scythe Cross으로 알려졌다.

뵈쇠르메니는 스스로 생각하기에 시인, 현인이자 조국 헝가리를 위해 목숨을 바쳐 싸우는 전사였다. 부다페스트 언론은 그를 농담거리로 취급했지만, 농민들이 중세 농노제 같은 환경에서 힘들게 땅을 일구는 중부 헝가리의 초원지대인 푸슈타puszta에서 그의 메시지는 열광적 호응을 얻었다. 단 한 가지 문제는 그의 메시지가 무엇을 말하는지를 제대로 설명할 사람이 없다는 것이었다. 한 기자가 낫십자가당의 두 당원에게 그들의 신조에 대해 묻자, 그들은 자신들의 목표가 '공산주의자와 제3계급'을 혐오하는 것은 확실하다고 대답했다.[5]

그러나 이런 애매한 신조도 새 당원을 끌어들이는 데 방해가 되지 않았다. 실상을 보면 이것은 오히려 이점으로 작용했다. 뵈쇠르메니가 낫십자가당을 조직한 지 불과 1년 후 2만 명의 당원을 모집했고, 자체 공격대를 갖게 되었다. 그는 추종자들에게 유대인과 합스부르크인을 비롯해 헝가리 민족을 방해하는 누구에게든 폭력행위를 하도록 촉구했지만, 그의 말을 따르는 사람은 거의 없었다. 1936년 그는 자신이 권력에 오를 수 있는 유일한 길은 전면적 혁명을 시작하는 것이라고 결정했다.

뵈쇠르메니는 그해 5월 1일 300만 명의 농민군을 모아 부다페스트로 행진한 후 이 도시를 완전히 불태워버리겠다고 예고했다. 그날이 오자 1천 명 남짓한 추종자들이 실제로 모였지만, 그들 대부분은 지방 헌병에 간단히 체포되었다. 약 700명의 농민들이 체포되어 그중 113명이 재판에 회부되었다. 기소된 당원들은 처량한 모습으로 재판정에 나왔다. 한 목격자의 말에 따르면 재판정에 나온 그들은 '찢어진 바지, 누더기 같은 코트, 오래된 양가죽 조끼'를 걸치고 있었고, 깨끗한 셔츠를 입은 사람은 없었다. 그들의 빈곤은 외양만이 아니었다. 뵈쇠르메니 추종자의 98퍼센트는 집이나 땅을 소유하지 못했다. 이 사건을 담당한 재판관이 이 집단에게 무엇을 위해 투쟁하는지를 묻자 그들은 '사상'을 위해 죽을 각오가 되어 있다고 선언했다. 그러나 그것이 무엇인지 캐묻자, 그들은 제대로 답을 하지 못했다.

실패하기는 했지만, 낫십자가당은 파시즘이 정수된 한 형태였다. 이것은 현실을 초월하는 이상을 찾는 절박한 사람들의 운동이었고, 그들은 그 이상이 무엇이든 상관하지 않았다. 그러나 동유럽 파시스트 집단 모두가 그렇게 불운했던 것은 아니었다. 루마니아에서 '미하일 대천사장 연맹'(혹은 철위부대Iron Guard)은 대학생들의 운동에서 정당으로 발전하여 짧게나마 정권까지 장악했다. 그들이 성공한 핵심 이유는 카리스마적 지도자와 거리 전투 못지않게 종교적 선동에 초점을 맞춘 접근법 덕이었다.

독일에서와 마찬가지로 루마니아의 파시즘은 처음에는 확산되는 볼셰비키의 전염성에 대한 두려움을 둘러싸고 강화되었다. 철위부대 창시자인 코르넬리우 코드레아누는 1899년에 태어났다. 1차 세계대전에 징집되기에는 너무 어렸던 그는 국내에서 전투, 군사 학교, 파업을 벌이는 노동자들과의 길거리 싸움으로 경험을 축적했다. 코드레아누에게는 노동조합원들을 구타하는 것이 혁명을 막는 방법이었다. 그러나 그는 곧 노동자들—최소한 루마니아 노동자들—은 죄가 없다는 결론에 도달했다. 실제 책임은 유대인-공산주의자들에게 있었다. 코드레아누는 유대인들이 대학에 다니지 못하게 하는 데 자신의 에너지를 집중했다. 그와 그의 무리는 유대인들을 학생 클럽과 기숙사에서 쫓아내고, 유대인 연극을 중단시키고, 좌익분자들은 발견하는 대로 구타했다.[6] 1923년 코드레아누는 학생 파업을 조직하여 루마니아의 대학들이 한 학기 동안 문을 닫게 만들었다. 그는 이 성공을 이용하며 '민족-기독교방어동맹'이라는 정당을 만들었고, 이 정당의 유일한 목표는 고등학교, 대학교, 자유 직업에 진입하는 유대인 수를 제한하는 할당제를 실시하는 것이었다.

이 정당은 루마니아의 구원자가 되라고 코드레아누를 가르친 성스러운 비전에 영감을 받았다. 그는 후에 자신의 정당을 '미하일 대천사장 연맹'으로 재조직하고 영향력을 크게 확장시켰다. 이것은 당원의 뛰어난 현장 작업 덕분에 이루어졌다. 코드레아누의 당원들은 루마니아 시골 지역을 샅샅이 돌아다녔고, 트란실바니아와 몰다비아의 궁벽한 시골 마을까지 찾아다녔다. 이 지역은 그때까지 어느 정당의 정치인도 방문하지 않은 곳이었다. 마을 사람들은 촛불을 켜고 노래를 부르며 활동가들을 맞았고, 젊은 당원들은 하수로를 파고 도로를 수리하며 공동체 봉사 프로젝트를 수행했다.[7]

때로 이러한 원정 중 코드레아누와 그의 부하들은 신분을 감추고 여행했다. 누군가 마을에 미리 가서 '와야 할 분'에 대한 소문을 퍼뜨리며 그의 도착에 대한 기대감을 높이는 작업을 했다. 코드레아누가 드디어 도착하면 그는 환영幻影처럼 시골 풍경을 배경으로 이동했다. 그는 백마를 타고 심복들에 둘러싸여 이동했다. 들르는 모든 마을 광장에서 그는 말에서 내려 땅에 입맞추고, 아무 말도 하지 않고 다시 말을 타고 떠났다. "방금 성인이 지나간 것인가?" 사람들은 자신이 성인이나 메시아의 출현을 목격한 것이 아닌가 하고 놀라워했다.[8] 코드레아누의 추종자들은 그가 둘 모두에 해당한다고 사람들에게 말해주었다.

기성 종교를 경쟁자로 본 독일이나 이탈리아의 파시스트와 달리 철위부대는 신앙의 언어를 많이 구사했다. 당원들은 목에 성토聖土 주머니를 두르고 다녔고, 거대한 야외 미사를 드리고, 신을 보았거나 성모 마리아와 대화를 나눈 작은 마을의 신비주의자들을 옹호했다.[9]

많은 민중 선동가와 마찬가지로 코드레아누는 애매하면서도 모순적인 교리를 강론했다. 그는 민주주의에 반대했지만 주민들 편에 섰고, 유대인에게도 선거권을 주는 보통선거제를 혐오했다. 유대인이 코드레아누의 유일한 적은 아니었다. 그는 그리스인, 튀르크인, 불가리아인, 헝가리인도 혐오했다. 루마니아 민족을 종교적 관점에서 바라보았고, 제자들에게 특별한 기도를 가르쳤고, 동화와 비슷한 우화를 얘기했다. 그는 당원들에게 '새로운 사람'이 되기 위해 다양한 고난을 겪어야 한다고 말했다. 이러한 시험에는 '고통의 산, 야생동물의 숲, 실망의 늪'이 있었다.[10]

이것은 유치해 보였지만, 루마니아의 가장 세련된 지식인들 일부에 마법처럼 작용했다. 여기에 매몰된 저명한 루마니아 사상가로는 위대한 종교 역사가이자 세계적인 신비주의 학자인 미르체아 엘리아데가 있었다. 엘리아데는 철위부대가 자연력의 전쟁elemental war를 치르고 있다고 생각했다. 이 전쟁은 '위장의 세계' – 정당과 시장 경제의 구세계 – 와 '감히 영혼을 믿는' 새로운 세계의 투쟁이었다. 이와 유사하게, 저명한 비관주의 학자인 에밀 시오란은 코드레아누의 젊은 돌격대를 찬양하는 글을 썼고, 그들의 구타와 자발적인 살인을 '영적 개인화의 열정인 사상의 씨앗'을 감추고 있는 '에너지의 폭발'이라고 보았다.[11] 코드레아누가 1938년 루마니아 왕의 명령에 의해 살해당하자, 시오란은 생애 중 예수 다음으로 많은 것을 성취한 사람의 죽음을 애석해했다.

엘리아데와 시오란의 가까운 친구이자 당대 세대에서 가장 뛰어난 소설가인 유대인 미하일 세바스티안은 단지 이를 방관하고 이들의 이야기를 경청했다. 세바스티안은 자신의 일기에, 엘리아데 같은 친구들은 정부 장관들을 총살하고 혀를 매달아 죽여야 한다고 요구하다가 단숨에 가장 최근의 문학계 험담으로 화제를 돌린다고 기록했다.[12] 더 기괴한 것은 이들이 탈취된 유대인 재산의 일부를 차지하지 못한 것을 불평했다는 점이다. 그들은 세바스티안도 그런 피해자가 될 수 있다는 것에 아랑곳하지 않았다.[13]

세바스티안은 루마니아의 뛰어난 작가와 지식인들이 저속한 신비주의적 파시즘의 노예가 된 것을 발견했다. 전쟁 전 루마니아 인텔리겐치아의 또 다른 멤버였던 희곡 작가 외젠 이오네스코는 이런 현상을 두고, 잠에서 깨어나보니 한때 인간이었던 자신의 친구들이 갑자기 괴물 무리로 바뀐 것에 비유했다. 그럼에도 이 모든 지적인 반유대주의 코뿔소들은 계속 세바스티안과 교우했다.

부분적으로 이런 지속적인 유대는 동유럽의 인텔리겐치아가 아주 작은 집단이었고, 모두가 서로를 잘 아는 사이라는 사실로 설명될 수도 있다. 거대한 열정과 아주 작은 보상은 정치 분쟁을 둘러싼 비현실적 분위기를 만들어냈다. 루마니아에서 이것은 오랫동안 사실이었다. 1886년에 이미 한 유명한 정치가이자 극작가인 (아주 동유럽적인 결합) 인물은 루마니아 정권을 '순진한 관객 앞에서 멍청한 배우들이 연기하는 저질 희극'이라고 묘사했다.[14] 민주주의는 실제가 아니라 이론으로만 존재했다. 지방에서 부패한 관리들은 지역 당 대표에게 표를 선사했고, 부유한 대영주들은 자신들의 많은 농노를 가지고 같은 일을 했다.

이런 유형의 타락은 모두가 뇌물을 받는 상황에서는 이념 분쟁의 날카로운 대립을 상당 부분 제거했다. 다음 날 결투를 할 정적과 커피 한 잔을 하는 것은 전혀 이상하지 않았다. 전간기 헝가리와 폴란드의 정치 생활도 이와 같은 공식적 적대감과 개인적 친밀감이 결합되었다. 민족 해방자에서 군사 독재자가 된 유제프 피우수트스키가 통치하는 폴란드에서 공산주의자와 무정부주의자는 상시적인 검열과 체포 위협에 시달렸다. 그럼에도 급진적인 예술가들은 정권 실력자들과 가까운 관계를 유지했다.

착취자와 혁명가를 구분해서 말하기는 힘들었다. 폴란드의 미래파 작가 알렉산테르 바트는 멋진 양복을 걸치고, 포켓치프를 하거나 단춧구멍에 카네이션을 꽂고 다녔다. 짧게 다듬은 콧수염과 움푹 파인 장의사 같은 눈을 한 그는 세속적인 찰리 채플린 같아 보였다(바트의 누이가 주인인 모자 가게에서 일했던 내 어머니의 이모들은 그가 잘생겼다고 기억했다). 후에 아방가르드 문학을 버리고 급진 정치를 택한 바트는 서방에서 바르샤바를 방문한 좌파 작가들이, 그와 그의 동료가 우파 군사 통치 집단과 같이 커피를 마시는 광경을 보고 충격받은 것을 회고했다.[15] 1932년 바트와 그의 문학잡지 편집진 모두가 투옥되었을 때 정부에서 일하는 한 대령은 그들 모두에게 허시펠트 고급 식품점에서 구입한 보드카와 캐비어를 보내주기도 했다.[16]

부다페스트에서 이와 유사한 허물없는 접촉이 전간기 대부분 지속되었다. 좌파와 우파 사이 충돌이 일어나기는 했지만, 벨라 쿤과 백색 테러라는 이중의 공포 앞에서 이러한 이견은 프란츠 요제프 시기의 허물없는 사교로 다시 무마되었다. 역사가 이슈트반 데아크는 부다페스트의 분위기를 "가장 격렬한 반유대주의자도 유대인 친구를 가지고 있었고, 가장 박해받는 혁명가도 나름대로 연줄을 가지고 있었다"라고 서술했다. 부다페스트 사교계는 '무사태평과 유머 감각이 넘쳐서' 당대의 가장 큰 이념적 충돌도 선과 악의 투쟁이 아니라 '음악적 희극'처럼 느껴지게 했다.[17]

음악 연주회장 같은 정치 분위기는 때로 거북할 정도로 실제 현상으로 나타나기도 했다. 1919년 미클로시 호르티가 부다페스트로 행진할 때 한 민병대 지도자는 안톤 레하르였고 그의 동생 프란츠 레하르는 〈행복한 과부〉라는 오페레타를 작곡했다. 그의 병력이 호르티가 권좌에 오르는 것을 도운 지 2년 후 안톤은 형식적으로는 헝가리의 비어 있는 왕좌를 프란츠 요제프의 조카손자인 합스부르크 황제 카를에게 제공하는 희극적 쿠데타를 시도했다. 그는 혼자 말에 올라탈 수 없을 정도로 왜소했다. 쿠데타 실패 후 안톤은 베를린으로 정치적 망명을 떠나야 했다. 그곳에서 그는 우파 군벌 생활을 청산하고, 가벼운 음악 악보를 출간하는 일을 시작했다. 안톤의 인생 역정은 음악 희극의 소재처럼 보인다. 그는 백색 테러의 지도자였고 그의 동료 민병대 지도자는 유대인들의 자른 귀를 행운의 부적으로 보관했다.

전간기 동유럽은 잔학 행위가 도시 생활의 안락함과 공존하는 기묘한 장소였다. 작가와 지식인 전체에게 문명은 붕괴 직전에 있는 것처럼 보였지만, 그것 자체가 큰 흥분을 불러일으켰다. 재앙주의자Catastrophists라는 명칭을 스스로 택한 폴란드 시 분파의 시인들은 종말을 예언하는 시를 썼다.

아방가르드 스펙트럼의 반대쪽에 있는 미래주의자들Futurists은 세계가 새로 탄생했다고 선언했다. 언어까지 포함하여 모든 것이 재창조의 대상이 되었다. 바트의 말에 의하면 미래주의자들은 '반反시와 반反문학'을 만드는 것으로 자신들의 운동을 시작했다.[18] 점차적으로 그들을 추동하는 열정으로 정치가 아방가르드를 대체했고, 그들은 새로운 탐구를 시작했다. 그것은 대중을 유혹하고, 대중을 유토피아로 이끄는 작품을 만드는 것이었다.

10년 후 이 낙관주의는 사라졌다. 바트는 자신과 동료 폴란드 작가들이 '두 거대하고 강력한 역동적인 괴물 사이'에 낀 것처럼 느꼈다.[19] 두 괴물은 스탈린의 소련과 히틀러의 나치 독일이었다. 군홧발과 집단수용소에서 언어 장난은 설 자리가 없었다. 많은 작가들은 반反파시즘만이 유일한 도덕적 선택이라고 느꼈다. 국제공산주의운동인 코민테른은 이 운동을 주도해나갈 것으로 생각되지만, 비극적으로 이 운동은 그 참여자들을 어두운 길로 내몰았다. 1930년대 말이 되자 코민테른은 완전히 스탈린과 소련 수중에 들어갔고, 적이라고 여기던 대상보다 공산주의 동지들에게 훨씬 더 위험한 것으로 드러났다.

수십 년이 지난 후 바트는 자신이 젊은 시절에 공산주의에 매혹된 것을 '악마주의'나 '도덕적 정신병' 형태의 '철학적 질병'이라고 서술했다. 정치적 신념으로서 공산주의는 10년 이상 그를 지배했지만, 1939년 소련이 폴란드를 침공할 때까지 모스크바에 충성하는 대가를 완전히 깨닫지 못했다. 소련이 점령한 르비우에서 체포당한 바트는 모스크바의 루비안카 감옥에서 1년을 보낸 후 카자흐스탄에서 유형 생활로 거의 죽음에 이르렀다.

바트의 친구이자 동료 미래주의자인 브루노 야시엔스키는 공산주의에 대한 바트의 실망을 공유했지만, 자신의 충성을 참회할 기회는 갖지 못했다. 야시엔스키는 러시아의 통치를 받는 폴란드 지역에서 빅토르 지스만으로 태어났다. 그의 어머니는 가톨릭 귀족이었고, 아버지는 개신교로 개종한 유대인 의사였다. 1차 세계대전이 발발하자 그의 가족은 러시아 내륙 지역으로 이주했다. 모스크바에서 야시엔스키는 러시아혁명을 두 눈으로 직접 목격했다. 그는 환희에 휩싸였으나 혁명의 정치보다는 예술에 더 매혹되었다. 그가 18세에 — 브루노로 개명하고 — 바르샤바에 돌아왔을 때 그는 해방된 언어의 전도사가 되었다. 소련 미래주의 시인인 블라디미르 마야콥스키와 다다이스트들에 매료된 그는 그럼에도 자신을 프롤레타리아보다는 멋쟁이 신사dandy로 내세웠다. 높은 중절모를 쓰고 외눈 안경을 끼고 폭이 넓은 붉은 넥타이를 맨 야시엔스키는 크라쿠프의 시인 클럽에서 신성모독적인 시를 낭송했다. 그는 후에 자신의 생애에서 이 시기를 "시를 다이너마이트처럼 반죽하고, 모든 단어가 도화선이 되는 … 기괴하지만 아름다운 시간이었다"라고 회상했다.[20]

야시엔스키는 레닌의 저작을 폴란드어로 번역하다가 미래주의에서 마르크스주의로 돌아섰다. 1925년 그는 부인과 함께 폴란드를 떠나 파리로 갔다. 그는 그곳 책방 진열대에서 《나는 모스크바를 불태운다Je brûle Moscou》라는 책이 진열된 것을 보았다. 야시엔스키는 책 제목에 격노했지만, 그의 프랑스어 지식은 이것이 '모스크바를 불태운다'가 아니라 '모스크바로 달려간다'는 속어인 것을 알 만큼 깊지 않았다. 그러나 그 뜻을 모르는 것이 더 나았다. 그는 이에 대한 대응으로 《나는 파리를 불태운다》라는 소설을 썼다. 이것은 유럽 중앙부에 있는 프롤레타리아 코뮌을 그린 스릴러였고, 그의 대표작이 되었다. 그 소설에서는 전염병이 파리를 덮치고, 파리 주민들은 프롤레타리아, 왕정주의자, 백군 러시아인, 볼셰비키, 아프리카인 부두 노동자, 중국 마르크스주의자, 심지어 미국인 진영으로 나뉘어 싸움을 벌인다. 사람들이 자신들의 주거 지역을 방어하고 얼마 되지 않는 생필품을 얻기 위해 싸운다. 시간이 지나면서 이 싸움은 아무 의미가 없어진다. 사람들은 전염병으로 모두 죽지만 중앙 감옥에 있는 죄수들만 우연한 격리로 살아남게 된다.

버려지고 황폐해진 도시에 유일하게 남겨진 죄수들은 이상적인 노동 코뮌을 창조한다. 외부 세계로부터 자신들을 방어하기 위해 유럽 다른 지역에 계속되는 전염병을 경고하는 라디오 방송을 내보낸다. 이들이 만든 세계에서 유토피아는 만개한다. 과거 콩고르드 광장이었던 곳에 곡식이 풍성히 자라고, 룩셈부르크 정원에는 양배추와 꽃양배추가 자란다. 튈르리 궁전Tuileries은 거대한 코뮌 탁아소가 되어, 노동자 자녀 수천 명이 똑같은 붉은 모자를 쓰고 뛰어논다.[21] 서방 자본주의자들은 코뮌에 전쟁을 선포하지만, 그 국가들 내 노동자들이 반란을 일으킨다. 그 책의 마지막 문장에서 대중은 '거대한 배처럼 전율하며' 모두 파리 혁명의 깃발을 든다.

1928년 출간된 《나는 파리를 불태운다》로 야시엔스키의 파리 생활은 끝났다. '서유럽 문화에 대한 맹목적이고 어리석은 증오'를 표출했다는 이유로 프랑스에서 추방된 그는 레닌그라드로 가서 영웅적 환영을 받았다.[22] 《나는 파리를 불태운다》의 러시아어 번역본은 바로 베스트셀러가 되었고, 야시엔스키는 저명한 러시아 작가 반열에 올랐다. 그는 타지키스탄의 소비에트화에 헌신하고, 목화 생산 증진을 독려했다. 또 중앙아시아에 운하 건설을 감독하는 비밀경찰을 주인공으로 한 소설을 썼다. 그는 모스크바에 고급 아파트를 얻었고, 러시아 여인과 새로 결혼도 했다. 심지어 파미르산맥의 한 고봉에 그의 이름이 붙기도 했다.

그러나 좋은 시간은 오래 지속되지 않았다. 1934년 소련을 방문한 동료 폴란드 작가가 야시엔스키를 방문했다가 지저분하고 난방이 제대로 되지 않는 그의 아파트를 보고 놀랐다. 식탁에는 철갑상어 캐비어와 제국 크리스털 식기가 쌓여 있었지만, 그 친구는 좋은 음식과 음료가 소련의 풍요로움을 서방 방문자에게 보여주기 위한 과시용임을 알아차렸다. 그가 떠나는 순간 누군가가 와서 이것을 치울 것이 분명했다. 야시엔스키는 겁을 먹은 듯이 보였다. "그의 눈은 사방을 두리번거렸고, 술을 따를 때 손이 떨렸다."[23] 그의 아파트는 과장된 전시장이 되었고, 폴란드 작가들에게 혁명 편에 서면 얻게 될 보상을 보여주는 장소가 되었다.

야시엔스키가 두려워할 충분한 이유가 있었다. 올가미가 그의 목을 조여오고 있었다. 대숙청이 절정이던 1937년 7월 31일 그는 트로츠키파 이자 폴란드 스파이라는 혐의로 기소되었다. 경찰 심문자들은 그의 이빨을 가격하여 망가뜨렸고 손톱을 뽑았다. 야시엔스키는 결국 자백서에 서명했지만, 곧 이를 철회했다. 그는 여러 번 스탈린에게 편지를 써서 자신의 무죄를 주장하고, 석방을 탄원했다. 그런 다음 그는 더 이상 고문하지 말고 총살시켜달라고 요청했다. 그의 바람은 1938년 9월 17일 모스크바의 부티르카 감옥 지하에서 실현되었다. 한 달 후 그의 러시아인 부인도 같은 운명을 맞았다. 아들은 고아원으로 보내졌는데, 자라서 소련 시대 주요한 마피아가 된 것으로 추정된다.

중간 계급인 바트나 야시엔스키와 달리 루마니아 소설가 파나이트 이스트라티는 프롤레타리아의 밑바닥에서 혁명 정치에 가담했다. 그의 어머니는 루마니아인 세탁부였고, 이스트라티가 얼굴을 보지 못한 그의 아버지는 그리스인 밀수자였다. 미하일 세바스티안과 마찬가지로 그는 도나우강 항구 브라일라에서 자랐다. 그 시기에 브라일라는 오데사의 축소판 같아서, 유대인, 튀르크인, 그리스인, 불가리아인, 시리아인, 타타르인, 러시아인이 잡다하게 섞여 살며 부두 일꾼, 곡물 상인, 어패류 수집 잠수가, 식물 구근 장사꾼으로서 생계를 이어갔다. 이들이 이스트라티 초기 소설의 등장인물이 되었다. 그러나 이런 소설을 쓰기 전 먼저 그는 작가가 되어야 했고, 이것은 많은 우여곡절이 있는 긴 여행이었다.

이스트라티는 12세 때 집을 나와 유랑 생활을 시작했다. 화물선에 올라탄 그는 베이루트에서 바리Bari까지 지중해 여기저기를 돌아다녔고, 과자 굽는 일부터 돼지 치는 일까지 안 해본 일이 없었다. 이 시기에 그를 아는 친구는 그를 '키가 크고, 마른 몸매에 탐욕스러운 입과 점잖고 순종하는 눈을 가진 청년'으로 묘사했다. 우울과 활기를 번갈아 보인 이스트라티는 남녀 모두와 열정적 관계를 가졌다. 결혼도 몇 번이나 했다. 고통과 극빈에 분노한 그는 다양한 혁명 운동에 가담했다. 그는 첫 소설을 사회주의 계열 언론에 발표했다. 폐결핵을 앓은 그는 스위스의 요양원에 있는 동안 프랑수아 페네롱의 《텔레마쿠스의 모험》을 읽으면서 독학으로 프랑스어를 깨우쳤다.

1921년 프랑스로 돌아온 그는 한 푼도 없는 절망적인 상태에서 목을 그어 자살하려 했지만 실패하여 니스에 있는 병원으로 후송되었다. 자살 시도 전날 그는 당시 '유럽의 양심'으로 최고의 명성을 얻고 있던 프랑스 소설가 로맹 롤랑에게 편지를 썼는데, 병원에 있는 동안 누군가가 그의 옷 속에서 이 편지를 발견하여 그것을 롤랑에게 보냈다. 이 편지는 절망의 비명이면서 자신의 생애 이야기를 담은 것이었다. 그 글은 재미있고, 열정적이고, 매력적이었다.

롤랑은 이스트라티에게 회신을 보내, 자기 자신의 이야기를 바탕으로 글을 써보라고 충고했다.[24] 그 결과로 나온 것이 연작 소설인 《아드리엔 자그라피의 계좌》였다. 아주 흥미로운 이 소설은 동양적 무대 ─ 하렘, 노예 소년 등 ─ 를 배경으로 한 동성애로 시작되어, 1859년 몰다비아-왈라키아 연합에 대한 애국적 옹호로 끝난다. 세 번째 소설이자 가장 뛰어난 작품인 《하이두크》는 동굴에서 도적 떼의 집단 고백으로 시작된다. 이 작품들은 1924년부터 시작하여 프랑스의 좌익 출판 재벌인 앙리 바르부세가 출간했다. 그는 《나는 파리를 불태운다》도 출간했다.

유명한 작가가 되고 공인이 된 이스트라티는 소련을 열정적으로 옹호했다. 그는 공산당원이 아니었고, 마르크스주의에 대해 구체적으로 아는 것은 없었지만, 가난하고 학대받는 사람과 반란자들에게 동정심을 가졌다. 1927년 그는 소련의 유럽 지역을 두루 여행했고, 볼가강을 따라 항행하고, 니즈니노브고로드Nizhny Novgorod와 바쿠Baku에서 새 친구들을 사귀었다. 그는 몰다비아사회주의공화국에 특히 매료되었다. 그가 보기에 그곳은 이미 사회주의가 건설되고 있는 축소판 루마니아처럼 보였다. 그는 한때 군사주의 루마니아 사회주의자였고 당시 몰다비아 보건장관을 맡고 있던 의사 출신 예카테리나 아르보레와 오래 얘기를 나누었다. 그녀가 내밀히 말해준 소련 생활의 실상에 그는 큰 충격을 받았다.

1929년 이스트라티는 병들고 방향 감각을 잃은 채 환상에서 깨어나서 파리로 돌아왔다.[25] 스탈린이 고문, 투옥, 처형으로 트로츠키파를 처리하는 방식이 그의 양심을 흔들었다. 볼셰비키 좌파와 절연해야 한다고 생각했지만, 그 결과에 대해 우려했다. 그가 노동자 파업을 취재하기 위해 루마니아로 돌아오자 비밀경찰이 그를 미행하고 그의 우편물을 수색했다. 많은 사람들이 이스트라티를 소련의 첩자라고 생각했다. 이 순간 소련에서는 그가 트로츠키주의에 빠졌던 것이 드러나서 그는 위험한 도발자로 간주되었다. 소련과 밀접한 관련이 있는 어느 언론은 그가 자기네 진영에서 이탈하려 한다는 것을 알아차리자 그를 '매수된 비밀경찰 앞잡이', '용병', '파시스트 늑대로 변절한 소비에트 양' 등으로 묘사했다. 소련에 대해 그가 가진 두려움이 입증된 셈이었다. 그의 출판인인 앙리 바르뷔세는 파리에서 그를 비방하는 언론 운동을 지휘했고, 모스크바에서는 브루노 야시엔스키가 《외국 문학 저널》에서 그를 공격했다.[26]

우파와 좌파 사이에서 독자적 노선을 유지했던 미하일 세바스티안도 공격에 가담해 이스트라티의 정치를 "우스꽝스럽고, 가식적이고, 보잘것없고, 노골적으로 말하면 바보 같다"고 비판했다. 그에게 가해진 마지막 타격은, 그의 위대한 멘토였던 로맹 롤랑이 그를 "최악의 정치인들의 통제되지 않는 눈 먼 도구"라고 비난하며 그와의 관계를 끊은 것이었다.[27]

건강이 악화되고 정치적인 노숙자가 된 그는 안전한 항구를 찾아나서서, 잠시 루마니아주의의 십자군이라고 불린 철위부대의 좌익 분파 운동에 빠졌다. 자기 세대의 많은 지식인처럼 이스트라티는 공산주의와 파시즘의 중간 지대를 더 이상 찾을 수 없었다. 하나를 거부하는 것은 다른 하나를 포용하는 것을 의미했다. 이스트라티가 십자군에 가담한 지 얼마 되지 않아 그 집단 지도자가 철위부대의 전 동료들에 의해 극도로 잔인한 방법으로 살해되었다. 이스트라티는 이제 완전히 고립되었다.

1935년 이스트라티는 부쿠레슈티의 요양원에서 사망했다. 2년 후인 1937년 발간된 《대★소비에트 백과사전》에서는 그의 소설을 '가벼운 낭만주의에 물들고' '소부르주아 봉기'의 '어중간한 이데올로기'에 영향을 받은 것으로 서술하며 그의 이름에 마지막 경멸을 쏟아냈다. 이러한 서술이 출간되던 그 시점, 이삭 바벨, 브루노 야시엔스키와 거의 100만 명의 무고한 소비에트 시민들의 생명을 앗아간 대숙청이 죽음의 향연을 벌이고 있었다.

대숙청은 러시아혁명이 만들어낸 유토피아 꿈의 조종弔鐘이 되었다. 야시엔스키, 이스트라티, 바트는 각기 다른 방식으로 이 혁명으로 영감을 얻었고, 그들 모두는 예술을 통해 미래를 가져오기를 희망했다. 이것이 실패하자 그들은 정치 운동에 뛰어들었고, 이것도 결국 차례로 그들을 배신했다. 같은 일이 우파에 있던 시오란과 엘리아데에게도 일어났다. 그러나 그들은 역사보다는 공동 음모자들에게 더 실망했다.

이런 상황에서 미하일 세바스티안은 문명의 옛 버전에 내내 충실했다. 이것은 그의 예술적 우상인 베토벤과 몰리에르가 전범이 된 순수한 표현의 세계였다. 이러한 이상에 대한 헌신은 그를 이스트라티와 같은 정치적 노숙자로 만들었다. 게다가 1930년대 말 인종차별법이 시행되면서 유대인은 소설을 출간하거나 희곡을 상연할 수 없게 되었다. 그는 유대인 대학에서 강의하면서 얻은 보잘것없는 수입으로 먹고살며 전쟁에서 살아남았다. 그러나 전쟁이 끝난 지 불과 일주일 뒤인 1945년 5월 길에서 트럭에 치여 숨졌다. 그가 더 살았어도 여생이 편안했을지는 미지수다.

전간기 중 작가들은 정치적 헌신을 황야 같은 시대를 헤쳐가는 나침반처럼 생각했다. 그들에게 이념은 점占과 같았다. 공산주의와 파시즘은 당면한 걱정을 해결해주지 않고, 새 세계의 도래를 예언했다. 잠시 동안 예술가들은 이 새 세계의 전령인 것처럼 보였다. 그러나 1930년대가 되자 그들은 단지 이념의 노예에 불과하다는 것이 분명해졌다.

일부 사람들은 예언의 옛 형태를 믿었다. 종교는 동유럽에서 여전히 강력한 힘을 가지고 있었다. 부코비나와 볼히냐의 정교회 수도원에서는 기도 소리가 울려퍼졌고, 알바니아와 보스니아의 수피 사제는 민족주의적 혁명가들과 아주 가까운 설교를 했다. 폴란드에서 우리 할아버지 세대에게 하시즘은 공산주의나 시온주의와 같은 힘을 가지고 있었다. 그리고 일부 지역에서는 러시아혁명 자체가 모든 것 중 가장 위대한 예언의 실현처럼 보였다.

1930년대 중반 동부 폴란드의 숲 지대에 한 예언자가 나타났다. 그는 자신의 마을에서 제자들을 끌어모았다. 일부는 그의 사도가 되었고, 일부는 그의 부인이 되었다. 그의 추종자들은 농민, 경작자, 협잡꾼, 사기꾼, 차르가 되려는 사람들이었다. 그들은 함께 자신들의 새로운 신앙을 위한 교회를 지었다. 그런 다음 그들은 비에르샬린Wierszalin이라고 불린 새 도시 건

설 작업을 시작했다. 처음에 이것은 여러 농장을 합친 것에 불과했지만, 그들은 이것이 곧 세계의 수도가 될 것이라고 믿었다. 그러다가 전쟁이 일어났고, 모든 것이 쓸려나가서 여기저기 흩어진 소수의 신자만이 신성한 도시의 전설을 살아남게 했다.

비에르샬린 이야기는 1차 세계대전 몇 년 전에 농부인 엘리아스(또는 엘리야) 클리모비치와 함께 시작되었다. 그는 '오래된 버섯 재배지'란 뜻을 가진 스타라그지보프시치나Stara Grzybowszczna 마을에 살았다. 낙후된 이 마을은 오늘날의 폴란드와 벨라루스 국경 지역에 있었다. 클리모비치는 신성한 행동 덕분에 유명해졌다. 한 도둑이 그의 집 근처 농장을 약탈하고 있을 때 클리모비치는 크론슈타트의 성자 요한에게 도움을 얻기 위해 여행하고 있었다. 그가 멀리 가 있을 때 누군가가 도둑을 죽였다. 사람들은 도둑을 처단한 사람 대신에 클리모비치에게 공을 돌리고 그가 신의 간섭을 예측할 능력을 가졌다고 칭송했다.

지역 영웅이 된 클리모비치는 자신의 교회를 만드는 데 집착했다. 자금을 모으기 위해 그는 자기 땅을 팔고 기부금을 모으러 길을 떠났다. 이것은 당시 그 지역의 농민으로서는 충격적인 행동이었다. 그는 기적을 행하며 병자를 고치고, 악령을 몰아냈다. 그의 명성은 점차 커졌다. 그는 설교를 시작했다. 그는 세계의 구원을 예언했고, 사람들은 그를 예언자로 떠받들었다. 엘리야가 다시 환생했다는 소문이 퍼졌다. 스타라그지보프시치나 숲에 자신의 왕국을 건설하기 위해 다시 나타난 그리스도라는 소문까지 돌았다.

그는 스타라그지보프시치나에서 몇 킬로미터 떨어진 비에르샬린이라고 불리는 고립된 농장에 자신의 교회를 만들었고, 이 지역 사람들은 이곳으로 몰려들었다. 남자들은 부인을 버리고 왔고, 여자들은 남편을 버리고 왔다. 과부와 처녀들이 그의 집단에 더욱 열성적으로 가담했다. 평범한 사람들이 성서에 나오는 역할을 맡았다. 벌목꾼인 알렉산데르 다닐루크는 엘리야의 사도인 시몬이 되었고, 옷감 장사 파벨 비엘스키는 그의 사도 바울이 되어서 클리모비치의 행적을 기록하고 그를 찬양하는 찬송가를 만들었다.

이 사람들이 19세기 농민 생활 감각이 단절되지 않은 상태에서 태어난 마지막 폴란드-벨라루스인 세대가 되었다. 이 감각은 1차 세계대전 발발로 산산조각이 났다. 스타라그지보프시치나와 러시아제국의 서부 국경 인근 다른 지역에서 온 사람 대부분은 진격해 오는 독일군을 상대하기 위해 펼친 초토화 작전으로 인해 내륙 깊숙한 곳으로 이주했다. 그곳에서 그들은 새로운 언어, 새로운 관습, 새로운 생활 방식을 접하게 되었다. 나의 증조모는 이런 이주자(비에잔치bieżancy) 중 한 사람이었다. 러시아군은 폴란드 소도시 쿠트노Kutno 인근 마을에 살고 있던 그녀와 그녀 가족, 문맹 농민들이 집을 버리고 동쪽으로 이주하도록 강제했고, 그곳에서 그녀는 리투아니아 남동부 출신의 무일푼 귀족인 남편을 만났다.

1917년 10월 혁명은 뇌성과 같은 힘으로 나타났다. 많은 사람들이 가까이서 이를 목격했다. 일부는 붉은군대나 그 함대에서 복무했다. 전투가 끝났을 때 이주했던 사람들은 이제 독립 국가가 된 폴란드로 돌아왔다. 그들은 멀리서 폴란드의 발전에 대해 여러 생각을 했다.

예언자 클리모비치의 수제자이자 선전가이자 신학자인 알렉산데르 다닐루크는 러시아혁명의 종교적 의미에 대해 추종자들에게 설교했다. 소련의 붉은 별은 그리스도 탄생의 전조로 하늘에 나타난 별과 같은 별이었다. 엘리야가 할 일은 "사람들에게 진실을 말해서 그들이 자신의 생애가 단순하지 않고, 평범한 삶이 아니며, 역사상 가장 위대한 예언과 가

장 큰 사건의 실현이라는 것을 이해하게 하는 것"이라고 다닐루크는 설교했다.[28]

성스러운 도시 비에르샬린에서 위대한 일이 진행 중이었다. 종말이 가까이 왔고, 레닌은 대천사들과 함께 그것이 실현되게 만들 터였다. 보통 좁은 통로에 갇힌 시간은 모든 방향으로 넓게 미친 듯이 달릴 것이라고도 예언했다. 치에우스키Cieluski 마을에서 올가라는 여인은 맨몸으로 거리를 다니며 창문을 부수면서 모든 사람에게 "회개하라"고 외쳤다. 야나라는 여인은 묘지의 십자가를 뽑아 엎고, 울타리를 부수고 맨손으로 창문을 깨면서 "낡은 것 모두에 종말이 온다!"라고 소리쳤다.

이것은 취리히의 카페에서 다다이스트들이 했을 법한 일들이었지만, 사실이었다. 그러나 비에르샬린의 시간은 끝나가고 있었다. 추수기인 1936년 뜨거운 여름날, 농민들 행렬이 모랫길을 걸어 엘리야의 집으로 향했다. 행렬의 맨 앞에 선 남자는 나무로 만든 십자가를 들고 있었다. 또 다른 사람은 채찍을, 세 번째 남자는 울타리의 철조망을 뜯어 만든 가시면류관을 들고 있었다. 네 번째 사람은 망치와 못을 들었다. 이것은 부활절 행진 때 그들이 사용하던 굵고 네모진 모양의 못이었다.

순례자들이 십자가를 엘리야에게 헌물로 바칠 것이었는지, 아니면 그를 십자가에 못 박아 세상의 종말을 가져오려고 했는지에 대해서는 의견이 갈린다. 엘리야는 후자를 전제했던 듯하다. 그는 이 행렬과 십자가 처형 도구에 크게 겁을 먹었다. 행렬이 유다로 하여금 그에게 입 맞추게 하기 전, 엘리야는 도망쳐서 자신의 농장 지붕 다락에서 짚으로 몸을 가리고 숨었다. 3일 후 그는 마치 죽음에서 부활한 것처럼 다시 나타났다. 이것은 그의 추종자들이 기대했던 부활이 아니었고, 많은 추종자들이 떠나기 시작했다.

엘리야의 몰락은 희극으로 시작되어 비극으로 끝났다. 1939년 전쟁의 참화가 다시 비에르샬린을 덮쳤다. 소련군이 동부 폴란드를 점령하기 위해 다가오자 엘리야는 추종자 한 사람에 의해 고소당했다는 말이 돌았다. 러시아인들은 그를 '폴란드인의 신'이라고 부르며 조롱했다. 한 보고에 의하면 소련군은 즉석에서 그를 처형했다고 한다. 다른 보고에 의하면 그를 시베리아로 보냈고, 일부 추종자들은 그가 그곳에서 오랫동안 설교했다고 믿었다. 또 어떤 사람들은 그가 얼마 후 크라스노야르스크Krasnoyarsk 동쪽 어딘가에 있는 요양원에서 죽었다고 주장했다. 진실을 설명하는 자료가 어딘가에 있을 텐데 아직 발견되지는 않았다.

엘리야의 죽음 또는 실종 후 그의 추종자 대부분은 이 예언자에 대한 믿음을 버렸다. 그러나 소수의 추종자들은 신앙을 계속 고수했다. 매년 그들은 비에르샬린으로 돌아와 성지인 그라바르카Grabarka 언덕을 방문한다. 그곳은 엘리야의 골고다 언덕이고, 모든 일이 계획한 대로 진행된다. 그 후 그들은 비에르샬린에 유일하게 남아 있는 가옥으로 가서 기도를 하고, 잃어버린 낙원을 한탄하는 노래를 불렀다.

폴란드 기자이자 사회학자인 브워지미에즈 파브루추크는 1970년대 초반 남아 있던 추종자 거의 모두와 인터뷰를 했고, 그들의 운명을 기록했다. 사도 시몬은 인근 도시 광장에서 배를 팔고 있었다. 엘리야가 비에르샬린의 교회를 짓는 것을 도왔던 파벨 톨로신은 농장에서 살며 노동을 절약하는 기발한 도구를 발명했다. 성스러운 교회에서 대천사장 가브리엘 역할을 맡았던 미론은 꿀벌을 키웠다. 한때 엘리야의 신들의 어머니이자 그의 가장 강력한 옹호자였던 파와스카는 뛰어난 방직공이 되었다. 1970년 그녀는 레닌 탄생 100주년을 맞아 화려한 양탄자를 직조했고, 그 아름다움은 지방 신문에 보도되었다. 이것은 그로드노Grodno 지역 박물관에 전시되어 있다.

한때 '세계의 수도'였던 곳은 세계 권력 근처에 간 적이 없었고, 그곳에 가려면 폴란드 동쪽 끝 거대한 크니신 숲을 통과해 비포장도로를 몇 마일 달려야 한다. 과거 클리모비치가 설교를 하던 마을은 거의 사라진 상태이고, 숲으로 덮였다. 모랫길이 꺾어질 때마다 두세 채의 목조 가옥이 나타난다. 이 가옥들은 모두 손으로 깎은 처마로 외부가 치장되어 있고, 금세공 목공은 수백 번의 겨울을 겪으며 퇴색하여 오래된 신문 같은 색으로 변질되었다. 클리모비치의 지상 예루살렘인 비에르샬린은 여전히 존재하지만, 전혀 기념되지도 장식되지도 않고, 대부분 잊혔다. 그것은 키 큰 소나무와 작은 자작나무가 산재한 깊은 숲속에 자리 잡고 있다. 마치 저 멀리 버려진 농가를 보는 듯한 풍경이다.

내가 방문하기 40년 전 예언자의 성모聖母 몇 명이 그곳에 살았다. 20년 전만 해도 엘리야의 집은 벨라루스식으로 파란색과 흰색이 칠해진 창문 덮개 같은 원래 장식을 간직하고 있었다. 이제 이끼가 목조 지붕널을 뒤덮었고, 마당은 성에로 덮였다. 클리모비치가 손수 지은 교회 — 그의 첫 기적 — 는 몇 킬로미터 떨어진 스타라그지보프시치나 마을 바로 밖에 있다. 이것은 지금 정교회 소유가 되었다.

엘리야 교회 밖 정원에 오래된 나무 십자가가 서 있다. 더 멀리 숲속에는 지역 주민들의 묘지가 있다. 비석은 이것들이 벨라루스인들의 묘지라는 것을 알려준다. 일부 묘비는 키릴 문자로 새겨졌고, 가족 전체의 죽음을 보여주는 1943, 1945, 1949, 1950년이라는 숫자가 눈에 들어온다.

그날 늦게 인근 크린키Krynki의 영웅적인 역사가이자 서점 주인인 마르타는 많은 묘비들이 "폴란드 도적들에게 총살당함"이라는 설명을 담고 있다고 알려주었다. 그들이 도적이라고 지칭한 것은 폴란드 조국군대다.

오늘날 그들은 애국적 영웅으로 여겨져서 정부가 이들을 기리고 있다. 이 지역의 주민들은 그들을 아주 다르게 기억하고 있다. 이곳에서 파르티잔은 벨라루스인을 상대로 한 폴란드인들의 은폐된 전쟁이었다. 이것은 폴란드와 기타 여러 곳에서 진행된, 2차 세계대전 표면 아래 벌어진 많은 국내 전쟁 중 일부에 지나지 않는다. 이웃이 이웃을 상대로 전쟁을 벌였고, 그 심리적 독극물은 아직도 땅에 두껍게 쌓여 있다.

예언자의 오두막, 비에르샬린, 현재

11장

2차 세계대전

불타는 마을, 동부 전선, 1941년 7월

브루노 슐츠의 생애, 작업, 죽음을 정리하는 데는 두 시간 정도가 걸릴 뿐이다. 모든 일은 현재 우크라이나의 르비우에서 남쪽으로 75킬로미터 떨어진 갈리시아 지방의 소도시 드로호비츠에서 발생했다. 2차 세계대전 때 이 지역 유대인들은 구타당하고, 굶주리고, 게토에 갇히고, 거리에서 총살당하고, 강제수용소로 이송당하고, 결국은 자신들의 무덤을 직접 파야 했다. 전쟁이 시작될 때 그곳에 살고 있던 1만 명의 유대인 중 약 400명만이 전쟁이 끝났을 때 살아남았다. 그러나 이 소도시 자체는 거의 보존되었다. 지금도 드로호비츠는 재앙이 일어나기 전과 같은 모습으로 볼 수 있다. 이뿐 아니라 이곳 거리를 걸으면, 시간을 거슬러 올라갈 수 있어서 그가 자신의 소설에서 '천재의 시대'라고 서술한 브루노 슐츠의 어린 시절로 돌아갈 수 있다.

1942년 슐츠가 사망했을 때 드로호비츠의 시간은 세계 다른 곳에서보다 더 천천히 흐른 것처럼 보였다. 2019년 여름 내가 이곳을 방문했을 때 도시 대부분은 점잖은 쇠락의 무심함에 빠진 것 같아 보였다. 오래된 유대인 병원은 여전히 야생 덤불에 둘러싸여 있었다. 슐츠의 약혼녀 요제피나 셀린스카가 프랑스어를 가르친 헨리크 시엔키에비치 김나지움의 지붕은 완전히 풀로 뒤덮여 있었다. 2층 발코니에는 거대한 풀들이 솟아나 있었고, 셀린스카가 이곳에 머물 때 살던 허름한 목조 주택은 위험할 정도로 한쪽으로 기울어서 땅속으로 빠져들어 갈 것처럼 보였다.

그 시기의 좀 더 좋은 건물들은 아직도 형체가 온전했다. 이것은 이 건물 대부분이 소련 시대 민간 기관들에 점유되어 사용되었다는 사실 덕분이기도 했다. 슐츠가《봄》에서 서술한 셰브첸코 거리의 빌라 비앙카Villa Vianca는 지금은 '지방 연구' 박물관이 되었지만, 문을 여는 날은 드물다. 한때 이 지역 최고 갑부의 소유였던 구 시장 관저는 현재 지역 사범대학 생물학과 건물로 사용되고 있다. 소련 시대에 이 집은 피오네르 소년단의 본부였다. 독일군이 점령했을 때는 장교용 카지노로 사용되었다. 슐츠는 이 건물의 벽화를 그린 것으로 알려졌지만, 지금 그 그림은 사라졌다.

슐츠의 집은 조금만 걸어가면 나온다. 그 집은 사택으로 계속 사용되었다. 검은 화강암에 글자가 새겨진 공식 표지판이 이 집의 정체를 알린다. 또 다른 표지는 이 집에 있는 험하게 생긴 독일산 셰퍼드에 대한 경고 문구였다. 이 셰퍼드는 현관 옆 창문에서 지나가는 행인들을 무서운 눈으로 바라보고 있었다.

슐츠는 2001년 명명된 자신의 이름을 딴 거리를 가지게 되었다. 그 거리는 아무 표식이 없었고 벽돌공장으로 이어졌다. 불과 몇백 미터 길이이고 쓰레기가 쌓인 막다른 골목으로 끝이 났다. 그런 거리의 면모가 슐츠와 잘 어울리는 듯도 하다. 슐츠는 결국 쓰레기 더미의 프루스트였다. 자신의 고향 마을이 배경이 된 그의 단편들에서 드로호비츠는 방치된 열대림으로 나타난다. 이곳에서는 모든 버려진 것들 ― 오래된 신문, 망가진 인형, 파이프, 고무호스, 갈라진 회벽, 울퉁불퉁해진 벽지 ― 이 자라고 번식하고, 자신의 고유한 리듬에 따라 숨을 쉰다.

슐츠의 젊은 시절, 드로호비츠는 다언어 공동체였고, 이것은 도시 정경에 직조되었다. 이 도시의 가장 큰 거리들은 폴란드 시인들, 우크라이나 음유시인들, 지역 유대인 지도자들의 이름을 땄다. 주민들의 가장 중요한 세 종교가 한 구역 안에 있었다. 정교도와 그리스 가톨릭 신도인 우크라이나인들은 중심부에서부터 기차역으로 연결된 주도로에 살았고, 유대인들은 중앙광장 북쪽에 살았으며, 가톨릭 교인인 폴란드인들은 이 구역 사이의 갈색 벽돌 지구에 살았다.

세 민족 집단 모두가 거대한 시장 광장에서 뒤섞였다. 슐츠의 아버지인 야코프는 1차 세계대전 후 배꼽 높이까지 쌓인 직물 가게를 운영했다. 근처에 있는 '악어 거리'는 심리적 거리로는 수 마일, 아니 다른 대륙만큼 떨어져 있었다. 이곳은 드로호비츠의 '작은 클론다이크',• 즉 미국화된 저속한 상업 구역이었다. 슐츠의 이야기 속에서 이 거리는 표백한 색이었고, 반쯤만 현실성을 가진 '현대성과 대도시스러운 부패에 우리 도시를 내어준' 곳으로 묘사되었다.

오늘날 '악어 거리'의 현실 등가물인 스트리스카 거리Stryjska Street는 사

• 클론다이크강을 끼고 있는 클론다이크는 캐나다 북서부 유콘에 있는 지역이다. 1896년 시작된 골드러시로 많은 사람이 찾아왔고, 지금까지도 금광이 존재한다.

람들이 미국식이라고 부르지는 않지만 저속한 비즈니스의 새로운 세트다. 1939년 소련이 이 도시를 점령한 후 스트리스카 거리는 비밀경찰 본부가 되었고, 슐츠도 그곳에 잠시 수감되었다. 그가 지은 죄는 '서부 우크라이나의 해방', 즉 폴란드에서 소련으로 병합된 것을 기념하는 벽화에 파란색과 노란색(우크라이나 국기의 색)을 너무 많이 넣어 소비에트적인 느낌보다 우크라이나적으로 보이게 했다는 것이었다.

반대편의 몇 블록을 지나 시 광장 가까운 곳에 드로호비츠 게토의 유대인위원회가 있었던 건물이 있다. 1942년 11월 19일 슐츠는 그곳에서 나와 빵 몇 덩이를 가지러 플로리안스카 거리Floriańska Street에 있는 집으로 가려고 했다. 그가 건물을 나올 때 친위대 장교인 카를 귄터가 그의 이마에 총을 쏘았다. 이것은 제멋대로 저지른 만행이 아니라 또 다른 장교 펠릭스 란다우에 대한 개인적 복수였다. 란다우는 타격대Einsatzkommandos 지역 분대의 사령관이었다.

란다우는 젊은 시절 빈 공방의 옷장 만드는 목수로 일했고, 친위대에서 오래 일을 했지만, 예술가의 후원자를 자처했다. 점령 초기에 그는 슐츠를 예술가로 알아보았다. 그는 슐츠에게 자기아이들 침실을 동화책에 나오는 그림으로 꾸미게 했다. 이 벽화의 인물 중 하나 ― 난쟁이 ― 는 슐츠의 얼굴을 한 것 같아 보였다. 이것이 그가 남긴 마지막 작품이었다. 유대인 약제상과 친위대 대원의 논쟁에 의해 촉발된 연이은 살해 만행인 '야만적 행동'에서 란다우는 귄터가 아끼는 '애완 유대인'을 살해했다. 이에 귄터는 슐츠를 총으로 쏘아 살해했다. 그는 란다우에게 "당신이 나의 유대인을 죽였으니 나도 당신의 유대인을 죽였다"라고 말했다.

홀로코스트에 대한 통상적 이미지는 집단수용소, 특히 아우슈비츠와 뗄 수 없게 연계되어 있다. 이것은 유럽 유대인의 학살을 비개인적인, 기계화된 과정으로 보이게 한다. 일부 역사 서술에는 이것은 거의 보급의 문제로 귀결된다. 독일군의 창의성으로—지역 격세유전의 도움을 거의 받지 않고—사람과 물자 보급의 문제를 해결한 것으로 묘사되는 것이다. 그러나 동유럽 대부분 지역에서 홀로코스트는 잘 아는 사이의 살해였다. 많은 경우, 수십 명의 증인과 이웃이 보는 가운데 대면할 만큼 아주 가까운 거리에서 집행되었다.

그러므로 홀로코스트는 집단이 아닌 개인에 대한 문제로 여겨져야 한다. 누구도 한 국가나 한 민족 전체의 삶을 경험하지 않는다. 사람들은 반려동물이나 가족의 죽음, 또는 마을 공동체의 소멸과 같이 각자의 방식으로 재앙을 겪었다. 슐츠의 죽음과 드로호비츠 유대인 학살은 다른 모든 폭력 행위가 그러했듯 전체 재앙의 구체적인 제유提喩였다. 내 가족을 비롯한 동유럽의 모든 유대인 가족은 자신만의 드로호비츠를 가지고 있다.

————

1942년 1월 20일, 오늘날의 세르비아에 있는 노비사드Novi Sad는 엄청나게 추웠다. 기온은 섭씨 영하 30도까지 떨어졌고, 이 도시를 관통하며 흐르는 도나우강은 꽁꽁 얼었고, 인근의 티자Tisza강도 얼어붙었다.[1] 노비사드 주민 가운데 정교도 세르비아인이 가장 많았지만 헝가리인, 독일인, 유대인도 상당수 포함되어 있었다. 과거 유고슬라비아에 속했던 이 도시와 주변 지역인 바츠카Bačka는 한 해 전 헝가리 통치 아래 들어갔다. 얼마 후 헝가리군은 이 지역에 파르티잔이 나타났다고 보고했다. 파르티잔의 공격을 막기 위해 헝가리군은 인질을 잡았다. 인질은 대부분 노비사드의 세르비아인과 유대인이었다. 인질극은 곧 학살로 이어졌다. 병사들은 시민들을—작가 다닐로 키시의 아버지 에두아르트를 포함해—총으로 위협해 집에서 끌어낸 후 도나우강 강변의 수영 막사와 식당들이 있는 거리인 스트란트Strand로 행진하게 했다. 그곳에서 인질들의 옷을 벗게 하고 줄을 세운 뒤 차례차례 그들의 목에 총을 발사했다. 죽은 사람들은 얼어붙은 도나우강에 뚫어놓은 구멍으로 던져졌다. 그 시신들은 몇 달 지나 강이 녹은 후 베오그라드나 다른 강 하류 지점에서 발견되었다.

노비사드에서 3일 동안 880명에서 1255명의 주민이 살해되었다. 학살이 끝나자 어느 정도 평온함이 돌아왔다. 나치 독일과 동맹을 맺은 헝가리와 다른 나라들—1942년까지의 불가리아와 루마니아, 그리고 슬로바키아와 크로아티아 괴뢰 정권 등—에서 폭력은 짧지만 격렬하게 자행되었고, 갑작스러운 정책 변화도 일어났다. 이 국가들은 국내적 필요와 유대인 없는 유럽을 꿈꾸는 독일 사이를 오가며 유대인 주민들에 대해 이중 정책을 취하기도 했다. 일례로 불가리아는 국내의 유대인은 대체적으로 보호했지만, 유고슬라비아에서 탈취하여 점령한 마케도니아에서는 유대인을 잔혹하게 대했다. 그곳에서 불가리아가 주도한 유대인 강제 이주로 인해 오랜 기간 존속되었던 모나스티르, 스코피에Skopje, 슈티프Štip의 세파르드 유대인 공동체가 사라졌다.

불가리아와 마찬가지로 헝가리도 이웃 국가에서 빼앗은 영토에서는 유대인 학살을 자행했지만 자국 내 유대인들의 처형은 주저했다. 실제로 전쟁의 많은 기간 헝가리는 동유럽에서 유대인에게 가장 안전한 장소였다. 그러나 1944년 이 상황은 갑자기 끝나버렸다. 3월 헝가리 국가수반인 미클로시 호르티는 연합군의 승리를 예견하고 헝가리를 위한 개별 강화를 추진했다. 이를 감지한 독일군은 바로 헝가리를 침공했고, 호르티에게 독일의 명령에 복종하거나 그렇지 않으면 바로 하야하라는 최후통첩을 했다. 다음 달 헝가리에 거주하는 유대인들을 아우슈비츠로 이송하는 작업이 시작되었다. 7월까지 40만 명의 유대인이 아우슈비츠로 이송되었고, 그들 대부분이 도착하자마자 살해되었다.

강제 이주의 첫 물결은 주로 농촌 지역에 영향을 미쳤다. 정권이 몰락하기 전까지 부다페스트는 유대인을 위한 안전한 장소로 남아 있었다. 그러나 1944년 10월 15일 호르티는 다시 전쟁에서 발을 빼려고 했고, 이에 대한 보복으로 독일 특수부대가 호르티의 아들을 납치했다. 그를 지렛대로 호르티에게 파시스트 철의 십자가당 리더인 페렌츠 샬라시를 수상으로 임명하도록 압력을 가했다. 샬라시가 권력을 잡은 첫 3개월 동안 그의 처형대는 약 3만 8000명의 유대인을 살해했다. 이러한 학살은 소련군이 부다페스트 외곽까지 진출한 시점에도 계속되었다. 1945년 2월까지 헝가리에 거주하던 유대인 77만 명 중 3분의 2가 살해되었다.

루마니아도 이와 유사하게 자국 유대인에 대해 혼합된 전략을 추구했다. 이웃 국가들로부터 합병한 영토에서 루마니아는 완전히 무자비했다. 베사라비아와 부코비나에서 루마니아는 죽음의 수용소를 만들어 독일군과 함께 유대인을 대량 학살했다.[2] 1941년 루마니아에 가까운 야시에서 루마니아 비밀경찰은 약 1만 4000명의 유대인을 살해했다.[3] 몰다비아 북부 지역의 중심도시인 야시는 몇 세기 동안 루마니아 통치 지역이었다. 루마니아 정부가 그곳에서 행한 만행은 루마니아 전체에서도 같은 일이 벌어질 것이라는 신호로 보였지만, 여러 이유로 인해 이는 실행되지 않았다. 한편 루마니아 정부는 수도 부쿠레슈티에서는 유대인을 대량으로 강제 이주하지 않았다. 나치식의 인종차별 법률에 속박을 받은 부쿠레슈티 거주 유대인들은 테러 행위보다는 지속적인 모욕과 치욕에 시달렸다.

부쿠레슈티에 거주하던 미하일 세바스티안에게 이 모욕은 주로 그의 직업과 그가 사는 아파트에서 일어났다. 먼저 그는 더 이상 법률가로 생계를 이어갈 수 없다는 소식을 들었다. 다음으로 그는 자신이 쓴 소설이 출간될 수 없고, 자신이 쓴 희곡이 그의 이름을 걸고 공연될 수 없다는 것을 알았다. 그런 다음 유대인들이 더 이상 전화를 쓸 수 없게 되면서 그의 집 전화가 차단되었다. 마지막으로 그는 유대인 거주지역 밖에 있던 그의 아파트에서 추방되었다.

세바스티안은 유대인 학교에서 교사로 생계를 이어갔지만, 그의 일기의 주제는 부쿠레슈티 인텔리겐치아 주요 인물들과의 회동에서, 어디에서 살아야 할지에 대한 조바심으로 바뀌었다. 그러는 동안 유대인 대량 강제 이주와 처형 뉴스가 소련과의 전선에서 쏟아져 들어왔다. 그런 다음 1941년 1월 철위부대가 부쿠레슈티에서 100명 이상의 유대인을 구타하고 고문하여 죽게 만든 다음 그 시신을 정육점 고기 갈고리에 걸어놓고 그 위에 '코셔 고기'라고 써놓는 만행을 저질렀다. 이 학살은 세바스티안의 평정심을 완전히 파괴했다. 그해 겨우내 그는 자신이 가장 좋아하는 클래식 음악가의 음악을 듣고, 셰익스피어와 몰리에르의 작품을 읽으며 마음을 진정시키려 했지만, 평정심을 되찾을 수 없었다.[4]

부쿠레슈티의 유대인들이 전화를 소유할 수 없게 된 동안, 독일군이 점령한 프라하의 유대인들은 반려동물을 기를 수 없게 되었다. 이것은 그들에게 가해진 금지 사항 중 최악의 것은 아니었지만, 많은 유대인들에게 이것은 가장 가슴 아픈 조치였다. 위대한 체코 작가 오타 파벨의 아버지인 레오 포퍼에게 전쟁 중 가장 잔혹했던 날은 그가 가족의 반려견 타미크를 내놓기 위해 전차를 타고 시내로 들어간 날이었다. 세계 기록을 가진 진공청소기 판매원이자 프랑스 외인부대 탈영병이기도 한 레오는 동물들을 지독히 사랑했다. 광적인 낚시꾼이자 사냥꾼이었던 그는 동물들을 죽이는 데도 능숙했다.

1939년에서 1945년 사이 독일이 보헤미아를 점령한 기간 내내 레오는 한때 자신이 소유했던 연못에서 불법으로 숭어를 잡으며 시간을 보냈다. 유대인은 자신이 소유한 연못에서도 고기를 잡을 수 없었다. 그는 잡은 물고기를 밀가루와 돼지기름으로 교환해 악명 높은 테레지엔슈타트Theresienstadt(체코어로는 테레진Terezín) 게토에 갇혀 있는 자신의 아들들에게 보냈다. 레오는 유대인이 아닌 체코 여성과 결혼했고, 독일 피보호국인 보헤미아에서 그는 엄격한 인종차별법의 적용을 받았다. 그는 강제수용소행을 면했지만, 그의 세 아들 중 둘은 그렇지 못했다. 그중 이르지가 마우타우젠Mauthausen 수용소로 이송되고, 거기서 아우슈비츠로 가기 직전 레오는 수사슴을 밀렵하는 더 위험한 일을 저질렀다. 만일 발각되면 사형당했겠지만, 이런 위험을 감수할 가치가 있었던 것으로 드러났다. 아우슈비츠의 외과의사 요제프 멩겔레가 직접 감독한 선별 작업에서 살아남은 이르지가 아우슈비츠에서 돌아왔을 때 그의 몸무게는 겨우 40킬로그램이었다. '아름다운 사슴' 고기로 얻은 소중한 칼로리가 그의 생명을 구한 것이다.[5]

레오 포퍼와 거의 동시대 사람인 체코의 유대인 작가 이르지 베일(앞 문단에 나오는 레오 포퍼의 아들 이르지와는 다른 인물)은 사냥을 하거나 낚시를 하지는 않았지만, 생존에는 아주 뛰어난 능력을 보였다. 10대 때 공산주의에 빠진 베일은 1922년 대학을 마친 후 소련으로 순례 여행을 갔다. 그는 10년 후 귀국해서 레닌의 저작을 체코어로 번역하는 일을 시작했고, 소련의 대숙청 열기를 아슬아슬하게 피했다. 베일은 숙청에 대한 소설과 강제노동수용소를 소재로 한 소설로 명성을 얻었지만, 두 작품 모두 몇십 년 동안 금서가 되었다. 이 소설로 인해 베일의 친구 중 한 명이 죽임을 당했다. 소련 비밀경찰NKVD은 그가 이 외국 소설에 등장했다는 이유로 총살했다.

1938년 나치 독일이 체코슬로바키아를 병합한 후 베일은 애인인 체코 여성 올가와 결혼했다. 이 결혼은 독일이 점령한 보헤미아에서 마지막으로 허락된 '민족 간 결혼'이었다. 그러나 그는 유대인이고 공산주의자였기 때문에 새로운 나치 법률 아래 강제 이주를 피할 수 없게 되었다. 그는 강제수용소로 가지 않기 위해 프라하의 홀라브카Hlávka 다리에서 시신을 강에 던져 자신이 자살한 것처럼 위장했다. 그런 다음 전쟁이 끝날 때까지 병원과 불법 아파트에서 숨어지냈다. 이 시간 동안 그는 종이조각에 단편소설을 썼다. 그의 소설에서 가장 인간적인 주인공은 동물들이었다. 거기에는 '배지나 군복을 보고 사람을 구별하는 법을 배우지 못한' 길고양이들과 개들이 자주 등장했다.[6]

키시, 세바스티안, 포퍼, 베일이 경험한 것은 모두 홀로코스트의 본질적 공포에서 어느 정도 주변적인 것이다. 그들은 반만 유대인이거나 나치 살해 공작의 완전한 위력을 피한 나라들에 거주한 덕분에 최악의 상황은 피할 수 있었다. 그렇지 않았다면 이 중 누구도 살아남지 못했을 것이다. 전쟁 초기 독일 동맹국들과 피보호국들은 법치의 외양을 유지했다. 그러나 나중에 이 국가들은 이러한 위장을 포기하고 최종 해결Endlösung ─ 유럽에서 유대인을 완전히 제거하는 것 ─ 이 자리를 잡았다. 이러한 외양이 유지되는 동안 사람들은 조금은 나름대로 움직일 수 있는 공간이 있었다. 그러나 체코슬로바키아, 루마니아, 헝가리의 유대인들은 대개 전쟁 동안 비하와 궁핍에 처했고, 결국에는 강제 이주와 죽음을 맞았다.

폴란드와 나치가 소련과 유고슬라비아에서 빼앗은 영토에서 민족 차별은 법치로부터 조금의 장애도 받지 않고 작동했다. 그곳은 살인의 유토피아였다. 살해는 너무 큰 규모로 진행되어 살해자를 지치게 만들 정도였다. 많은 주민 살해가 백주 대낮에 이루어졌다. 집단수용소의 홀로코스트에 앞서 동부지역에서 지역적인 살상이 진행되었다. 150만 명의 유대인이 통상적인 처형대에 의해 살해되었고, 희생자가 살던 지역에서 한 번에 수백 수천 명씩 살해되었다. 소위 '총알에 의한 홀로코스트'는 나치 친위대가 탄약과 인력이 모자랄 때가 되어서야 끝이 났다. 사람을 개별적으로나 집단으로 처형하는 것은 몹시 힘들고, 인력을 소모하는 작업이었다. 집단수용소가 보급과 사기의 문제를 해결했다. 집단수용소 처형은 살해를 기밀로 하기 위해서라기보다는 효율성이 더 중시된 결과였다. 이것은 기능적인 살해에서 산업적 살해로 변화를 가져왔다.

그러나 집단수용소는 나치 정권이 만든 멸절 작업의 한 요소에 불과했다. 홀로코스트는 아우슈비츠 내부에서만 발생한 것이 아니다. 이것은 거대한 도시 크기의 게토와 소도시 광장, 오지의 강제노동수용소와 인근 숲에서 자행되었다.

이뿐 아니라 홀로코스트는 전쟁이 만들어낸 지옥의 일부분에 지나지 않았다. 독일군은 자신들이 점령한 모든 지역에서 주변적 정치 세력과 힘을 합쳐 동포 살해라는 판도라 상자를 열었다. 동유럽의 파시스트 정당들은 나치 독일군이 들어오기 전 별로 성공을 거두지 못했고, 루마니아에 짧게 존속한 철위부대가 거의 유일한 예외였다. 많은 나라에서 독일군이 도착하고서야 극단주의적 민족주의자들이 오랫동안 품어온 민족적·종교적 단일성을 이룬다는 야망을 실현할 기회가 열렸다.

라트비아와 루마니아에서 현지의 독일군 파트너들은 유대인과 집시를 제거하는 노력을 돕는 보조부대 역할을 했다. 집시도 히틀러의 인종차별 강령에 따라 멸절 대상으로 지목되었다. 슬로바키아와 크로아티아에서 독일은 단순히 병력을 징집하는 것을 넘어서 괴뢰 정부로 파시스트 정권을 수립하여 그들 스스로가 유대인과 기타 소수민족을 제거하는 적극적 정책을 펴도록 만들었다.[7] 이런 면에서 크로아티아의 우스타샤는 특히 적극적 활동을 펼쳤다. 우스타샤는 크로아티아 내 유대인을 압제하고, 투옥하고, 강제 이주시켰지만, 그들의 진정한 적의는 세르비아인을 겨냥했다. 전쟁 중 우스타샤는 약 20만 명의 세르비아인을 야세노바츠Jasenovac 집단수용소에서 살해했다. 이 수용소에서 유대인과 집시는 수천 명씩 살해되었다.

세르비아인 없는 크로아티아를 만들려는 우스타샤 정권이 펼친 노력에서 정부군 병사들은 복잡한 4중 폭력 구조의 단 한 부분만 차지했다. 독일군이 점령한 시기에 유고슬라비아는 몇 가지 전쟁이 동시에 치러지는 곳이었다. 하나는 연합군에 대항해 독일군과 이탈리아군이 벌이는 전쟁이었고, 두 번째는 독일군이 유고슬라비아 파르티잔과 싸우는 전쟁이었다. 세 번째는 크로아티아 극단주의자들이 세르비아 적들을 대상으로 싸운 전쟁이고, 네 번째 전쟁은 세르비아 내에서 두 주요 유고슬라비아 파르티잔 집단끼리 싸운 것이었다. 한 집단은 요시프 브로즈 티토가 이끈 다민족 공산주의 파르티잔이었고, 다른 집단은 친왕정 체트니크 집단 Četniks이었다. 믿을 만한 동맹 세력이 없는 보스니아의 무슬림 주민들은 이 전쟁의 모든 전선에서 싸워야 했고, 끊임없이 여러 집단들의 십자포화에 시달렸다.

이와 유사한 복잡한 상황이 민족적으로 혼합된 지역인 볼히냐에서도 조성되었다. 동부 폴란드 지역이었다가 오늘날 우크라이나의 일부가 된 이 지역에서 우크라이나 민족주의자들은 폴란드인 주민 제거 전쟁을 벌였고, 폴란드인들은 자신들이 다수파 주민인 지역에서 이에 대한 보복을 벌였다. 이러한 유혈 내란이 진행되는 와중에 소련 파르티잔은 독일군 후방에서 전투를 계속했고, 나치 친위대는 시인 파푸자의 그룹을 포함해 유대인과 집시들을 계속 추격했다. 이들은 독일과 우크라이나해방군 모두의 공격을 피해야 했다. 한번은 우크라이나어로 주기도문을 암송할 수 있다는 것을 보여주어서 처형을 면하기도 했다.[8]

나치 독일은 크로아티아인, 슬로바키아인, 우크라이나인과 다르게 폴란드인은 믿을 만한 파트너가 될 수 없다고 생각했다. 폴란드인이 할 일은 전투를 치르는 것이 아니라 부역하는 것이었다. 그러나 독일 당국이 결코 폴란드인을 신뢰하지도 않았고 제한된 자치권조차 주지 않았지만, 지역 단위에서 폴란드인 개인이 유대인 이웃을 제거하는 데 독일군을 도운 사례는 적지 않았다.

우리 가족 중 일부도 이런 방식으로 살해되었다. 그들은 동지가 되어야 할 같은 나라 사람들에 의해 밀고되었다. 그러나 이것은 내가 작은 부분만 얘기할 수 있는 좀 더 큰 이야기다. 이 이야기는 전쟁이 시작되었을 때 우리 가족 대부분이 살고 있었고, 전쟁이 끝났을 때 대부분이 죽은 지역인 바르샤바 게토에서 시작되었다. 거의 50만 명을 가두어놓은 이 거대한 감옥 도시는 단 한 가지 목적을 위해서 만들어졌다. 바로 유대인을 죽이는 것이었다. 그곳에서 너무 많은 사람이 죽어서 이 이야기를 재구성하려면 고고학자의 기술을 필요로 한다. 게토는 빛뿐만 아니라 정보도 빨아들이는 블랙홀 같았다. 이곳에 갇힌 사람들은 이것을 잘 알았고, 그중 많은 사람들은 오래도록 기억에 남을 증언을 남기기 위해 최선을 다했다. 내가 우리 가족에게 일어난 일을 이해하려고 할 때마다 이곳은 나의 탐색이 시작되는 곳이 되었다.

게토는 불타고 있는 배와 같았다. 그 안에서 쓰인 많은 글은 바다로 던져진 병 안의 메시지 같았다. 게토의 삶의 모든 요소와 마찬가지로 살아남는 것과 그렇지 못한 것을 결정하는 데에는 운이 중요한 역할을 했다. 글을 쓰기 위한 곳이 필요했지만, 그 장소는 안전한 경우가 드물었다. 예브게니아 샤인-르윈은 바르샤바 아파트 마룻바닥 밑 작은 비밀 공간에 몸을 숨겼다. 그녀는 바르샤바 봉기 때 사망했지만, 그녀의 원고는 살아남았다. 루드비크 란다우는 점령 시기의 연대기를 두 곳에 숨겼다. 하나는 땅속에 묻었고, 다른 하나는 바르샤바 외곽 자신의 집 석탄 더미 아래 숨겼다. 석탄 더미 밑에 숨겨둔 원고는 절반만 살아남았다. 전쟁 전 브와디스와프 슈렌겔은 바르샤바 카바레 무대의 스타였다. 탱고 음악과 대중음악 작곡가인 그는 전쟁 중에는 시를 썼다. 전쟁 후 쓰레기 수거원이 쓰레기로 버려진 목재 탁자의 이중 바닥에 숨겨진 그의 시 중 일부를 발견했다.

바르샤바 게토를 빠져나와 우리 세계로 전달된 가장 중요한 문서는 링겔블룸 아카이브Ringelblum Archive다. 이것은 1939년 전쟁 시작부터 1943년 트레블링카Treblinka 집단수용소로 거대한 마지막 집단이 강제 이주될 때까지 역사가이자 이디시학 전문가인 에마누엘 링겔블룸의 지도 아래 작업자들과 문서고 학자들이 모은 거대한 개요서다. 게토에 갇혀 있던 링겔블룸은 매일 게토 생활을 기록한 소중한 자료들이 사라지고, 불에 타고, 쓰레기로 버려지는 것을 보았다. 그는 가능한 한 많은 자료를 구해내기 위해 오네그 샤바트Oneg Shabat라는 조직을 만들었다. 이 조직에 몸담은 사람들은 강제 이주된 작가들의 아파트에 사람을 보내곤 했지만, 아주 드물게만 무엇인가를 찾아낼 수 있었다. 링겔블룸의 말을 빌리면 "거대한 강제 이주의 물결이 모든 것을 덮어버리고, 파괴하고, 아무런 흔적을 남기지 않았다".[9]

파괴의 물결은 그들이 수집한 자료를 보존하는 것을 더욱 어렵게 만들었다. 오네그 샤바트는 자신들이 수집한 자료들을 보관할 수 있는 장소를 찾기 위해 빈틈없는 노력을 벌였다. 그들은 독일군의 봉쇄가 게토의 거리까지 좁혀오자 1942년 8월 2일 첫 자료를 파묻었다. 문서들을 철제 상자에 넣은 다음 이것을 세심하게 봉인하고, 창고 지하 바닥에 묻었다. 6개월 후 그들은 두 번째로 수집 문서들을 두 개의 커다란 철제 우유 통에 넣어 같은 장소에 묻었다. 세 번째와 네 번째 문서들은 1943년 4월 19일 바르샤바 게토 봉기가 일어나기 직전에 다른 장소에 묻었다.

전쟁 후인 1946년 첫 문서 더미가 발견되었다. 우유 통에 넣어 매장된 두 번째 문서 더미는 1950년에야 발견되었다. 세 번째 문서 뭉치는 발견되지 않았다. 살아남은 문서들은 땅의 습기에 젖은 채 발견되었다. 사진들은 형상이 사라졌고, 전쟁 중 사용된 질이 떨어지는 잉크는 종이에서 말라버렸고, 종이들도 좀이 먹었다. 그러나 몇 년간의 보존 작업 끝에 대부분의 문서들은 다시 판독이 가능하게 되었다.

파묻힌 문서들로 연구자들은 문서보관자들의 마지막 순간을 재구성할 수 있었다. 마지막 상자가 밀봉되기 전 나훔 그지바츠는 문서 더미 위에 손으로 쓴 메모를 올려놓았다. "지금은 1942년 8월 2일 오후 1시 40분이다. 나는 살고 싶다. 나의 목숨을 구하기 원하기 때문만이 아니라 사람들과 온 세계에 경고를 하고 싶기 때문이다." 또 다른 문서보관자는 "저 앞 다음 거리도 포위되었다. … 우리는 마지막 구멍을 파고 있다. … 나는 우리가 숨겨놓은 보물이 다시 발굴되고, 세상이 모든 진실을 알게 되는 날까지 살고 싶다"라고 썼다.[10]

두 사람 모두 전쟁에서 살아남지 못했다. 나는 이들에게 큰 빚을 졌다. 내 어머니의 할머니인 사비나와 숙모인 라헬과 로자, 내 아버지의 할머니, 할아버지, 막내 삼촌, 여러 명의 사촌들과 친척들이 모두 게토에서 죽었다.

모두가 자신의 죽음에 대한 정보 한 조각 없이 그대로 죽음을 맞았다. 유일한 예외는 어머니의 숙모인 로자다. 로자는 바르샤바 모자 가게에서 점원으로 일했다. 전쟁이 났을 때 그녀는 스물여섯 살이었다. 그녀는 얼마 전 아들을 낳아 야쿠프라는 이름을 지어주었다. 1941년이 되자 굶주리기 시작한 그녀는 일과 먹을 것을 찾아 게토 밖으로 나가는 모험을 했다. 아리안 족 구역에서 전차를 타고 가던 그녀는 아마도 폴란드 소년의 고발로 신분이 발각되었다. 그녀는 유대인이면서 게토 밖으로 나온 죄로 체포되었다.

체포된 그녀는 겡시아 거리Gęsia Street 24번지에 있는 겡시우브카Gęsiówka 여자 감옥에 수감되었다. 그녀와 다른 여자 16명은 1941년 12월 15일에 처형되었다. 트레블링카 수용소 이송이나 게토의 주요 작전이 일어나기 전이었던 터라 젊은 여자 17명이 한 번에 처형된 것은 큰 비극으로 여겨졌다. 게토의 행정 책임자도 일기에 이 일에 대한 특별한 기록을 남길 정도였다.

로자는 처형되기 전에 같은 감방에 수감되었던 바이카 케셀버그라는 여자에게 자기 이야기를 전해줬는데, 바이카는 이런 자신과 동료들의 이야기를 기록해 오네그 샤바트의 누군가에게 이것을 전달하는 데 성공했다. 바이카의 이야기는 네 페이지 분량이다. 싸구려 갈색 연필로 쓴 이 글은 붉은빛이 도는 노란색으로 변했다.[11] 그녀의 글씨는 깔끔했지만, 어린 아이가 쓴 것처럼 굴곡이 많았다. 소녀의 글씨였다. 이 글은 증인의 목소리가 담긴 기록이었다. 글에는 줄을 그어 지운 흔적과 감탄 부호가 많았다. 감정이 최고조에 달할 때 종이에 꾹꾹 누른 연필의 힘으로 글자는 더 진해졌다. 바이카는 이것을 쓴 직후 감옥 병원을 통해 겡시우브카 감옥을 탈출했다. 나는 그녀가 그 후 어떻게 되었는지 모르지만, 전쟁에서 살아남지 못한 것으로 보인다.

로자 미카노프스카와 그녀의 동생 야쿠프,
폴란드, 1930년대 말

아래는 그녀가 남긴 글이다.

여덟 명을 처형한 첫 차례는 사형수들을 보지도 듣지도 못하게 처리해 비공개로 진행되었다. 반면 두 번째 처형 시에는 사형수들이 볼 수 있었다. 열일곱 살 먹은 살베로브나와 두 살배기 아이가 있는 28세의 (로자) 미카노프스카는 벨라와 같은 감방에 있었다. 마지막 순간까지 그들은 아무것도 기대할 수 없었다. 어떤 방식으로든 그들은 자신의 처참한 운명을 믿을 수 없었다. 그들은 스스로에게 거짓말을 하고, 죽음을 피할 수 있다고 서로를 속였다. 첫 처형은 그저 자신들을 겁먹게 하려는 수작일 뿐이고, 처형 집행자들은 감히 그런 야만적이고 수치스러운 범죄를 저지르지 않을 것이다! … 처형 장소로 끌려갔을 때에야 비로소 그들은 자신들을 기다리는 운명을 알았다. 믿을 수 없는 비명과 한탄이 공기를 갈랐다. 그들은 살고 싶다고 비명을 질렀다. 처형 장소에는 앞 처형이 이루어진 여덟 개의 기둥이 있었다. 기둥이 여덟 개밖에 없었기 때문에 사형수들이 두 그룹으로 나뉜 것이었다. 랍비가 왔고, 그 앞에서 그들은 마지막 기도를 했다. 네 명의 유대인 경찰이 여자들을 기둥에 묶었고, 폴란드 경찰이 기관총으로 그들을 처형했다.

사형수 중 가장 어린 살베로브나는 그 엄마도 사형선고를 받고 병원에서 사망한 터였다. 그녀가 남긴 마지막 말은, 집행자들에게 왜 자신을 죽이는지 묻는 것이었다. … 그녀는 경찰에게 달려들어 손을 물며 자신을 묶지 못하게 했다. 가장 처참한 모습은 미카노프스카가 보여주었다. 그녀는 초인적인 힘으로 기둥에서 빠져나와, 젖을 먹이게 아이를 데려오라고 소리쳤다. … 그녀는 집행자들을 위협하다가 아이를 위해 자신을 살려달라고 애원했다. … 수감자들 모두가 창문을 통해 이 처형 장면을 지켜보았다. 여자들은 특히 큰 충격을 받았다. 자신에게 닥칠 운명을 보고 있는 것이 아닌가? 수감자들의 비명이 사형수들의 비명과 뒤섞였다.[12]

링겔블룸의 우유 통이 아니었으면 나는 로자의 비명을 듣지 못했을 것이다. 그리고 그녀의 비명이 없었다면 그녀는 아무 흔적도 남기지 못했을 것이다. 오늘날 겡시우브카 감옥에 대해서는 아무것도 남아 있지 않다. 그 감옥은 전쟁 중 파괴되었고, 주변 지역도 너무 크게 파괴되어 거리 구역은 더 이상 과거 구역과 맞지 않았다. 내게 로자의 비명은 모든 지역에서 울려퍼지고 있고, 나는 그녀의 비명에 시달리고 있다.

통합 정부General Government라고 알려진 독일이 직접 점령한 폴란드 지역에서 홀로코스트는 세 단계로 진행되었다. 첫 단계에서 유대인들은 도시 안의 도시인 게토에 갇혀서 그곳에서 죽을 때까지 일하고, 굶주리고,

여러 사소한 규칙 위반으로 총살당했다. 1942년 가을에 주로 진행된 두 번째 단계는 '게토 청소'였다. 게토의 유대인들은 가축 기차 칸에 실려 집단수용소로 이송되었고, 엄청난 수가 바로 가스실에서 처형되었다. 살아남은 소수의 유대인들은 수용소 공장과 채석장에서 강제 노동을 했고, 기아와 질병에 시달리다가 차례가 오면 가스실에서 처형당했다.

두 번째 단계인 청소는 1941년 6월 22일 시작된 나치의 소련 침공 작전인 바로바로사 작전과 시기가 일치했다. 나의 할아버지 야쿠프와 그의 여동생인 야드비가, 에드바르다 모두 민스크에 있었다. 그들은 1939년 9월 1일 독일군이 폴란드를 침공하자 바르샤바를 탈출해 민스크로 갔다. 이날은 2차 세계대전이 발발한 날이지만, 야드비가는 1941년 6월 22일을 훨씬 선명하게 기억했다. 소련에 살고 있던 다른 사람들도 마찬가지였다. 그날 독일 비행기들이 민스크에 폭탄을 퍼부었다. 야쿠프는 징집되어 의무 여단 트럭을 몰아야 했고, 곧 전선 부근에서 적의 포로가 되었다. 야드비가와 에드바르다는 동쪽으로 피난 가서 독일군보다 먼저 모길레프Mogilev에 도착했다. 민스크 외곽 묘목장에서 일하던 그들의 아버지 살로몬은 다시는 볼 수 없게 되었다.

히틀러가 스탈린을 배신한 후 전쟁의 성격이 변했다. 전쟁은 더 이상 점령 작전이 아니라 대립하는 두 이념 사이 죽음의 대결이 되었고, 이 싸움에서는 어떤 것도 허용되었다. 1939년 소련이 점령한 동부 폴란드에 살던 유대인들은 갑자기 새로운 현실을 맞닥뜨렸다.

나의 할아버지 체스와프가 살던 슈테틀(유대인 거주지역) 잠브루프는 침공 첫날 독일군에 점령당했다. 그 후 할아버지 외가의 가장인 골롬베크스는 참호를 파는 강제 노동에 동원되었다. 어느 날 독일군 장교가 그에게 다가와 이렇게 물었다. "유대인 친구, 직업이 무엇인가?" "소작농입니다"라고 대답하자 그 장교는 큰 소리로 이렇게 말했다. "거짓말이지? 너는 거짓말을 하고 있는 거야!"

다른 강제 노동 동원자들에게 그에 대해 물어본 장교는 그의 말이 사실이라는 것을 알았다. 나의 조상들은 정말 농민이었다. 크게 놀란 그는 유대인으로서 농부인 이 특별한 종種을 보라고 다른 독일군들을 불렀다. 장교는 골롬베스크를 따로 불러내 빵 한 덩이를 주고, 참호 파는 일에 다시는 오지 말고 농장으로 돌아가라고 말했다. 그는 무언가 무서운 일이 다가오고 있고, 그의 가족은 숨어야 한다는 것을 처음으로 눈치챘다.[13]

한 달 후 학살이 시작되었다. 독일군이 소련을 침공한 지 두 달 후의 일이었다. 검은 화요일Black Tuesday로 기억되는 1941년 8월 22일 독일군은 3천 명에 달하는 잠브루프의 유대인들을 시장 광장에 모이라고 명령했다. 독일군은 노동을 시킨다고 말하며 이들 중 1500명을 추려냈다. 그러나 그들에게 실제로 일어난 일은 50명씩 숲으로 끌려가 총살당한 것이었다. 시신은 구덩이에 던져졌다.[14] 그해 12월에 남아 있는 유대인들을 수용하기 위해 잠브루프에 게토가 만들어졌다.

게토에 너무 많은 사람이 들어오면서 발진티푸스와 여러 질병이 나돌았다. 유대인들은 가능한 경우 인근 숲으로 도망을 갔고, 일부는 반나치 폴란드 파르티잔 군대인 조국군대 지역 부대에 가담하려고 했지만, 대개 거부되었다. 1942년 11월 나치는 잠브루프와 인근 지역의 약 2만 명의 유대인을 모두 집결시켜 아우슈비츠로 이송시킬 준비를 했다. 강제 이송은 1943년 1월 시작되었고, 매일 밤 2천 명씩 아우슈비츠로 이송되었다. 전쟁이 끝났을 때 잠브루프와 인근 지역에는 극소수의 유대인만 살아 있었다.

폴란드 게토 청소는 폴란드에서 홀로코스트의 세 번째이자 마지막 단계의 시작을 알렸다. 1942년 여름부터 1944년 가을 소련군이 진격해올 때까지 게토 수용을 피하거나 탈출한 유대인들, 또 기적처럼 집단수용소 이송을 피한 유대인들은 이제 숲이나 시골 지역에서 숨을 마지막 장소를 찾아야 했다. 살아남기 위해서 그들은 뇌물을 주거나 낯선 사람의 친절에 의존하거나 기적 같은 행운을 빌어야 했다. 대부분은 계속해서 은신처를 바꾸었지만, 어디에서고 안전이 보장되지는 않았다. 그들은 말 그대로 유대인의 생사를 결정할 힘을 가진 가톨릭교도인 폴란드인 이웃들의 자비에 전적으로 기대야 했다. 많은 유대인들이 폴란드 경찰이나 독일 경찰에 신고되거나 발각되어 고문을 받고 죽었다.

1942년 게토 청소 직후의 순간이 가장 위험했다. 이때는 '유대인 사냥 Judenjagd'의 시기였다.[15] 초기 단계는 폭력의 아수라장이었다. 돌아다니는 유대인은 모조리 잡아 총살했다. 독일군과 그들의 보조 역인 폴란드 '청색' 경찰은 이 사냥을 감독했고, 마을 경비대, 건설대, 소방대, 지역 자원자들이 이를 실행했다. 추적은 점차 더욱 정밀해졌다. 이제 희생자들은 길을 잃고 방황하는 탈출자가 아니라, 자신들이 알고 믿는 사람들에게서 숨을 곳을 의탁한 지역 주민이었다. 이 희생자들은 이름과 개인 기록을 가지고 있었고, 그들의 각자의 모든 역사는 도움 제공자와 집행자 모두 알고 있었다. 그 결과 그들의 죽음은 전쟁 첫해 대량의 익명 살해보다 사람들의 기억에 훨씬 강하게 각인되었다.

돈을 주고 은신처를 구한 유대인 중 6퍼센트만이 전쟁에서 살아남았다. 이것은 이타주의의 도움을 받아 은신한 사람의 절반이 살아남은 것과 대조된다. 전쟁 지속 기간 자체가 중요한 요인이 되었다. 만일 전쟁이

1년 일찍 끝났더라면, 수만 명의 유대인이 살아남았을 것이고, 이에 비례해 이런 상황을 거부한 정의로운 비유대인 시민이 더 많았을 것이다.

유대인을 숨겨주는 것은 아주 위험한 일이었다. 독일군은 이런 사람의 집을 불태우고 그 가족을 살해했다. 그러나 가장 큰 위험은 다른 폴란드인으로부터 왔다. 기아의 시간에는 유대인의 생명을 아주 싼값에 살 수 있었다. 유대인 한 명을 독일 당국에 넘기는 공식 보상은 설탕 50킬로그램이나 보드카 한 상자, 혹은 감자 10입방미터였다.[16] 그러나 대개 실제로는 이보다 훨씬 보상이 적어서, 설탕 10킬로그램이나, 심지어 설탕 1킬로그램에다가 죽은 유대인의 옷을 갖는 데 만족해야 했다.[17] 유대인은 배게 하나, 겨울 코트 한 벌, 견직 몇 야드 값에 밀고되었다.

마을 사람들은 서로를 치열하게 감시했다. 가장 작은 마을에도 서로를 지켜보는 100개의 눈이 있었고, 정상에서 조금이라도 벗어나는 것을 찾았다. 새로 칠한 헛간, 옮겨진 밀 짚단, 새로운 장화 한 벌도 의심을 받았다. 조그만 땅뙈기를 사거나 새 옷을 입고 교회를 나오는 것도 가족 전체를 죽음으로 이끌 수 있었다. 비밀은 지키기 정말 어려웠다.

때로 너무 큰 소음을 내는 것도 죽음을 불러올 수 있었다. 내 할아버지의 사촌인 아델라는 바르샤바 외곽에 딸들과 함께 숨었는데, 그녀의 남편이 그만 병이 들었다. 그를 치료하거나 큰 기침 소리를 숨길 수 없었던 집주인은 그를 총으로 쏘아버렸다. 마을에 숨으면 도움을 주는 이웃만큼이나 사람이 위험할 수 있었다. 그러나 마을에는 최소한 식량과 도움의 기회가 있었다. 숲에는 아무것도 없었다.

에마누엘 링겔블룸이 전쟁 말기에 독일군 점령 역사에 쓴 대로, 수많은 폴란드 시골 사람들과 소도시 사람들에게 유대인은 더 이상 인간이 아니었다. 사냥당하고, 추적당하고, 벙커와 다락에 살며 굶고, 오물과 이에 덮인 그들은 야생동물보다도 운명이 처절했다. 모든 유대인은 가스실로 가거나 총살형을 당한다는 것이 널리 알려져 있었다. 주변 사람들이 보기에 유대인은 '죽음이 잠시 유예된 사람들'이었다.[18] 그들을 죽이거나 죽게 넘겨주는 것은 비둘기나 길 잃은 사슴을 죽이는 것보다 양심의 가책이 더 큰 일이 아니었다. 유대인의 생명은 값싼 것을 넘어 아무 가치가 없는 것이었다.

숲속으로 숨은 소수의 유대인은 완전히 자신의 힘으로 살아남아야 했다. 피셸 질베르만은 스트제곰Strzegom 마을에 농지와 과수원을 가지고 있었다. 그곳은 완전한 은신처였다. 숲에서 가깝고 독일군 경비초소에서는 멀었다. 피셸은 자기 가족과 친구들을 위한 은신처를 만들었다. 그것은 땅을 파서 만든 작은 굴이었다. 은신처는 이웃들이 쳐들어올 때까지 1년간 안전했다. 이웃들은 이 장소를 비밀로 하는 대신에 귀중품을 내놓을 것을 요구했다. 그러나 그 후에도 그들은 결코 안전하지 못했다. 마을 사람들은 계속 찾아왔다. 돈을 요구하던 그들은 구타를 하고, 살인까지 했다. 피셸의 딸 루트는 다 자란 밀밭 사이를 걸어 동굴로 오던 때를 기억했다. 그녀는 속으로 '세상은 이렇게 아름다운데, 나는 지금 동물처럼 쫓기고 있다'고 생각했다.[19]

루트가 시골에서 몸을 숨기고 있던 그 시간, 또 다른 유대인 소녀인 파이가 페터 역시 살아남기 위해 애를 쓰고 있었다. 그녀는 르비우 인근 페레미슈랴니Peremyshliany의 두 차례 게토 청소에서 살아남았다. 한 번은 헛간 밀 짚단 아래 숨어서 살았고, 두 번째는 과수원에 몸을 숨겼다. 그런 다음 그녀는 숲에 숨은 유대인들에게 갔다.

어느 날 파이가는 경찰 여섯 명에게 붙잡혔다. 그들은 그녀가 살려면 다른 유대인들이 있는 곳을 말해야 한다고 다그쳤다. 그녀는 그들에게 저주받은 유대인들의 금을 찾지 말라고 대답했다. 당신들은 이미 충분히 많은 금을 가지고 있고, 금보다 더 좋은 흑토와 흰 빵을 가지고 있다고 말했다. 그들이 계속 그녀를 심문하는 중에 총소리가 들렸고, 파이가는 도망쳤다. 그녀는 도망치면서 그 사람들에게 "유대인을 짐승처럼 추격하지 말라"고 외치고, "이 영혼들이 그 값을 치를 날이 올 것이다"라고 경고했다.[20] 유대인을 짐승과 동일시하는 것은 일상화되었고, 그녀의 말은 저주를 담고 있었다.

전쟁이 끝나가던 1945년 5월, 이러한 저주의 무게는 동유럽 전역에서 느낄 수 있었다. 폴란드에서만 거주 유대인의 92퍼센트인 300만 명의 유대인이 전쟁 중 사망했다.[21] 마을에서 사라진 사람, 탈취된 가축과 재산, 죽은 사람으로부터 빼앗은 집과 옷이 있었다. 소도시도 범죄 장소가 되었기 때문에 평화는 평온이 아니라 공포를 가져왔다. 많은 곳에서 징벌에 대한 두려움, 그리고 탈취한 것을 계속 가지겠다는 절망적 욕구가 결합된 이 공포는 무서운 폭력행위를 불러일으켰다. 최악의 사건은 1946년에 발생한 키엘체 유대인 학살Kielce Pogrom이었다.

키엘체는 바르샤바 정남쪽 약 100마일 거리에 있었다. 전쟁이 발발하기 전 규모가 있는 도시였던 이곳에는 7만 명의 주민이 살았고, 그중 3분의 1이 유대인이었다. 내게는 이곳 출신의 친척이 있다. 아니 있었다. 나의 사촌 아냐의 할아버지인 줄리안 그링그라스 가족이 키엘체에서 태어났다. 그의 아버지인 코펠 그링그라스는 그 도시에서 가장 큰 사진관인 스튜디오 모데른을 운영하고 있었다. 코펠은 취리히에서 사진술을 배웠고, 이 도시의 가장 큰 거리에 사진관을 열었다. 그곳은 멋진 장소였고, 반투명 쇼윈도에, 사진이 잘 나오도록 충분한 빛을 받기 위해 유리 벽, 유리

천장으로 만들어졌다. 이 예쁜 유리의 단점은 우박이 쏟아지면 깨진다는 것이었다.

처음에는 코펠이 거의 모든 사진을 찍었지만, 나이가 들면서 그의 동생 아르투르와 장성한 아들들이 그의 사진관을 물려받았다. 초상 사진을 찍기 위해 그들은 일부 실내장식을 유지했다. 커튼과 기둥 등이 스튜디오 안에 있었다. 사진은 유리 명판을 이용해 만들었다. 때로 코펠의 부인 파이글라가 아주 밝은 잉크로 명판에 칠을 하며 명판을 다듬는 작업을 했다. 그녀는 세심히 그 작업을 해야 했다. 조금이라도 실수하면 고객들을 길 건너 렘브란트 스튜디오에 빼앗길 수 있었다.

전쟁이 발발하자 코펠 가족은 동쪽으로 도망갔다. 자전거를 타고, 걷고, 마차를 빌려 타기도 했다. 줄리안과 그의 부인 펠라는 벨라루스인이 젓는 나룻배를 타고 부그강을 건넜다. 서부 우크라이나의 소도시 코벨Kovel에서 그들은 줄리안의 부모와 큰누나 로잘리아를 만났다. 로잘리아의 남편 오바잔스키는 그녀와 코펠을 설득해 다시 강을 건너 키엘체와 독일군 점령지역으로 돌아가도록 했다. 오바잔스키는 "당신들이 독일군을 위해 일할 수 있다면 그럭저럭 지낼 수 있을 겁니다"라고 말했다.[22] 그러나 코펠의 가족은 키엘체에서 오래 살지 못했다. 그의 아버지와 어머니는 비르케나우 집단수용소로 끌려갔고, 그의 누나는 채석장에서 총살당했다. 아바잔스키는 가장 무서운 죽임을 당했다. 차 뒤에 매달려 끌려가면서 죽었다.

코펠의 친척 중 누구도 전쟁이 끝난 후 키엘체로 돌아오지 못했지만, 그 도시 출신 유대인 약 100명이 돌아왔다. 독일이 패배하고 전쟁이 끝난 지 1년 이상이 지난 1946년 7월 3일, 42명의 유대인이 현지 폴란드인 폭도들에 의해 총에 맞거나 구타로 사망했다. 그들은 폴란드 경찰, 지역 군

부대와 함께 이 일을 저질렀다.

학살은 한 어린이가 실종되면서 시작되었다. 7월 1일 키엘체 재단사의 아들인 아홉 살 먹은 헨리크 브와슈치크가 사라졌다. 이틀 후인 7월 3일에 다시 나타난 소년은 부모들에게 자신이 납치되어 지하에 갇혔었다고 말했다. (후에 밝혀진 바로는 그 아이는 버찌를 따러 이웃 마을에 갔었다.) 브와슈치크의 이웃 한 사람이 납치범은 유대인이 틀림없고, 그들은 유월절 명절을 나기 위해 피를 뽑으려고 했다고 말했다. 헨리크의 아버지는 이 말에 동의하고 경찰에 신고했다.

이튿날, 전쟁에서 돌아온 유대인 대부분이 모여 살고 있는 마을에서 조사가 시작되었다. 어린 헨리크는 유대인 중 칼만 싱거라는 이름을 가진 정통파 유대인을 자신을 유인해 지하실로 데려간 사람으로 지목했다.[23] 경찰이 집 안으로 들어가 수색했지만 소년이 말한 지하실은 없었다. 그러는 동안 집 밖에는 사람들이 모였고, 집에 돌을 던지며 "저들이 우리 아이들을 죽였다"라고 소리쳤다. 그런 다음 그들은 집 안으로 몰려 들어가 안에 모여 있던 유대인들을 살해했다.[24] 폭력 사태는 곧 시내 다른 곳으로 번졌고, 질서를 회복하기 위해 군대가 파견되었다. 무장한 폭도들이 시내 거리를 다니며 눈에 띄는 유대인을 구타하고 살해했다.

폭력이 끝나자 주민들은 유대인 학살 책임을 외부로 돌렸다. 소련 비밀경찰NKVD, 반공산주의 지하세력, 심지어 시온주의자들에게 책임을 돌렸다. 이후 진행된 조사에서 이것은 귀환한 유대인들에 대한 뿌리 깊은 불신에서 일어난 지역적 사건이라고 결론 내렸다. 죽음에서 살아 돌아온 유대인들은 과거의 이웃들이 보기에 사악한 존재였다. 그들이 잃어버린 것을 다시 찾으려고 할 것이라는 두려움이 복수의 환상과 결합된 것이었다. 두려움이 고래의 고정관념과 신화를 부채질했다. 여기에서 흡혈 주장은 그저 구실이 아니라 시급한 동기였다. 키엘체 거리에서 폭력을 행사한 사람들에게 유대인이 흡혈귀이고 뱀파이어라는 전설은 비유가 아니라 현실이었다. 폭도들이 외친 말이 이것을 증거한다. "유대 놈들아, 우리 아이들은 어디에 있는가? 유대인은 지긋지긋하다. 저들을 죽여라. 저들은 폴란드 아이들을 잡아다가 고문을 한다."[25] 다른 곳에서도 "너희들이 예수를 죽였다. 이제 그 대가를 치러야 한다. 너희들은 우리 피를 너무 많이 마셨다"라는 비난이 나왔다.

키엘체 유대인 학살은 고립되어 일어난 사건이 아니었다. 또한 폴란드만이 귀환한 유대인을 폭력으로 맞은 유일한 국가가 아니었다. 세슈프 Rzeszów와 크라쿠프에서도 유대인들이 집단수용소에서의 학대로 허약해진 신체를 다시 살리기 위해 피를 훔친다는 소문이 돌았다. 유사한 사건들이 헝가리와 슬로바키아에서도 벌어졌다. 기독교인의 민간 전승에 의하면 유대인은 오래전부터 위협과 매력을 결합한 역할을 하는 철저한 이방인이었다.[26] 이제 이 모든 이중성이 다 사라졌고, 죽은 이웃들이 살아 있는 괴물의 형태로 돌아온 것이었다.

도시와 수용소, 농촌의 깊숙한 지역 할 것 없이 홀로코스트는 사회의 구조를 철저하게, 거의 형이상학적으로 파괴하는 영향을 미쳤다. 동유럽 전 지역에서 유대인들은 수세기 동안 살아오던 공간에서 갑자기 사라져버렸다. 그들을 애도하는 사람도 별로 없었다. 일부 사람들에게 그들이 사라진 것은 예언이 실현된 것이었다. 1980년대 폴란드의 알리나 차와가 유대인에 대한 농민들의 믿음을 수집했을 때 그녀는 전쟁은 신이 보낸 형벌이고, 유대인들도 이를 잘 안다는 말을 자주 들었다.

또 어떤 사람들은 동유럽에서 유대인의 삶이 끝난 것을 약탈의 기회로 받아들였다. 기독교인 이웃들은 유대인이 하던 사업을 하고, 유대인의 토지를 취하고, 유대인이 살던 집으로 들어갔다. 사람들은 금이빨과 버려진 반지를 찾기 위해 집단수용소 화장터 밑의 흙을 긁어내기도 했다. 곧 동유럽에서 유대인의 존재는 거의 사라졌고, 아주 보기 힘들게 되었다. 부서진 묘비, 문틀에 놓인 메주자,* 과거 유대인이 소유했던 과수원에서 자라는 사과나무 정도가 그 흔적이었다.

잠브루프에는 거의 아무것도 남아 있지 않다. 과거 도시 광장은 이제 대로가 교차하고 있고, 유대인 묘지였던 곳에는 잡초만 자라고 있다. 키엘체에서 스튜디오 모데른은 이미 사라졌지만, 당시에 찍은 사진은 일부 남아 있다. 그중 하나는 나중에 체스 챔피언이 된 시골 출신 소년의 사진이었다. 또 다른 사진은 훗날 교황 요한 바오로 2세가 되는 사람의 어머니의 초상 사진이었다. 이 사진은 1915년 당시 오스트리아-헝가리군에 상사로 복무하던 남편을 만나러 가는 길에 찍은 것이었다. 또 군대식 머리에 갈매기 날개 콧수염을 한 남자, 여우털 목도리와 진주 목걸이를 한 여인, 주일 예배복을 입은 여섯 명의 어린이 사진 등이 남아 있다.

드로호비츠는 전체가 암묵적 기념 장소가 되었다. 폴란드의 다른 어느 건물보다 높이 솟아올랐던 시나고그는 최근까지 소금 창고로 쓰였지만, 그 탑은 여전히 도시의 한 구역을 내려다보고 있다. 드로호비츠에서 강제 이송된 유대인들이 남긴 속삭임은 전혀 남아 있지 않았다. 거의 모든 유대인들은 베우제츠Bełżec 집단수용소로 끌려갔다. 이 집단수용소는 가장 잘 은폐되고 덜 알려진 수용소였다. 이곳은 르비우와 갈리시아 다른 지역의 유대인들의 생명을 삼킨 화장터였다. 나치 독일군은 1943년 후퇴

---

* 메주자(mezuzah)는 유대인들이 집 문간에 놓아두는 일종의 문패 같은 상자로, 구약 〈신명기〉의 성구와 신의 이름이 적힌 양피지를 넣어둔다.

하기 전까지 수용소의 흔적을 없애기 위해 할 수 있는 모든 일을 했다. 그들은 건물을 파괴하고 불태운 후 수용소 전체가 농장처럼 보이게 만들었다. 집단 매장소는 유대인 노동자들을 동원해 불태우고, 시신들도 화장했다. 남아 있는 유골 조각은 갈아서 재와 섞어 아무 흔적도 남지 않게 만들려고 했다.

1990년대에 이곳을 발굴한 고고학자들은 참호의 흔적을 발견했다. 흙속에 작은 흔적만 남아 있었다. 오랜 시간 동안 그 안에서 아무것도 발견되지 않았다. 그러나 그들이 계속 땅을 파자 불에 탄 유골들이 만든 두꺼운 토양층이 나타났다. 그 밑에는 지방이 있었다. 시간과 화학은 그곳에 남아 있던 시신을 일종의 인간 비누로 만들어버렸다.

12장

스탈린주의

레닌·라코시·스탈린의 초상화를 든 친정부 행진, 부다페스트, 1950년

1945년 2월 바르샤바, 이 도시에는 눈이 내리고 있었다. 비스와강 우안은 소련군 병사들과 동쪽에서 오는 난민들, 집단수용소에서 돌아오는 사람들로 바글거렸다. 과거 바르샤바의 중심지였던 강의 서안은 텅 비다시피 했다. 1944년 8월 1일 시작된 바르샤바 봉기로부터 6개월이 지났다. 두 달간의 치열한 시가전 끝에 독일군은 승리를 선언했고, 눈에 띄는 사람에게 총격을 가했고, 결국 바르샤바에서 철수했다. 이러한 독일군의 패배 와중에서 바르샤바는 죽은 사람이 산 사람보다 많은 빈껍데기 도시가 되었다. 이런 면에서 바르샤바는 그 일부인 바르샤바 게토의 운명을 이어받았다. 1년 먼저인 1943년 봄에 일어난 게토 봉기 후 바르샤바 게토는 철저히 유린되고, 소탕되고, 소각되었다.

1945년 바르샤바를 방문한 사람들은 과거 게토였던 곳의 형상을 보고 충격을 받았다. 바르샤바 중심부에는 건물 몇 개가 남아 있었고, 방향을 가늠하는 것을 도와주는 일부 연립주택도 줄지어 남아 있기는 했다. 그러나 게토에는 아무것도 없었다. 전쟁 전 게토 지역의 중심지였던 무라누프에는 집 한 채 남아 있지 않았다. 이 구역에서 남아 있는 것이라고는 사람 키만큼 높은 돌더미뿐이었다. 게토를 방문한 한 사람은 눈 덮인 잔해더미를 한 시간 동안 헤쳐보았지만, 과거에 무엇이 있었는지 아무 흔적도 찾을 수 없었다고 기록했다. 또 어떤 사람은 유대인의 무덤을 둘러싼 담은 아무런 의미가 없다고 썼다. 그 담의 양편 모두 망자亡者들의 장소였다.[1]

그로부터 4년 뒤 무라누프는 모습이 많이 변했다. 한때 도시 사막 같던 장소에는 이제 활동이 넘쳐나고 있었다. 3년 동안 젊은 자원자 집단이 종종 정체 불명의 사람 뼈가 나오는 폐허 지역을 청소했다. 이 자원자 중 일부는 사회주의 형제국의 부름을 받고 멀게는 불가리아, 유고슬라비아에서 왔다. 이제는 건설 시간이었다. 수천 채의 아파트로 이루어진 노동자들의 낙원인 시범 구역을 만들기 위한 계획이 세워졌다. 각 거주공간은 42제곱미터 넓이였고, 동과 동 사이는 잔디와 나무가 가득 찬 널따란 산책로로 구분되어 있었다. 선견지명이 있는 도시계획이었고, 이것을 실현하는 과정도 이상적이었다.

여성이 일부 포함된 전문 벽돌공 팀들은 ─ 이것은 새로운 건축장이었다 ─ 최신 기술을 갖추고, 사회주의적 경쟁 정신으로 무장한 상태에서 주어진 시간 안에 가장 많은 '마천루'[2]를 건설하기 위해 미친 듯한 속도로 작업을 했다. 한 아파트 동이 23일 만에 건설되었고, 다른 동은 8일, 또 다른 동은 6일 만에 건설되었다.[3] 시인들도 경탄해 마지않았다. 한 시인은 '새로운 사회주의 삶의 눈부신 구역'을 찬양했고,[4] 건설 속도에 정신이 혼미해진 다른 시인은 '6개년 계획의 뮤즈'의 도움을 청했다.

그 자리에 있던 많은 사람들은 여름 동안 무라누프에서 성취된 것이 진정한 사회주의라고 생각했다. 물론 건설 작업은 정신없이 빠른 만큼 엉성했고, 수도관이 새고, 회칠은 대충 되었고, 바닥이 고르지 않았다. 하지만 큰 문제는 되지 않았다. 이것은 여전히 기적처럼 보였다. 무에서 유가 창출되었다. 의지 하나만으로 산을 움직인 것이다. 미래는 노동자와 그들을 모든 결정의 중심에 두는 체제에 속한 것처럼 보였다.

이 새로운 세계에서 주택은 무료로 배분되고, 토지는 공동으로 경작되고, 공장은 국가가 소유하게 되었다. 이러한 이상은 단순히 경제 질서의 변화만을 의미하는 것이 아니었다. 이것은 혁명을 수반해서, 사람들이 옷을 입는 방식부터, 말하고 시를 쓰는 방식에 이르기까지 모든 것에 영향을 주었다. 이 혁명은 아래로부터가 아니라 위에서부터 추진된 것이고, 내부로부터가 아니라 외부에서 추진된 것이었기 때문에 이 새로운 현실은 불길한 함의를 많이 가지고 있었다.

동유럽의 소련화 과정은 1939년 소련이 동부 폴란드를 점령하면서 시작되었다. 이것은 사전에 몰로토프-리벤트로프 협약에 의해 결정된 것이었다. 양국 간 불가침조약에는 폴란드를 두 강대국이 분할 점령한다는 내용이 비밀조항으로 들어 있었다. 영토 병합은 계속되어 소련은 1940년 리투아니아, 라트비아, 에스토니아를 병합하고, 루마니아로부터 부코비나와 베사라비아를 빼앗았다. 이 지역들은 소련의 직접 통치하에 들어갔고, 이러한 변화는 이 국가들의 이전 역사와 전통이 즉각 말살되어야 한다는 것을 의미했다.

1940년 여름, 소련 외무장관 뱌체슬라프 몰로토프는 이러한 갑작스러운 서부 팽창의 근거를 리투아니아 부총리와의 회동에서 설명했다. 이 회동은 소련의 리투아니아 병합 불과 2주 후에 이루어진 것으로, 리투아니아로서는 부분적인 독립을 희망하는 것이 가능해 보이는 상황이었다. 그러나 협상 중간에 몰로토프는 가면을 벗어버리고 상대에게 무슨 일이 진행되고 있는지를 이렇게 설명했다.

당신은 현실을 직시해야 하고, 앞으로 약소국들은 사라져야 한다는 것을 이해해야 한다. 당신들의 리투아니아는 다른 발트국가들과 핀란드와 함께 소련이라는 영광스러운 가족에 합류해야 한다. 그래서 당신들은 이제 국민들을 앞으로 군림할 소련 체제에 적응시키는 과정을 시작해야 한다. 유럽의 일부 지역에서는 이 과정이 좀 더 일찍 시작되었고, 발트국가들처럼 일부 국가들의 경우 좀 더 늦게 시작되었다.[5]

리투아니아가 소련 체제에 편입되는 과정은 매우 신속하고 잔학했다. 소련군이 도착한 지 몇 주 만에 위장 선거가 실시되어 공산당이 지배하는 의회를 구성했고, 농민들의 토지는 강제로 분할되어 집단농장으로 흡수되었다. 이와 동시에 소련 당국은 수만 명의 정치적 의심자와 사회적으로 불건전한 인사들을 체포하여 대부분을 시베리아와 중앙아시아로 유형 보냈다. 이러한 대량 체포에는 발트국가들의 수장이 포함되었고, 리투아니아 대통령 안타나스 스메토나는 몰래 국경을 통과해 독일로 빠져나가는 데 성공했지만, 라트비아와 에스토니아 국가 지도자인 카를리스 울마니스와 콘스탄틴 패츠는 운이 좋지 않았다. 울마니스는 투르크메니스탄의 감옥으로 이동하는 도중 이질로 사망했고, 패츠는 소련 정신병원 여러 곳을 옮겨다니며 여생의 대부분을 보냈다. 그의 정신병의 한 증상으로 지목된 것은 그가 계속해서 자신이 에스토니아 대통령이라고 주장한다는

사실이었다.[6]

소련은 병합한 모든 지역에서 주민 대량 추방과 체포로 이러한 사회적 척결 작업을 반복했다.[7] 이러한 방식으로 그들은 빠른 시간 안에 전역을 파괴하고 능력을 상실하게 해서 이국적인 정치 체제로의 통합을 용이하게 만들었다. 이것이 가져온 사회 변형은 오래 지속되었다. 이 모든 지역이 1941년 독일군에 점령되었지만, 1944-1945년 소련군이 재점령하면서 이 지역은 반세기 후 소련이 해체될 때까지 소련의 일부가 되었다.

이 서부 국경 지역이 소련에 통합된 것은 소련이 2차 세계대전 후 동유럽에 건설하게 되는 제국의 예고편이었다. 1950년이 되자 동유럽 국가들은 하나의 통합된 사회, 정치, 경제 체제에 포함되었다. 폴란드부터 알바니아까지 이 지역의 나라들은 공산당 통치의 일당제 국가가 되었다. 각 나라는 소련을 모델로 만들어진 통제 경제를 운영했고, 스탈린을 모델로 한 독재자가 이끌었다. 토착 파르티잔 지도자인 요시프 브로즈 티토가 통치하는 중요한 예외 국가인 유고슬라비아를 빼고, 이 지도자들은 자신의 권력을 스탈린에 의지했고, 통치 방식에서도 그의 지시를 따랐다. 스탈린이 각 나라의 지도자를 결정하고, 그들의 국내 정책을 지시하고, 세계 여러 국가와의 대외관계를 결정했다.

스탈린이 살아 있는 동안 위성국가들은 거대한 단일 국가의 지방처럼 행동했다. 그러나 이것은 특이한 형태의 제국이었다. 발트국가들, 벨라루스-우크라이나 변경 지역과 다르게 폴란드, 체코슬로바키아, 헝가리, 루마니아, 불가리아, 알바니아는 독립 국가로 남았고, 이 국가들은 소련 블록에 가담한 것이 전적으로 자발적인 행동인 것처럼 보이려고 큰 노력을 기울였다. 소련군의 엄청난 위력에도 불구하고(폴란드에 진주한 소련군을 목격한 체스와프 미워시는 이것을 '땅을 뒤덮으며 흘러내리는 용암'에 비유했다),

소련은 즉각 자신의 의지를 동유럽에 강제하지 않고, 대리인을 통해 행동했다. 흔히 처음에는 보잘것없는 세력이었던 공산당이 그 대리인이었고, 공산당의 지도부는 대개 모스크바의 코민테른 학교 출신이었다.

1945년부터 이 공산당들은 당원 수를 늘리고, 선거에서 경쟁하고, 다른 정당들(대개 친소련)과 연정을 형성했다. 이 정부 내에서 공산주의자들은 가장 중요한 내무부와 비밀경찰을 장악했다. 권력의 두 지렛대를 손에 넣은 그들은 자신의 정적들에게 테러를 가하고, 선거를 자신들에게 유리하게 조작했다. 1948년이 되자 공산당들은 동유럽 전 지역에서 권력을 장악하고, 합법적이지는 않더라도 최소한 지역 주민들의 바람에 의해 권좌에 오른 외양을 취했다.

체코슬로바키아에서 이런 외양은 아주 작은 진실을 반영했다. 공산당은 1946년 선거에서 부정에 의지하지 않고 상당히 선전해 36퍼센트를 득표했다. 공산당은 놀라운 속도로 세력을 확장해서 1945년 5월 2만 8000명이었던 당원은 1946년 3월 100만 명을 넘어섰다.[8] 공산당은 1948년 2월 일어난 쿠데타로 정부 권력을 장악했다. 체코슬로바키아 국민 중 일부는 이것을 상당히 긍정적으로 받아들였다. 프라하에서는 수천 명의 학생들이 공산당의 정권 장악에 항의했지만, 수십만 명의 공장 노동자들은 공산당 집권을 축하하는 집회에 참석했다.[9]

이러한 집회가 완전히 자발적이진 않았지만 나라 안에서 일어나는 변화의 분위기를 어느 정도 반영한 것은 사실이었다. 합법적이든 아니든 미래가 도래한 것이었다. 소설가 밀란 쿤데라가 후에 쿠데타 이후의 시기를 이렇게 표현했다. "새로운 삶이 시작되었다. 진정 새롭고 힘든 삶이었다."[10] 이것은 "가장 기쁜 시기"이자 절대적으로 진지한 시간이었다. "기뻐하지 않는 자는 노동자 계급의 승리를 한탄한다는 의심을 받았다."

즐겁지만 엄중하게 진지한 시기였다. 이것은 강제력에 의해 시작되었고, 열성적 환영을 받았다. 스탈린주의는 정치 체제 이상의 것이었기 때문에 이러한 모순을 지탱할 수 있었다. 이것은 하나의 문명으로서 자신만의 양식, 이야기, 영웅들을 가지고 있었다. 그것은 진보를 믿었고, 바로 진보를 가져올 수 있다고 주장했다. 단번에 계급 차별을 철폐하고, 또한 단번에 미래로 도약할 수 있다고 강변했다. 이러한 도약의 일부로서 젊은이들은 스스로를 위해 새로운 삶을 창조하는 드라마에 뛰어들라는 초청을 받았다. 통상 이러한 내부적 사회 변혁 프로젝트가 진행되었고, 공장은 중세 시대 성당이 하던 역할을 맡았다. 이러한 공장들은 단순한 작업장이 아니었다. 공단은 고유의 주택 개발, 문화 센터, 학교로 둘러싸인 독립적 도시였다.

종전 직후 시기는 산업 지구 건설의 활황기였다. 대부분은 철강 공장에 집중되었다. 이러한 건설 프로젝트로는 폴란드의 노바후타Nowa Huta, 헝가리의 스탈린바로스Sztálínvaros, 불가리아의 디미트로프그라드Dimitrovgrad가 대표적이었다. 그러나 무라누프의 경우처럼 이런 시설들은 종종 황무지에 백지상태에서 건설되어야 했다. 이러한 건설을 지원하기 위해 젊은이들은 수천 명씩 갈리시아 농촌 지역이나 헝가리 평원지대를 떠났다.

그들이 건설한 도시들은 여전히 서 있다. 크라쿠프에서 멀리 떨어진 교외 지역에 건설된 노바후타는 나른하고 기분 좋은 소도시였고, 이곳의 거대한 주도로―거대한 노동절 축하 행진에 걸맞는―는 매일 먹을 빵을 받기 위해 가는 죄수들의 왕복 말고는 오가는 사람이나 차량이 거의 보이지 않았다. 스탈린바로스(현재는 '도나우의 도시'라는 뜻의 두나우이바로스

헝가리 스탈린바로스 건설 현장, 1950년

Dunaújváros로 개명되었다)의 도나우철강공장은 여전히 용광로의 시큼한 냄새로 공기를 채우고 있다. 1950년대 모습 그대로 보존된 이 공장 입구는 거대한 시멘트 기둥으로 만들어졌고, 내부는 '노동자-농민 연대'를 보여주는 벽화로 장식되었다. 엔드레 도마노프스키가 그린 피카소풍의 뻔뻔한 프레스코화에는 거대하게 그려진 농촌 여인들이 엄청난 크기의 빵 덩어리를 이에 못지않게 거대하게 그려진 감사하는 철강 노동자들에게 전하는 모습을 담고 있다. 이 조화는 전체적으로 노동 계급의 승리의 문이자, 단순히 공장이 아니라 프롤레타리아의 승리를 나타내는 기념비로 남아 있다.

공산당 통치에 호감을 가진 사람들에게 녹은 쇳물보다 더 멋진 것은 없었다. 체코슬로바키아 작가 보후밀 흐라발은 클라드노Kladno에 있는 폴디철강공장의 작열하는 주괴 철이 "공허하고, 우아하고, 비현실적"이라고 썼다. 흐라발은 '7만 7000명 노동'이라는 프로그램의 일환으로 그곳에서 일하게 되었다. 이 프로그램은 산업 노동 배경이 전혀 없는 다른 직업군의 수만 명을 징발하여 체코슬로바키아 전역의 공장과 집단농장에 보내는 프로젝트였다.[11] 이 '자원자들'은 새로운 질서에서는 쓸모가 없어진 일을 하던 사람들이었다. 국유화된 사업을 영위하던 사람, 신학 교수들, 활동이 금지된 정당의 정치인들, '사회적으로 무책임한' 소설 작가들이 그런 예였다. 흐라발은 그 마지막 범주에 해당되었다. 그는 신진 작가로서 몇 년 동안 초현실주의 작품을 실험해왔다. 그의 문학적 우상은 다른 많은 프라하의 작가들과 마찬가지로 림바우드와 엘루아르드였다. 폴디철강공장은 그를 시멘트의 세계로 데려왔다.

흐라발은 폴디 공장에서 큰 고생을 했다. 절대 쉬운 일이 아니었다. 공장은 열기와 먼지의 화로였다. 산성 매연이 그의 눈과 목을 찔렀다. 그는 노동자들이 철강 기둥에 맞아 쓰러지고, 흔들리는 쇠줄에 몸이 찢기고, 용해된 금속에 화상을 입는 것을 많이 보았다. 이런 노동자들은 병원으로 실려 갔다가 일부는 결국 돌아오지 못했다. 흐라발은 쫓겨난 판사, 직업동맹 간부, 좀도둑, 창녀와 같이 일했다. 그들은 체코슬로바키아 전역에서 도착한 고철을 처리했다. 시골 교회에서 뜯겨 나온 철제 십자가, 탱크 조각, 무덤 표지판, 재봉틀, 열화탄에 녹아 이상하게 변형된 욕조 등이 들어왔다.[12] 구세계의 이런 유물들은 녹아서 뭔가 좀 더 나은 것으로 주조되었다. 이러한 환유는 스스로 많은 것을 말하고 있었다. 당시 흐라발이 쓴 단편소설의 등장인물들은 이것이 무엇을 의미하는지를 설명했다.

이 물건들, 과거 너의 생업 도구가 용광로에 들어가 주괴 철이 되어 쏟아져 나온다는 것이 완전히 다른 시대를 의미함을 모르는가? 이 모든 소상업, 이 모든 시원찮은 소기업들, 그 모든 기계들은 다 어디로 가겠는가? 다 사라질 것이다! 그리고 너는 어떻게 되겠는가? 너의 생업 도구였던 이 고철처럼 될 것이다. … 너도 주괴 철이 될 것이다.[13]

클라드노, 노바후타, 스탈린바로스의 거대한 철강공장은 과거를 녹여 버렸다. 그들은 새로운 인간형, 즉 프롤레타리아 시대의 영웅들을 주조했다. 소련에서 이러한 새로운 사람들은 스타하노프형 인간Stakhanovites이라고 불렸다. 그들은 생산성의 화신이었다. 힘이나 노동 효율이 대단한 초인적 노동자여서 노동력만으로 자재나 생산 수단의 부족을 극복할 수 있다는 전범이 되었다. 달리 말하면, 사회주의 동방이 자본주의 서방 세계를 초월하는 것은 기술이 아니라 인간의 의지였다.

스타하노프 운동은 민주적으로 보였다. 이런 영웅은 어디에서도 나올 수 있기 때문이었다. 1949년 폴란드 남동부의 작은 마을 출신인 피오트르 오잔스키가 노바후타로 왔다. 24세의 군 제대자이자 폴란드 청년동맹 출신인 피오트르는 건설에서 노동의 '새로운 청년 위업'을 달성한다는 꿈을 가졌다. 벽돌공으로 수련을 받은 그는 자신의 목표치를 한 교대시간에 벽돌 2만 4000장 쌓기로 결정했다. 1950년 7월 14일, 8시간 동안 그의 작업팀은 3만 4727장의 벽돌을 쌓는 기록을 달성했다.[14] 몇 주 후 그의 얼굴은 행진대 깃발에 새겨졌다.

노동 영웅들은 소설에서도 찬양되었다. 하룻밤 사이에 '생산 소설'이라는 새로운 장르가 나타났다. 이것은 소련에서 수입된 것이었다. 거의 모든 생산 소설은 공장이 배경이 되었다. 《건설현장에서》, 《석탄》, 《공격》, 《16번이 생산한다》, 《트랙터》, 《트랙터가 봄을 이긴다》 등 이 소설들의 제목이 그 내용을 말해준다. 트랙터 또는 '평화 시의 탱크' — 시적인 마음을 가진 사람들이 때로 사용한 명칭 — 는 특히 인기 있는 주제였다. 즉시 혁명적 도구가 된 트랙터는 농촌의 케케묵은 장원-가부장적 질서를 한 번에 쓸어버릴 것을 약속했다. 새로운 시대의 전령인 트랙터는 모든 부문의 예술가들에게 이상적 주제가 되었다. 1949년 한 슬로바키아 화가는 그 시기의 정설을 반영하여 자신의 시대에 '콤바인 기계에 앉은 사람은' 르네상스 시대에 '갑옷이나 왕자의 옷을 입은' 사람과 같다고 비유했다.[15]

새로운 문학을 창조하는 것은 구시대 문학의 제거를 의미했다. 폴란드와 헝가리는 2차 세계대전 전 출간물을 금서로 만들고, 수천 권의 책을 공공도서관 서고에서 제거해버렸다. 체코슬로바키아는 국가가 권장하는 도서 목록을 재작성하는 데 진지한 노력을 기울였다. 1949년부터 1952년까지 특별 '제거위원회'가 자국 내 모든 문학의 가치를 평가하고 새로 필요로 하는 것을 찾아냈는데, 이념적 이유보다는 미적 이유를 판단 근거로 삼았다. 체코슬로바키아 전역에서 2700만 권이 파쇄되어 판지로 재활용되었다.[16] 흐라발은 폴디철강공장에서 일한 다음 이 종이 재생공장에서 일했다. 만일 그가 좀 더 오래 그곳에서 일했더라면, 자신의 작품들이 압착기 밑에서 사라지는 모습을 보았을 것이다.[17]

소각장으로 사라진 이 책들이 있던 자리는 무엇으로 채울 것인가? 새 문학은 노동 계급이 경험한 생활을 소재로 해야 하고, 그 계급이 글을 써야 했다. 적어도 그러기를 바랐다. 폴란드의 공산 정권 문화 당국은 이렇게 자습한 예술가들을 찾아 나섰다. 당국은 신예 작곡가, 조각가, 화가, 특히 작가를 후원했다. '특별 지원사무실'이 설립되어 발아하는 재원들을 진창인 원고에서 인쇄된 광명의 페이지로 인도했다.

많은 작가 지망생들이 이에 반응을 보였다. 나는 바르샤바의 국립문서보관소에서 거의 손때가 묻지 않은 거대한 편지 더미를 발견했다. 그것들은 시인 지망생, 작가가 되려는 사람들, 온갖 종류의 서적광이 보낸 편지들이었다. 그들 대부분은 소위 '사회적 진보awans społeczny' 세대에 속한 젊은 사람들이었다. 그들은 막 고향 마을에서 도시로 올라와 프롤레타리아 청년들을 위한 속성 교육과정을 제공하는 새로운 노동자 대학에 등록한 사람들이었다. 그들은 소련으로 여행가고, 장학금을 받고, 잡지에 얼굴이 나오고, 산업 리더로서 일자리를 찾으려는 갈망에 사로잡혀 있었다.

이러한 작가 지망생들이 제출한 시들은 사회주의 리얼리즘의 모든 상투적 문구를 다 담고 있었다. 소련군을 칭송하는 시, 폴란드 노동당을 찬양하는 시, 트랙터에 대한 필수적 찬양을 상상력이 부족한 〈트랙터들의 음악〉이란 제목으로 담은 시도 있었다. 16세 소녀는 모든 주제 중에 가장 따분한 대상을 그린 노래를 보내왔다. 그 대상은 폴란드 대통령이자 노동당수이고, 바르샤바에서 스탈린의 눈과 귀 역할을 하던 흐릿한 인물인 볼레스와프 베이루트였다.

다른 인민민주주의 지도자들처럼 베이루트도 감사하는 마음이 넘치는 신민들로부터 선물을 받았고, 이것은 언론에 발표되었다. 생일날 그는 인민들로부터 99개의 선물을 받았고, 거기에는 신축 도로 공사에 쓰인 자갈, 고압 차단기, 설탕으로만 만든 대통령 궁 모형이 들어 있었다. 이러한 후한 선물들은 스탈린에게 증정된 선물들에 피하면 새 발의 피였다. 민족들의 아버지인 스탈린은 1949년 70번째 생일에 폴란드인들로부터 811개의 선물을 받았다. 여기에는 3개년 계획 할당에 의해 생산된 황마의 마지막 1미터, 암염巖鹽 900킬로그램으로 만든 스탈린 동상, 연로한 카슈비아 노인이 가장 아끼는 담배 파이프도 포함되어 있었다.[18]

지도자에게 헌정되는 선물은 주로 개인이 만든 것이었고, 직접 손으로 만든 것도 많았다. 이러한 선물들은 감동을 주기도 하지만 위험하기도 했다. 1950년대 푸줏간을 하는 개인사업자는 상점 진열대에 마차시 라코시의 흉상을 갖다 놓았다. 라코시는 소련 블록에서 '스탈린이 가장 사랑하는 헝가리 학생'이라고 불리던 헝가리 공산당 지도자였다. 푸줏간 주인은 돼지기름으로 이 흉상을 만들었다. 이것은 멋진 작업이었지만, 역효과를 냈다. 이 주인에게 뒤지지 않으려는 다른 푸줏간들이 지도자의 조각상을 전시했다. 선전으로 시작된 행동이 이제 모두가 따라야 하는 과제가 되었다. 그러나 겨울이 지나고 봄이 오고, 기온이 올라가면서 첫 돼지기름 흉상은 녹기 시작했다. 이미 모습이 흉하게 변한 라코시의 흉상은 정말 괴물 같아 보였다. 크게 놀란 푸줏간 주인은 황급히 이 흉상을 거두어들였고, 남은 부분을 기름덩어리로 팔았다.[19]

1950년대 초반 동유럽을 지배하던 이 모든 '작은 스탈린들' 중 헝가리의 라코시가 적극적으로 자신에 대한 개인숭배를 장려했다. 특색이 없는 당 관료인 그가 내세울 수 있는 가장 큰 영예는 15년간 호르티 제독의 감옥에 있었다는 사실이었다. 이제 권력의 최상부에 밀어 올려진 그는 새 질서의 상징이 되었다. 시인들은 그를 현명한 스승이자 민족의 아버지로 추켜세웠다. 이 모든 찬사 중 가장 사실을 잘 반영한 것은 그가 시인들에게 시를 쓸 소재를 마련해주었다는 사실이었다.

라코시 개인숭배의 핵심 수단은 시각 자료였다. 석탄같이 짙은 눈썹으로 틀이 잡힌 달걀 모양의 대머리인 그의 얼굴 사진이 거의 모든 사무실, 교실, 상점, 카페, 대합실에 걸렸다. 가장 인기 있는 사진은 라코시가 곡물 들판에 서서 사려 깊게 밀 이삭을 살펴보는 모습이었다. 5만 장 이상 복사판이 만들어진 이 사진은 헝가리가 라코시를 바라보는 방식을 담은 절정이었다. 그의 자상함, 농업적 전문성, 곡식에 대한 배려를 담고 있었다. 나중에 서방으로 망명한 그의 어용 시인에 따르면, 이것은 "마차시 라코시로부터 인민들에게 비치는 모든 자애로움을 전달했지만, 인민들이 이런 자애를 바라고 있는지 아닌지는 중요하지 않았다".[20]

공산 블록의 다른 지도자들도 이런 아첨에 익숙해졌지만, 그들을 기다리는 가장 큰 영예인 불멸성은 그들이 죽은 다음에야 얻을 수 있었다.

이것의 모범 사례도 소련에서 왔다. 1924년 사망한 레닌의 시신은 방부 처리되어 모스크바 붉은 광장에 특별히 만들어진 영묘에 영구적으로 전시되었다. 인민민주주의의 통치자들은 그의 진정한 후계자가 된다면 이런 대접을 받아 마땅했다.

불가리아 공산당수인 그리고르 디미트로프가 1949년에 사망하자마자 레닌 영묘에서 온 팀이 그의 시신을 정성껏 방부 처리했다. 불가리아산 흰색 대리석으로 어설프게 신고전주의 흉내를 낸 정육면체가 6일 만에 만들어졌다. 초인적 노동자들이 밤샘 작업을 하여 이 영묘를 일주일 만에 완성했다. 디미트로프 시신에 대한 방부 작업도 이에 못지않게 신속하고 정확하게 진행되었다. 고대 미라들처럼 그의 내장이 먼저 세심하게 제거된 다음 살균된 붕대로 채워졌다. 적절한 온도와 습도를 유지하기 위해 불가리아 최신의 냉방 시스템이 무덤 안에 설치되었다. 또 모스크바 예술극장에서 파견된 무대장치 전문가들이 디미트로프의 핼쑥한 얼굴에 극적인 명암을 드리우면서도 시신의 부패를 촉진하는 열을 발산하지 않는 최적의 조명장치를 설치했다.

한 가지 문제가 방부 처리자들을 당황스럽게 만들었다. 그것은 이 새로운 영원한 가면을 쓰게 될 디미트로프는 정확히 어떤 모습을 해야 하는가였다. 화학 처리와 주사는 그의 얼굴과 손과 피부를 하얗게 만들었다. 화장을 통해 그의 원래 살색을 되살려야 했다. 이것이 어떤 색깔이 되어야 할지를 결정하기 위해 방부 처리팀은 150명의 불가리아 학생의 피부 색소를 연구한 다음 가장 평균적이고 '이상적'인 피부색을 찾아낸 다음 그것을 시신에 적용했다. 그렇게 해서 디미트로프는 단순히 공산당수나 민족의 아버지가 아니라 모든 불가리아인들의 완벽한 종합체가 되었다.[21]

한편 체코슬로바키아 공산당수 클레멘트 고트발트가 모스크바에서 진행된 스탈린의 장례식에 참석한 지 불과 닷새 후인 1953년 3월 14일 동맥파열로 사망하자, 사람들은 이것을 주군을 위한 마지막 충성의 행동으로 보았다. 디미트로프 사망 때와 마찬가지로 방부 처리자들이 레닌 영묘에서 와서 평생 알코올 중독과 매독에 시달렸을 가능성이 있는 그의 시신을 처리했다. 먼저 고트발트의 내장이 제거되어 유리병에 보관되었고, 시신의 나머지 부분은 두 벌의 고무 옷을 입힌 다음 그 위에 군복을 입혔다. 고트발트의 얼굴과 손만이 공기에 노출되었다. 이 부분이 생생하고 통통하게 보이도록 하기 위해 여러 번 파라핀과 바셀린 주사를 놓아야 했다. 마지막 방문자가 프라하 영묘를 나간 다음 그의 시신은 지하실의 실험실로 내려와 보는 사람이 없는 가운데 이런 목욕재계를 해야만 했다. 이 모든 과정 — 세심한 방부 처리 작업부터 소련 동지들이 제공하는 도움 — 은 모두 일급비밀로 지켜졌다.

이러한 기밀 유지에도 불구하고, 아니면 오히려 그 때문에 프라하에는 시신이 온전하지 못하다는 소문이 돌았다. 고트발트가 사망한 지 불과 한 달 만에 그의 시신이 부패하여 너무 악취가 심해 방독면을 쓰고 접근해야 한다는 소문이 돌았다.[22] 후에 사람들은 그의 시신이 단계적으로 부패하고 있다는 소문을 굳게 믿게 되었다. 먼저 그의 발이 검은색으로 변했고, 그의 몸통 전체를 아스팔트로 채워 넣었다는 소문이 돌았다. 이 시점에 그의 시신은 도저히 참을 수 없을 정도로 부패하여 매장해야만 했다는 말이 돌았다.[23]

이 모든 소문 중 어느 것도 사실이 아니었다. 방부 처리팀이 기록한 깔끔한 노트를 보면 고트발트의 시신은 오랜 기간 계속 전시되었고, 손바닥 변색 외에 큰 변화가 없었다. 그러나 체코슬로바키아 주민들의 상상에 고트발트의 시신은 《도리안 그레이의 초상》의 체코판이었다. 정권이 무너지면서 시신도 부패해갔다. 그리고 실제로 고트발트의 시신은 잘 보관되었을지언정 그가 남긴 유산은 고난을 겪었다. 1962년 체코슬로바키아가 뒤늦게나마 지배 이념이었던 스탈린주의와 결별하자 그의 시신은 조용히 화장되었다.

고트발트의 시신이 화장된 후 재는 영묘 안 작은 유골안치소에 보관되었다. 1989년 베를린 장벽이 무너진 후 권력에서 밀려난 체코슬로바키아 공산당은 과거 지도자의 유골을 일반 묘지로 옮기기로 결정했다. 영묘 관리와 관련된 한 역사가가 유골함을 가지고 공동묘지로 가서 예정된 자리에 가져다 놓기로 했다. 공동묘지로 가던 그는 중간에 술집에 들려 술을 한잔 마신 후 유골함을 가지고 나오는 것을 잊어버렸다.[24] 지금까지도 유골함의 행방은 묘연한 상태다.

———

전쟁의 폐허에서 도시들이 다시 건설되었다. 황무지에 공장들이 세워졌다. 영명한 지도자는 감사하는 인민들에 의해 불멸의 세계로 옮겨졌다. 모두가 절정의 스탈린주의적 망상이었다. 현실은 아주 달랐다. 공산주의의 현실은 무한대로 탄력적이라 황금빛 미래를 향해 지속적으로 전진할 것처럼 보였으나, 너무 자주 현실로 나타난 것처럼 이 세계는 진흙탕에서 빠져나오지 못했다.

무라누프와 스탈린바로스의 새로 개발된 주택 단지는 곧 주거민 과잉에 비위생적인 상황을 만났다. 새 시범 도시들의 용광로는 기술적 전문성에 필요한 철강과 적절한 원료를 간신히 생산해냈다. 경제 성장은 멈춰버리거나 역성장으로 돌아섰다. 동유럽의 많은 지역에서 집단화된 농업은 특히 큰 후진을 보였다.[25] 1950년대 초 전광석화 같은 사회 변혁 약속이 이루어지지 않으면서 당 지도자들은 자신들의 실패 원인을 파괴 공작과 반역 탓으로 돌렸다.

한반도에서 전쟁이 발발한 1950년 여름에 특히 강화된 편집증이 나타났다. 체코슬로바키아에서는 중앙화된 경제 프로그램인 1차 5개년 계획 기간의 두 번째 수확이 시작되었다. 그런데 '제국주의' 서독과 국경을 접하고 있는 체코슬로바키아 남쪽 끝과 서쪽 지방에서 사악한 공격자가 들판에 나타났다. 그것은 감자 투구벌레였다.

감자 투구벌레는 원래 북아메리카가 진원지였기 때문에 체코슬로바키아 공산당은 이것이 자국 땅에 나타난 것을 의도적인 파괴 공작이라고 간주했고, 사실상 전쟁행위로 보았다. 정부 포고문은 미 공군이 이 해충을 공중에서 살포했다고 주장했다. 이 '비행기에 탄 악당들'은 한국의 마을들을 불태우는 것에 만족하지 않고, 체코슬로바키아 농장에서 힘들여 수확한 곡물을 망치려 하고 있다고 비난했다.

체코슬로바키아의 학생들은 '월스트리트가 보낸 여섯 개의 발을 가진 대사들'과의 싸움에 동원되어, 유리병과 부릅뜬 눈만 가지고 촘촘히 줄을 지어 이 해충를 잡았다. 공산당 학생조직인 '젊은 개척자'들은 엄청난 수의 제국주의 적들을 잡아서 격멸했다. "감자 투구벌레와의 전투에 모두가 나서라"라는 문구가 적힌 선전 깃발이 나부꼈다.

체코슬로바키아 언론에서 감자 투구벌레는 환유로 바뀌어 국내에서 자란 사회주의의 적들의 상징이 되었다. 한 프라하 신문은 해충이 나타난 것은 연이은 서방 쪽 도발의 가장 최근 형태라고 비난했다. 이러한 도발은 정부 최고위층에 요원을 심는 파괴 공작으로 절정에 달한다고 주장했다.[26] 이제 이러한 반역자들의 실체를 밝혀야 할 때가 된 것이다.

체코슬로바키아 들판에 해충이 나타난 그해에 소련 블록의 거의 모든 국가는 반역자, 스파이, 파괴 공작자로 지명된 사람들에 대한 인민 재판을 시작했다. 1930년대 스탈린 대숙청 시기 인민 재판과 마찬가지로 이 조사의 대상이 된 사람들은 공산당에서 가장 저명하고 막강한 인물들이었다. 루돌프 슬란스키는 재판에 회부되기 전 체코슬로바키아 공산당 서열 2위의 인물이었다. 헝가리에서 라즐로 라이크는 자신이 불과 몇 년 전 만든 비밀경찰에 의해 체포되었다. 이런 거물들이 쓰러진 후 수십 명의 고위 당직자들이 이들과 같이 숙청되었다.

인민 재판은 연극 극본처럼 짜였다. 검사가 하는 모든 질문, 증인의 모든 증언이 미리 작성되었다. 헝가리에서 공산당수인 마차시 라코시는 라이크에 대한 기소 내용과 판사가 그에게 묻는 말뿐만 아니라 이에 대한 라이크의 답변도 직접 작성했다.[27] 피고인들도 어느 정도는 이 연극에서 자신이 해야 할 역할을 알고 있었다. 교수형을 선고하며 라이크의 재판이 끝나자, 비밀경찰 수장은 라이크를 법정 옆 작은 방으로 데려가 그를 껴안으며 말했다. "동무, 아주 잘했소."[28]

연속극 에피소드처럼 인민 재판 중 가장 흥미로운 부분은 라디오를 통해 전국에 중계되었다. 피고인의 고백을 듣는 순간, 공장 노동자들은 연장을 내려놓았고 모든 일은 멈춰버렸다. 재판에 쓰인 극본이 현실의 기본적인 사실과 자주 충돌했기 때문에 기이한 상황이 일어났다. 헝가리 소설가 페테르 나다스는 이런 한 장면을 글로 남겼다. 라이크의 재판 중 한 증인이 라이크가 지은 죄에 대해 증언을 하는 것을 라이크의 아버지, 어머니, 어린 아들이 집에서 라디오로 듣고 있었다. 한순간 라이크는 자신이 유고슬라비아 비밀경찰과 CIA가 기획한 헝가리 공산당 지도자들을 살해하려는 복잡한 음모를 세우던 와중에 자기 아버지의 장례식에 참석해야

해서 자리를 비웠다고 말했다. 이 말을 들은 그의 아들이 폭발했다.

"왜 그런 말을 해요? 아빠는 집에 오지 않았어요! 할아버지! 왜? 왜 대답을
안 하세요? 할아버지, 대답 좀 해주세요! 아빠가 왜 이런 말을 하는 거예요?
할아버지는 살아 계시잖아요? 할아버지, 제발!" 그러나 할아버지는 죽은 듯
이 침묵을 지켰다. 그는 한 마디도 하지 않았다.[29]

심지어 어린아이도 명백한 거짓말을 통해 무슨 일이 진행되는지를 알
수 있었지만, 더 큰 그림을 본 것은 할아버지였다. 인민 재판의 목적은 세
상 일에 대한 정확한 이야기를 하려는 것이 아니라 공산당 외에 어느 누
구도 진실을 결정할 수 없다는 것을 보여주려는 것이었다. 정권이 가진
힘의 범위를 보여주는 데 피고인의 자백은 가장 중요한 부분이었다. 누구
라도 반대자를 처형할 수 있었다. 누군가에게 범죄 혐의를 씌우는 것도
어려운 일이 아니었다. 그러나 그로 하여금 사실이 아닐뿐더러 얼토당토
않은 내용을 자백하게 만드는 것은 대단한 기술을 필요로 했다.

헝가리, 불가리아, 알바니아에서 인민 재판의 많은 희생자들은 유고
슬라비아 지도자이자 당시 반역자의 수괴인 요시프 브로즈 티토와 공모
했다는 기소를 받았다. 알바니아의 엔베르 호자를 제외하고 동유럽의 다
른 지도자들과 다르게 티토는 소련군의 도움 없이 권좌에 올랐다. 그가
이끈 공산주의자 파르티잔은 추축국을 유고슬라비아에서 몰아냈다. 티토
는 1930년대 내내 코민테른 회원이었고 충성스러운 스탈린주의자였지
만, 그는 지도자가 되는 데 스탈린의 신세를 지지 않았고 모든 결정을 내
릴 때 그의 지시를 따를 필요가 없었다. 점점 커가던 이견으로 1948년 여
름 두 사람의 관계는 파국을 맞았고, 이것은 소련의 유고슬라비아 봉쇄와

유고슬라비아 인민들에게 티토 정권을 전복하라는 촉구로 이어졌다.

티토와 스탈린의 결별은 동유럽 블록의 단합을 파괴했다. 동유럽인들이 티토의 사례를 본받아 소련에서 독립한 채 공산주의로의 독자적 노선을 취할 수 있다는 인식은 동유럽 지역에 대한 소련의 패권에 즉각적 위협을 제기했다. 그래서 스탈린은 각 위성국 비밀경찰을 동원하여 동유럽 공산당 지도부 내 티토주의자들을 색출하게 했다.

유고슬라비아에서 이 상황은 역전되었다. 이곳에서 가장 의심을 받는 당원은 스탈린 편을 드는 공산당원들이었다. 유고슬라비아에는 수천 명의 이런 내부적 적이 있었다. 그러나 이들은 계급의 적이나 파시스트가 아니라 파르티잔으로서 격전을 치렀던 당원들이었다. 그들을 처형하는 것은 사회주의 건설에 필요한 소중한 인적자원을 낭비하는 것이었다. 그래서 숙청 대신 개조 작업이 진행되었다.

이들의 재교육 장소는 지중해에 있는 골리오토크Goli Otok('민둥 섬'이라는 의미)라고 불리는 섬이었다. 일설에 따르면, 질이 좋은 석재를 찾아 아드리아해를 뒤지던 크로아티아 조각가 안툰 아우구스틴치치가 한때 대리석이 풍부했던 황량한 작은 섬을 발견했다. 태양빛이 쏟아지고 나무도 없는 고립된 이 섬은 감옥으로 사용하기에 최적의 장소처럼 보였다. 아우구스틴치치는 이러한 생각을 크로아티아 내무장관에게 전달했고, 이것은 티토에게 보고되어 그는 이를 신속히 허가했다.

결국 골리오토크섬의 채석장에서 나오는 대리석은 쓸모가 없는 것으로 드러났지만, 이것은 큰 문제가 되지 않았다. 이곳은 석재가 아니라 인간 찰흙이 다시 주조될 수 있는 곳이었다. 죄수들은 채석된 돌을 바다로 운송한 후 이것을 다시 언덕 위로 옮겼고, 이 작업은 반복되었다. 시시포스의 노동과 전혀 다를 바 없었다.

골리오토크섬에는 공식적으로는 수감자가 없었다. 유고슬라비아 전역에서 온 죄수들은 대부분이 전 공산당원이었다. 그들은 그곳에서 청소, 요리, 건설 등 모든 생활을 직접 영위했다. 그들은 죄수이자 간수였고, 고발꾼이면서 심문자였다. 그들은 또한 고문 실행자 역할도 맡았다. 다른 죄수들을 구타하는 것이 자신이 개조되었다는 것을 증명하는 유일한 방법이었다. 죄수들이 본토에서 이 섬에 도착하면 그들은 첫 시험대인 '줄stroj'을 경험해야 했다. 새로 온 사람들이 배에서 내리는 동안 이미 섬에 와 있던 죄수들은 두 줄로 늘어섰다. "티-토!" "마르-코!"라는 함성 속에서 새 죄수들은 4천 명이나 되는 죄수들이 내리치는 몽둥이를 맞으며 맨발로 1500미터를 걸어가야 했다. 과거 장군이었던 사람도 이러한 징벌의 신입식을 치러야 했다. 다른 공산당 중요 인물들과 함께 그들은 자신들이 실각한 이유에 대해 공개적으로 설명해야 했다.[30]

스탈린식 공개재판과 지옥 같은 골리오토크식 교화소를 만들어내서 편집증적 분위기를 흉내 내는 것은 어려운 일이 아니었다. 공개재판에 연루된 사람들은 거의가 그들의 혐의에 대해서는 아무 죄도 없었다. 골리오토크섬에 수용된 사람들 상당수도 마찬가지였다. 체포되는 사람들이 정말로 죄가 있든 없든, 티토의 유고슬라비아 정부는 편집증적으로 조심할 수밖에 없었다. 티토는 수많은 소련 스파이들에게 둘러싸여 있었고, 티토의 개인 경호원들도 이들에 의해 매수당했다.[31]

냉전 초기 국제적 긴장이 고조되었다. 공산주의 진영과 반공산주의 진영 모두 목적을 달성하기 위해 수단 방법을 가리지 않았다. 1940년대 말 동유럽 블록에는 비밀 요원과 정보 공작이 넘쳐났다. 이 시기에 베를린은 역사상 가장 스파이가 많은 도시였을 것이다. 오스트리아와 체코슬로바키아 사이의 숲으로 이루어진 국경지대는 사람을 빼오고 잠입시키는 거대한 발진기지 역할을 했다.[32] 서방이 주도한 가장 야심 찬 작전으로 반공 망명자들을 해상이나 공중을 통해 그들의 조국으로 침투시키는 작업이 진행되었고, 이것은 특히 알바니아에서 여러 번 시도되었다.

1949년 '요인 작전'으로 일군의 알바니아 파르티잔이 산악지역에서 반공 반란을 촉발시키려고 했다. 이 시도는 완전한 대실패로 끝나서 피그스만 침공 작전의 예고편이 되었다. 그러나 공산 통치에 대한 무장 저항이라는 아이디어 자체는 허황된 것이 아니었다. 1950년대 중반까지 동유럽 여러 국가에서 반공 게릴라 세력은 실제로 활발하게 활동을 벌였다. 이 집단의 일부는 2차 세계대전 중 저항 운동의 연장선에서 투쟁을 벌였다. 또 어떤 집단들은 추축국으로 넘어갔다가 공산당이 이끄는 정부에서 아무런 역할을 차지할 수 없게 된 전투원들로 구성되었다.

발트국가들에서 그들은 '숲의 형제들Forest Brothers'이라고 알려졌고 루마니아에서 이 집단은 하이두크haiducs라고 알려졌다. 이런 저항 중 가장 규모가 큰 운동은 폴란드에서 일어났다. 폴란드에서는 2차 세계대전 때 나치 독일 점령군과 싸운 거대한 지하 파르티잔 세력인 조국군대가 종전 후 '자유와 독립WiN'이란 새 이름을 달고 소련 세력을 폴란드 영토에서 몰아내는 투쟁을 벌였다. 다른 집단들은 공격을 벌이다가 좀 더 안전한 삼림 지역으로 후퇴하여 진정한 반란군보다는 마적 집단 같은 방식으로 활동했다.

이런 반군들은 대개의 경우 농촌 지역에서 지원을 확보했다. 폴란드의 많은 지역은 1940년대 말까지 내전과 같은 상태가 지속되었다. 그러나 결국 압도적인 인력의 이점을 가지고 잔인한 방법을 기꺼이 사용하는 공산주의 보안 세력이 반란군을 압도했다. 1945년부터 1947년 사이 그들은 '자유와 독립' 지도부 또는 '사령부'를 네 번 연속 일망타진했다. '자유와 독립'을 자유로운 폴란드로 귀환할 수 있는 마지막 희망으로 보았던 서방의 폴란드 망명자들은 크게 실망했다.

그러다가 기적 같은 상황이 발생했다. 1948년 다섯 번째 저항 지휘부가 나타났다. 이 새 조직의 대표들이 어렵게 동독을 통과하여 서방에 나타났다. 그들은 자신들이 수백 명의 무장 병력을 보유하고 있고, 소련 점령자들에 대항해 싸울 준비가 되어 있다고 자부했다.

지하에서 반공 투쟁을 벌여온 폴란드 망명자들은 이 세력을 자신들의 기도에 대한 응답이라고 생각했다. 서방 첩보 기관, 특히 CIA도 크게 고무되었다. CIA는 3차 세계대전이 일어나는 경우 동유럽 현지에서 철도를 파괴하고, 공수부대원을 구조하고, 적에 대한 첩보를 수집하는 통상 정보 활동을 하는 동맹 세력을 찾고 있었다. '자유와 독립'은 여기에 딱 들어맞는 조직이었다. 거의 5년 동안 미국은 이 집단에 훈련, 장비, 자금을 지원했다. 50만 달러 이상의 금액이 금으로 지급되었다.

그러나 유일한 문제는 이것이 조작이었다는 것이었다. 제5지휘부는 암호명 카이사르 아래 행해진 폴란드의 1급 기밀 방첩 작전의 일부 계략이었다. 제5지휘부는 외국 정보기관을 속이고, 폴란드에 대항하여 암약할 수 있는 잠재적 파괴 공작자를 잡아들이기 위한 기만 작전이었다. 이 계략에 넘어간 사람들은 이런 사실을 전혀 몰랐다. 제5지휘부의 폴란드 연락책과 병사들조차 자신이 공산 통치를 격멸하기 위해 투쟁한다고 생각했다. 그들은 체포된 다음에야 자신들의 실책을 깨달았고, 어떤 경우는 그 상황에서도 사실을 깨닫지 못했다.

제5지휘부의 위장은 1952년에 정체가 드러났다. 폴란드 신문들이 서방에서 출발하여 폴란드에 공수된 요원들을 체포한 것을 자랑하는 기사를 실으면서 진실이 드러났다. 기만적 조직에 유인된 공모자 수십 명은 무기징역형이나 사형을 선고받았다. 한 과거 이중 첩자는 '침으로 얼룩진' 반동의 심복들이 조직한 음모를 파괴한 것을 자랑스럽게 떠벌렸다. 오늘날까지도 누가 이 음모를 기획했는지 정확히 알려지지 않았지만, 스탈린이 직접 그런 명령을 내렸을 가능성이 크다. 그해에 미국에서 아이젠하워 정권이 출범했는데, 위성국에 대한 소련의 통제력을 이 새 정권에 경고하기 위한 일환이었던 것으로 추측하지만, 아무도 정확한 사실을 알지 못한다.

카이사르 작전은 내 가족의 이야기와 작지만 흥미로운 방식으로 만난다. 2차 세계대전 후 나의 할아버지인 야쿠프 미카노프스키는 카이사르 작전을 관장한 국가보안기관 — 방첩기관 — 을 위해 일했다. 야쿠프가 정보 세계에 발을 들여놓은 것에는 길고 복잡한 연유가 있다. 그는 전쟁 기간 대부분을 숲에서 지내며 지하 활동을 했다. 독일군에 체포된 후 그는 민스크 인근에서 탈출하여 그곳에서 길을 잃은 소련군 국경경비대 병사들을 만났다. 그들은 스몰렌스크 인근에서 함께 독일군 전선을 넘었다. 그렇게 군인으로서의 경력이 시작되었다. 그는 공수학교를 수료한 후 견제공작 코스를 마쳤다.

1942년 봄, 야쿠프는 벨라루스의 독일군 전선 후방에 낙하했다. 그는 바브류스크Babruysk 숲과 바라노비치Baranovichi 숲에서 파르티잔과 함께 싸웠다. 상관들의 전사율이 너무 높아서 그는 빠르게 승진했다. 몇 달 만에 그는 조장에서 분대장이 되었고 1942년 11월 중대장이 되었다. 그달에 그는 공산당에 입당했다. 그는 거의 2년을 더 숲에 남아 싸웠다. 이 시간 동안 벨라루스 숲은 전쟁 중 저질러진 잔학 행위 중 최악의 만행이 벌어진 장소가 되었다. 나치 독일군 파르티잔 추격대들이 가장 자주 쓴 전술은 부역이 의심되는 마을로 들어가 농민들을 모두 모은 다음 그들을 헛간에 몰아넣고 불을 지르는 것이었다. 야쿠프는 이런 만행을 여러 번 목격했다. 그는 휘하 파르티잔 부대원들과 함께 이송 캠프에 있던 유대인 수백 명을 직접 구출하기도 했다. 이 용감한 행위는 후에 《벨라루스노동자공화국 노동 계급의 역사》 3권에 언급되었다.[33] 또한 그 덕분에 그는 폴란드인민공화국 보안 기관에 일자리를 얻었다. 비밀경찰과 내무부는 파르티잔 부대 출신자로부터 많은 인력을 충당했다. 이 요원들은 충성심이 강하고, 전투 경험이 풍부하며, 비밀리에 작전을 벌이는 데 익숙했다. 이것은 스파이와 방첩에 최고의 자질이었다.

그들에게 전쟁은 끝날 줄 몰랐다. 다만 독일군을 상대로 한 지하투쟁에서 서방을 상대로 한 냉전으로 바뀌었을 뿐이다. 유럽에서 승전일이 선언되었지만, 나의 할아버지는 여전히 벨라루스에 남아 나치 독일 편을 든 용병인 안드레이 블라소프• 장군의 군대 잔당과 전투를 벌였다. 그 후 그는 카이사르 작전에 가담하는 수백 명의 장교들 가운데 하나로 지명되었다. 폴란드 상황에 대한 정보를 수집하는 현지 KGB 장교에게 제출된 보고서에 그의 서명이 나온다. 그가 어느 정도나 깊이 연루되었는지에 대해서 나는 잘 알지 못했다. 그의 개인 기록 파일은 오래전에 편집되었다.

그러나 가족의 전승에 따르면 그가 제5지휘부의 슬픈 역사와 연결되어 있는 것은 부정할 수 없다. 1950년대 초반 야쿠프의 상관은 그에게 보너스를 제안했다. 그는 이것을 자동차나 모피 코트로 받을 수 있었다. 내 할머니 조피아는 모피 코트를 택하라고 할아버지에게 말했다. 이 선택은

• 안드레이 블라소프(Andrey Vlasov)는 2차 세계대전 때 소련군 장군으로 모스크바 전투에서 활약하다가 레닌그라드 봉쇄를 돌파하는 작전에서 독일군의 포로가 되었다. 그는 독일군의 회유로 소련군 포로들로 구성된 러시아해방군을 조직하여 나치 독일 편에서 싸웠다. 전쟁이 끝나갈 무렵 그는 진영을 바꾸어 독일군에 대항하는 프라하 봉기를 지원했다. 그는 서방으로 탈출하려다가 소련군에 체포되어 교수형을 당했다.

수십 년 동안 회자되는 오명이 되었고 사치품에 대한 할머니의 바보 같은 집착의 상징이 되었다.

아무튼 이것은 당시에는 엄청난 보상이었다. 하나의 비교 사례를 들자면 당시 카이사르 작전에 참여한 이중 첩자 중에 마리안이라는 남자가 있었다. 그의 작전 암호명은 아르투르였다. 아르투르는 지하저항군의 동지들을 모집하고 그런 다음 그들을 배신하는 데 누구보다 큰 업적을 남겼다. 이 공로에 대한 보상으로 그는 새해 선물을 받았는데, 그 내용물은 차※ 네 상자, 청어 통조림 두 통, 과일 콤포트 한 병, 가루 코코아 한 통, 가루 초콜릿 한 통, 나일론 스타킹 두 족이었다.[34]

스타킹 두 족은 당시로는 큰 사치품이었다. 당시 폴란드는 모든 물품이 귀했다. 식품과 연료는 여전히 배급 카드에 의해 배분되었다. 시중에 나오는 상품은 늘 시원치 않았다. 그러면 왜 우리 할아버지는 자동차나 모피 코트를 선물로 제안받았는가? 내가 짐작하는 바로는 이것은 카이사르 작전의 종료와 관련이 있었다. 당시 작전 진행 도중에 편취된 50만 달러는 지금 화폐 가치로 환산하면 약 1000만 달러(대략 130억 원)에 해당된다. 모피 코트는 이 편취물을 분배하는 과정에서 나온 것이었다.

———

동유럽 보안 기관들이 감당해야 할 방첩 업무 대상은 스파이와 이중 첩자만이 아니었다. 일부 적은 전혀 구체적인 대상이 아니었고, 종교에 대한 공산당의 오랜 투쟁의 산물이었다. 전체주의적인 무신론 공산당-국가는 아무리 존재감이 적은 것이라 할지라도 권위에 대한 경쟁적 근원을 절대 용인할 수 없었다. 기적들 ─ 아파트 한 동을 6일 만에 건설하는 것과 같은-은 완전히 세속적인 것이어야 했고, 천국으로부터 온 것처럼 보이는 것은 사기라는 것이 밝혀져야 하거나 완전히 압제되어야 했다.

이 두 경쟁하는 태도는 체코슬로바키아의 소위 '치호스치Číhošť 기적' 사건에서 가장 강하게 충돌했다. 1949년 12월 모라비아 고지대의 작은 마을 성당에서 시무하던 교구 사제 요세프 토우파르는 강림절 설교를 하고 있었다. 설교 중 그의 뒤쪽 제단 위의 철제 십자가가 갑자기 스스로 움직이는 것처럼 보였다. 그가 제단에서 멀어질 때 그는 이런 광경을 목격하지 못했지만, 그 자리에 있던 20여 명의 교인들은 십자가가 앞으로 세 번 기울어지거나 '인사'를 한 다음 제자리로 돌아갔다고 증언했다. 십자가를 건드린 사람은 아무도 없었다.[35]

기적이 일어났다는 소식이 널리 퍼졌고, 며칠 만에 체코슬로바키아 전역에서 순례자들이 그곳으로 몰려들었다. 소문과 예언, 특히 전쟁이 임박했다는 소문이 이 사건과 함께 떠돌기 시작했다. 토우파르도 불길한 예감에 가득 찼다. 그는 이 기적이 교구 신도들에게 위험을 가져다줄 수 있다는 것을 알았다. 그는 무슨 일이 일어났는지 모르겠다는 태도를 취했지만, 자신은 이 사건과 아무 상관이 없다는 것을 확신했다. 그래서 그는 이 사건에 대한 모든 비난을 혼자 감수하게 될 거라고는 전혀 예상하지 못했다.

체코슬로바키아 보안 기관은 1950년 1월 28일 토우파르 사제를 체포했다. 체포 명령은 당 최고위층에서 내려온 것으로 보였다. 다른 고위 성직자들도 광범위한 색출로 체포되었다. 정부는 대규모 인민 재판을 위한 기반을 만들고 있는 듯 보였고, 로마까지 연결되는 가톨릭 최고위 지도부는 국가에 대항하는 음모를 꾸미고 있다는 혐의를 받았다.

치호스치의 기적은 이 재판에서 가장 중요한 증거로 제시되었다. 이 재판이 원하는 효과를 얻기 위해서는 토우파르 사제가 교회 상층부의 지시를 받아 이 기적을 조작했다고 자백하는 것이 중요했다. 이를 거부하는 그를 자백하게 만들기 위해서 비밀경찰은 잠을 자지 못하게 하고, 돌아가면서 구타했다. 4주 후 그들은 목적을 달성했다. 토우파르 사제는 자기 앞에 놓인 자백서에 서명했다. 그의 서명은 아주 흔들렸지만, 그가 쓴 것이라는 데는 의문이 없었다.

그런 다음 그는 치호스치로 이송되어 카메라 앞에서 자신이 어떻게 기만극을 펼쳤는지를 이야기했다. 이 영상은 아직도 남아 있다. 토우파르의 손은 부러졌고, 치아도 빠진 상태였다. 그는 퉁퉁 부은 다리로 간신히 서 있을 수 있었다. 촬영이 끝나자 그는 쓰러졌다. 이튿날 프라하에서 온 여러 의사들이 그를 치료하려 했지만 끝내 사망했다. 그의 시신은 은폐되어 후에 공동묘지에 묻혔고, 나중에 증거를 찾으려는 사람들이 그의 유골을 찾지 못하도록 서커스 코끼리 뼈와 뒤섞여 묻었다.

가장 주목을 끄는 중요한 증인이 없어지면서 인민 재판은 취소되었다. 기소된 나머지 사제들은 장기 징역형을 선고받거나 일부는 우라늄 광산에 보내졌다. 이후 치호스치 사건은 체코슬로바키아에서 금기시된 주제였지만, 1968년 여름 토우파르의 사망 정황에 대한 조사가 잠시 진행되기도 했다.[36]

1989년 이후 치호스치의 성당은 다시 한 번 순례자들이 찾는 곳이 되었고, 토우파르에 대한 명예 회복 작업이 시작되었다. 문제의 중심은 십자가가 어떻게 움직였는가였다. 스탈린주의 조사자들은 제단 뒤에 숨겨진 도르래에 의해 작동된 술수라고 확신했다. 그들은 이러한 장치가 있었다는 증거를 찾아내지 못했지만, 이 기적이 신의 섭리라고는 절대 생각하지 않았다. 바티칸에서 조사하더라도 악마 쪽에서 이에 가담했다는 것을 분명히 부정할 것이다.

치호스치 기적 사건은 공산당 당국에 큰 우려를 안겨주었지만, 그래도 단일한 사건이었다. 그러나 폴란드에서는 달랐다. 그곳에서는 기적이 연이어 일어났다. 많은 기적은 성모마리아상과 연관되었다. 성모마리아상이 저절로 '새로워지'거나 갑자기 눈물을 흘렸다. 스탈린이라는 공포가 절정에 달했던 1949년부터 1950년까지 폴란드 비밀경찰은 280건의 이런 유형의 사건을 보고했다.[37]

가장 유명한 사건은 1949년 7월 3일 루블린에서 일어났다. 그 도시 성당에 있던 성모마리아 성상화가 눈물을 흘리기 시작했다. 기적이 발생했다는 소식은 며칠 만에 폴란드 전역에 퍼졌다. 순례자들이 폴란드 각지에서 모여들기 시작했다. 사람들은 울고 있는 성모마리아에 의해 자동적으로 치료를 받았다고 주장했다. 순례 군중이 순식간에 너무 커져서 통제 불가능이 되었다. 순례자들의 감정은 고조되었다. 성상화를 보고 고해성사를 하기 위해 수천 명이 한꺼번에 몰려들었다. 개종자도 수없이 생겨났다. 루블린대학의 철학 전공 교수는 제단에 찢어진 당원증이 쌓여 있던 것을 기억했다. 심지어 공산 당국 경찰들도 성상화 앞에 머리를 조아렸다.[38]

폴란드 비밀경찰 한 팀이 이 상황을 관찰하기 위해 파견되었다. 성상화를 면밀하게 조사한 비밀경찰은 '눈물'을 만들기 위해 인공적 물질이 사용되지 않았다고 결론 내렸다. 그럼에도 비밀경찰은 지역 신문을 동원해 가톨릭 지도부가 반혁명 도발을 위해 기적을 조작했다고 비난하게 만들었다. 비밀경찰은 성당 문을 닫고 신발공장 노동자들을 동원하여 자리를 뜨지 않는 순례자들에게 벽돌 조각을 던지게 했다. 이런 무질서의 와중에 21세의 여대생이 현장에서 깔려 사망했다. 경찰 저지선이 쳐져서 성당 접근을 막았고, 성당의 행동을 비난하기 위한 특별 회의가 열렸다. 이

회의의 주제는 '중세 낙후성의 종말'이었다.

그러나 순례자들은 계속 몰려들었고, 점점 더 공산 당국에 대항하는 정치적 항의를 표현했다. 군중은 교회 성가를 부르고, '공산주의 멸절', '사제 만세' 같은 정치 구호를 번갈아가며 외쳤다.[39] 한번은 순례자들이 차푸친스Capuchins 수녀원 앞에서 체포되고 있다는 소문이 돌았다. 순례자들은 인근 헌병대로 몰려가 돌을 던졌다. 헌병과 경찰은 그들을 포위하고 수백 명을 체포하고, 그들 대부분을 루블린 성 지하 감옥에 수감했다.

이것은 일시적으로 루블린의 종교 열기를 잠재웠지만, 새로운 기적들이 폴란드 전역에 나타났다. 일부 기적은 증인이 있었고, 구체적 증거도 있었다. 다른 기적들은 소문으로만 존재했다. 루블린 순례자들을 체포한 경찰 중 한 사람은 나중에 맹인이 되었다는 소문이 돌았다. 또 어떤 경찰은 한쪽 손이 마비되는 고통을 겪었다. 다른 곳에서는 성모마리아를 조롱했던 공산당원이 돼지로 변했다는 소문이 돌았다.[40]

이런 우려되는 사건들에도 불구하고 폴란드 비밀경찰은 성모마리아의 기적이 나타나는 것을 막는 데 충실했다. 성모마리아가 초자연적인 빛을 띠고 바르샤바 무라누프에 있는 한 성당의 첨탑에 나타나자, 비밀경찰은 이 탑을 아스팔트로 검게 칠해버렸다. 성모마리아가 마주리Mazury 마을 외곽 초원에 있던 10대 소녀에게 나타나자, 비밀경찰은 그녀를 체포했다. 성모마리아가 서 있던 자리에 도금양 덤불이 나타나자, 그들은 이 덤불을 태워버렸다. 사람들은 이에 굴하지 않고 불에 탄 재를 모아서 그것을 집에 뿌리며 안녕을 기원했다.[41] 후에 성모마리아가 소도시 자브워두프Zabłudów 외곽 철쭉 들판에 있던 다른 10대 소녀에게 나타나자, 경찰은 마찬가지로 환상이 나타난 들판을 둘러싼 다음 생석회를 철쭉 위에 뿌렸다.

성모마리아에 대한 두더지 잡기식 게임에 지친 비밀경찰은 20년간의 어려운 전투에서 배운 것을 정리하여 1급 기밀 내부 회람용 보고서를 만들었다. 현장에 나가 있는 비밀경찰 요원들을 위한 일종의 지침서인 이 보고서는 군중을 어떻게 다룰 것이며, 불법 예배당을 어떻게 부수는지, 환영을 직접 접한 자들은 어떻게 다룰 것인지를 적시했다. 이 출간물은 동유럽에만 있는 문제에 대한 답을 제공했다. 그것은 기적을 압제하는 지침서가 되었다.

13장

사회주의

바르샤바에서 식료품을 구하기 위해 늘어선 줄.
안나 무시아우프나, 〈낙관주의자〉, 1981년작

모든 사람은 스탈린이 죽은 날 자신이 어디에 있었는지를 기억한다. 1953년 3월 6일 '인간 행복의 정원사'가 저 높은 곳으로 가자, 이 뉴스는 소련 블록의 모든 스피커와 라디오에서 방송되었다. 수십만 명의 애도객이 거리로 쏟아져 나와 부다페스트, 바르샤바, 프라하의 주요 광장과 대로를 가득 메웠다.

농촌과 공장도 마찬가지로 슬퍼했고, 그것도 스탈린주의식으로 슬퍼했다. 수만 명의 노동자와 농민은 즉각 공산당 가입 신청서를 제출했다. 폴란드 투르의 12번 유리 공장에서 노동자들은 '스탈린 동지가 보여준 노선을 따르고 생산 전선에서 노력을 강화할 것'을 약속했고, 그제츠나판나 Grzeczna Panna('상냥한 처녀'라는 뜻) 마을에서 농민들은 농지의 헥타르당 곡물 생산량을 늘리겠다고 약속했다.[1] 실레신Slesin 마을에서 72세의 한 여인은 자신이 스탈린 대신에 죽었더라면 더 좋았을 것이라고 공개적으로 말했다. 자신이 하는 일은 어린 자녀들을 돌보는 것뿐이지만 스탈린과 그의 '불사의 지혜'는 "전 세계 모든 인민이 필요로 하기 때문"이라는 것이었다.[2]

악명 높은 레츠스크Recsk 감옥에 수감되어 있던 헝가리 시인 죄르지 팔루디는 헝가리 내 다른 사람들보다 며칠 늦게 이 소식을 들었다. 소련 모델로 만들어진 작은 강제수용소에서 수감자들은 야외 채석장에서 일하면서 굶주리고 구타당하다 죽어갔다. 감옥의 이발사가 그의 감방으로 들어와서 그를 껴안으며 울면서 이렇게 말했다. "캅카스 도둑놈이 드디어 우리 곁을 떠났어!"[3]

팔루디는 3년 전인 1950년에 레츠스크에 왔다. 그는 외국에서 헝가리로 돌아온 죄, 작가인 죄 그리고 공산당원이 아닌 죄로 유죄를 선고받았다. 그를 기소한 공식 이유는 그가 미국 정보기관에 고용되어 인민공화국을 전복하는 반란을 조직했다는 것이었다. 저항이 아무 소용이 없는 것을 안 팔루디는 자신에게 씌워진 죄를 자백했다. 그를 심문한 사람은 그에게 축하를 건네고, 그를 "정말로 아름답고 믿을 만한 자백의 글을 쓴 상상력이 넘치는 사람"이라고 칭찬했다.[4] 이제 팔루디는 감방 경비원들이 죄수들에게 사과하고, 혹시 미국 비행기가 날아오는지를 살피러 초조하게 하늘을 쳐다보는 것을 보고 적잖게 놀랐다.

스탈린의 죽음은 정치적 눈사태의 첫 진동이었다. 이것은 완전히 발달할 때까지 몇 년이 걸렸다. 스탈린이 죽은 지 몇 달 후 헝가리 지도부는 정치범에 대한 일반 사면을 발표했다. 팔루디는 석방되었고, 레츠스크 수용소에 있던 다른 사람들도 풀려났다. 이후 몇 주 동안 파업과 노동자 봉기가 체코슬로바키아, 동독, 불가리아에서 일어났다. 진정한 충격은 1956년 2월에 일어났다. 니키타 흐루쇼프는 공산당 대회에 참가한 폐쇄된 청중에게 '비밀 연설'을 했다. 그는 스탈린의 죄상을 열거했다. 여기에는 1937년 정치국원 대부분을 처형한 것과 1941년 독일과의 전쟁에 전혀 대비하지 않은 것이 포함되었다. 흐루쇼프의 연설은 비밀이었지만, 그 내용은 외부로 유출되어 동유럽 지역에도 퍼졌다. 공산당의 진정한 신도들에게 환멸을 불러일으킨 이 사건은 지각변동이나 마찬가지였다. 한 체코슬로바키아 공산당원은 "이것은 마치 우르술라 수녀*에게 신은 없고, 볼테르가 교황보다 낫다고 말하는 것과 같았다"라고 말했다.[5]

흐루쇼프의 연설은 20세기에 행해진 연설 중 가장 중요한 것이 되었다. 장기적으로 이것은 동유럽 지역에서 통치술이라는 측면에서 스탈린주의의 사멸을 가져왔다. 소수의 예외를 제외하고, 대량 투옥과 처형은 이제 끝이 났다. 이제부터 공산당 권력의 강철 주먹은 벨벳 장갑을 끼게 되었다. 이것의 즉각적인 결과는 극적이었다. 폴란드에서 흐루쇼프의 비밀 연설은 대규모 항의 시위를 불러왔고, 궁극적으로 당 지도부 교체를 가져왔다. 헝가리에서는 혁명을 촉발했다. 1956년 10월과 11월 헝가리는 거리에서 통치가 되었고, 군중은 거대한 스탈린 청동상을 끌어내리고, 비밀경찰들을 그 사령부 앞에서 폭행했다. 이 봉기를 진압하기 위해 소련군이 침공했고, 몇 주간 많은 피를 흘린 시가전이 벌어졌다.

헝가리 혁명이 진압되자 새로 개편된 헝가리 공산당 수장 야노스 카다르는 국민들과 암묵적 협약을 맺었다. 그것은 '고개를 숙이고 다시는 봉기를 입 밖에 꺼내지 말라. 그러면 (상대적인) 평온과 번영의 삶을 누리

---

* 성 우르술라 수녀회는 1572년 안젤린 수녀회에서 갈라져 나왔고, 수녀원에서의 수련을 중시했다.

게 해주겠다'라는 것이었다. 이것은 '구야시 공산주의'라고 불린* 새로운 시대의 시작을 알렸고, 동유럽 전 지역의 발전 방향을 앞장서서 보여주었다.

동방 블록에서 공산당 정권들은 권력 장악을 느슨하게 했다. 조직적인 정치 반대는 여전히 완전히 금지되었지만, 문화는 점차 서방으로부터의 영향력에 문을 열었다. 체코슬로바키아에서 공산당 강경론자들은 1962년에야 정권을 손에서 내려놓았지만, 1960년대는 영화 산업이 꽃피는 시기였다. 밀로시 포르만, 이르지 멘젤, 베라 치틸로바가 이 10년을 주도했다. 폴란드에서는 안제이 바이다와 로만 폴란스키 같은 새로운 영화 감독 세대가 1956년 이후의 해빙에서 자신들의 목소리를 냈다. 새로운 예술과 함께 새로운 사상도 태동했고, 이것은 바로 정치에서 메아리를 찾았다. 1968년 새로 체코슬로바키아 공산당 지도자가 된 알렉산드르 둡체크는 경제에 대한 지방 통제, 의회를 다당제 지배의 틀로 삼는 것을 포함한 일련의 개혁 조치를 발표했다. 더욱 중요한 조치로 그는 사실상 모든 검열을 철폐하여 '프라하의 봄'이라고 널리 알려진 짧은 개방의 시대를 열었다.

둡체크는 사회주의를 체코슬로바키아의 상황에 맞게 변용시키려고 했고, 이것을 '인간의 얼굴을 한 사회주의'라고 표현했다. 그러나 소련 지도부는 이러한 급격한 자유화를 심각한 위협으로 간주했다. 1968년 흐루쇼프의 후계자로 소련 지도자가 된 브레즈네프는 탱크를 보냈다. 1956년 헝가리에서와 마찬가지로 거친 무력만이 전쟁에서 쟁취한 소련의 '안전

---

* 구야시(gulyás)는 대표적인 헝가리 전통 음식으로, 쇠고기와 각종 채소를 넣어 만드는 수프다. 영어식으로는 굴라시(goulash)라고 부른다.

지대' 장악을 계속 유지할 수 있게 했다.

소련군의 침공 후 체코슬로바키아의 많은 사람들은 전면적 숙청을 우려했다. 그러나 실제 벌어진 일은 점진적이고 은밀히 시행되는 장악이었다. 사회와 문화에 권위를 서서히 재확립하는 것은 미화법으로 '정상화 normalization'라고 알려졌다.

폴란드에서 권위를 상실할 위기에 처한 공산당은 국내에 남아 있는 유대인을 희생양으로 삼는 방식으로 대응하여, 유대인 대부분은 1968년 여름 해외로 이주해야만 했다. 이와 대조적으로 체코슬로바키아에서 정부의 초점은 기존의 반체제 세력을 무력화하는 데 집중되었다. 여러 해에 걸쳐 프라하의 봄을 지지한 개혁 공산주의자, 작가, 지식인, 예술가는 현직에서 파면되고, 작품을 발표하거나 공연하는 것이 금지되고, 육체노동을 하는 직업을 택해야 했다. 사실상 체코슬로바키아의 지적 엘리트 전원은 직장에서 해고되어, 공장 지하실에서 일하거나 도로에서 아스팔트를 깔거나 택시 운전사로 일해야 했다. 철학자가 불도저를 몰고, 편집자가 창문을 청소하고, 문학 전공 학자가 오물처리장으로 내려갔다. 이것은 내부적인 유형의 생활이었고, 투옥 없는 유배였다.

1950년대 같았으면 이 사람들은 단순히 사라지거나, 감옥 혹은 강제 노동수용소에서 중노동을 하거나, 독성 방사선에 노출되는 우라늄 광산에서 일했을 것이다. 체코슬로바키아 소설가이자 반체제 인사인 루드비크 바출리크는 1978년에 쓴 에세이에서 두 시대의 차이를 다음과 같이 요약했다. "1950년대는 혁명적 잔인성과 사심 없는 열성 모두를 가지고 있었다. … 오늘날은 일부 과도한 경우를 제외하고는 열성의 기미가 전혀 보이지 않고, 특별한 잔인함도 보이지 않는다. … 폭력은 인간화되었다."[6]

스탈린주의는 그 적들을 제거했다. 그 뒤를 이은 사회주의 정권은 적들을 중립화시켰다. 철학자 밀란 시메츠카는 이것을 정권이 더 이상 주민들을 고문하거나 굶주리게 하지 않는 '문명화된 폭력'의 시대라고 불렀다. 비밀경찰은 새벽 4시에 아파트 문을 두드리지 않았다. 누군가 심문을 받아야 하면, 약속된 시간에 진행되었고, 정상적 업무 시간에 이루어졌다. 누군가 감옥에 가게 되면, 규정에 따른 대우를 기대할 수 있었다. 도청 장치가 주민들 아파트에 설치되는 경우, "이것은 가구를 손상하지 않고 설치되었다".[7]

대부분의 경우 구타와 고문은 금지되었다. 체코슬로바키아의 비밀경찰StB은 상상력을 동원해 위압을 가하는 방법을 만들어내야 했다. 그 결과 1970년대는 지저분한 술수의 황금시대가 되었다. 주요한 체코슬로바키아 지식인들은 잠에서 깨어나면 자신들의 사적 대화가 — 고약하게 편집되어 — 국영 TV에 방영되는 것을 보았다. 보후밀 흐라발의 생일 파티는 엉망으로 끝났고, 체코슬로바키아의 주요 출판사들은 그의 원고를 더는 받지 않았다.[8] 심문을 받은 후 흐라발은 프라하를 돌아다니는 17번 전차를 계속 타고 다니며 집으로 돌아가는 시각을 최대한 늦추었다. 그가 집에 없으면 비밀경찰이 그를 다시 소환하기 힘들기 때문이었다.[9]

체코슬로바키아에서 가장 인기 있는 가수인 마르타 쿠비쇼바는 얼굴이 포르노 사진에 합성되었고, 이것은 서독에서 의도적으로 만들어진 것으로 보였다. 비밀경찰은 이렇게 합성된 사진을 콘서트 기획자, 신문 편집자, 방송국, 동료 가수들에게 배포하여 아무도 쿠비쇼바와 같이 일하지 않게 만들고, 심지어 그녀의 이름을 크게 부르는 것도 피하게 만들었다.[10] 이후 그녀는 전혀 사람 취급을 받지 못하게 되었고, 그녀가 찾을 수 있는 유일한 일자리는 닭고기 처리 공장이었다.

루드비크 바출리크의 아파트를 수색한 비밀경찰은 그가 중세 묘비 위에서 내연녀와 같이 나체로 찍은 사진을 발견했다. 비밀경찰은 2년 동안 이 사진으로 바출리크를 협박해 자신들이 원하는 일을 하게 만들었다. 그가 결국 이를 거절하자 비밀경찰은 이 사진을 신문에 싣고, TV에 방영되도록 했다. 이와 동시에 비밀경찰은 바출리크의 부인인 마들라에게 요원을 보내 그가 불륜을 저질렀다고 알리고, 그와 이혼하거나 최소한 이혼 통보를 하도록 압박했다. 부인이 이를 거절하자, 요원은 그녀에게 이렇게 소리쳤다. "당신 어떻게 된 사람이야? 성인이라도 되나?"[11]

이 모든 더러운 수작이 가능하도록 만든 것은 감시였다. 눈에 보이지 않지만 무소불위의 감시는 이 시대의 상징적 특징이었다. 체코슬로바키아 비밀경찰은 가택 수색, 심문, 철저한 감사를 통해 반체제 인사들에게 지속적으로 압박을 가했다. 국가의 크기에 비해 반체제 집단은 크지 않았지만, 비밀경찰은 이들을 통제하는 데 엄청난 자원을 활용했다. 휴가를 가는 한 반체제 인사를 감시하기 위해 최대 30명의 요원이 동원되었다. 비밀경찰은 바출리크의 프라하 아파트의 맞은편 아파트를 임대하여 그를 지속적으로 감시했다. 저명한 반체제 인사이자 극작가인 바츨라프 하벨이 집필을 위해 시골 별장으로 가자, 비밀경찰은 그가 바깥에 나올 때마다 미행하고, 그의 차를 파손하고, 기둥에 달 착륙선처럼 생긴 특별 관측 상자를 만들어서 집에 있는 동안 그를 감시했다.[12]

비밀경찰의 막강한 인력도 위협적이었지만, 감시에서 진정한 돌파구를 마련한 것은 기술이었다. 1960년대부터 동유럽 블록의 보안 기관들은 새로운 전자 장비들 — 감청 장치, 전화 도청 장치, 숨겨진 카메라 — 덕택에 과거에는 꿈꿀 수 없었던 위업을 달성할 수 있었다. 1968년 루마니아 비밀경찰의 내부 잡지 《세쿠리타테아》는 과거에는 상상의 영역이었던 일을 요원들이 할 수 있는 이 새로운 아름다운 세계를 크게 칭송했다. 벽 너

머의 대화를 감청하거나 수화기를 내려놓은 다음에도 전화기에서 작동되는 도청 장치들이 그런 예였다.[13]

기술 혁명으로 득을 본 것은 루마니아뿐만이 아니었다. 동유럽에서 가장 고립되고 경제적으로 낙후된 알바니아도 새로운 방법을 습득했다. TV 수상기 한 대 값이 여덟 달치 월급과 맞먹고, 소형 개인 녹음기도 존재하지 않던 시절에 알바니아 비밀경찰인 시구리미Sigurimi는 다양한 초소형 전자 감시 장비를 보유하고 있었다. 정보 요원들은 이 장비를 핸드백, 빗자루 손잡이, 담배 파이프에 설치했다. 일부 장비는 그들이 직접 만들었다.

이 기기들이 기록한 모든 신호와 음성 테이프는 티라나Tirana의 비밀경찰 사령부인 '나뭇잎의 집'(외관을 덮은 넝쿨 때문에 붙은 이름)으로 보내졌다. 지금은 박물관이 된 이 건물에서 방문객들은 고문실과 더불어 비밀경찰이 사용한 다양한 도청 장치를 볼 수 있다. 원래 티라나의 첫 산부인과로 건설된 '나뭇잎의 집'은 후에 게슈타포 사령부로 쓰였고, 이후 비밀경찰이 알바니아에 깔아놓은 정보망의 중심지가 되었다. 수만 시간 분량의 도청된 대화와 전화 통화 내용이 도시 중심부에서 떨어져 나가 단풍나무와 종려나무 그늘 아래 있는 안락한 집으로 들어왔다.

아무리 많은 자료를 비밀경찰이 얻더라도 도처에 있는 눈과 귀를 가장 효과적으로 만드는 것은 그 자료에 대한 해석이었다. 시장에서 토마토 상태에 대해 큰 소리로 불평을 터뜨리거나 서독 축구팀에 대해 좋은 얘기를 한 사람도 몇 년 동안 감옥에 수감될 수 있었다.[14] 루마니아인들은 말할 때 늘 조심해야 한다는 것을 배웠다. 이것은 동유럽 블록 전체에 그대로 적용되었다.

타자기는 공산 당국이 보기에 특히 보안에 위협이 되는 도구였다. 이것은 개인의 손에 들어가 있는 몇 안 되는 대량 의사소통 도구 중 하나였다. 1970년대 중반은 동유럽에서 사미즈다트samizdat라고 불린 지하출간물의 황금시대였다. 바출리크를 비롯한 체코슬로바키아의 주요 작가들은 자신들의 작품을 복사지를 이용해 타자로 쳐서 여러 사본을 만들었다. 타자 종이는 양파껍질처럼 얇았고, 제일 밑에 있는 11번째나 12번째 사본은 겨우 읽을 수 있을 정도여서 할인된 가격에 팔렸다.[15]

형편없는 종이 질과 몇 부 되지 않는 사본을 만들어내는 수준일지라도, 사미즈다트는 출판이 금지된 작가들에게 계속 작품을 낼 수 있는 중요한 방법이었고, 반체제 인사들의 글이 전파되는 주요한 통로였다. 주민들은 바츨라프 하벨과 알렉산드르 솔제니친의 최신 작품을 주로 집에서 타자를 쳐서 만든 사본으로 읽었다. 물론 비밀경찰은 방관하지 않았다. 솔제니친이 1974년 쓴 에세이 〈거짓으로 살지 말라〉가 1977년 가을 크라쿠프에 나돌기 시작하자, 비밀경찰은 반체제 서클 안에 가장 신뢰받는 비밀 요원을 불러 누가 이 에세이를 타자로 쳤는지 알아냈다.[16] 1983년 이후 루마니아에서는 모든 타자기가 지방 경찰서에 등록되도록 조치했다. 매해 경찰서에서 엽서가 오면 출두해서 타자를 치는 시험을 봐야 했다. 복사지 없이 세 개의 사본을 타자 치는 방식이었다.[17]

정보원들이 비밀경찰에게 반체제 언론이 일하는 방식에 대해 개략적으로 정보를 주면 여러 장치가 그들을 지속적으로 감시했다. 1970년대 초 바출리크의 프라하 아파트에는 너무 많은 도청 장치와 카메라가 설치되어서 바출리크 내외는 자신들이 말하는 것을 제3자처럼 항상 볼 수 있었다. 1969년부터 1989년까지 사람들은 뭔가 중요한 것을 말할 때는 쉽게 지워지는 판 위에 분필로 적었다. 만일 그들이 무언가를 종이에 써야 하면 이후 즉시 이것을 화장실 물에 흘려내려 보냈다.[18]

엿듣는 귀가 도처에 있는 세상에서 화장실은 아주 요긴한 피난처나 탈출구가 되었다(모든 곳이 그런 것은 아니었다. 동독에서 슈타지는 공중화장실에 도청 장치를 달았고, 오페라 개인 관람석과 가톨릭교회 고해성사도 도청했다). 1980년대 루마니아에서 자란 문학 학자 크리스티나 바툴레스쿠는 아버지 친구 중 한 사람이 "매일 밤 우리는 집 안의 모든 문과 창문을 잠그고 화장실에 들어가 정권에 대한 비판을 쏟아낸다"라고 말하는 것을 들은 적이 있었다.[19] 그의 불평은 도청되지 않았겠지만, 어차피 그건 중요하지 않았다. 도리어 그는 정권이 원하는 것을 정확히 하고 있었다. 시민들에게 정권이 무조건 선하다고 확신시킬 수 없다면, 그들에게 겁을 주어 불평불만을 아주 사적인 자리에서만 털어놓도록 하는 것이 정권의 목표였다. 반체제 인사들은 존재했지만, 그들은 서랍 속에 숨어서, 혹은 문이 잠긴 화장실에서 말할 수 있었다. 그들이 그곳에 머무는 한 정권은 자신들이 무한정 통치할 수 있다고 생각했다.

1960년대와 1970년대는 기록 파일의 시대였다. 엄청난 수의 정보원, 미행자, 대화 기록자, 비서가 파일을 작성했다. 그들은 전문 직업인뿐 아니라 친구, 애인, 배우자에 대해서도 기록했다. 그들의 작업은 요원들이 관리했고, 장군급 요원이 감독했다. 루마니아의 정치범이었던 벨라 질베르는 파일을 만들어내는 것이 '위대한 사회주의의 가장 중요한 산업'이라고 조롱했다.[20]

감시 체제는 반체제 인사들에 대해 톨스토이의 작품처럼 분량이 많고 조이스처럼 상세한 엄청난 문서와 파일을 만들어냈다. 그 과정에서 비밀경찰은 세심한 문학 비평을 하는 견습공이 되었다. 루마니아의 저명한 작가인 마린 프레다를 추적하던 비밀경찰 요원들은 그의 어릴 적 친구들을 인터뷰했고, 과거의 트라우마와 숨겨진 동기를 탐색했다. 본부로 돌아온 그들은 파일에 '그가 어려서 아버지의 국부를 본 충격'을 추가했다.[21] 그사이 조사팀의 다른 요원들은 그의 전 부인 세 사람과의 관계를 파헤쳤다. 소설 독자로서 자신들의 능력에 자신이 없던 요원들은 그의 작품에 숨겨진 다양한 의미를 알아내기 위해 문학비평가를 동원했다.

1970년 감옥에서 석방된 체코슬로바키아의 이르지 레데레르는 일주일에 서너 번씩 감옥에 들러 상세한 브리핑을 해야 했다. 그곳에서 그는 자신이 쓴 글의 모든 문장과 단락을 설명해야 했다. 조사요원은 "당신은 괄호 안에 있는 이 문장에서 무엇을 의도했는가?"라든가 "이 세 개의 마침표로 독자들에게 무엇을 제시하려고 했는가?" 등을 물었다.[22]

상세한 수준까지 텍스트에 관여한 비밀경찰은 일부 작가들에게는 거의 공저자나 편집자 같았다. 체코슬로바키아의 철학자 카렐 코시크는 비밀경찰이 자신의 저술에 큰 도움을 주었다고 생각했다. 그들이 그의 원고를 반복해서 압수하고 파기했기 때문에 그는 하는 수 없이 자신의 생각을 계속 반추해야 했고, 이 과정에서 사고의 문제점을 수정할 수 있었기 때문이다.[23] 루드비크 바출리크는 자신의 많은 문예란 기사와 팩션에서 자주 비밀경찰을 작중 인물로 사용했다. 노가 중령은 '작고 다부진 체격에 검은 피부와 머리를 한' 사람인데, 거의 알아차릴 수 없는 그의 악센트는 그가 모라비아 공장 노동자 출신이라는 것을 드러냈다. 그는 바출리크의 《나의 심문관과 커피 한 잔》이라는 작품에서 위협적 존재로 계속 등장한다. 《체코슬로바키아의 꿈》이란 작품에 등장하는, 매달 그에 대한 심문을 진행하는 비밀경찰 피셰르 소령은 너무 역할이 커서 바출리크는 이 작품의 내용 보완과 출간을 피셰르와 공동으로 진행했다. 한 달 후 원고를 돌려주는 자리에서 피셰르는, 자신은 '문학비평가'는 아니지만 자신이 지금까지 읽은 것을 바탕으로 말하건대 바출리크는 "더 잘 쓸 수 있다"고 평했다.[24]

폴란드에서 비밀경찰은 누가 해외여행을 할 수 있고, 누구의 작품이 번역될 수 있고, 누가 가장 중요한 문학상을 받아야 하는지를 결정했다. 비밀경찰은 지금은 거의 잊힌 오스트리아-헝가리 시대를 배경으로 세련되고 우울한 분위기의 작품을 쓴 안제이 쿠시니예비츠를 1970년대와 1980년대 최고의 작가로 만들었다. 이에 대한 보상으로 쿠시니예비츠는 문학 세계에서 일어나는 일에 대해 자신이 알고 있는 모든 것을 비밀경찰에게 알려주었다. 누가 문학상에서 탈락한 것에 화가 났는지, 누가 외국으로 이민하려고 하는지, 누가 반체제 인사들과 대화를 나누는지를 낱낱이 보고했다.[25]

그러나 비밀경찰은 자신들이 선택한 일부 작가들의 생활을 편하게 만드는 것보다 적으로 간주되는 작가들의 생활을 지옥으로 만드는 것이 훨씬 쉽다는 것을 알아차렸다. 헤르타 뮐러는 어느 동유럽 작가보다 사회주의 감시 국가 말기에 산 경험을 잘 서술했다. 그녀의 소설은 숨 막히는 편집광적 상황을 섬세하게 다루었다. 그녀는 경험을 바탕으로 글을 썼다. 헤르타는 루마니아 바나트 지역에서 독일어를 사용하는 슈바벵 소수민족의 일원으로 성장했다. 대학에서 그녀는 자신들이 살고 있는 환경을 진솔하게 서술하는 문학 서클에 가담했다. 지하 문학 세계에서 발표한 작품 때문에 그녀는 공장의 기술 번역자 직업에서 파면되었다. 시인인 그녀의 남편도 파면되었다. 후에 뮐러는 호두를 '엄청난 가격'에 구입한 죄로 체포되었다. 이것은 티미쇼아라의 한 '암시장'에서 호두를 산 것을 의미했다. 비밀경찰은 그녀가 비밀정보원이 되면 생활을 편하게 해주겠다고 회유했지만 그녀는 이를 거부했다. 그러자 그녀에 대한 탄압은 가중되었다.

1980년대 말 루마니아에서는 약 1만 5000명의 정보원이 곳곳에서 활동했다. 뮐러의 아파트 경비원은 그녀가 집을 나가고 들어오는 시각을 기록했다. 낯선 사람들이 그녀의 아파트를 드나든 흔적도 보였다. 그녀가 자전거를 타고 갈 때 트럭 한 대가 그녀를 치고 지나갔다. 뮐러는 친구들이 자신에 대해 보고하고 있다고 의심했고, 남편도 의심하기 시작했다. 그녀는 머리가 뭉텅이로 빠졌다. 더는 진실을 쓰고 출간하는 것을, 심지어 생활을 유지하는 것도 신경 쓰지 않았다. 《약속》이라는 작품의 말미에서 그녀는 자신이 치르는 전투는 '미치지 않고 살아남는 것'이 되었다고 썼다.[26]

동유럽의 공산 통치는 그 잔혹성과 주민들에게 야기한 고통에도 불구하고 1950년대부터 시작해서 주민들의 생활에 진정한 혁명을 가져오기 시작했다. 동유럽 대부분 지역에서 이것은 봉건주의의 최종적 종결을 가져왔다. 오랫동안 농지에 묶여 있던 농민들은 몇 세기 만에 처음으로 농장을 떠나 새로 만들어진 도시 공장에서 새로운 생활을 시도하기 시작했다. 전쟁으로 폐허가 된 대도시는 우리가 순식간이라고 느낀 시간에 잿더미에서 일어났다. 전기, 영화, 전화 같은 현대적 편의시설이 도시에서 농촌 지역으로 확산되었다. 주택은 크기는 작았지만, 이것을 필요로 하는 거의 모든 사람에게 배급되었다.

1955년경 동유럽의 생활은 그렇게 편하지는 않았지만, 모두가 진보가 이루어지고 있음을 느낄 수 있었다. 모든 사회적 장벽이 사라지는 완전한 공산주의라는 약속된 땅은 아직 도래하지 않았지만, 물질적 면으로만 한정하면 평등 또는 최소한 거의 평등에 근접한 삶은 현실이 되었다. 이웃보다 훨씬 더 많이 갖거나 적게 갖는 경우는 드물었다. 생활은 계속 나아지는 것처럼 보였다. 모두가 무상 교육 혜택을 받았다. 문자 해독률이 엄청나게 높아졌고, 건강보험도 거의 모두 누릴 수 있었다. 평균 수명은 서방에서 알려진 수치에 근접해갔다. 가난 — 실제적인 절대적 가난 — 과 기아는 과거의 일이 되어버렸다. 산이나 바다 또는 시골 별장에서 보내는 휴가는 거의 모든 사람들이 즐길 수 있는 사치가 되었다. 폴란드와 슬로바키아의 타르타 산악지대, 불가리아의 흑해 해변, 유고슬라비아의 아드리아해 해안은 이 시기 사회주의 여가의 증거가 되었다.

그러나 한 세대 후 새 체제에 대한 열정은 계속 유지하기가 힘들어졌다. 성장은 멈췄고, 혁명은 일상에 파묻혀버렸다. 사회주의라는 대범한 신세계는 지루한 반복의 세계로 변해버렸다. 헝가리 소설가 죄르지 콘라드는 끝나지 않는 이 정체 상황을 '동유럽의 현재 시제'라고 표현했다.[27] 삶은 아주 느리게 움직였다. 아기가 태어나는 순간 내 어머니 아버지를 포함한 부모들은 아파트와 자동차를 신청한다. 만일 그들이 운이 좋으면 대기 시간은 30년밖에 걸리지 않을 수 있다.

판매용으로 나온 얼마 되지 않는 상품들도 마찬가지였다. 질이 떨어지는 상품이 시장을 지배했다. 끝이 붙지 않는 봉투, 써지지 않는 펜, 불이 붙지 않는 성냥이 넘치는 세계였다. 그나마 그것도 없는 경우가 많았다.

이러한 정체와 물품 부족이 지배적인 상황에서 '혁명적' 열정은 유지하기 힘들었다. 이념을 진지하게 생각하는 사람은 아무도 없었다. 정치는 기만, 공허한 구호, 의미 없는 찬양의 영역으로 알려졌다. 1970년대와 1980년대 마르크스-레닌주의의 교조는 완전히 쇠퇴의 시기를 거쳤다. 알바니아—거의 완전한 고립 때문에 견고한 군사주의를 유지할 수 있었다—를 제외한 다른 국가에서 이것들은, 한 루마니아인의 말을 빌리면 '무형의 부담'으로 인식되었다.[28] 정치적 훈련은 완전히 형식적이었다. 공산주의 이념—구호, 조직, 그리고 개인의 시간 요구—이 합쳐져서 각 개인이 일상생활을 하는 데 헤쳐나가야 하는 성운星雲을 형성했다.

〈힘없는 사람들의 힘〉이라는 에세이를 쓴 바츨라프 하벨은 "세계의 노동자들이여, 단합하라!"라는 구호를 가게 창문에 건 한 허구의 채소 상인에 대한 이야기를 썼다. 그는 이 구호를 믿지 않았고, 정권도 그가 이것을 믿도록 요구하지 않았다. 이 구호를 내거는 것은 단지 자신의 순종을 보여주기 위함이었다. 하벨은 '전체주의 이후 사회'의 삶에 대한 우화로 이 작품을 썼다. 이 사회에서 정권은 공적인 언어를 지시하고, 개인의 표현을 위한 자유 공간을 없애는 것으로 질서를 유지했다. 그러나 동유럽에서 현실의 부조리는 소설에서 발견할 수 있는 것을 넘어섰다. 실제 부쿠레슈티 채소 상인은 문 앞에 "우리 가게에 양배추가 있습니다"라는 팻말을 달았다. 그러자 누군가 재빨리 그 아래 "이것은 자본주의에 대한 새로운 승리다"라는 말을 써넣었다.[29]

전반적으로 유머는 인민민주주의에서 실제로 진행되고 있는 일에 대한 좋은 측정계였다. 공식 프로파간다는 루마니아의 차우셰스쿠를 영웅이자 천재, 사실상 신으로 묘사했다. 실제로는 키가 작고 곱슬머리에 완전히 자아도취적인 이 독재자는 수많은 풍자의 소재가 되었다. 한 풍자에서 자동차를 타고 부쿠레슈티 공항으로 가고 있던 차우셰스쿠는 줄을 선 사람들을 보았다. 그는 운전사에게 차를 멈추게 하고, 그 사람들이 무엇 때문에 줄을 서고 있는지를 알아 오게 했다.

차량 행렬 전체가 멈췄고, 곧 운전사가 돌아와서 이렇게 알렸다. "사람들은 빵을 사기 위해 기다리고 있습니다." "내 인민들이 빵을 기다려서는 안 된다"라고 심기가 불편해진 지도자가 소리쳤다. "바로 저곳에 빵이 있게 하라!" 그러자 바로 트럭 한 대가 나타나 사람들에게 빵을 나누어주었다. 차우셰스쿠는 다시 길을 가다가 이번에는 더 긴 줄을 보았다. 그는 또 차를 멈추게 하고 운전사를 보냈다. "사람들은 달걀을 사기 위해 기다리고 있습니다."

"내 인민이 달걀을 기다려서는 안 된다"라고 그가 소리쳤다. "내 인민들에게 달걀을 가져다주어라!" 그러자 전과 같이 트럭이 곧바로 나타나서 사람들에게 달걀을 나누어주었다. 차우셰스쿠는 다시 차를 달렸다. 그러나 얼마 가지 않아 이전보다 더 긴 세 번째 줄을 보게 되었다. 다시 그는 차를 멈추고 운전사를 보내 사정을 알아 오게 했다. "사람들은 고기를 사기 위해 기다리고 있습니다." 차우셰스쿠는 잠시 침묵을 지키더니 전과 같은 권위로 이렇게 말했다. "내 인민들에게 의자를 가져다주어라!"[30]

이 풍자에는 작은 진실만 담겨 있는 것이 아니었다. 차우셰스쿠는 자신이 사회주의의 모든 열매를 인민에게 제공하는, 행복하고 건강한 나라를 통치하고 있다는 환상을 유지하기 위해 수만 명의 도움을 받아야 했다. 그는 줄 서 있는 모습을 볼 수 없었다. 그가 시장이나 상점을 방문하게 되면 그곳에는 상품이 넘쳐나야 했다. 만일 그가 두 번째 상점을 방문하면 그곳에도 똑같은 상품이 진열되었다. 차우셰스쿠는 반동의 표징이라 여긴 교회나 개인 주택을 보는 것을 참지 못했다. 차우셰스쿠와 부인 엘레나가 부쿠레슈티 시내를 다닐 때면 개인 생활의 흔적은 완전히 감추어지거나 소유주의 비용으로 만들어진 나무 널빤지로 가려져야 했다. 차량 행렬이 지나가는 길가에 사는 주민들은 '멋지게 보이지' 않는 빨랫감을 거두어야 했다.[31] 만일 외국 고위 인사가 방문하게 되면, 그가 가는 길에 환영 인파가 동원되었다. 군중 사이에 섞인 비밀경찰 요원들이 뜻밖의 돌발 사태가 발생하지 않게 감시했다.

때로 자연도 이런 위장에 참여해야 했다. 만일 차우셰스쿠가 잘 자라지 않는 옥수수밭을 방문하게 되면, 외부에서 옥수수를 들여와 그날 그곳에 심어서 밭이 더 풍요롭게 보이게 만들었다. 만일 그 옥수수를 너무 빨

리 심으면 자칭 '카르파티아의 천재'가 그곳에 도착하기 전에 말라죽을 수 있었다.[32]

────────

스탈린주의가 종결된 이후 정권을 소재로 한 조롱은 동유럽 생활의 일부가 되었다. 이것이 크게 눈에 띄지 않는 유일한 나라는 알바니아였다.[33] 그곳에서는 "나는 버터 바른 빵을 먹는다"라든가 "나는 빵이 없다"같이 악의 없는 말도, 말하는 사람이 어디에 강조점을 두는가에 따라 프로파간다로 해석될 수 있었다. 어떤 사람은 당시 사회주의 세계에서 알바니아의 유일한 동맹국이던 중국의 마오쩌둥에 대해 한 마디를 잘못 말했다가 23년형을 받았다. 2차 세계대전 종전부터 1985년 사망할 때까지 알바니아의 지도자였던 엔베르 호자에 대한 풍자는 단순히 금기 사항이 아니라 상상도 할 수 없는 일이었다.

호자는 권좌에 있던 기간 거의 내내 알바니아를 나머지 세계와 단절시켰다. 그가 1948년 티토와 갈라진 후 유고슬라비아로의 여행은 금지되었다. 소련도 1960년 이와 유사하게 갈 수 없는 나라가 되었다. 호자는 흐루쇼프가 스탈린주의 유산에서 멀리 벗어난 것을 마음에 들어하지 않았다. 알바니아인들은 해외에 친척을 둔 것만으로도 약점으로 작용하여 교육을 받거나 안보에 예민한 산업에서 일자리를 찾을 수 없었다. 개인의 자동차 소유가 금지되었기 때문에 국내 여행도 힘들었다. 시골로 여행하는 것은 아주 힘든 작업이었다.

종교도 오명의 근원이 될 수 있었다. 호자는 1967년 행한 연설에서 '대중의 아편'인 종교적 믿음에 대한 전쟁을 선언했다. 이후 몇 달 동안 그는 수천 개의 모스크, 교회, 수피 성소를 폐쇄했다. 일부 성전은 다른 용도로 전용되었다. 국왕 모스크King Mosque와 베라트Berat의 할베티Halveti 성소는 각각 탁구장과 과일 시장으로 사용되었다. 나아가 알바니아의 가장 아름다운 건축물을 포함해 2천 개 이상의 예배 장소를 완전히 헐어버렸다.[34] 종교를 금지하면서 고대 성인에 대한 숭배도 지하에서 행해졌다. 가족들은 근처에서 소풍을 하는 것처럼 위장하며 성스러운 장소를 은밀히 찾아다녔는데, 전설적인 개종자이자 기적적 치유를 한 사리 살티크의 묘지가 가장 사람들이 많이 찾는 성지가 되었다.[35]

호자는 알바니아 사람들이 자신의 전통도 모르고 바깥 세계에서 일어나는 일도 모르도록 최선을 다했다. 이런 상황에서도 1970년대 초 한 줌의 신선한 바람이 알바니아 사회주의의 폐쇄된 공간으로 들어오는 것처럼 보였다. 소련 블록과 서방의 예민한 긴장이 풀리기 시작하면서 현대적 패션의 조짐이 수도인 티라나 거리에 나타나기 시작했다. 여자들은 머리를 잘라 단발을 했고, 남자들은 비틀스를 흉내 내서 머리를 조금 더 길게 길렀다. 치마가 짧아지고, 귀밑머리도 길어졌다. 사람들은 새로운 멜로디를 흥얼거렸다. 이 멜로디 중 많은 것은 이탈리아 노래였다. 어떤 노래는 소울풍이기도 했다.

이 새 노래들의 상당수는 1972년 노래 페스티벌에서 방송되었다. 이 페스티벌은 국영라디오가 매년 개최하는 행사였다. 이전 시기에 이 페스티벌은 추수를 찬양하거나 제국주의를 배격하는 내용을 담은 사회주의 리얼리즘풍의 노래를 주로 방송했다. 페스티벌 수상곡들은 〈영웅 교사들〉, 〈당이 탄생한 집〉 같은 제목을 달고 있었다. 그러나 제11회 노래 페스티벌은 달랐다. 무대가 좀 더 현대적으로 꾸며졌고, 장식에는 망치와 낫이 보이지 않았다. 노래도 현대적으로 들렸다.[36] 가수들은 발로 리듬을 맞추었고, 여성 가수들은 엉덩이를 흔들었다. 따라 하기 쉬운 멜로디의 노래들이 불렸다. 사람들은 이 노래들을 녹음하여 친구나 이웃과 공유했다. 젊은 사람들은 이 노래들을 거리에서 불렀고, 가수들의 옷과 스타일을 따라했다. 뭔가 새로운 것이 나타나고 있었다. 수상곡의 제목인 〈봄이 오면〉은 프라하의 봄이 티라나에도 올 수 있음을 암시하는 듯했다. 이탈리아와 유고슬라비아 언론은 이 이벤트를 포착해 알바니아의 해빙이 시작되었다고 보도했다.

국민들이 제11회 노래 페스티벌을 보는 동안, 호자도 이것을 지켜보았다. 그는 이것을 좋아하지 않았고, 우려할 이유들이 있었다. 그의 심장병은 심해지고 있었다. 마지막 5개년 계획은 실패로 끝나고 있었다. 무엇보다 최악은, 알바니아의 유일한 동맹국인 중국이 서방에 대한 태도를 완화하고 있다는 것이었다. 그해에 마오쩌둥은 자본주의 지도자인 리처드 닉슨과 악수를 했다. 호자에게 이것은 이제 다시 창문을 닫을 때라는 신호였다.

1973년 6월 26일 알바니아노동당 중앙위원회 전체 회의에서 호자는 자신의 의도를 밝혔다. 그는 알바니아에 '독극물 같은 부르주아 사상'이 유입되는 것을 비난했다. 그중에는 '긴 머리, 사치스러운 옷, 괴성을 지르는 정글 음악'이 포함되었다.[37] 바로 반격이 시작되었다.

당이 취한 첫 조치는 청년 지도부에서 '내부의 적과 외부의 적'을 추방하는 것이었다.[38] '외국 행태를 보이는 것'은 추방형을 선고받을 수 있는 범죄가 되었다. 대학생들은 서둘러 귀밑머리를 자르고 퇴폐적인 외양을 일소했다. 티라나 공항에는 이발사가 기다리고 있다가 비행기에서 내리는 외국인들의 외모가 '사회주의 미학의 기준을 위반하는 경우' 머리와 콧수염을 잘랐다.[39] 그러는 동안 알바니아 내부의 숙청이 강화되어 당 지도부까지 그 영향을 받았다. 1973년에서 1975년 사이 장관 8명과 예술가 및 지식인 130명이 해고되거나 자기 일을 못하게 되고, 처형되거나 유형에 처해졌다. 이 숙청은 페스티벌에서 노래를 부른 가수들, 페스티벌을 방송한 TV 방송국 책임자, 그런 일이 일어나도록 허용한 당 이념 담당 서기에서부터 시작되었다. 이어서 알바니아의 저명한 편집자, 시인, 기자, 연극 연출가와 국방장관, 중앙계획장관, 산업장관이 숙청되었다.

그때까지 알바니아 통치 기구의 핵심이었던 사람들 대부분이 하루아침에 정상적 생활에서 사라진 후 알바니아의 수많은 수용소 캠프에 나타났다. 이러한 갑작스러운 운명의 변화가 호자의 통치에 대한 그들의 열정을 모두 식혀버린 것은 아니었다. 악명 높은 발시Ballsh 감옥에 모인 호자의 최고위 측근 일부는 자신이 받는 형벌이 시험의 일종이라고 확신했다. 그들은 자신들 사이에 있는 계급의 적과 반역자들을 찾아내면 결국 다시 복권될 것이라고 생각했다. 감옥에 수감되어 있는 동안 이 '붉은 파샤들red pashas'은 정기적으로 모여 호자의 전집을 읽으며 그의 위대함을 다시 마음에 새겼다. 호자가 TV에 나오면 과거 《인민의 소리》의 편집장이었던 다시노르 마마키는 한숨을 쉬며 "이 위대한 인물을 나는 얼마나 그리워하는가!"라고 말했다.[40]

노래 페스티벌의 혼란 이후 오랜 기간 알바니아에서 서방과 접촉 조짐을 조금이라도 보이는 것은 위험했다. 슈코데르Shkodër의 마리 키티 하라피는 이것을 10대 시절 어렵게 배웠다. 키티는 1945년 이탈리아로 이민한 숙모가 있었다. 숙모는 이탈리아 옷으로 가득 찬 소포를 보내주곤 했다. 키티가 숙모에게 신발을 부탁하자 숙모는 오렌지색 운동화를 보내주었다.

키티는 신발을 보자마자 숙모가 알바니아 상황이 바뀐 것을 전혀 모른다는 것을 깨달았다. '모든 것이 먼지, 재, 흙 같은 색을 한' 나라에서 이렇게 환한 오렌지색 신발은 황소 앞에서 붉은 스카프를 흔드는 것과 마찬가지로 위험했다. 키티는 이 신발이 흉악한 욕심쟁이들의 시선을 끌 것을 바로 알았다. 그녀가 이튿날 공장에 나갔을 때 — 그녀는 수상쩍은 가족 배경으로 인해 대학 진학이 거부되었다 — 그녀의 감독자는 이 운동화가 자기 발에 더 잘 맞을 것 같다고 말했다. 그러나 키티는 신발을 넘겨주는 것을 거부했고, 다음 날 키티는 의복에서 '제국주의적 사치'를 부린 죄로 벌금형을 받았다.[41]

그렇지만 사람들은 아무리 위험하더라도 국경 너머 세계와 접촉을 원했다. 그들은 이것을 이루기 위해 먼 길을 돌아갔다. 알바니아 북쪽에 있는 드린강에는 코카콜라 캔, 플라스틱 병, 화장품 세트 등 유고슬라비아에서 떠내려오는 부유물이 많았다. 사람들은 이것들을 건져 올려서 트로피처럼 선반에 보관하거나 이것으로 연필통이나 TV 안테나처럼 쓸모 있는 물건을 만들었다.[42] 강에서 건져 올릴 수 있는 가장 귀한 부유물은 낡은 신발이나 밑창이었다. 이것을 구두 수선공에게 가져가면 알바니아에서 나오는 신발보다 더 좋고 멋진 신발을 만들 수 있었다.

서방에서 만들어진 물건을 구하는 것이 금지되면서 서방 상품들에 대한 갈망은 더 커졌다. 알바니아의 어린 학생들은 대안 현실에서 온 그림 조각들로 채운 스크랩북을 가지고 있었다. 강물에 떠내려오거나 해안에 밀려온 사탕 포장지, 광고지, 포장 상표 등이 그런 그림이었다. 이러한 수집물은 '멋진 종이들letra të bukura'이라고 불렸다. 루마니아 어린이들도 같은 취미를 가졌다. 한 루마니아 여성은 어릴 적에 외국에 있는 친척으로부터 식품을 받았는데, 그 '금빛과 은빛으로 반짝거리는 화려한 포장지'를 보고 크게 놀랐다. 그녀는 포장지를 큰 커피 상자에 '세심하고 근사하게 진열해' 보관했다. 그녀는 종종 그것을 살펴보았고, 자기 반의 여자애들이 가진 물건과 교환하기도 했다.[43]

비교적 개방된 폴란드에 살던 나의 할머니도 서방의 놀라운 상품을 보관한 이런 보물 상자를 보관하고 있었다. 그녀의 아파트에 TV가 있는 방은 석유 재벌을 다룬 미국 드라마인 〈다이너스티〉를 시청하는 장소가 되었고, 목재 선반에는 그녀가 모은 보물들이 놓였다. 슈나프 광천수 병, 빈 향수병, 예쁜 상표가 붙은 초콜릿 상자가 그곳에 보관되었다. 아파트의 다른 장소에도 1970년대 뉴욕에서 보내온 과자 상자, 옷, 오래된 식품 캔이 사용되지 않은 채 그대로 보관되었다. 나는 이것이 대공황이나 2차 세계대전을 겪은 사람들에게 공통으로 나타나는 장애 현상인 '모으기 증상'이라고 생각하다가, 문득 이것이 완전히 다른 것을 표상한다는 것을 깨달았다. 그것들은 꿈에서는 거의 닿을 듯 가깝지만, 결코 도달할 수 없는 다른 우주에서 온 교환권과 같은 것이었다.

기다리는 것, 특히 줄 서서 기다리는 것은 진정한 사회주의의 삶을 규정하는 중요한 일상이었다. 이것은 특히 루마니아와 알바니아같이 더 궁핍한 '평화 블록'에서 두드러진 현상이었지만, 경제 위기 시기에는 다른 곳에서도 자주 나타났다. 1980년대 배급제의 재도입으로 폴란드는 진정한 줄 서기의 땅이 되었다. 사실상 모든 상품이 부족했다. 그러나 이 상품 부족 자체가 예측하기 어려웠다. 긴 줄이 늘어선 것을 본 사람들은 무조건 그 뒤에 섰다. 줄이 길수록 시장에 '던져진' 더 좋은 상품이 나타났다는 의미였다. 이 시대를 분석한 한 폴란드 사회학자는 한 채소가게를 나서는 표정이 환한 10여 명의 손님을 보았다. 그들 모두 담요 두 장씩을 사서 나오는 중이었다. 이 사회학자는 바르샤바 고깃간에 긴 줄이 늘어선 것을 보았는데, 그곳에서 살 수 있는 것은 돼지 발목 살뿐이었다. 그것을 원하지도 않고 먹어보지도 않았지만, 이 사회학자도 그것을 두 개 샀다. 줄에 있던 나머지 사람들은 그의 부인이 그에게 감사할 것이라고 말했다. 설령 그가 이것을 먹지 않는다 해도 최소한 다른 사람과 물물교환을 할 수 있었다. 이 일을 계기로 그는 줄 서기의 네 가지 기본 법칙을 도출했는데, 그 첫 번째 법칙은 "상품의 매력은 줄의 길이에 달려 있다"였다.[44]

곳곳에 만들어지는 줄로 인해 새롭고도 신속히 발전하는 사회적 약속이 생겨났다. 15명 이상의 주부들로 만들어진 팀이 모든 필요한 생필품 쇼핑을 담당했다. 이웃들은 자신이 얻은 상품으로 서비스 – 일례로 법적 대리인이나 목수 일 등 – 를 교환한다. 노동자들은 하루 시간 중 많은 부분을 '자리를 비운 채' 생필품을 찾아 도시 곳곳을 돌아다닌다. 큰 기업체의 감독자들은 노동자들의 줄 서기에 많은 배려를 한다. 잘 운영되는 개미집의 초병처럼, 아침마다 그들이 하는 첫 일은 비서 두어 명을 내보내 좋은 물건을 실은 배달 트럭이 어디로 가는지 또는 줄이 어디에 만들어지는지를 살피게 하는 것이다. 그런 다음 정오경 비서들이 모두 나가서 직원들을 위해 구할 수 있는 모든 물건을 구해온다.[45]

통상 줄은 사회의 축소판이었다. 대개의 경우 줄은 둘로 나뉘어 만들어졌다. 하나는 일반 손님이 서는 것이고, 다른 하나는 특권이 있는 손님을 위한 줄이다. 이 사람들은 일반 줄의 맨 앞을 건너뛸 수 있는 공식 권리가 있다. 여기에는 임신부, 아기를 동반한 여성, 장애인, 참전 용사, 헌혈자, 노인이 포함된다. 특권층 구매자가 줄 맨 앞으로 나가는 것은 아니다. 두 줄은 계산대 앞에서 차례를 바꾸어가며 상품을 받는다. 이러한 불문율에도 불구하고 두 줄 사이에 어느 정도 규칙 침해가 이루어진다. 여기에는 특권을 가진 구매자가 다른 사람을 위해 물건을 사주고 보상을 받는

경우라든지 짧은 줄에 서기 위해 다른 사람의 아기를 빌려오는 사기꾼을 막기 위한 이유도 있다.[46]

상품을 사기 위한 줄은 대부분 최대 몇 시간 정도 기다려야 하는 정도이지만, 어떤 상품은 이보다 더 오래 줄에 서서 기다려야 한다. 필요하지만 공급이 모자라는 아동 신발 같은 상품을 사기 위해서 사람들은 새벽 3시부터 하루 이상 줄에 서 있기도 한다. 크라쿠프에서 컬러TV를 사기 위해 줄 선 사람들은 96시간을 기다려야 했다. 사람들은 줄 옆에 세워놓은 차에서 밤을 새우며 자신의 자리를 지켰다. 그러나 이것도 최악은 아니다. 내구재 대기 줄은 거의 우주적 차원으로 늘어난다. 1980년대 초 한 미국인 연구자는 세탁기를 사기 위한 줄에서 686번 순서를 받았다는 사람을 관찰했다. 이러한 대기표는 긴 대기 순번을 유지해야 하는 많은 경우에 만들어진 자발적 조직인 줄 서기 위원회가 준 것이다. 이 대기표를 받은 운이 좋지 않은 사람은 현재 줄이 움직이는 속도로 보았을 때, 자신에게 약속된 세탁기를 사기 위해 5년을 기다려야 할 거라고 말했다.[47] 이 인터뷰를 한 시점을 고려하면 그 사람은 공산주의가 종언을 한 그 시점에 원하는 물건을 손에 넣을 수 있었을 것이고, 그때 이 세탁기는 이미 낡은 물건이 되었을 것이다.

루마니아에서 최악의 품귀 시기는 사회주의 체제 전체가 붕괴되기 직전인 1980년대였다. 동유럽 블록의 다른 많은 나라처럼 루마니아는 1970년대의 생활 수준을 유지하기 위해 상당히 큰 외채를 지고 있었다. 1982년 차우셰스쿠는 외채 중 70억 달러를 가능한 한 빨리 갚기로 결정했다. 유일한 방법은 수출, 주로 식량 수출을 엄청나게 늘리는 것이었다. 이것을 달성하기 위해 차우셰스쿠는 루마니아에 얼마 남아 있지 않은 육류 대부분을 사용할 독특한 방법을 생각해냈다. 중국을 방문한 후 그는 콩을 활용해 대체 소시지를 생산하도록 지시했다. 그러나 이에 필요한 기술과 전문성이 없어서 생산된 소시지는 너무 부드럽고, 기름이 넘치고, 냄새가 고약했다.

차우셰스쿠식 허리 졸라매기의 다른 절반은 연료 수입을 크게 줄이는 것이었다. 곧 루마니아는 배고프고 춥고 어두워졌다. 전기 사용을 줄이기 위해 거리 가로등은 켜지 않았고, 40와트 전구는 구할 수 없게 되었다. 저녁 6시가 되면 자주 전기가 나갔다. 높은 아파트 건물에 사는 사람들은 옛날식 등유 램프를 켜야 했다. 낮에는 가스 공급도 중단되었다. 요리를 할 수 있는 가장 좋은 시간은 새벽 2시에서 5시 사이였다. 연료 비용을 아끼기 위해 건물 난방을 완전히 중단하기도 했다. 부쿠레슈티에 돌아다니는 농담은 실내가 실외보다 더 춥다는 것이었다.

너무 많은 식량을 수출용으로 전용한 상태에서 도시에는 기본 생필품이 떨어지기 시작했다. 설탕, 달걀, 식용유, 버터는 배급 카드로만 구할 수 있었다. 출산 휴가가 아주 짧아 모유를 먹이기 어려운 상황에서 우유, 특히 아기용 분유를 구하는 것은 대부분의 엄마에게 악몽같이 힘든 일이었다.[48] 육류는 일부 사람만 아는 방식으로 상점에 나타났다가 사라졌다가를 반복했다. 식량 품귀가 절정일 때는 감자도 구하기 힘들었다.

만성적 품귀현상은 공식 경제와 함께 작동하는 기묘한 왜곡 거울 경제를 만들어냈다. 농민들은 사육하는 돼지에게 주기 위해 빵을 사러 도시로 가고, 도시 거주민은 파라핀을 얻기 위해 시골로 갔다. 이렇게 왜곡된 상품과 가격의 세계에서 가솔린, 커피, 담배가 그 가치를 가장 잘 보존했다. 이 상품들은 사실상 화폐를 대신했다. 이것들은 1등석 탑승권, 휴양지 숙소, 병원 입원을 가능하게 했다. 켄트 담배는 죽은 사람이 천국에 가는 것도 도와주었다. 1980년대 루마니아 인류학자는 일부 농촌 지역에서 죽은 사람의 친척들이 망자가 저승으로 갈 때 '입국세'로 낼 수 있게 관 안에 미제 켄트 담배를 넣어주는 것을 기록했다.[49]

이보다 영적인 의미는 적었지만 커피 — 진짜 커피 — 는 담배에 못지 않게 가치가 있었다. 사람들이 상점에서 찾을 수 있는 것은 네체졸Nechezol 이라고 불리는 커피 대용재였다. 이것이 실제 무엇으로 만들었는지 아는 사람은 거의 없었다. 보리, 밤, 병아리콩 등을 갈아넣고 소량의 커피 혼합물을 섞어 만든 듯하다. 어떤 사람들은 이것으로 커피를 내리기 전에 체로 찌꺼기를 걸러내기도 했다.[50]

순수한 자연산 커피는 너무 소중해서 바로 사용할 수 없었다. 커피 찌꺼기조차 귀해서 향이 완전히 사라질 때까지 끓이고 또 끓였다. 한 루마니아 가족의 아버지는 아들을 위해 커피콩을 몇십 알 구해왔다. 이 시기에 시간은 완전히 멈추고 사회주의는 영원히 지속될 것같이 느껴졌다. 이 아버지는 진짜 커피는 자신이 사는 세계에서 완전히 사라질 것으로 생각해서 이 소량의 커피콩을 어린 소년을 위해 남기는 유산처럼 완전히 밀폐해서 보관했다. 그는 아들이 어른이 된 뒤 어느 날엔가 딱 한 번만이라도 이 진정한 커피 한 잔을, 그 자유의 향기를 맛볼 수 있기를 바랐다.[51]

14장

해빙

찢긴 니콜라에 차우셰스쿠 사진,
클루이-나포차, 루마니아, 1989년

비테크라는 이름을 가진 남자가 기차에 올라타기 위해 달리고 있다. 그의 인생행로는 기차에 타는가 아닌가에 달려 있다. 결국 기차에 올라탄 그는 우여곡절 끝에 공산당에 입당하고, 애인을 잃고, 정신병원에 갇힌다. 두 번째 버전은 비테크가 플랫폼을 뛰어가다가 기차역 경비원과 부딪치고, 체포되어 반체제파에 가담하는 것이다. 세 번째 버전에서 비테크는 경비원과 부딪치지 않지만 기차를 놓친다. 이후 그는 의학 공부를 마치고, 결혼하고, 아이를 낳고, 정치와 완전히 무관한 삶을 산다. 그러다 앞의 두 버전에서 타고 싶었지만 그러지 못한, 파리로 가는 비행기에 탑승한다. 그리고 비행기 이륙 직후 폭발 사고로 사망한다.

이 이야기는 크쥐시토프 키에슬로프스키의 1981년 영화 〈맹목적인 기회Przypadek〉의 줄거리다. 이것은 아주 적절한 제목이었다. 왜냐하면 한 세기 혹은 그 이상의 시간 동안 '운'은 동유럽 사람들의 삶을 결정짓는 데 너무나 큰 역할을 했기 때문이다. 20세기 내내 수많은 사람들의 삶이 동전 던지기 같은 운에 의해 결정되었다. 놓친 기차, 오발탄, 연착, 지도에 아무렇게나 그려진 경계선 등이 그들의 운명을 좌우했다. 나는 내 친척들에게서도 이런 이야기를 수없이 들었다.

한 여인이 시베리아에서 기차를 놓치고, 소련군 대위와 사랑에 빠져 결혼한다. 하지만 남편은 전투에서 사망하고, 그녀는 다른 나라에서 다른 남자와 결혼한다. 그 남자는 전 남편의 흔적을 철저히 없애버린다.

아들 중 한 명이 부모와 어린 동생들에게 마차를 보내 그들을 국경 너머로 데려오려고 한다. 한 동생만 왔고, 나머지는 그대로 집에 남았다. 집을 떠나온 동생만 살아남았다.

한 사람이 세 친구와 함께 바르샤바에서 민스크로 갔다. 첫 번째 친구는 시 오페라 극장에서 전기 기술자로 살아남았다. 두 번째 친구는 소련에서 굶어 죽었다. 세 번째 친구는 폴란드로 돌아갔지만 살해되었다.

2년 후 폭탄이 민스크에 떨어지기 시작하자, 두 자매는 동쪽을 향해 걷기 시작했다. 그들은 아버지와 오빠를 두고 떠났다. 오빠는 트럭을 몰다가 포로가 되었으나 탈출하여 파르티잔에 가담했다. 도시 외곽 육묘장에서 일하던 아버지는 다시는 모습을 보지도 소식을 듣지도 못했다. 자매는 전쟁에서 살아남았지만 그날을 기억할 때마다 눈물을 흘렸다.

다른 많은 가족처럼 내 가족에게 2차 세계대전은 모든 것을 바꾼 사건이었다. 그 후 전쟁이 없었으면 만나지 않았을 사람들이 같이 모여 살게 되었다. 우리 가족에게 이것은 유대인이 가톨릭교도와 같이 어울리게 된 것을 의미했다. 재산을 박탈당한 폴란드-헝가리 귀족이 유대인 방첩 요원과 결혼했다. 서부 지역의 급진적 민족주의 가족 출신인 폴란드인 가톨릭 처녀가 동쪽 유대인 구역에서 온 공산주의자와 결혼했다. 이런 갑작스럽고 예기치 않은 만남이 없었다면 나와 다른 친척들은 태어나지 못했을 것이다.

주사위는 던져지고 또 던져졌다. 두 이방인이 발트해 바닷가에서 만났다. 총검은 전차 안 시신들 아래 숨어 있던 여인을 찌르지 못했다. 한 지붕 수리공은 지붕에서 떨어져 죽었지만, 그의 딸은 오스트리아에서 체코어를 사용하지 않고 폴란드에서 독일어를 사용하며 자랐다. 한 사람은 초인플레이션이 그의 재산을 휴지 조각으로 만드는 동안 감옥에서 시간을 보내야 했다. 또 누군가는 포탄 파편이 1밀리미터 차이로 심장을 비켜 박혀 살아남았다.

나의 이야기는 1981년 12월 13일에 던져진 주사위와 함께 시작된다. 그날 밤 자정이 되자 폴란드의 총리이자 폴란드통합노동당 당수, 구국위원회 의장인 보이체크 야루젤스키 장군은 계엄령을 선포했다. 즉각 전국에 통행금지가 시행되었고, 모든 집회가 금지되었다. 그러나 대부분의 사람들은 아침 6시에 이 뉴스가 공식 발표될 때까지 이 사실을 몰랐다. 군사 통치의 첫 여섯 시간 동안 폭동 진압 경찰과 국가 경찰은 폴란드 전역에서 수천 명의 반체제 인사, 노조 활동가, 지식인, 예술가, 작가, 배우, 학생 시위자를 체포했다.

계엄령 실시는 공산당 권위에 전면적 도전을 제기하는 사회에 다시 질서를 강제하기 위해 폴란드 정부가 취한 필사적 도박이었다. 자유노조인 솔리다르노시치가 이 도전의 주동자였다. 15개월이란 짧은 기간 동안, 자유노조는 그단스크조선소 노동자들이 현지 노동 여건에 항의하던 운동에서 거의 1000만 명의 노조원을 거느린 국가적 운동으로 성장했다. 인구가 3600만 명인 폴란드에서 이 노조원 수는 충격적인 것이었다. 자유노조를 분쇄하기 위해서는 경찰 작전은 진광석화 같고 외과수술과 같아야 했다. 이러한 참수는 희생자가 도끼가 내려치는 것을 깨닫기 전에 집행되어야 했다. 이것은 거의 성공했다.

계엄령이 선포된 날 밤 자유노조 지도자 대부분은 그단스크에서 열린 회의에 참석하고 있었다. 그들은 집으로 가기 전 묵던 숙소에서 체포되었다. 도망친 몇 명은 이튿날 아침 기차역에서 체포되었다. 자유노조 지도자인 레흐 바웬사는 군 헬리콥터로 바르샤바로 압송되었다. 국사범으로 감옥에 수감된 그는 이듬해 대부분을 감옥에서 보냈다. 이와 유사한 장면들이 폴란드 전역에서 연출되었다. 사람들은 밤에 자다가 경찰특공대에게 압송되거나 귀가하다가 문 앞에서 기다리는 경찰에 체포되었다. 모든 체포가 거의 동시에 집행되었기 때문에 누군가에게 미리 경고하는 것은 불가능했다. 또한 전국의 모든 전화선이 자정 직전 차단되었기 때문에 사전 경고는 불가능했다. 간단히 말해 이것은 거대한 올가미였다.

계엄령 발표 첫날 밤 거의 6천 명이 체포되었다. 체포를 피한 사람들은 이후 몇 달, 몇 년을 숨어지냈다. 날이 밝자 잠에서 깬 폴란드는 도시 거리에 배치된 탱크를 보게 되었다. 군 병력이 주요 거리를 순찰했고, 경찰은 버스 정류장과 기차역을 경비했다. 공수부대가 방송 송신소, TV 방송국, 전화교환국을 에워쌌다.[1] 그날 아침 광경을 찍은 유명한 사진은 〈지옥의 묵시록〉의 대형 영화 광고가 설치된 바르샤바의 시네마모스크바 앞에 서 있는 장갑 병력 수송차를 보여주었다. 코폴라가 감독한 이 영화는 이제 폴란드에서 처음으로 상영되던 차였다. 실제 세상의 종말이 온 것처럼 보였다. 나는 이때부터 정확히 9개월 뒤 태어났다.

내 어머니와 아버지는 몇 달 전 보스턴에서 크쥐시토프 키에슬로프스키 감독의 〈카메라 버프〉를 상영하는 영화관에서 만났다. 어머니와 아버지 모두 바르샤바에서 성장했고 두 사람의 아파트는 5분 거리에 있었지만, 미국으로 이주한 다음에야 만났다. 아버지는 유효 기간이 1년인 학생 비자를 받고 미국에 입국했고, 어머니는 뉴욕 퀸스의 야드비가 이모를 만나러 미국에 왔다. 그녀는 단지 6주만 미국에 머물 예정이었다. 그러나 야루젤스키가 계엄령을 선포하자 폴란드는 완전히 봉쇄되었다. 계엄령 이후 폴란드 시민들은 폴란드를 떠날 수 없었고, 외국인들도 폴란드에 들어갈 수 없었다. 폴란드로 다시 돌아가기를 기대하는 것은 헛된 일처럼 보였다. 다시 여행이 가능해지자 폴란드를 떠날 수 있는 사람들은 모두 떠났다.

이후 8년 동안 100만 명 이상의 폴란드인이 서방으로 이주했다. 정치적 압제를 피해 떠난 사람들도 있었지만, 많은 사람들은 추락하는 경제의 곤경을 피하기 위해 이주했다. 기술 교육을 받았거나 고등교육 학위가 있는 사람은 일자리가 별로 없고 식품과 가솔린을 배급받아야 하는 상황에서 더욱 적극적으로 폴란드를 떠났다. 계엄령이 선포되기 전에도 식초와 성냥 정도가 줄 서서 기다리지 않고 살 수 있는 물건이었다.[2]

이렇게 해서 나는 미국에서 미국인으로 자랐고, 폴란드는 방문하기에 너무 먼 나라였다. 그곳 상점에는 아무 물건이 없고, 아무것도 제대로 작동하지 않는 나라였다. 그런 상태가 영원히 지속될 것처럼 보였다. 먼 장래에 아들이 사용할 수 있도록 병을 단단히 밀봉한 채 커피콩을 보관한 루마니아인처럼, 나의 부모와 다른 많은 사람들은 폴란드와 동유럽 다른 지역들이 무한정 계속될 깊은 동면 상태에 빠졌다고 생각했다. 그러나 아무도 인지하지 못했고 예상하지도 못한 것은 폴란드 정권이 이미 마지막 단계에 들어섰다는 것이었다.

자유노조 출범은 동유럽에서 공산 통치 종말의 시작을 알렸다. 그 정도 규모의 대중 조직이 존재한다는 것 자체가 공산당의 지배력이 이미 취약해졌다는 것을 보여주었고, 이것이 노동자들에 의해 시작되고 주도된다는 사실 자체가 프롤레타리아를 위해 행동한다는 공산당의 주장을 우습게 만들었다. 공산당 내 사람들도 자신들의 정통성이 이렇게 갑자기 소멸하는 것을 느꼈다. 매일 수백 명의 공산당원이 당을 떠났다. 자유노조가 출범한 해에만 30만 명이 당원증을 반납했다. 1981년 공산당 중앙위원회 위원 20퍼센트가 자유노조 멤버였다.[3] 사기를 붕괴시키는 부식은 최상층으로까지 퍼졌다.

계엄령이 선포된 날 새벽 2시 폴란드 의회인 세임Sejm이 소집되어 비상 권력을 승인했다. 의안 토론 중 일부 의원들은 자유노조와 공산당 모두를 해체하고, 폴란드의 정치를 백지상태에서 다시 시작할 것을 요구했다.[4] 그러나 폴란드 노동자의 주도적 역할은 헌법에 이미 명기되어 있기 때문에 이것을 실현하는 것은 불가능했다. 이 외에도 정부의 많은 인사들은 이런 급진적인 조치는 소련의 개입을 초래하게 될 것이라고 우려했다. 많은 폴란드군 장교들은 1968년 바르샤바조약군의 프라하의 봄 시위 진압에 투입되었다. 그들은 자유노조를 통제하지 못하면 소련과 소련 동맹국들이 같은 일을 할 것을 두려워했다. 그들은 또한 자신들의 뜻을 순전히 무력으로만 강제할 정통성을 가지고 있지 못하다는 것도 잘 알았다. 대규모로 무력을 사용하는 것은 폴란드를 내전의 소용돌이로 몰아넣을 수 있었다. 그래서 계엄령 선포는 절망적 행동이었다. 이것은 불이 번지는 것을 막기 위한 방화벽이자, 가능한 한 피를 적게 흘리며 대중 정치라는 요정을 다시 병 안으로 밀어 넣으려는 시도였다.

실제로 첫날 밤에 유혈 사태는 없었다. 장군들의 계책은 피를 흘리지 않는 쿠데타로 자신들이 계속 권력을 유지하게 만들고, 소련군은 문밖에서 멈추게 만드는 것이었다. 그러나 며칠 후 실레시아의 부예크Wujek 석탄 광산에서 시위 진압 경찰이 광부 9명을 죽였다. 이제 이 계책은 실패했다.

모스크바에서만 안도감이 돌았다. 폴란드 공산당 지도자들은 소련의 개입을 두려워했다. 그러나 지금 우리가 알고 있는 것처럼 소련 지도부도 개입을 두려워하고 있었다. 동유럽의 소련제국은 점점 더 유지하기가 힘들어졌다. 2차 세계대전 때 독일을 패퇴시키면서 얻은 이 지역은 이후 약탈의 무대, 전략적 완충지대, 틀에 갇힌 경제 시장이 되었다. 이것은 지속적인 부담이자 변화의 자극제가 되었다.

소련은 뒷자리에 앉은 배후 조종자로서 위성 국가들을 통치했다. 이러한 간접 통치의 결과는 단순하지 않았다. 스탈린 생존 기간 동유럽 블록은 잔혹한 무력으로 단단히 유지되었다. 극단적 폭력을 사용하여 정권의 적을 추격했고, 적이 없는 경우에는 완전히 날조해 만들어냈다. 스탈린이 죽은 후 수십 년 동안 두 차례의 지각변동이 동유럽 블록의 안정을 뒤흔들었다. 하나는 1956년 헝가리에서 일어난 무장반란이었고, 다른 하나는 1968년 프라하의 봄이었다. 훨씬 평화적으로 진행된 프라하의 봄은 독립적 언론과 경쟁 정당의 창설을 허용했다. 두 봉기는 소련이 주도한 바르샤바조약기구 나라들의 연합적 군사력의 침공을 불러왔다. 1968년 프라하의 봄이 진압된 후 1964년부터 1982년까지 소련 공산당 서기장을 맡은 레오니트 브레즈네프는 이러한 간섭을 소련 외교 정책의 공식 노선으로 삼았다. 소위 '브레즈네프 독트린'은 사회주의 국가였던 나라가 자본주의 진영으로 넘어가려고 할 때는 언제든지 무력을 사용할 수 있다고 천명했다.

1945년부터 소련은 동유럽에서 제국을 유지하는 데 초지일관 군사력을 사용했다. 그러나 시간이 가면서 이러한 침공의 잔학성은 감소했다. 1950년대 소련의 장군들과 KGB 요원들은 반공 파르티잔과 다른 정치적 적들을 완전히 제거하는 작업을 감독했다. 1956년 헝가리에 침공한 소련은 약 3천 명을 희생시켰다. 그러나 1968년 바르샤바조약군의 프라하 침공은 단지 137명의 인명 희생만 가져왔다. 이제 1980년 자유노조가 출범하자 소련 지도부 — 아프가니스탄에서 발목이 잡히고, 구성원이 수백만 명에 이르는 반정부 집단과 마주친 — 는 개입을 하지 않으려고 필사적인 노력을 기울였다.

동유럽은 소련을 움츠리게 했고, 그런 다음 붕괴의 길로 밀어버렸다. 소련의 붕괴를 설명하는 대부분의 이론은 그 불가피성을 강조한다. 공산주의가 지속 불가능한 체제라든지 국제적 경쟁을 강조한다. 소련은 군사적으로 미국을 앞지를 수 없었고, 경제는 서방과 같은 생활 수준을 제공할 수 없었다. 또 다른 접근법은 권력 승계의 문제를 지적한다. 소련 권력은 체제와 함께 태어난 지도자 세대보다 너무 오래 지속되었다. 브레즈네프를 수장으로 하는 이 세대는 1980년대 초반 소멸되기 시작했고, 소련 전체도 이를 따랐다.

이 모든 설명은 나름대로 장점을 가지고 있지만, 대체적으로 소련에만 집중하고, 소련의 서쪽에 있는 거대한 제국에 대한 설명은 누락했다. 이것은 중대한 실수다. 왜냐하면 소련이 완충지대로 획득한 동유럽은 장기적으로는 대문 역할을 했기 때문이다. 이 대문은 소련을 서방의 영향으로부터 보호한 것이 아니라 그것을 이 장막으로 끌어들였다.

경제·사회 개혁에서 위성국은 앞장을 섰고 소련이 그 뒤를 따라갔지만, 항상 시차가 있었고, 압제와 긴축 후에야 그랬다. 헝가리는 1956년부터 상대적으로 높은 생활 수준을 제공할 수 있는 사회주의 경제의 전범이 되었다. 짧았던 프라하의 봄이라는 해빙 기간에 체코슬로바키아의 사회주의 지도부는 자유 언론 및 다당제와 개념적으로 공존할 수 있다는 것을 보여 주었다. 폴란드의 자유노조는 반공산주의를 내세우기는 했지만, 실제로 노동자들이 이끄는 사회 운동이 어떤 모양을 하는지를 역설적으로 보여 주었다.

소련은 이러한 외부 자극에 다양한 방식으로 대응했는데, 브레즈네프 이후 유리 안드로포프와 미하일 고르바초프가 국가 수반으로 연이어 집권한 것이 대표적인 예다. 1982년부터 1984년까지 14개월간 통치한 안드로포프는 브레즈네프 집단의 일원이었고, 동유럽에서 오래 일한 경험이 있었다. 1956년 그는 부다페스트에서 소련 대사로 근무했고, 혁명을 진압하는 데 무력을 사용할 것을 강력히 건의했다. 1968년 KGB 국장이었던 그는 프라하의 봄을 종식시키기 위해 '극단적 조치'를 취할 것을 건의했다. 그는 프라하의 봄이 체코슬로바키아에서 '나토 쿠데타'의 기반을 닦는 것이라고 확신했다. 한마디로 안드로포프는 강경론자의 대명사였다. 그런 그가 1981년에는 브레즈네프를 설득하여 폴란드 침공을 막았다. 안드로포프는 공산당 내에서 핵심 개혁가들을 양성했고, 그중에는 그의 유산을 거의 철폐하게 되는 미하일 고르바초프도 포함되어 있었다.

고르바초프는 병약자인 콘스탄틴 체르넨코가 소련을 잠시 이끈 후인 1985년 권좌에 올랐다. 안드로포프보다 거의 20년이 젊은 고르바초프는 동유럽에 대해 완전히 다른 태도를 가지고 있었다. 그는 헝가리의 유연한 경제를 높게 평가했고, 프라하의 봄의 지도자 중 한 사람인 즈데네크 믈리나르로부터 민주화 원칙을 배웠다. 믈리나르는 1950년대 모스크바대학에서 수학할 때 고르바초프의 학우였다.

공산당 서기장이 된 고르바초프는 헝가리와 동독에서 목격한 기업가적 민첩성을 수입하여 소련 경제를 되살리려고 했다. 그는 이 프로그램을 페레스트로이카라고 불렀다. 비판에 열려 있는 환경 없이는 개혁이 성공할 수 없다고 확신한 그는 페레스트로이카를 국가 기관의 개방과 투명성 정책인 글라스노스트와 결합했다. 두 프로그램 모두 과거 동유럽 경험의 흔적을 담고 있었다. 1987년 "페레스트로이카와 글라스노스트는 프라하의 봄과 무엇이 다른가?"라는 질문을 받은 소련의 외무부 대변인은 "19년의 시차"라고 대답했다.[5]

글라스노스트와 페레스트로이카는 소련 경제를 되살리지 못했다. 그러나 이것이 한 역할은 소련 체제의 핵심 지지 수단인 공포를 제거한 것이었다. 수십 년 동안 동유럽 블록의 공산당 권력은 두려움을 기반으로 지탱되어왔다. 한 폴란드 친구는 내게 계엄령 기간 동안 그의 가장 생생한 기억은 바르샤바의 거리에서 경찰을 보고 공포에 휩싸인 것이라고 말했다. "이 사람은 나를 원하는 대로 다룰 수 있다. 나를 체포할 수도 있고 구타할 수도 있지만, 나는 아무것도 할 수 없다."

자의적인 권력 앞에서 느끼는 이러한 무력감이 동유럽 전체를 휩쌌다. 그러나 1987년부터 이것은 위성국들과 소련 모두에서 무너지기 시작했다. 그해에 소연방 에스토니아의 시위자들은 거대하고 환경에 재앙을 가져오는 인광燐鑛 광산이 개장하는 것을 막았다.[6] 이 성공은 추가적 행동을 불러왔다. 에스토니아 독립 회복을 공개적으로 요구하는 시위가 열린 것이다. 1988년 노래 페스티벌에서는 30만 명의 주민이 함께 모여 민요와 비공식 에스토니아 국가 등 애국적 노래를 합창했다.[7]

유사한 운동이 이웃한 라트비아와 리투아니아에서도 진행되었다. 라트비아에서는 민족 서사시 〈라츠플레시스〉에 기반한 록 오페라가 민족 감정 부활의 초점이 되었다. 리투아니아에서 주민들은 상실한 자유를 기리는 행사로 옛 전쟁 노래를 부르고, 평화주의적 구호를 외쳤다. 이것이 '노래 혁명'의 시작이었고, 발트 3국 모두에 확산되어 1989년부터 1991년까지 동유럽을 휩쓴 해방의 해일에 독특한 공헌을 했다.

우크라이나에서 혁명은 더디게 시작되었다. 1988년에도 노란색과 파란색의 독립 국기는 여전히 금기로 남았고, 공산 당국은 이것을 '파시스트의 누더기'로 간주했다. 이 국기를 게양하는 만용을 부리는 사람은 바로 경찰에 신고되었다. 그러나 1989년이 되자 태도는 극적으로 변했다. 일군의 활동가와 환경운동가들이 드네스트르강을 따라 래프팅을 할 때 '쌍동선에 파랗고 노란 깃발이 달린 것을 본' 지역 주민들은 눈물을 흘렸다.[8]

얼마 안 있어 소련의 서부 지방에서 과거에는 상상할 수 없던 일이 일어났다. 1990년 우크라이나에서 상당수가 민속 복장을 한 3만 명이 옛날 자포리자 시치에 모여 코자크령 탄생 500주년을 기념했다. 공산당원들도 몇 마을 떨어진 곳에서 유사한 행사를 진행했지만, 거기에 모인 사람은 10분의 1에 불과했다.[9] 시치 근처에서 열린 정치 집회에서 한 발언자는 군중에게 300년 전에 코자크 헤트만을 선출하기 위해 치러진 선거가 소련 대통령 선거보다 더 민주적이었다고 주장했다. 한편 소련의 몰도바 공화국에서는 수십만 명의 주민이 수도인 치시나우Chişinău의 승리 광장에 모여 자신들이 사용하는 문자를 키릴 문자에서 라틴 문자로 바꿀 것을 요구하는 시위를 벌였다.

반란의 이 단계에서 소연방 공화국들의 주민들은 민족의 상징과 언어의 부활에 노력을 집중했다. 탄압에 대한 공포가 사라지자, 소연방으로부터의 독립도 가능한 것처럼 보이기 시작했다. 발트국가들을 소련의 지배하에 들어가게 만든 몰로토프-리벤트로프 협약 서명 50주년인 1989년

8월 23일, 리투아니아, 라트비아, 에스토니아에서 주민 200만 명이 탈린(에스토니아 수도)에서 빌뉴스(리투아니아 수도)까지 인간 사슬을 만들었다.

몇 달 후인 1990년 1월 20일, 우크라이나인 30만 명도 키이우에서 타르노폴Tarnopol, 이바노-프란키우스크Ivano-Frankivsk를 거쳐 르비우에 이르는 인간 사슬 '발트 길Baltic Way'을 만들었다. 소련은 여전히 공산당이 지배하는 15개 공화국으로 구성된 연방으로 굳건히 존재했지만, 공산당의 권위는 국내 선거와 고르바초프 개혁이 가져온 다른 조치들에 의해 점점 더 침식되었다. 그러나 소련이 통합되어 있는 동안에도 동유럽의 소련제국은 분해되기 시작했다.

위기가 다시 한 번 폴란드에서 시작되었다. 1988년 가을 새로운 파업 물결과 상환이 불가능한 외채에 당면한 야루젤스키 정부는 반대 세력과 모종의 타협을 할 수밖에 없다는 결론에 도달했다. 파업을 끝내는 조건으로 정부는 자유노조를 합법화하기로 타협했다. 그러나 정부는 여기서 한 걸음 더 나아가 복잡한 권력 공유 합의를 제안했다. 정부는 자유노조가 하원 의석의 35퍼센트, 상원 의석의 100퍼센트에 해당하는 의원 선거에 참여하는 것을 허용했다. 공산당원들은 이러한 '고르바초프 스타일' 선거를 이용해 자신들이 계속 권력을 유지하고, 최소한 사회로부터의 부분적 위임을 얻을 수 있다고 확신했다.[10]

오만에 기반한 이 제안은 재앙과 같은 실책이었다. 물론 의도는 이해할 만했다. 거래의 조건은 하원에서 공산당이 다수파를 유지하는 것을 보장했고, 대부분의 사람들은 공산당이 자신들이 차지할 수 있는 모든 의석을 잃을 것이라고는 생각하지 않았다. 그러나 이것이 정확히 실제 일어난 일이었다. 자유노조는 언론 통제력이 전혀 없었지만, 한 석을 빼고 모든 경쟁 선거 의석을 차지했고, 1989년 8월 폴란드는 동유럽에서 처음으로 비공산주의자 국가수반을 갖는 나라가 되었다.

자유노조가 폴란드에서 공식적인 자리를 차지하기 위한 운동을 벌이는 동안, 헝가리는 눈에 보이지 않는 자신만의 변혁을 겪고 있었다. 이곳에서 변화의 동력은 시민 사회가 조직한 대중 시위 운동에서 나오지 않았다. 이곳에서는 단순히 구체제가 굴복했다. 역사가 이슈트반 레프의 말을 빌리면 그것은 "늦여름 햇볕 아래 아이스크림처럼 녹아버렸다".[11] 당내 개혁가들이 개혁을 주도했다. 먼저 그들은 장기 집권한 당 지도자 야노스 카다르를 해임하고, 다음으로 자유선거 실시를 제안했다.

공산당이 주도하는 통치와 유사한 것은 선거에서 성공할 가능성이 전혀 없다는 것을 알아챈 개혁가들은 당명을 헝가리사회노동당에서 공산주의 색채가 약한 헝가리사회당으로 바꾸었다. 이렇게 되자 얼마 남지 않은 진정한 공산주의자들은 근거지를 상실했다. 이 진정한 신도 중 일부는 야노스 카다르회 ─ 사실상 카다르의 팬클럽 ─ 를 중심으로 재조직하고, 자신들이 헝가리 공산주의자들의 진정한 상속자라고 주장했다. 1989년 8월 열린 기자회견에서 이 조직의 지도자인 폴란드 태생 롤란드 안토니에비츠는 자신들은 헝가리에 스타하노프 노동 경쟁을 되살리고, 농민과 노동자 연대를 재건하고, 야루젤스키, 차우셰스쿠, 김일성, 폴 포트 같은 다른 공산주의 지도자들이 만들어놓은 위대한 전통을 따를 것이라고 선언했다. 그는 자신이 정신적으로 이상하거나 정신병 치료를 받고 있지 않다고 강변하며 발언을 마쳤다.[12]

1989년 여름이 끝나면서 폴란드와 헝가리는 더 이상 공산당 지배 국가가 아니게 되었다. 동유럽 블록의 나머지 국가들도 재빨리 이를 따랐다. 11월 9일 동독 당국자들은 베를린 장벽을 개방했다. 이 조치는 의도한 것이 아니었고, 관료주의적 실책의 결과였다. 그러나 일단 일이 진행되자 되돌릴 수 없었다. 한 주 뒤 학생 시위가 프라하를 뒤흔들었다. 처음에 그들은 격렬한 경찰 탄압을 받았지만, 11월 27일 총파업이 시작되면서 상황은 바뀌었다. 체코슬로바키아식 항의의 전형으로 총파업은 온건한 방식으로 진행되었다. 파업은 하루 두 시간만 진행되었고, 그것도 점심시간을 이용해 작업을 방해하지 않았다. 그럼에도 체코슬로바키아 정부는 이를 통해 자신들이 더 이상 사회의 지원을 받을 수 없다는 것을 깨달았다. 이틀 후 연방의회의 공산주의자들은 공산당의 지도적 역할을 철폐했다. 1970년대부터 회색의 정상화 시기를 이끌어온 구스타프 후사크는 12월 10일 대통령직에서 사임했다. 이렇게 체코슬로바키아도 자유 국가가 되었다.

불가리아 공산당도 해체 수순을 밟고 있었다. 아무도 일당 통치 명분을 위해 희생하려고 하지 않았다. 이보다 눈에 띄는 것은 ─ 특히 그해 톈안먼 사태 발생 이후 ─ 아무도 이를 위해 사람을 살상하려 하지 않은 점이었다. 잔혹한 무력이 없는 상태에서 동유럽 혁명은 축제와 같은 외양을 띠었다. 세상은 온통 뒤죽박죽이 되었다. 체코의 올로모우츠에서 프라하의 학생들이 경찰에 의해 구타당한 불과 몇 주 후, 학생들은 경찰과 당 관료 복장을 하고 '전체주의 동지'의 장례식을 거행했다. 1989년 불가리아의 소피아에서는 경찰이 "우리는 반체제 인사들을 지지한다"라는 벽 낙서를 쓴 사람들에게 발포했다. 불과 1년 후 열 살짜리 아이가 헌병으로 가장하고 거리를 행진하고, 축구 심판은 공산당에 레드카드를 건넸다.[13]

진실이 매일의 구호가 되었다. 사람들은 공산 당국이 45년간의 통치 기간 중 숨긴 비밀을 공개할 것을 요구했다. 사람들 스스로도 좀 더 진실하게 살 것을 약속했다. 체코슬로바키아 트르바나Trvana의 은행 직원들은 혁명이 일어난 후 '오직 진실만'을 서로에게 얘기하기로 약속했다. 프라하의 맥주 양조자들은 '진실로 살기'를 원한다고 세상에 선포했다.[14] 곧 그들은 자신들의 진실을 위해 투표할 수 있게 되었다. 1990년, 플젠Plzeň의 시민 일부가 '맥주당 친구들Friends of Beer Party'을 만들었다. 그들이 천명한 목적은 "맥주의 질과 소비는 높이고, 맥주 가격은 낮추는 것"이었다.[15]

이러한 축제의 분위기 속에 한 나라만이 유별났다. 1989년 일어난 모든 혁명 중 루마니아의 혁명이 가장 피를 많이 흘렸고, 가장 어렵게 싸워 쟁취되었다. 혁명은 12월 중순 시작되었다. 바나트의 옛 수도인 티미쇼아라에서 헝가리어를 사용하는 사제 라즐로 퇴케스가 이 운동을 주도했다. 체코슬로바키아에서와 같은 동포들에 대한 죄책감이 전혀 없는 차우셰스쿠는 보안군에게 총격을 가하도록 명령했다. 이어진 거리에서 충돌로 천 명 이상의 루마니아인이 목숨을 잃었다. 그러나 사격으로 인한 살상은 더 많은 시위를 불러와서 시위는 루마니아 전역으로 확산되었다. 자신에 대한 지지를 고양하기 위해 차우셰스쿠는 부쿠레슈티에서 대중집회를 조직하기로 결정했다. 1989년 12월 21일 그는 당 중앙위원회 건물 발코니에서 운집한 10만 명의 군중에게 파시스트 선동자들과 외국 세력의 도발을 비난하는 장광설을 늘어놓았다. 박수를 기대하던 그에게 "살인자", "학살자", "범죄자에게 죽음을"이라는 외침이 들려왔다. 수십 년 동안 연출된 대중집회를 조직해온 차우셰스쿠는 이에 대한 변명의 말조차 준비하지 못했다. 모든 사람 앞에서 ─ 그리고 TV 생방송에서 ─ 그는 큰 낭패를 보았다.

취약함이 드러난 치명적 순간이었다. 이튿날 차우셰스쿠와 부인 엘레나는 헬리콥터를 타고 부쿠레슈티에서 탈출했다. 그사이 군대와 비밀경찰은 큰 혼란에 휩싸였다. 그들은 복수를 준비할 미래의 새 정권에 자신들의 생존을 맡기기보다는 자신들이 선수를 쓰기로 했다. 차우셰스쿠가 탄 헬리콥터를 군대가 부쿠레슈티 북쪽에서 착륙하게 한 다음, 비밀경찰들이 부부를 체포했다. 1989년 크리스마스에 급하게 조직된 재판에서 차우셰스쿠와 엘레나는 동포 루마니아인의 대량 학살을 포함해 국가에 대한 많은 죄로 기소되었다. 몇 시간 후 군법회의는 그들에게 유죄 선고를 하고 총살형을 언도했다. 7분 후 차우셰스쿠 부부는 목숨을 잃었다.

'카르파티아의 천재'의 몰락과 함께 루마니아의 권력은 그의 죽음을 집행한 비밀경찰과 전 공산당 관료의 손에 넘어갔다. 그들은 정치적 신뢰성을 얻기 위해 신속하게 '구국전선National Salvation Front'으로 자신들을 포장하고 차우셰스쿠의 몰락을 재촉한 가두시위에 대한 공을 차지했다. 이런 방식으로 루마니아 혁명은 진정한 변혁을 거치지 못하고 새로운 이름 하에 이전의 정치 세력이 계속 권력을 유지했다. 그래도 이것은 민주화를 향해 한 걸음 더 나아간 것이었다.

차우셰스쿠가 실각한 시점에 알바니아는 아무것도 변한 것이 없었다. 1990년이 시작되기까지 공산당은 확고히 권력을 잡고 있었다. 수십 년 동안 알바니아는 유럽에서 가장 고립된 나라였다. 유고슬라비아, 소련, 마오쩌둥의 중국과 차례로 단교를 한 알바니아는 북한 및 쿠바와만 관계를 유지하고 있었다. 그러나 1980년대 말 알바니아의 신스탈린주의 외양에 약간의 균열이 발생하기 시작했다. 라디오에서 비틀스의 음악을 들을 수 있게 되었고, 1987년 법령으로 한 가족마다 최대 두 마리의 양을 기를 수 있었다. 하지만 번식을 막기 위해 이 두 마리는 같은 성이어야 했다.[16]

그러나 이것은 길에 솟아난 풀잎에 불과했고, 나머지는 콘크리트처럼 견고했다. 베를린 장벽이 무너진 몇 달 후 알바니아 당국은 티라나의 외국 대사관 구역에 담벼락을 세우기 시작했다.[17] 망명자들이 외국 대사관에 정치 망명을 신청하는 것을 막기 위함이었다. 1990년 7월 2일 알바니아인 기술자이자 과거 정치범이었던 일리 보디나쿠가 서독 대사관을 둘러싼 시멘트벽을 트럭으로 돌파하면서 이런 노력에는 구멍이 생겼다. 3천 명 이상의 알바니아인이 그를 따라 갈라진 틈으로 진입했다.

1991년 2월이 되어서야 결국 학생 시위대가 티라나 중앙의 스칸데르베그Skanderbeg 광장에 서 있던 거대한 엔베르 호자의 동상을 끌어내렸다. 그의 딸이 디자인한 복고-미래주의적인 피라미드형 엔베르 호자 박물관은 문이 닫힌 후 회의장으로 개조되었다. 이 피라미드는 후에 미라Mummy 라는 이름의 나이트클럽이 되었고, 그 후에는 형편없는 상태로 방치되었다. 오랜 기간 낙서 장소이자 스케이트보더들의 거대한 경사로로 쓰인 이 피라미드는 현재 IT 훈련·기술센터로 개축되는 중이다.

알바니아에서 동상들이 끌어내려지던 그해에 소련은 완전히 분해되기 시작했다. 1991년 가을이 되자, 리투아니아, 라트비아, 에스토니아, 우크라이나, 벨라루스, 몰도바가 모두 독립을 선언했다. 이 시점의 정치는 과거를 다시 쓰면서 미래로 향하는 길을 찾는 과정에 들어섰다. 동유럽 전역에서 1990년 초는 시신 이장, 기념, 비난, 화장, 재매장의 시기였다. 역사는 급하게 다시 쓰였다. 동상들이 쓰러지고, 그 자리에 다른 것들이 들어섰다. 오랫동안 해외에 있던 유해들이 돌아오고, 스탈린식 영묘는 파헤쳐졌다.

헝가리에서 탈공산주의 시대의 첫 과업은 1956년 혁명 희생자들의 유해를 찾아 이들을 예우를 갖추어 매장하는 것이었다. 특별위원회는 시위자들이 처형 후 매장당한 표식 없는 무덤을 찾았지만, 놀랍게도 희생자들의 유골이 부다페스트 동물원의 동물 사체와 같이 매장된 것을 발견했다. 봉기 기간 헝가리를 이끌다가 비밀리에 처형된 임레 나지 총리의 유골은 기린 유골과 섞여 있었다.[18]

임레 나지 35주기 기념일인 1989년 6월 16일, 20만 명이 넘는 군중이 그의 이장을 지켜보았고, 이것은 그 혁명의 해에 가장 큰 대중집회로 기록되었다. 헝가리의 공산 통치 과거가 묻히는 순간이었다. 또한 젊은 학생 정치인 빅토르 오르반이 인상적인 연설로 대중에게 자신의 존재를 알리고 전국적 경력을 시작한 순간이었다. 한편 또 다른 정치인의 재매장은 헝가리가 점차 우파로 선회하는 신호가 되었다. 전간기 독재자였던 미클로시 호르티는 2차 세계대전 중 히틀러와 재앙이 되는 동맹을 맺었다. 1957년 망명지인 포르투갈에서 사망한 그는 마지막 소련 병사가 헝가리를 떠나기 전에는 고국으로 돌아가지 않겠다는 유언을 남겼다. 그는 1993년 고향인 켄데레스Kenderes에 이장되었다.

헝가리가 과거 영웅들의 새로운 집이 되는 동안, 불가리아는 과거 성소를 헐어버림으로써 악마들을 쫓아냈다. 1990년 게오르기 디미트로프의 가족은 그의 시신을 화려한 스탈린 시대 영묘에서 빼내어 조용히 화장했다. 9년 후 소피아 시장은 영묘 자체를 파괴하기로 결정했다. 그러나 폭파팀이 폭발물을 잘못 설치하여 초인적 작업팀이 6일 만에 완성했던 영묘는 폭발 후 작은 손상만 입은 채 그 자리에 서 있었다. 영묘는 이후에도 두 번의 폭파를 더 견뎌냈다. 네 번째 폭발 시도 끝에 겨우 대리석 구조물은 무너졌다. 그러나 슬프게도 이번 폭발은 너무 강해서 영묘를 둘러싼 광장 대부분을 파괴했다.

옛 기념물을 파괴하는 것이 새로운 시대의 시작을 알렸다면 벨라루스에서는 잊힌 순교자들을 찾아내는 것이 집단적 정체성에 대한 새로운 감정에 불을 붙였다. 1988년 두 아마추어 고고학자가 민스크 동쪽 경계에 있는 쿠로파티Kuropaty 숲에서 몇 개의 대형 집단매장지를 발견했다. 이 매장지에는 수백 구의 시신이 매장되어 있었고, 대부분이 머리에 관통상을 입고 사망한 시신이었다. 발굴 작업으로 다양한 소지품－컵, 옷, 신발, 칫솔, 머리빗, 동전－이 발견되었고, 이것들은 1930년대 말의 물건으로 파악되었다. 이 유골들은 1937-1938년 대숙청이 절정일 때 희생당했다가 후에 감추어진 사람들의 것으로 밝혀졌다.

이 발견이 공표된 지 몇 주 안에 쿠로파티는 자발적인 순례의 장소가 되었다. 수만 명의 벨라루스 주민들이 당시까지 철조망에 둘러싸인 황야였던 곳을 찾았다. 그들은 "우리는 잊지 않을 것이다!", "우리는 용서하지 않을 것이다!"라는 피켓을 높이 들고 이 장소를 찾아왔다. 시위 진압 경찰이 최루탄을 발사해 일부 방문자들을 해산시켰지만, 추모 행진은 현대 벨라루스 역사에서 중요한 첫 운동의 시작을 알렸다. 매장지를 발견한 사람 중 한 사람은 후에 "쿠로파티는 벨라루스공화국에서 공산주의 붕괴의 시작을 알렸다"라고 썼다.[19]

유고슬라비아에서도 공산주의의 종언은 지금까지 인정되지 않았던 죽은 사람들의 부활로 시작되었다. 숨겨진 과거 범죄의 발견이 벨라루스가 정체성을 찾는 것을 도와줬다면, 유고슬라비아에서는 국가를 갈기갈기 분열시키는 데 일조했다.

사회주의 국가인 유고슬라비아는 상호 망각의 행동 위에 세워졌다. 이 나라는 전쟁 중에 만들어졌다. 공산당이 주도하고 요시프 브로즈 티토가 이끈 파르티잔 군대는 외국에서 최소한의 도움만 받은 채 추축국의 점령을 격퇴하는 데 성공했다. 공식 담론에서 이 군대는 유고슬라비아 주요 민족 모두로 구성되어 있었다. 이 군대의 승리는 모두의 것이 되었다. '형제애와 통합'이 이 연방 국가가 가장 자주 반복적으로 사용한 구호였다.

불행하게도 진실은 이보다 더 암울했다. 1918년부터 1941년까지 지속된 유고슬라비아왕국 내에서 2차 세계대전은 만인에 대한 만인의 전쟁이었다. 크로아티아에서 파시스트 괴뢰 정부 우스타샤는 공개적으로 나치 독일군과 협력했다. 우스타샤 경찰은 야세노바츠의 집단수용소에서 세르비아인, 유대인, 무슬림, 집시들 대규모로 처형했다. 보스니아-헤르체고비나에서 무슬림들은 세르비아인과 싸웠고, 세르비아인은 무슬림과 크로아티아인을 보복 살해했다. 세르비아 내에서 친親왕정, 친親공산 세르비아인들은 서로를 대상으로 죽음의 게릴라 전쟁을 벌였다. 이러한 동족상잔 전쟁에서 수천 명이 냉혹하게 살해되었다. 그들의 시신은 얕게 판 무덤에 매장되거나 전국 곳곳의 동굴에 던져졌다.

티토의 통치가 계속되는 동안 이러한 살해 행각의 세부적 내용은 침묵의 막에 덮여 있었다. 그것들은 기억에는 속했지만, 역사에는 속하지 않았다. 그러나 1980년대 말 공산당이 권력을 잃으면서 역사는 다시 돌아와 현재를 괴롭히기 시작했다. 괴저가 옛 상처를 다시 드러나게 해서 피를 흘리게 만드는 것처럼 땅 자체가 죽은 사람들을 토해내기 시작했다. 크로아티아에서는 시신으로 가득 찬 동굴 사진이 대중 잡지 표지를 채웠다. 세르비아에서는 3천 명의 '우스타샤 희생자들'이 헤르체고비나 동굴에서 발굴된 뒤 베오그라드로 옮겨져 세르비아 정교회 총대주교가 집전한 거대한 군중집회 장례식에서 재매장되었다.[20] 관과 애도자들의 행렬이 시내 중심부에 1.5킬로미터나 이어졌다.

유고슬라비아의 민족주의적 이장 행사 일부는 더 먼 과거까지 거슬러 올라갔다. 1987년에 코소보 전투에서 사망한 라자르 왕자의 시신이 세르비아, 헤르체고비나, 크로아티아, 코소보의 정교회 수도원들을 순례했다. 당시 코소보는 세르비아 내의 알바니아인 주민이 다수파로 거주하는 자치 지역이었지만, 세르비아에 대한 강력한 감정적 반항이 일어나고 있었다. 라자르의 유골이 순례하는 곳은 상상 속의 대세르비아 지역과 같았고, 그 경계선은 '세르비아 땅은 세르비아 뼈가 있는 곳'이라는 원칙에 따라 산 사람과 죽은 사람들의 존재로 그어졌다.[21]

그러나 이제 순교자의 유골을 찾기 위해서 큰 동굴이나 수도원 지하실로 내려갈 필요가 없었다. 유골들은 유고슬라비아 땅 곳곳에 흩어져 있었다. 옛 광산에도 유골이 가득했다. 유골들은 쓰레기 더미 속이나 우물에 담겨 있기도 했다. 농민들이 감자를 캐다가 유골을 발견하기도 했다.[22] 농민들은 이 유골이 누구의 것인지를 생각해야 했다. 이웃인가? 친구인가? 종전 후 독일에서 돌아온 뒤 곧바로 실종된 남편의 것인가? 전쟁포로로 멀리 끌려갔다가 다시는 돌아오지 않은 형제의 것인가?

1991년부터 1995년까지 유고슬라비아는 완전히 분해되었다. 4년간 이어진 전쟁이 나라를 산산조각 냈고, 13만 명 이상이 사망했다. 이것은 2차 세계대전 이후 유럽 땅에서 일어난 가장 큰 전쟁이었다. 이것은 또한 유럽대륙에 민족 청소를 재현했다. 각 진영의 전투원들은 자신들만의 것이라고 주장할 수 있는 '민족적으로 순수한' 영토를 만들기 위해 대량 살상과 추방을 시도했다.

무슬림, 크로아티아인, 세르비아인이 뒤섞여 살며 어느 민족도 절대다수를 차지하지 않는 보스니아-헤르체고비나는 유고슬라비아공화국에서 가장 민족적으로 다양한 지역이었다. 이러한 다양성 자체가 여러 이웃 공화국들의 영유권 주장을 불러일으켰다. 세르비아인은 새로운 세르비아를, 크로아티아인은 새로운 크로아티아를 건설하기 위해 싸웠고, 보스니아인, 특히 아무도 자신들을 위해 싸워주지 않는 보스니아 무슬림들은 삼중 전쟁 속에 갇히게 되었다. 불과 몇 년 사이에 생활양식 전체와 중세까지 거슬러 올라가는 상호 관용―20세기 이전 동유럽의 마지막 전통 중 하나―이 사라졌다. 아니 이것은 민족주의라는 이름으로 살해당했다. 30년이 지난 오늘날 이러한 폭력의 상처는 아직 이 땅에 어둡게 남아 있다. 나는 세르비아가 통치하는 보스니아-헤르체고비나 지역의 절반인 스릅스카공화국의 시골 마을을 방문한 적이 있었다. 1991-1992년 사람들이 버리고 떠난 집들은 완전히 방치되어 있었다. 무너진 지붕 위에는 나무가 자라고, 이끼가 마루를 뒤덮었다. 유령의 집 같은 이곳은 마치 살해 행위가 어제 끝난 것 같은 느낌이 들었다.

유고슬라비아 전쟁이 시작된 이후 사람들은 공산주의의 종언이 왜 다른 곳이 아닌 이곳에 그렇게 참혹한 유혈 사태를 가져왔는지에 의문을 가졌다. 동유럽 국가들 가운데 유고슬라비아가 가장 높은 생활 수준을 누렸고, 서방에 가장 개방적이었던 국가라는 사실을 고려하면 이 역설은 더욱 커졌다. 1960년대부터 유고슬라비아 주민들은 자유롭게 이탈리아에 가서 쇼핑하거나 독일에 가서 일할 수 있었다. 1980년대 들어 너무 큰 외채 부담으로 유고슬라비아 경제가 광택을 잃어버리긴 했지만, 1990년으로 향하는 시점에 그곳은 45년이나 평화를 누린 장소였고, 지역적 자치를 이용하여 다양성에서 통합을 이룰 수 있는 모델로 여겨졌다.

무엇이 잘못되었는가? 이에 대한 하나의 답은 유고슬라비아가 합법성 위기를 겪었다는 것이었다. 시간이 지나면서, 특히 1980년 티토 사후, 유고슬라비아를 구성하는 공화국들의 중요성이 연방 국가보다 커졌다. 소련에서와 마찬가지로 주민들에게는 유고슬라비아를 구성하는 지역 단위들이 나라 전체보다 더 의미 있게 되었다. 각 공화국의 지도자들은 공산주의가 무너진 세계에서 권력을 잡기 위해 서로 경쟁했다. 공산당이 영향력을 완전히 상실한 상태에서 그들은 새로운 권위의 근원이 필요했다. 그들은 민족적 원한을 이용하면서 이를 찾았다. 세르비아 지도자 슬로보

단 밀로셰비치는 1987년 코소보에서 세르비아인들을 옹호하는 연설로 두각을 나타냈다. 그의 연설의 절정은 "누구도 세르비아인을 구타할 수 없다!"라는 외침이었다.[23] 한편 크로아티아의 군사적 위대성에 사로잡힌 크로아티아 지도자인 전 육군 소장 프란조 투지만은 우스타샤 정권의 부역 과거를 떠올리는 언사를 구사하여 세르비아인들의 두려움을 강화시켰다. 그는 또한 크로아티아 내에 거주하는 세르비아인들에게 키릴 문자 대신에 라틴 문자를 사용하도록 강요하여 특히 큰 분노를 유발했다.[24] 곧 양측은 서로를 죽일 듯이 격하게 대립했다.

그렇다 해도, 왜 공화국 간의 다툼은 이웃을 향한 죽음의 전쟁으로 비화되었는가? 평생 서로 알고 지낸 이웃들이 왜 갑자기 서로 싸우게 되었는가? 프로파간다가 이 수수께끼에 큰 역할을 담당했다. 티토 통치 시절 유고슬라비아에는 8개의 TV 방송국이 있었다. 각 공화국에 방송국이 하나씩 있었고, 여기에 보이보디나Vojvodina 지역과 코소보도 자체 방송국을 보유했다. 모든 방송국은 하나의 공동 방송을 내보내는 데 협력했다.[25] 그 시기에 지켜진 규칙은 각 공화국의 민족주의는 비판할 수 있지만, 이웃의 민족주의는 비판해서는 안 된다는 것이었다.

1990년대 초반이 되자 각 방송국에서는 서로 경쟁하는 방송을 내보냈고, 이웃 공화국들을 공격하는 데 방송 시간 대부분을 썼다. 베오그라드 라디오-TV는 특히 흥분에 싸여 크로아티아와 보스니아 무슬림에 대한 거친 공격성 보도를 시청자들에게 쏟아부었다. 1991년 내전이 발생하자, 많은 세르비아인들, 특히 보스니아와 크로아티아에 거주하는 세르비아인들은 자신들이 '우스타샤 집단'과 '이슬람 성전 전사들'에 의해 대량 살상당할 것이라고 확신하게 되었다.

프로파간다는 이웃을 적으로 바꿀 수 있었다. 이것은 또한 전투원들이 저지른 범죄를 사면할 수도 있었다. 1992년 5월 세르비아군이 사라예보 시장을 포격하여 빵을 사기 위해 줄을 서 있던 26명의 민간인을 살해한 후, 보스니아-세르비아 TV는 이 사건이 세르비아인들에게 누명을 씌우기 위해 무슬림들이 만든 자작극이라고 보도했다.[26] 세르비아군이 2년 후 이 시장을 다시 공격하자 같은 TV 방송국은 이것도 연출된 것이라고 보도했다.[27] 이러한 환경에서 아무리 황당해도 모든 가짜 뉴스는 그럴듯해 보였다. 말도 안 되는 소문들이 언론에 떠돌았다. 무슬림들이 사라예보 동물원에서 살아 있는 세르비아 아기들을 사자 먹이로 주고 있다는 보도도 나왔다.[28]

이러한 기괴한 소문이 돌기 시작했을 때 사라예보 동물원의 사자는 이미 기억 속으로 사라졌다. 14개월간 지속된 사라예보 봉쇄로 동물원에는 사료가 떨어졌다. 누군가 기린, 당나귀, 버팔로를 쏘아죽였다. 사자, 호랑이, 표범, 퓨마는 서서히 굶어 죽었고, 서로를 잡아먹었다. 1992년 가을이 되자 암컷 검은 곰만이 유일하게 살아 있었다. 자원자들이 용감하게 저격수의 총격을 뚫고 곰에게 자신이 가진 빵과 사과를 전달했다. 그러나 11월이 되자 이 곰도 죽었다.[29]

사라예보에서 봉쇄 동안 시간은 다르게 흘렀다. 굶주림에 시달리는 도시에 식품이 공수되었다. 공중에서 투하된 입맛에 맞지 않는 소고기 통조림으로 쌓은 기념물이 아직도 남아 있다. 죽은 사람을 매장하는 일에도 목숨을 걸어야 했다. 사자 공동묘지에서만 열 명의 매장자가 사망했다. 사라예보의 유대인 묘지 — 오스트리아-헝가리 지역을 내려다보는 아름다운 장소이고, 연인들이 산책하던 장소였던 곳 — 는 저격수들의 근거지가 되었다.[30]

사라예보가 항구적인 봉쇄의 겨울을 견디는 동안 동유럽 다른 지역은 갑작스러운 해빙을 경험하고 있었다. 1990년대 초는 자본주의의 봄날이었다. 많은 곳에서 사람들은 아무 제약 없이 비현실적인 열정으로 자본주의의 도래를 맞았다. 1990년 불가리아에서 진행된 한 집회에서 레닌의 구호인 '빵, 토지, 평화'를 흉내 낸 '빵, 평화, 자유'라는 깃발 옆에 일부 희망에 찬 시위자들은 '오늘은 자유, 내일은 부자'라는 플래카드를 들었다.[31]

곧바로 부자가 된다는 이러한 희망 대부분은 재빨리 파괴되었다. 변화의 양상은 놀랄 정도로 동일했다. 거의 모든 곳에서 경제에 대한 구정부의 통제력은 붕괴되었고, 국유 자산의 사유화는 놀랄 만한 속도로 진행되었다. 아파트와 주택은 갑자기 개인 소유가 되었다. 일자리가 사라졌다. 협동 농장이 무너졌다. 그단스크에서 시위를 시작하고, 자유노조 운동을 태동시켜 폴란드 공산당을 굴복시켰다. 조선소 노동자 대부분은 오래전에 자신들의 작업장이 고철로 팔려나가는 것을 보았다. 동유럽 지역 대부분의 중공업도 같은 운명을 겪었다.

이러한 구조조정은 엄청난 실업률과 따라잡을 수 없는 인플레이션을 가져왔다. 평생 모은 재산이 공중에 날아갔다. 특히 연로한 사람들에게는 잔혹한 혼란의 시기였다. 이들은 일자리가 보장되고, 국가가 건강과 복지를 책임졌던 과거로의 회귀를 원했다. 이제 갑자기 의사들은 현금 수입을 기대했고, 현금은 하루가 다르게 가치가 사라졌다. 자유시장경제를 잠깐 맛본 것만으로 과거가 잃어버린 황금의 시대였다는 생각이 들었다. 한 헝가리 집단농장 노동자는 이렇게 말했다. "야노스 카다르는 사람들이 공산주의를 사랑하도록 30년을 노력하다가 완전히 실패했지만, 현 정부는 불과 2년 만에 그 일을 해냈다!"[32]

그러나 다른 사람들, 특히 젊은이들에게 발아하는 시장 경제는 꿈도

꾸지 못한 쾌락의 길을 열어주었다. 1989년 한 젊은 폴란드 기자는 자신의 일기에 도저히 믿기지 않는 일이 자신에게 일어났다고 일기에 적었다. 그는 상점으로 가서 소리치고 싸우고 심지어 줄을 서지 않고도 캐나다산 베이컨를 3파운드나 샀다. "나는 스물세 살이다. 난생처음으로 온전히 내가 먹을 햄을 샀다." 몇 달 후 그는 처음으로 키위를 샀다. 그는 그 맛에 대한 인상을 이렇게 썼다. "껍질은 감자 같아 보이지만, 안은 흥분 그 자체였다."[33]

새로운 취향은 새로운 욕망을 자극했고, 이것은 상업의 세계에 머리를 박고 뛰어들어야 만족시킬 수 있었다. 대부분의 동유럽 사람들은 음성적인 거래에 익숙했다. 궁핍의 시대는 그들에게 살아남는 최선의 전략은 한 발은 사회주의 일자리에 두고, 다른 발은 암시장에 두는 것이라고 가르쳐왔다. 일례로 1980년대 세계에서 가장 뛰어난 히말라야 등산가였던 폴란드 등산가 한 팀은 이 두 행동을 결합하여 자신들의 원정 비용을 마련했다. 1년에 두세 달 폴란드에서 가장 큰 공장의 굴뚝과 연통을 페인트로 칠하는 일로 돈을 벌었고, 나머지 기간은 인도와 네팔에서 시간을 보내며 위스키와 양모 코트를 폴란드로 밀수하여 비용 대부분을 벌었다.[34]

공산주의의 종언은 이런 양다리 걸치기식 생활의 종말을 가져왔다(동시에 폴란드 등산의 위대한 시기도 막을 내리게 했다). 이제 모든 사람은 살기 위해 투쟁해야 했다. 첫 비즈니스는 전적으로 물자를 축적하는 것, 특히 외화를 모으는 것에 집중되었다. 외화 환전소와 전당포는 동유럽 모든 수도의 곳곳에 나타났다. 그러는 동안 큰 개인 아파트는 골동품 상점으로 바뀌었고, 가로변의 빈 공간은 오래된 훈장과 성상화를 파는 야시장으로 변했다.

1, 2년이 지나자 동산動産에 대한 기본적 욕구는 충족되었다. 이러한

초기 상업은 좀 더 높은 수요 충족으로 옮겨갔다. 치아교정 전문 의사와 여행사의 황금 시기 동안 모두가 치아를 치료하고 난생처음으로 지중해를 여행했다. 이와 동시에 도박과 여러 형태의 투기가 점점 더 사람들의 인기를 끌었다. 1993년이 되자 1, 2년 전에 만들어진 주식시장이 국가적 몰입 대상이 되었다. 나는 추운 12월 어느 날 동이 틀 때 사람들이 과거에 화장지나 소시지를 사기 위해 줄 선 것처럼 실레지아 은행 주식을 사기 위해 줄을 서 있는 것을 보았다.

국제 무역은 빠르게 현금을 마련할 또 다른 기회를 제공했다. 1990년대 초반은 동유럽에서 장거리 직접 무역의 황금 시기였다. 대부분의 무역꾼들은 국경을 통과해 반입할 수 있는 물건을 모두 가져오는 개인 상인들이었다. 의류가 이런 사업의 근간이 되었다. 값싼 의류와 장신구에 대한 동유럽의 채워지지 않는 탐욕 덕분에 불과 몇 년 사이에 우치 외곽 길가에 만들어진 투신 마켓Tuszyn Market은 유럽 전체에서 가장 큰 야외시장이 되었다.[35] 값싼 옷, 특히 속옷을 찾는 손님들이 사방에서 모여들었다. 독일인들에게는 레이스 장식에 모직으로 된 야한 속옷이 인기가 있었고, 벨라루스인과 리투아니아인들은 값이 싼 옷을, 러시아인들은 평범하고 견실한 옷을 찾았다. 러시아인들은 고국으로 돌아가기 전 폴란드 브래지어 상표를 이탈리아 상표로 바꾸었다.

교역의 두 가지 흐름, 즉 개인적 운송과 지역 생산은 한 장소에서 가장 화려하게 하나로 합쳐졌다. 바르샤바에서 비스와강 건너 프라가Praga에 있는 10주년 기념 스타디움이 그곳이었다. 이 스타디움은 스포츠 경기와 공산당 기념행사를 위해 건설되었다. 시간이 지나면서 그곳은 오랜 시간이 지난 운석 웅덩이와 오래 사용되지 않은 활주로 같은 모습을 띠었다. 그러다 1990년대가 시작되자 이 스타디움의 최상층은 야르마르크 유로파Jarmark Europa, 즉 '유럽 시장'이라는 이름을 가진 임시 야외시장이 되었다. 이곳의 분위기는 대혼란 그 자체였다.

1993년 내가 방문했을 때 야르마르크는 유럽에서 가장 큰 야외시장이었다. 장사가 절정일 때는 연간 10억 달러의 합법 거래와 30억 달러의 불법 거래가 이루어졌다. 폴란드 다른 곳의 야외시장들이 이곳에서 물건을 사 갔고, 모스크바와 레닌그라드 도매상들도 물건을 떼어가는 곳이었으며, 불가리아에서 팔리는 옷의 절반이 이곳에서 공급되었다. 이 시장의 거래처는 독일에서 북한까지 유라시아 대륙 전체에 퍼져 있었다. 야르마르크에서는 욕실 내장재, 악기, 해적판 소프트웨어, 불법 복제 카세트테이프 등 없는 물건이 없었다. 나는 겨울에 이곳을 방문해 모방품 다운코트와 소련군이 사용하던 멋진 망원경을 샀다. 내가 좀 더 잘 알거나 나이가 좀 더 많았더라면 좀 더 음성적인 성격의 상품을 살 수도 있었을 것이다. 야르마르크는 매춘부터 사기에 이르는 온갖 종류의 불법 행위가 거래되는 곳이었다. 마약, 위조 물품, 그리고 기관총에서 고성능 폭약까지 특화된 무기도 살 수 있었다. 그곳에서는 청부 살인도 주문할 수 있었다.[36] 그러나 야르마르크에서 이루어지는 상행위 대부분은 불법이 아니었다. 그것은 생존의 문제였다. 루마니아에서 온 집사는 쓰레기 더미에서 찾아낸 그릇을 팔았고, 불가리아 남자는 아코디언을 연주했고, 바르샤바 외곽에서 온 나이 많은 여성 행상인은 짝이 맞지 않는 양말, 신발 한 짝, 낡은 머리빗을 팔았다. 이렇게 짝이 안 맞는 물건을 사는 사람이 과연 있을까 싶었지만, 이런 물건을 팔아서 생계를 유지한다는 것도 상상을 넘어서는 일이었다.

이러한 상행위를 하면서 살아남으려면 운이 필요했다. 1990년대 중반 어느 시점부터 야르마르크 가게의 상인들은 '동전을 들고 있는 유대인' 그림을 가게에 걸었다. 보통은 하시디 복장을 한 턱수염이 난 남자가 금화를 들고 있는 그림이었다. 이것은 유화일 수도 있고 단순히 복사본일 수도 있었다. 서방의 대다수 사람들은 이 그림을 반유대적 회화로 생각했지만, 여기에서 이것은 사뭇 성격이 달랐다. 그것은 돈을 불려주는 부적과 같은 것이었다. 이 부적이 어떻게 작용하는지에 대한 갖가지 이야기가 인터넷에 넘쳐났다. '동전을 들고 있는 유대인' 그림을 집에 둘 때 이것은 문에서 반대 방향을 보고 있어야 했다. 그래야만 집 안으로 들어온 돈이 나가지 않는다고 사람들은 믿었다. 이 그림틀 안에 동전 하나를 밀어넣으면 그 힘은 더 강해지지만, 그만큼 그림 속 유대인도 힘을 더 써야 하기 때문에 유대 안식일에는 그가 안식을 취하도록 얼굴이 아래를 향하게 그림을 돌려줘야 한다는 속설도 있었다.[37]

이제 막 시작되는 시장 경제라는 거친 바다를 헤쳐 나가는 데 초자연적 힘의 도움을 구한 것은 폴란드인들만이 아니었다. 자본주의의 도래는 도덕 혁명이자 경제 혁명이었다. 생산적인 노동만이 유일하게 용인되는 부의 원천이라고 믿고 자라온 한 세대는 갑자기 횡행하는 투기에 적응해야 했다. 마치 마법처럼 돈이 돈을 낳고 몇 배로 불어날 수 있었다. 이것이 어떻게 작동하는지 설명할 수 있는 사람은 없었지만, 엄청난 이익을 얻을 수 있다는 유혹은 저항하기에는 너무 컸다.

이러한 불확실성으로 인해 동유럽 많은 나라에서 피라미드 사기와 의심쩍은 투자 모험이 엄청난 규모로 커졌다. 1992년부터 1994년까지 루마니아 가정의 절반 정도는 카리타스Caritas라고 불린 사기에 돈을 투자했다. 이것은 3개월 만에 원금의 여덟 배의 수익을 약속했다. 이 사기는 당분간은 잘 작동했다. 카리타스 창시자인 회계사 출신의 이오안 스토이카는 루마니아에서 가장 인기 있는 사람이 되었다. 교회 지도자들은 그가 전 세계 자본주의의 문제에 대한 자생적 해결책을 제공했다고 찬양했다. 그로부터 혜택을 받은 사람들은 그를 성인, 교황, 메시아, 예언자라고 불렀다.[38]

1994년 카리타스가 피할 수 없는 종말을 맞게 되었을 때 그 붕괴 또한 종교적 방식으로 해석되었다. 돈을 잃은 투자자들은 소리를 지르는 유령에 오염된 저주받은 돈과 집 이야기를 했다. 또 어떤 사람들은 카리타스의 사악한 근원이 내내 분명했다고 말했다. 한 여성은 루마니아를 방문한 미국 인류학자에게 "카리타스는 악마의 수작이다. 돈은 돈을 낳을 수 없다!"라고 말했다.[39] 수많은 루마니아인들이 저축해놓은 돈을 카리타스에 잃었지만, 판단력 있는 정부의 개입으로 더 큰 사회 불안으로 확산되지는 않았다. 알바니아에서 1997년 발생한 이보다 더 큰 피라미드 사고는 내전을 촉발시켜 2천 명 이상이 목숨을 잃었고, 6년 전 공산 정권 붕괴 때보다 더 큰 난민 유출을 가져왔다.

성장, 낙오, 혼란. 이것이 내가 어렸을 때 기억한 폴란드였다. 나는 TV 뉴스로 공산 정권의 붕괴를 알았지만, 초인플레이션 시기는 직접 겪었다. 이 시기를 회상할 때마다 나는 어머니의 보모 율시아를 기억한다. 일곱 살 때 아버지를 여읜 그녀는 내 어머니의 보모가 되었다. 그녀는 노바페치나Nowa Pecyna라는 시골 동네에서 바르샤바로 왔고, 다른 가족이 그녀를 쫓아낸 다음 우리 어머니 가족을 위해 일하기 시작했다. 어머니와 이모가 폴란드를 떠난 한참 후에도 율시아는 내 할머니를 돌보았다. 어릴 적 내가 바르샤바를 방문했을 때 그녀는 구세주 광장에 있는 교회에서 기도하는 여행 휴지 기간에 내 감기를 낫게 하려고 꿀을 주곤 했다.

몇 년 동안 내 할머니와 같이 살던 아파트가 율시아의 세계 대부분을 차지했다. 그녀는 뚜껑에 풍차가 그려진 덴마크 과자 상자에 평생 모은 돈을 보관했다. 그녀는 일가친척이 없었던 터라 1993년 그녀가 죽었을 때 우리는 그 과자 상자를 열어보았다. 과자 상자는 수십 년 동안 모은 동전과 지폐로 가득 차 있었다. 그러나 엄청난 인플레이션으로 이 돈은 그 가치를 다 잃어버렸다. 모두 모아봤지만 거의 아무 가치가 없었다. 기껏해야 1페니, 혹은 그보다 못했다.

연기처럼 사라진 돈의 가치에 열한 살 먹은 나는 큰 충격을 받았다. 스스로 미래를 준비한다는 생각은 당시 동유럽에서 또 하나의 환영이 되었다. 이제 그것은 우리 가족이 상실한 재산의 긴 목록 끝에 있는 것에 불과했다. 서부 리투아니아 어느 곳인가에 있는 영지, 바르샤바의 갈색 벽돌집, 포즈난 근처 어딘가에 독일 마르크로 보관된 재산, 나의 증조할아버지의 나비 진열장은 1차 세계대전 때 터진 포탄으로 재가 되어버렸다. 이 모든 것이 푸른색 양철 상자에 담겨 있는 것 같았다. 내게 이것은 체제 이행 시대뿐만 아니라 역사의 변덕 그 자체를 상징했다.

대쿠룰타이 축제, 부가치, 헝가리

사회주의로부터 자본주의로의 변화는 동유럽 전역에 깊은 상처를 남겼다. 그 상처의 일부는 물리적인 것이었다. 체제 이행 시기에 태어난 어린이들은 성인이 되어도 몇 년 전이나 후에 탄생한 사람들보다 키가 평균 1센티미터 정도 작았다.[1] 이와 유사한 신장 축소는 대기근이나 전쟁 때에만 관찰되는 것이었다. 다른 상처들은 심리적이었다. 체제 이행 기간 몇몇 동유럽 국가들―가장 눈에 띄게는 헝가리와 발트국가들―은 세계에서 가장 높은 자살률을 보고했다.[2] 자살률은 1990년대 절정에 달한 다음 감소하기 시작했지만, 베를린 장벽 붕괴 이후 25년 동안 동유럽은 전반적 삶의 만족도에서 서방에 한참 뒤떨어졌다.

소위 '체제 이행 행복도 차이'는 사회과학 전반에서 가장 현저하고 자주 인용되는 통계였다.[3] 2016년 무렵이 되어서야 이 차이는 줄어들기 시작했다. 이렇게 된 배경은 두 가지로 보인다. 동유럽 사람들은 각 나라가 2008년 경제위기에서부터 회복하면서 좀 더 행복해졌고, 반면에 서유럽 사람들의 행복은 감소되었다. 2018년이 되자 이 차이는 거의 사라졌다. 동유럽 사람들은 튀르키예, 사이프러스, 그리스 사람들과 대등한 정도의 삶의 만족도를 보였다. 동유럽은 더 이상 회색지대가 아니었다.

그러나 이 모든 행복 증가에도 불구하고, '기쁨'은 동유럽 정치의 중요한 부분이 되지 못했다. 지난 10년 동안 동유럽 대부분 지역의 이야기는 더 커진 양극화와 후퇴하거나 전투적인 민주주의였다. 몇 나라(헝가리, 벨라루스, 세르비아)에서 국가는 한 통치자나 한 정당에 의해 포획되었다. 다른 나라들도 민족 간(보스니아-헤르체고비나)이나 정치 성향(폴란드) 또는 두 가지 모두(우크라이나)에서 사회 균열이 심화되는 것을 목격했다.

최근까지 우크라이나의 균열은 아주 심각해 보였다. 이것은 지역과 세대 사이의 균열이었다. 러시아어를 사용하는 동부와 남부는 우크라이나어를 사용하는 서부와 대립했고, 소련이 제공한 안정을 그리워하는 나이 든 세대는 유럽의 일부가 되는 것에 자신들의 희망을 건 젊은 세대와 대립했다. 2014년 서부 청년 집단이 주도한 '존엄을 위한 혁명' 또는 '마이단 혁명Maidan Revolution' 때 시위자들은 부패에 찌든 친러시아 대통령 빅토르 야누코비치를 축출하는 데 성공했다. 이어 벌어진 러시아의 침공으로 우크라이나는 크림반도와 동쪽 끝에 있는 도네츠크와 루한스크를 상실했다. 이어 벌어진 돈바스 전쟁으로 이후 7년 동안 약 1만 3000명의 인명이 희생되었다. 우크라이나는 인명에서는 큰 대가를 치렀지만, 공동의 적에 대항해 사회 구성원들이 결집하는 효과를 가져왔다. 이러한 사회 통합이 얼마나 진전되었는지는 2022년 러시아의 우크라이나 전면 침공 때 명확히 나타났다. 우크라이나인들은 모스크바나 세계 다른 나라들이 기대했던 것을 훨씬 뛰어넘는 무장 저항을 펼쳤다.

전쟁은 우크라이나를 하나의 국가로 주조시켰지만, 이 국가성은 영토 통합성을 희생하여 얻어졌다. 나머지 동유럽 지역은 1999년 옛 유고슬라비아의 코소보 전쟁 이후 무력 갈등은 피했지만, 내부적 갈등으로부터는 안전하지 않았다. 이 지역 대부분 국가의 정치는 시간이 지나면서 점점 더 갈등을 노정했다. 역설적인 것은 이 국가들이 1989년 혁명으로 주권을 되찾으면서 당면했던 많은 큰 도전들을 성공적으로 해결하면서 긴장이 더욱 증가했다는 사실이다. 현재의 당파적 싸움은 지난 20년 동안 경제와 외교에서 어렵게 쟁취한 승리의 꼬리를 물고 나타났고, 어렵게 달성한 타협은 권력 투쟁으로 대체되었다.

체제 이행의 고통은 컸지만, 그 시기에 동유럽 대부분의 국가들은 시장 경제와 민주주의를 성공적으로 발전시켰다. 지정학적인 변화의 폭도 이에 못지않게 컸다. 에스토니아, 라트비아, 리투아니아, 폴란드, 체코, 슬로바키아, 헝가리, 슬로베니아, 크로아티아, 루마니아, 불가리아가 모두 유럽연합에 가입했다. 알바니아, 몬테네그로, 북마케도니아도 북대서양조약기구NATO에 가입했다. 세르비아, 보스니아-헤르체고비나, 코소보, 벨라루스, 우크라이나, 몰도바만이 이 조직들 밖에 남아 있다.

1989년은 근세 역사에서 가장 변혁이 큰 시기였다. 이때 이후 이루어진 것의 규모는 이 지역의 대도시를 방문하면 즉시 볼 수 있고, 특히 1980년대와 1990년대 초기 동유럽을 기억하는 사람에게는 더욱 확연히 느껴진다. 그러나 이 진보는 매우 불균등하게 이루어져서, 광범한 농촌 지역이나 때로는 국가 전체가 눈부시게 성장한 화려한 대도시보다 훨씬 뒤처졌다.

이러한 엄청난 변화로 많은 동유럽 국가는 세대 간, 계급 간 깊은 분열을 잃고 있다. 청년과 노인, 도시 주민과 농촌 주민의 시각은 이 이상 다를 수 없을 정도다. 이로 인한 정체성 위기로 많은 동유럽 사람들은 갑자기 세계화된 환경에서 자신들이 진정 누구인지에 대한 답을 찾기 위해 역사를 들여다보게 되었다. 그러나 역사는 결코 단일하지 않다. 이것은 현재를 설명하는 다양한 담론을 제시한다. 공산주의 종언이 남긴 공백에서 어느 담론을 따를 것인지는 엄청나게 중요하다. 동유럽 체제 이행의 영웅적 단계가 끝나면서 정치는 과거에 대한 끝나지 않은 싸움으로 옮겨갔다.

동유럽 국가들은 기묘한 시련에 당면하고 있다. 그들은 넘치는 역사를 갖고 있지만, 유용한 담론은 부족하다. 많은 일들이 그들에게 일어났지만, 깊이 뿌리 내린 공유된 운명에 대한 감정을 수립하는 데 그들이 한 일은 충분하지 않기 때문이다. 동유럽 많은 국가에서 국가 주권 역사는 짧고, 부분적이거나 간헐적인 경우가 많았다. 제국과 제국에 대항한 투쟁이 주된 담론인 경향이 컸지만, 독립된 민족 신화를 발전시킬 기회는 많지 않았다.

소련 블록에서 수십 년을 보내면서 공식 역사는 공산주의의 기준에 맞게 다시 쓰여야 했기 때문에 담론 형성 과정은 더욱 더뎌졌다. 전간기 동안 국가적 정전으로 확립된 것 중 많은 것이 삭제되었고, 2차 세계대전의 역사는 애매해졌거나 좁은 친소련 시각으로 서술되었다. 논란의 여지가 있는 많은 것들이 언급되지 않거나 금기시되었다. 1989년 혁명이 진행되면서 파묻힌 역사를 발굴하는 거대한 작업이 이루어진 것은 이 때문이다. 사람들은 잃어버린 시간을 보상하는 방법으로 새로운 과거를 찾아 돌아다녔다. 사라진 무덤을 찾고, 사라지거나 잊힌 영웅을 다시 찾는 것은 새 국가들의 경계를 그리는 한 방법이기도 했다. 이것은 또한 옛 경계선을 파괴하기도 했다.

체제 이행 시기 이후 기간에 몇 국가가 쇠퇴하고 새로운 국가들이 출범했다. 소련은 분해되었고, 유고슬라비아와 체코슬로바키아도 갈라졌다. 슬로바키아, 슬로베니아, 크로아티아, 보스니아, 마케도니아, 벨라루스가 모두 500년 만에 처음으로 독립적 정치체가 되었다. 오랜 기간 자치를 누리고 17세기부터 몇 차례 짧게 독립을 누렸던 우크라이나는 현대 국가로서 새로운 삶을 시작했다. 우크라이나의 경계는 과거 합스부르크제국, 오스만제국, 러시아제국에 속했던 거대한 영토를 포함했다.

이렇게 복잡하고 균열된 유산을 가지고 무엇을 해야 하는가? 많은 국가들의 첫 과업은 근원의 새 출발점을 정하는 것이었다. 동유럽 많은 지역에서 기록된 역사는 기독교 수용과 함께 시작되었기 때문에 21세기의 수많은 민족주의자들은 민족 창시자를 찾기 위해 천 년 이상의 세월을 거슬러 올라갔다.

최근에 일부 슬로바키아인들은 871년부터 894년까지 통치한 대大모라비아의 스뱌토폴크 1세를 민족의 조상으로 삼았다. 2010년 집권당인 사회민주당SMER은 브라티슬라바 성 앞에 '고대 슬로바키아인들의 왕'인 스뱌토폴크의 거대한 청동상을 세웠다. 그가 슬로바키아인이 아니고, 아마 왕도 아니었을 거라는 사실은 이 작업에 영향을 주지 않았다.[4] 이와 유사하게 공식화할 만한 국가 창설자를 필요로 한 벨라루스는 폴로츠크Polotsk의 유명하고 잔인한 마법사이자 공후이고 늑대인간이란 소문도 돌았던 브세슬라브에 주의를 돌렸다.[5] 기독교 시기 이전의 종교적 전통도 이와 유사한 부흥을 맞았다. 이러한 경향은 조직화된 신앙으로 토속신앙이 가장 오래 지속되었던 라트비아나 리투아니아에서 특히 강했지만, 슬라브 세계 전역에 나타났다. 이러한 신新토속신앙 운동은 로무바Romuva,

로드노베리Rodnovery, 스베토아리Svetoary 같은 다양한 이름으로 나타났고, 고도로 혼합주의적이고 상상력이 풍부한 방법으로 사라질 뻔한 전통을 재구성해냈다.

국가적 신화를 만들어내기 위해서는 서로 반대되는 것을 혼합할 필요가 있었다. 침략자와 피동화자, 저항 지도자와 부역자, 통치자와 통치받는 자 모두가 전체 그림에서 알맞은 자기 자리를 차지했다. 이것은 거의 모든 동유럽 국가에서 비슷했지만, 마케도니아공화국만큼 자국의 과거에 대해 절충적인 접근을 취한 곳은 없었다.

마케도니아인들이 자신들을 독립적인 민족으로 여기는 동안 다른 국외자들도 그들의 정체성 일부에 대한 소유권을 주장했다. 그리스인들은 '마케도니아'라는 이름이 자국의 북부 지방에 속한다고 생각했다. 많은 불가리아인들은 마케도니아어를 불가리아어의 방언으로 생각했다. 다른 민족들도 이 영토에 대한 권리를 주장했다. 20세기 거의 내내 마케도니아가 유고슬라비아에 포함되어 있었던 것은 마케도니아인이 '남슬라브인'이라는 더 큰 공동체에 속한다는 인식을 바탕으로 한 것이었다.

이렇게 큰 판돈이 걸린 상태에서 마케도니아는 대담하게 자국의 역사를 정의하는 데 최대주의적 접근을 취했다. 2011년부터 마케도니아는 유럽에서 가장 과도하고, 당혹스러운 역사적 과시의 장소가 되었다. 수도인 스코페Skopje는 마케도니아의 과거를 상징하는 수백 개의 기념비로 넘쳐났다. 고대 영웅이 비잔티움 황제들 옆에 섰고, 세르비아 독재자가 공산주의자 정치인들과 경쟁했다. 마케도니아 인구의 35퍼센트를 차지하는 알바니아인들은 오래된 오스만 시장 옆에 자신들만의 유명인 영묘를 가지고 있었다. 스코페에 우후죽순처럼 선 기념비에서 가장 놀라운 일은 이것이 단지 개인만이 아니라 주민들 범주를 기린다는 것이었다. 거지들을 기리는 기념비, 쇼핑객 기념비, 여성 사업가를 기리는 기념비도 있었다. 어머니들은 출산의 네 단계를 묘사한 거대한 조각으로 장식된 분수 전체가 기념비가 되었다. 그 옆에는 거리 악사와 광대를 기리는 기념비가 서 있었다.

기묘해 보이기는 해도, 과거—그리고 현재—에 대한 이런 시각은 적어도 포용성이라는 미덕은 있었다. 그러나 역사에 대한 이런 빅텐트식 접근은 어정쩡한 결말을 가져왔다. 새로운 기념비 건설을 포함해 도시 전체의 개조를 의도한 스코페의 2014년 구상은 엄청난 비용을 필요로 했다. 게다가 이 작업은 어설프게 마무리되었다. 도시의 많은 신고전주의 건물 장식과 대리석 느낌의 보행로에 큰 균열들이 나타난 것이다.

한편 정치도 개입해 이것이 전하려는 메시지를 복잡하게 만들었다. 2019년 마케도니아는 나토 가입을 가능하게 만드는 프레스파 합의Prespa Agreement에 서명했다. 나토 가입 조건 중 하나는 국명을 마케도니아에서 북마케도니아로 바꾸는 것이었다. 이것은 오랫동안 마케도니아라는 명칭에 권리를 주장해온 그리스에 대한 양보였다. 그리스는 또한 알렉산드로스 대왕의 고향인 고대 마케도니아의 유산에 대한 권리를 주장했다. 프레스파 합의의 규정 중 하나는 북마케도니아는 서기전 4세기의 왕국에 대한 어떠한 연계도 해서는 안 된다는 것이었다. 스코페 2014년 구상으로 세워진 많은 마케도니아 영웅들의 기념비에는 이것들이 북마케도니아 자체와는 아무 연관이 없고, '전 세계 역사 문화 유산'에 속한다는 설명문이 부착되었다. 시내 중심부 산책로를 내려다보고 있는, 말에 올라탄 거대한 알렉산드로스 대왕 동상에는 총칭적으로 '기마 전사'라는 명칭이 붙었다. 활용할 수 있는 과거에 대한 전투는 아직도 치열하게 진행되고 있다.

오랜 독립과 자치 전통의 축복을 받은 헝가리는 마케도니아처럼 자신의 정체성에 대한 경쟁자들의 주장으로부터 자신을 적극 방어하지 않았다. 그럼에도 과거에 대한 헝가리의 접근은 이와 유사하게 포괄적이었다. 유럽의 다른 언어들과 구별되는 독특한 언어(핀어와 에스토니아어가 먼 친족어다)를 가진 헝가리인들은 자신들이 동유럽 민족들 가운데 특이한 존재임을 잘 알고 있었다. 이것은 오랜 기간 자부심의 원동력이었지만, 일부 혼란의 근원이 되기도 했다. 중세 시기부터 연대기 작가들은 9세기 유목민인 마자르족―오늘날 헝가리인들의 조상―의 도래를 그 이전에 아바르족Avars이나 훈족Huns이 저지른 학살과 연계지었다.

19세기와 20세기 학자들과 지식인들은 이러한 다소 미약한 연관성을 확대하여 준準친족 관계를 만들어냈다. 그들은 헝가리인이 '투라니아인Turanians'이라고 이름 붙인 거대한 민족 형제에 속한다고 주장했다. 이것은 게르만이나 슬라브 민족 집단과 대립되는 개념이었다. 투라니아인은 과거나 현재를 아우르는 다양한 유목 민족들의 무리였고, 여기에는 튀르크인부터 카자흐인, 몽골인까지 포함되었다. 전간기 동안 투라니아인 정체성을 강조하는 것은 헝가리의 극우 정치 운동과 연관되었다. 이러한 이유로 공산주의 치하에서 투라니아주의를 공개적으로 언급하는 것은 완전히 금지되었지만, 공산 통치가 끝나자 다시 화려하게 부활했다.

오늘날 헝가리 주민들은 유목민으로서의 과거를 다양한 방법으로 기념한다. 어떤 사람들은 토속신앙과 샤머니즘을 종교로 신봉한다. 과거를 좀 더 분명하게 구현하려는 사람들은 상실되었다고 느끼는 과거 관습을 스스로 공부한다. 그들은 '샤먼식 북치기shamanic drumming'를 연습하고 자녀를 여름 캠프에 보내 기마 공술을 배우게 한다. 때로 거리 표지판에서 ― 혹은 많은 경우 타투로 ― 고대 헝가리 룬rune 문자를 보게 된다. 심지어 쇼핑센터도 이 움직임에 동참했다. 부다페스트의 한 쇼핑센터는 고대 유목

민족들의 양식―카자흐스탄과 몽골, 그리고 내륙 아시아에서 도나우 강변에 위치한 현재의 터전으로 마자르족이 이동할 때 체류한 스텝의 여러 지역에서 본뜬―이 조각된 암벽 장식을 주변에 설치했다.

민족주의적·유목적 부활의 모든 움직임은 대쿠룰타이Great Kurultáj라는 연례 기념행사로 절정을 이룬다. 몽골인들이 자신들의 칸을 선출하는 데 소집한 회합과 같은 이름을 가진 이 행사는 매년 8월 부다페스트에서 남쪽으로 두 시간 거리에 있는 푸스타puszta 초원에서 열린다. 주말 동안 그곳에서 헝가리인들은 유르트yurt라는 이동식 원형 텐트로 만들어진 캠프에서 생활하며 유라시아의 23개 '튀르크 부족'들의 음악과 음식을 즐긴다. 샤먼 고수鼓手들이 음악을 연주하고, 임시가게에서는 몽골식 만두는 물론 양배추말이, 구야시, 랑고시lángos 같은 헝가리 전통 음식도 판다.

말총 깃발과 부족 깃발이 좌우에 늘어선 가운데 진지한 표정을 한 훈족의 왕 아틸라Attila의 거대한 초상화가 모인 사람들을 내려다본다. 그 아래에서 사람들은 활 쏘는 법을 배우고, 고고학 전시장에서 기형적이고 외계인 같은 고대 훈족들의 두개골을 보고 놀란 입을 다물지 못한다. 매일 말에 탄 전사들이 중앙광장에 모여서 바바리아인 학살, 판노니아인 약탈, 모라비아인 학살 등 마자르족의 위대한 초기 역사를 재현한다. 이 모두가 헝가리 국가의 창설 시기인 '조국 정복Honfoglalas'을 재현하는 것이다. 이러한 행사는 헝가리에서 19세기에서 20세기로 넘어오는 시기부터 수많은 동상 건립과 파노라마 그림으로 기념되었다. 1896년 진행된 '조국 정복' 1천 주년 기념식은 민족 감정이 특히 격하게 표현된 행사였다.

오늘날 세계에서는 무력으로만 한 나라를 차지하기는 어렵다. 한 국가는 존재에 대한 도덕적 기반을 필요로 한다. 현대 동유럽에서 이러한 기반은 주로 파시즘과 공산주의에 대한 승리가 마련해준다. 헝가리는 제3의 선택지를 택해서 자생적 파시스트와 현지 공산주의자들을 마치 동일한 것처럼 묘사하는 방식을 취했고, 둘 다 외국에서 수입된 현상으로 치부했다. 이러한 역사에 대한 새로운 급진적 시각이 작동하는 것을 볼 수 있는 곳은 부다페스트에 있는 '테러의 집House of Terror' 박물관이다. 과거에 스탈린주의 비밀경찰 본부였고 그 이전에는 파시스트 정권의 비밀경찰 건물이었던 이곳은 부다페스트에서 가장 화려한 거리에 자리 잡고 있다. 이 박물관은 감춰진 헝가리의 과거 범죄 역사를 다시 보여줄 목적으로 만들어졌다. 이것은 현 헝가리 정부가 최종적으로, 영웅적으로 대체했다고 주장하는 지독히 어두운 유산이다.

박물관을 찾은 사람들은 헝가리 역사의 가장 어두운 시기를 멀티미디어 환경에서 돌아보게 된다. 뛰어난 박물관 설계자가 만든 전시실은 데이비드 린치 감독의 머리에서 골라 모은 디오라마〔작은 모형들로 실제 장면을 구현한 세트〕 같아 보인다. '테러의 집'은 유령의 집의 20세기 역사 버전이라 할 만하다. 이곳에서는 볼가 승용차(비밀경찰이 사용한 자동차로 '검은 마리아Black Marias'라고 불렀다)와 파시스트 고문 기술자들이 각각 좀비와 늑대인간 역할을 하고 있다. 관람의 마지막 코스는 승강기를 타고 지하 감옥으로 내려가, 수감자들을 괴롭히던 고문실과 독방을 들여다보는 것이다.

정부 예산으로 만들어진 '테러의 집'은 특별한 정치적 메시지를 전달하기 위해 만들어진 것이다. 도덕적으로 파산한 공산주의자들은 파시스트인 십자 전위대Arrow Cross처럼 사악했고, 이 두 집단은 '실제' 헝가리와는 아무 상관이 없다고 주장하는 것이다. 빅토르 오르반과 그의 집권당 피데스Fidesz가 2011년 헝가리 헌법을 개정할 때, 1944년 3월 19일부터 1990년 5월 2일까지 독립적 정치체로서 헝가리는 존재하지 않았다고 헌법 전문에 명시했다.[6] 이 46년의 기간 동안 헝가리는 전적으로 외국 세력 밑에 들어가 있었다. 이처럼 '테러의 집' 박물관과 새 헌법은 합을 맞추고 있다. 둘 다 현재의 통치자들이 부당하다고 간주하는 헝가리의 역사 부분을 제거함으로써 정치적 퇴마exorcism를 수행하고 있는 것이다.

이와 대조적으로 폴란드에서 국가 건설은 과거에 쫓겨난 사람들을 고양시키는 데 초점을 맞추었다. 오랜 세월 폴란드의 국가적 기억은 패배와 고난의 시간을 중심으로 구조가 짜였다. 국가적 희생의 정전canon에 대한 20세기의 기여는 1940년 카틴Katyń 숲에서 소련에 의해 살해된 2만 명 이상의 폴란드 장교들과 1944년 실패한 바르샤바 봉기였다. 공산주의하에서는 두 사건에 대한 논의가 억압되었고, 이러한 금지는 환상과 경외의 대상으로서 이 사건들의 힘을 더 고양시켰다. 2010년 레흐 카친스키 대통령과 거의 100명에 달하는 정치·군사 요인들은 카틴 숲 학살 70주기 행사에 참석하기 위해 러시아 스몰렌스크로 향하던 중에 비행기 추락 사고로 사망했다.

최근에 집권당이었던 법과정의당은 국가적 추모의 세 번째 기둥을 추가했다. 그것은 '저주받은 병사들żołnierze wyklęci'이다. 이 반나치 파르티잔은 2차 세계대전 종전 후에도 무기를 내려놓지 않고 공산주의와 싸웠다. 스탈린의 보안 세력에 의해 점차 제거되고, 후에 '마적들'이라고 폄하된 그들은 이제 폴란드의 가장 위대한 영웅으로 부활했다. 거대한 벽화나 우표에 찍힌 그들의 모습은 폴란드 어디에서나 볼 수 있게 되었다. '저주받은 병사들'은 역사 재현자들에게 가장 인기 있는 대상이 되었다. 그들은 파르티잔 복장을 완전히 갖추고 나라 곳곳에서 행진과 경주를 조직했다.

폴란드가 무장 반공 저항 세력을 부활시킨 것은 동유럽 전역의 최신 경향 중 일부였다. 라트비아와 에스토니아에서도 1945년 소련 점령 후 소련군과 싸운 숲의 형제들에게 그와 같은 영예가 주어졌다. 루마니아, 알바니아, 체코에서도 이와 마찬가지로 '전체주의의 죄상'을 기리는 박물관들이 세워졌다. 그러나 폴란드만큼 역사와 정치를 혼합한 나라는 없었다. 모든 정부 기관 — 그중에서도 국가기억연구소Institute of National Memory — 과 민간 사회조직들은 폴란드에 대한 정확한 시각을 고양시키고 이를 살아 있게 하기 위해 존재했다.

나는 2021년 8월 어느 날 이러한 '재현 콤플렉스'를 직접 경험했다. 나는 그날 아내와 함께 바르샤바에서 35킬로미터 떨어진 고라칼바리아Góra Kalwaria를 방문했는데, 그곳에서 게르레베스Ger Rebbes의 시나고그를 찾아가 보려고 했다. 게르는 이 도시의 이디시어 이름이었다. 19세기 말부터 2차 세계대전 때까지 코츠케르 레베의 제자들 가운데 가장 학식이 높은 후손들과 그의 영적 권위의 계승자들인 게르 명문가는 폴란드의 하시디 집단 중 가장 많은 추종자를 끌어들였다. 그들은 너무 인기가 높아서 성일聖日마다 랍비를 만나러 오는 순례자들을 바르샤바로부터 운송하기 위해 특별 철로를 놓아야 했다.

오늘날 고라칼바리아는 한적한 교외이고 지역 사이클 동호인들이 잠시 쉬는 장소다. 이 장소의 유대인 과거는 거의 잠든 상태다. 바르샤바 유대인 공동체의 보호 아래 있는 게르 시나고그는 빗물에 침식된 벽돌벽으로 둘러싸인 텅 빈 장소이고, 입구에는 들어가면 위험하다는 것을 알리는 '폐허'라는 표식이 붙어 있다. 건물 전면에는 어린 자작나무들이 솟아 있다. 폐허를 둘러보던 나는 마당 반대편에서 들려오는 재즈 시대 발라드에 놀랐다. 고라칼바리아의 중앙광장에 들어선 나는 음악이 어디에서 연주되는지 알았다. 1920년대 초 복장을 한 큰 밴드가 이 음악을 연주하고 있었다.

광장에는 군복을 입은 군인들이 가득 늘어서 있었다. 1920년의 폴란드-볼셰비키 전쟁을 재현하는 그들은 첫 폴란드군의 청회색 카키 군복을 입고 있었고, 그들의 적인 러시아군은 짙은 올리브색 야전복을 입고 있었다. 양측 군사 중 일부는 어린이로 보였고, 일부는 노인이었다. 대포와 오래된 기관총이 광장에 놓여 있었다. 어린애들은 장난감 총을 가지고 놀았고, 간호사들은 부상병을 치료하는 역할을 재현했다. 광장 맞은편에 검은 승마화를 신은 여성 볼셰비키들이 거리를 걸으며 다양한 아이스크림을 맛보고 있었다. 모두가 이 행사를 즐기는 것 같았고, 아무도 전투에는 관심이 없는 것 같았다. 다소 실망한 나는 소련 비밀경찰 역할을 하는 한 사람에게 러시아군이 정말 공격할 것인지 물었다. 아이스크림을 먹던 그녀는 당연히 공격할 것이고, "전투는 4시에 시작됩니다"라고 말했다.

6개월 후인 2022년 2월, 전투는 실제로 시작되었다. 러시아는 기동군을 총동원하여 우크라이나를 침공했다. 러시아 군대는 지난 30년 동안 쓸모 있는 과거를 만들려고 애를 써온 나라를 침략했다. 1991년 독립 후 우크라이나는 통합된 국가 담론을 만들어내는 것이 어렵다는 것을 보여주었다. 우크라이나의 여러 지역은 민족과 언어가 다를 뿐 아니라 기억도 달랐다. 그들은 다른 제국들로부터 다른 기억을 물려받았다. 우크라이나 동부는 처음부터 소련의 일부였고, 그전에는 러시아제국의 일부였다. 이 지역은 과거 고향에 가까웠고, 민족적 경계에 따라 정의된 엄격한 우크라이나 민족주의에 대해 애매한 태도를 취하는 경향이 있었다. 1939년까지 우크라이나의 서부 끝부분은 폴란드의 일부였고, 그전에는 합스부르크제국과 폴란드-리투아니아 연합국가에 속했다. 러시아 통치에서 멀리 떨어진 이곳에서 19세기 말과 20세기 초 우크라이나의 민족의식이 가장 크게 발전했다. 좀 더 최근에 이 지역 주민들은 소련을 압제자로 간주했고,

17세기 코자크 헤트만령을 독립의 원천으로 회상했다.

최근에는 1932-1934년 390만 명의 우크라이나인 생명을 앗아간 대기근이 우크라이나 민족의식에 결정적 사건으로 부상했다.[7] 그러나 여기에서도 지역적 차이가 이 비극에 대한 인식을 구성했다. 동부가 서부보다 대기근의 피해가 더 컸지만, 서부 지역이 이 유산을 좀 더 깊이 느끼는 경향을 보였다.[8]

러시아의 침공은 이러한 구분과 균열을 거의 없애버렸다. 실제 적과 대결하는 것은 그 어떤 기억 정치나 역사 재현도 할 수 없는 방식으로 공유된 정체성을 강화한다. 국가 기억에 대한 우크라이나 각 지역의 해석은 다를 수 있지만, 이것들은 개정될 수 있고 변화될 수 있다. 그러나 러시아와 크렘린이 선전해온 우크라이나 역사에 대한 시각과 관련해서는 이런 말을 할 수 없다. 많은 국가 신화처럼 이것도 여러 다양한 시대와 기간의 조각보다. 러시아의 이 주장은 15세기 모스크바공국의 이반 3세 치세 시기에 생겨난, 동슬라브족의 모든 땅을 병합하는 프로그램인 '루스 땅의 결합'에서 아이디어를 빌려왔다. 우크라이나어를 러시아어의 방언으로, 그 주민들을 '말로러시아인' 또는 '소러시아인'으로 폄하하는 것은 차르 시대부터 내려온 것이다. 흑해 연안 영토를 자국 땅으로 보는 '뉴 러시아' 프로젝트도 마찬가지다. 마지막으로 이 전쟁을 '파시스트'와 '신新파시스트'에 대항하는 탈나치화 전쟁으로 조직한 것은 2차 세계대전 당시 소련의 프로파간다를 왜곡되게 재사용하는 것이다.

이러한 러시아 담론의 근원은 천 년이 넘었지만, 그 메시지는 언제나 전적인 부정이었다. 이 담론은 과거에 우크라이나는 존재하지 않았고, 현재도 존재하지 않으며, 미래에도 존재하지 않을 것이라고 강변하고 있다.

러시아의 우크라이나 침공이 시작된 직후 벨라루스 지식인인 이하르

바브코우는 이 전쟁을 '다양성의 전쟁, 중유럽과 동유럽의 전쟁'이라고 서술했다.[9] 나는 이 정의에 동의하는 입장이고, 바브코우가 말한 중유럽은 이 책에 서술된 동유럽과 일치한다는 것을 명시한다. 이 동유럽은 강대국들 사이에 낀 소국들의 땅이다(다른 말로 하면, 이것은 독일이 빠진 중유럽이고, 러시아가 빠진 바브코우의 동유럽이다). 이곳은 오랫동안 제국들에 의해 지배되었지만, 대부분의 시기 동안 제국적 사고의 프레임을 이어받지는 않았다. 19세기가 종결된 이후 이 지역의 정치는 다양한 색채의 민족주의에 의해 지배되어왔다. 이와 대조적으로 이 지역의 역사는 서로 충돌하는 이념에 의해 형성되어왔다. 이것은 지난 100년이나 약간 더 긴 기간의 이야기다. 그러나 동유럽은 자신의 미래를 만들 때 사용할 수 있는 더 긴 역사와 전통을 가지고 있다. 역사가들은 대개 주의를 기울이지 않았지만, 동유럽은 제국이 강요한 구조와 나란히 존재했고, 민족주의가 조장한 희망과 별개로 존재했다.

이곳은 다양한 신앙과 언어의 세계이고, 많은 평행적 진실이 나란히 존재한다. 이곳은 공유된 성인과 서로 얽힌 이야기들의 장소다. 이곳에서는 민간 치유와 예언이 이웃 사이에 전달되고, 성스러운 영웅들이 서로 옷을 바꿔입는다. 이것들은 유일신 신앙―성서의 세 위대한 종교―이 도입되고 원시종교가 쇠퇴한 후 오랜 세월 하나로 합쳐졌다. 원시종교가 완전히 사라지지는 않았지만, 후에 모든 토속신앙의 배경으로 탈바꿈했다.

동유럽은 의식적인 창조물이 아니라, 오랜 세월에 걸쳐 열린 공간에서 자연스럽게 이루어진 산물이다. 이곳은 여러 민족이 의도적으로 함께 살기로 선택한 곳이 아니라, 오랜 시간 관습에 따라 자연스럽게 그렇게 살았던 곳이다. 불평등, 특히 계급 간 불평등은 이 기반 아래에 단단히 자리 잡은 전통이었다. 보편적 권리라는 원칙을 바탕으로 구축된 것은 아니지만 이 질서에는 나름대로 상당한 장점이 있었다. 그중에서도 가장 중요한 것은 다원성과 다양성이었다. 그 뒤에 뒤따른 역사는 그를 처절하게 방증한다.

동유럽의 20세기는 거의 끊이지 않은 대재앙의 시기였다. 사람들을 한데 묶은 오랜 연대가 무너지고, 살인적인 공격이 이를 대체했다. 서로 경쟁하는 군대들이 동쪽과 서쪽에서 쏟아져 들어왔고, 이웃들이 서로를 죽였다. 전쟁이 끝나자 대규모 추방과 주민 이동으로 옛 동유럽의 태피스트리는 해체되었다.

용암 위에 세워진 집처럼, 우리 가족의 역사와 다른 많은 가족들의 역사는 이 재앙 위에서 만들어졌다. 그들이 없었다면 나는 존재하지 않았을 것이다. 20세기를 산 나의 조상들에는 리투아니아의 대귀족에서 하향 이동한 헝가리계 사람, 폴란드 중심부의 일자무식 농민, 애국적인 가톨릭 책 제본사, 정교도 유대인 농민, 공산당원인 재봉사가 포함되어 있었다. 이 사람들이 서로 만나는 데는 두 차례의 연이은 세계대전이 큰 작용을 했다. 제국 소멸, 봉건주의 붕괴, 공산주의 발흥이 일어나지 않았다면, 이들의 관계에서 다양한 동맹과 신분 교환은 상상조차 할 수 없었을 것이다.

오늘날에는 나이 든 사람들의 기억 속에서도 서로를 포용하는 생활 방식은 점점 사라지는 것 같다. 동유럽이 세계에서 가장 큰 망각의 고향이 된 것을 고려하면 충분히 이해가 된다. 이 거대한 반半대륙을 여행하다 보면, 외부에서 유입된 신과 다른 민족의 망자들이 있는 버려진 사원, 방치된 무덤, 사라진 묘지를 숱하게 만나게 된다.

이따금 이러한 조각들은 아틀란티스에서 떠내려온 부유물처럼 물방울보다 크게 바다의 표면에서 합쳐진다. 나는 이것들을 여기저기 흩어진 원시종교 무덤들과 라트비아·리투아니아의 아주 오래된 신성시되는 떡갈나무에서 보았고, 루마니아 바바다그 위 숲에 만들어진 코윤 바바를 기리는 신전 근처 나무에 묶인 여러 색의 끈에서 보았다. 르비우, 코마르노, 그리고 우크라이나 갈리시아의 나머지 지역에 있는 폴란드어·이디시어·독일어로 쓰인 유령 같은 표지판에서도 보았다. 또 보스코포요의 블라흐인 대도시로 가는 풀이 무성하게 덮인 카라반 길과 둠브라베니Dumbǎveni의 아르메니아 대성당의 깨진 계단에서도 보았다. 그리고 나는 이것을 내 친할아버지의 고향인 유대인 거주지 잠브루프에서도 보았다. 그곳의 유대인 공동묘지에는 제대로 서 있는 묘비가 거의 없었지만, 숲에는 그가 어린 시절에 보았던 야생 열매인 '작은 디아스포라 사과'가 여전히 열리고 있었다. 이 사과의 검은 주스는 토라를 쓰는 데 사용되었고, 달콤하고 붉은 로슈 하샤나흐Rosh Hashnah 사과는 새해가 되면 적당하게 익고 작은 녹색 콜 니드레 배는 일주일 뒤 욤키푸르에 맞춰 익어서 가난한 사람들의 요깃거리가 되었다.

내게 이 열매들은 다른 어떤 기념비나 무덤에 못지않은 기념물이다. 그것들은 사라진 세계이면서 끝없는 다양성이 특징인 동유럽의 조각들이다. 이것의 문양은 만화경이고, 체스판이며, 소우주다. 여기에서 많은 민족과 종교와 언어가 같이 생활하며 느슨한 공생체를 만들었고, 그들의 유대는 오랜 세월 지속될 만큼 강했다. 이곳은 항상 평화롭거나 행복한 세계는 아니었고, 편견을 떨쳐버린 곳도 아니었다. 그러나 아무리 미약하고 뚜렷하지 않더라도, 공존의 작은 가능성은 소박한 유토피아를 만들어낼 수 있다. 유럽 전체가 미래를 가지려면, 유럽이 멸망한 비극을 기억하면서도 그 공존의 가능성을 놓치지 않아야 한다.

감사의 말

거의 20년 전에 시작된 이 책을 쓰는 노정은 길었다. 그 노정에서 많은 빚을 졌지만, 여기에는 단지 그 일부만 열거할 수 있다. 빚을 진 첫 사람들은 나의 스승님들이다. 프린스턴대학에서 캐릴 에머슨은 동유럽 소설을 읽는 기쁨을 알게 해주었다. 마이클 쿡은 내게 비교관점에서 생각하고, 좀 더 넓은 시각을 갖도록 가르쳐주었다. 존 맥피는 나로 하여금 글쓰기를 업으로 삼을 생각을 하게 해주었다. 대니얼 멘델존은 비평 실습을 소개해주었다. 앤서니 그래프톤은 인본주의자와 교사가 바라는 최고의 모델이었다. 그는 또한 중요한 시점에 원고 전체를 읽고, 예의 능숙함과 너그러움으로 조언과 제안을 해주었다.

버클리대학의 역사학과는 내가 기억하려고 애쓰는 것보다 더 길게 나의 지적 고향이었다. 그곳은 내가 많은 인연을 맺고 공부하고 학자로 성장한 마법의 장소였다. 마거릿 라비니아 앤더슨은 19세기가 다시 살아나게 만들었고, 내게 학부생들과 상의하는 섬세한 예술을 가르쳐주었다. 데이비드 프리크는 등한시된 동유럽의 근대 초기 시기를 열어주었다. 이스반 레프는 그의 글과 가르침으로 20세기를 모든 도덕적·철학적 복잡계 속에서 바라보게 만들어주었다. 존 코넬리는 오랜 기간 인내력 있는 멘토이자 친구였고, 나는 그의 끝없어 보이는 지식의 샘에서 엄청난 도움을 얻었다.

450

　　버클리의 동유럽 연구팀인 크루제크 공동체는 특히 자극을 주는 곳이었다. 이 책의 많은 아이디어는 그 팀의 참가자와 발표자와의 대화에서 나온 것이었다. 데이비드 비처, 새러 그램지, 윌리엄 하겐, 리 헤킹, 고시아 헤킹, 마크 케크-사이벨, 헤리슨 킹, 파웰 코스치엘니, 안드레이 밀리보에비치, 브랜든 세호터, 아그네스카 스멜코브스카, 토머스 슬리보프스키, 빅토리아 스몰킨이 그 참가자다. 역사학과 밖에서는 그레일 마르쿠스가 강의한 비평 수업이 아카데미를 넘어 일반 청중을 위한 글을 쓰도록 고무해주었다.

　　이 책은 《로스앤젤레스 리뷰 오브 북스》에 처음 실린 에세이에 기원을 두고 있다. 나는 이 첫 글과 동유럽 무슬림에 대한 다음 글을 편집해준 보리스 다랄류크에게 크게 감사하고, 이 매체와 나를 연결해준 에반 킨들리에게 감사한다. 로버트 실버스 재단의 연구비는 이 책을 쓰는 데 크게 도움을 주었다. 《하퍼스 매거진》은 헝가리에서 기사를 쓰는 것을 지원해주었다. 버클리 캠퍼스의 도Doe 도서관은 주옥같이 소중한 많은 자료를 제공해주었고, 이것은 어려운 팬데믹 기간에도 계속되었다. 팬데믹이 본격적으로 시작되기 전, 나는 이 책의 여러 장을 매혹적인 성소인 클레몽 거리의 수브니어 카페에서 썼다. 포틀랜드에서 나는 장 새미스와 톰 파르바흐, 제이 해리스와 메리 해리스의 친절함의 덕을 보았다.

　　많은 친구들이 이 책을 그들이 없었을 때보다 비교할 수 없을 정도로 더 낫게 만들어주었다. 프랜시스와 랜디 스탄은 초기 단계에서 원고 전체를 읽고, 소중한 혜안과 조언뿐 아니라 여러 밤에 걸쳐 즐거운 친교를 제공해주었다. 나는 이 책을 쓰는 거의 내내 린다 킨스틀러와 동유럽에 대한 이야기를 나누었다. 그녀의 사고와 보도는 영감을 주었다. 나는 또한 그녀가 리가의 영광을 소개해준 것에 감사한다. 앨버트 우는 짧은 기간에 후기 버전을 읽고, 그의 트레이드마크인 인간적 정으로 이것을 개선해주었다.

나는 에이전트 샘 스톨로프와 나를 연결해준 것에 대해 미셸 쿠오에게 계속 감사할 것이다. 샘은 그림의 떡을 현실로 바꾸기 위해 큰 수고를 했다. 계속 나를 지원해준 그와 프란시스 골딘 문학 에이전시의 모든 사람에게 감사한다. 대서양 건너편 펠리서티 브라이언 어소시에이션의 캐리 플리드와 그녀의 팀에게도 감사를 전한다. 판테온 출판사에서 마리아 골드버그는 이 책이 가능하도록 처음부터 나섰고, 결승선까지 나를 인도했다. 리사 콴은 대단한 인내심으로 원고가 책 편집의 각 과정을 통과하도록 인도했다. 원월드에서 세실리아 스타인은 수많은 방식으로 원고를 보완하고, 다듬어서 각 단계마다 더 낫게 만들었다. 리다 바쿠아스는 날카로운 눈으로 오류를 잡아내며 추가 편집을 해주었다. 나는 또한 지도를 마련해준 판테온 디자인부에 감사를 전한다. 경외할 만한 니콜 페더슨이 이끄는 제작팀은 수많은 실수로부터 나를 구해주었고, 그들의 노고는 최상의 찬사를 받아 마땅하다.

내가 가장 깊은 마음의 빚을 지고 있는 내 가족에게 가장 큰 감사를 표한다. 먼저 우크라이나와 루마니아 시골길의 여행 동반자가 되고, 이전이나 그 후 수많은 친절한 행동을 보여준 라이언 브레스니크와 제시카 사야에게 감사한다. 그들의 가족과 함께 나를 환대해준 마르크 브레스니크와 안나 브레스니크, 안겔라 에스피노자와 제네 에스피노자에게도 감사를 표한다.

폴란드에서 나의 사촌인 마리아 자바즈카와 남편 이그나시 스트롱체크는 폴란드 시골 지역을 다니는 동안 완벽한 안내자이자 파트너가 되었다. 이그나시의 아버지 토마슈는 그의 집으로 나를 초대했고, 발칸 관련 모든 전문지식을 공유해주었다. 바르샤바에서 안나 그렌은 기억과 가족사를 공유해주었다. 그녀의 어머니이자 나의 숙모인 에바 그렌은 오래된 가족사진을 꺼내왔고, 잠브로프 외곽에 있는 그녀의 여관에서 나를 재워주었고, 리투아니아 여러 곳을 다니는 잊지 못할 여행에 동행해주었다. 가족사에 대한 나의 관심과 열정의 많은 부분은 그녀 덕이다.

나의 아버지 피오트르 버만과 어머니 사비나 미카노프스키는 내가 어렸을 때부터 온갖 종류의 배움에 대한 의욕을 키워주었다. 우리는 같이 언어와 과거에 대한 사랑을 키웠고, 이것을 나는 평생 간직했다. 그들의 이야기 일부를 이 책에서 공유한 것은 나의 특권이었다.

9년 전 처음 만난 이래 나의 아내 니크 브레스니크는 에세이에서 집필 제안, 최종 원고까지 이 책의 모든 버전 이야기를 다 들어주었다. 그 기간 동안 그녀는 수없는 초안을 편집하고, 르비우에서 티라나까지 나의 모든 여행에 동행했다. 니크는 조언자, 여행 동반자, 부양자, 한마디로 나의 북극성이었다. 그녀는 나의 큰 사랑이고 내 인생의 여인이다. 나는 이 모험을 그녀와 공유한 것에 크게 감사하고, 앞으로도 많은 모험이 있기를 간절히 기대한다.

동유럽의 역사나 문화 또는 정체성을 한 권의 책으로 정리하는 것은 거의 불가능한 일이다. 20여 개 나라가 복잡한 경계를 이루며 혼재한 동유럽 지역은 역사적으로는 합스부르크제국, 독일제국, 러시아제국, 오스만제 국에 속했고, 종교적으로는 가톨릭, 개신교, 정교회, 유대교, 이슬람을 신 봉했다. 지은이는 이런 특징을 "동유럽에는 독자적인 것이 있었다. 한편 으로는 서유럽과 구별되고, 다른 한편으로는 유라시아와 다른 무언가가 있었다. 가장 핵심적이고 확실한 특징은 다양성이었다. 언어의 다양성, 민 족의 다양성, 그리고 무엇보다 종교의 다양성이다"라고 책의 서두에서 표 현했다.

최근 우리나라와 동유럽 국가들의 교류가 활발해지고 있지만, 동유럽 관련 서적과 영상은 여행자를 위한 것이 주를 이루고, 동유럽 전체를 조 망한 책과 자료는 드문 편이다. 그간 국내에는 폴란드, 체코, 헝가리, 세르 비아 등 동유럽 개별 국가의 역사와 생활 방식을 소개하는 책들이 나왔 고, 동유럽 역사 전체를 다룬 책으로는 《동유럽사》(이정희 지음, 대한교과서, 2005), 《동유럽 근현대사》(오승은 지음, 책과함께, 2018) 《동유럽사》(존 코넬리 지음, 허승철 옮김, 책과함께, 2023)가 나왔다.

동유럽 역사와 문화를 다루는 방식은 이 지역에서 지배적 역할을 한 제국을 중심으로 서술하거나, 주요 국가들의 이야기를 복합적으로 다루는 방식이 일반적이다. 그러나 이 책은 종교, 민족, 제국, 전쟁, 민족주의, 사회주의 등 몇 가지 핵심 문화 주제를 날실로 동유럽 정체성을 다루는 것이 독특한 장점이다. 이러한 핵심 주제를 프리즘으로 동유럽 역사와 문화를 들여다보면서, 폴란드 유대인 출신인 지은이 집안의 경험과 현장 답사를 씨실로, 자칫 건조해질 수 있는 이야기를 개인적 경험의 시각에서 풀어나간 것도 좋은 구성법이다. 한 사건의 기술이나 역사 서술에서 당사자나 가족이 어느 정도 연관되어 있는가는 서술자의 연구와 탐구 동기에 큰 영향을 미친다. 그래서 이 책은 구체성이 떨어지는 제국·국가 간의 경쟁이나 정책이 아닌, 동유럽 개인의 삶에 영향을 준 사건들을 실감 나게 서술한 탁월한 역사 에세이이다. 지은이는 동유럽이란 거대한 지역에서 일어난 많은 일이 국가, 사회, 가족, 개인에게 어떤 영향을 미쳤는지를 역사가의 관점에서 잘 서술하고 있다.

동유럽은 20세기 많은 재앙이 일어난 지역이다. 두 차례 세계대전의 불씨는 동유럽에서 발화했고, 제국 또는 강대국 간 충돌의 전장이 되면서 수많은 주민들이 희생되고, 강제로 이주당하는 고난을 겪었다. 지은이는 에필로그에서 "동유럽의 20세기는 거의 끊이지 않은 대재앙의 시기였다. 사람들을 한데 묶은 오랜 연대가 무너지고, 살인적인 공격이 이를 대체했다. 서로 경쟁하는 군대들이 동쪽과 서쪽에서 쏟아져 들어왔고, 이웃들이 서로를 죽였다"라고 서술했다. 현재도 우크라이나 전쟁으로 수십만 명의 사상자와 수백만 명의 난민이 발생하고, 동유럽 국가들과 이웃 강국의 긴장과 대결이 고조되고 있다. 동유럽이 다시 유럽의 화약고가 되지 않는 것이 앞으로 오랜 기간 유럽 대륙과 유라시아의 평화 유지에 전제 조건이 될 것이다.

지은이는 "동유럽 같은 것은 더 이상 존재하지 않는다"라는 도발적인 말로 글을 시작한다. 전쟁, 혼란, 후진성, 중간 지대 등을 연상시키는 '동유럽Eastern Europe'이란 말은 동유럽 주민들도 사용하기 꺼리는 용어가 되었고, 최근에는 '중유럽'이 이를 대체하는 경향도 있다. 동유럽 국가 대부분이 유럽연합과 나토에 가입하고 서유럽적 생활을 지향하는 상황을 빗대어 지은이는 '굿바이, 동유럽'이란 제목을 달았을 수도 있다. 그러나 이념적, 정치적, 군사적 장벽이 제거되고, 아무리 여행과 이동이 활발해져도, 조각보같이 현란해 보이는 표면 밑에 잠재한 동유럽의 정체성과 특성은 여전히 존재한다. 지은이는 역사가의 기본 지식뿐 아니라 많은 답사 여행과 가족사의 탐구를 통해 이를 깊이 있게 들여다보고 있다. 동유럽 역사에 관심을 가진 독자라면 이 책을 통해 동유럽 정체성과 문화사에 대한 소양이 한층 깊어질 것이다.

관심 분야의 명저를 번역하는 가장 큰 이익은 지은이와 밀접한 대화를 하면서 피상적 독서로는 얻기 힘든 지식을 얻는 것이다. 연전에 나온 《동유럽사》에 이어 동유럽을 이해하는 데 큰 도움을 준 이 책을 번역한 것은 또 한 번의 지적 축복이다. 미국 대학에서 공부한 6-7개의 슬라브어 지식과 《동유럽사》를 번역하면서 쌓은 기초가 이 책 번역에 큰 도움이 되었다. 상업성을 떠나 늘 깊이 있는 역사서를 찾아 출간하는 책과함께 류종필 대표님과 편집진에 깊이 감사드린다.

허승철

프롤로그

1 Czesław Miłosz, *Native Realm: A Search for Self-Definition*, trans. Catherine R. Leach (New York: Farrar, Straus & Giroux, 1968), 20.

2 Cristian Mungiu, "The Legend of the Party Photographer," a segment in the omnibus film *Tales from the Golden Age* (Romania, 2009).

3 Robert Elsie, *A Biographical Dictionary of Albanian History* (London: I.B. Tauris, 2013), 292-93.

1장 토속신앙인들과 기독교인들

1 Pliny the Elder, *The Natural History*, 37.11.

2 Aleksander Bursche, "Circulation of Roman Coinage in Northern Europe in Late Antiquity," *Monnaie et espace* 17, no. 3-4 (2002): 121-41.

3 주요 예외는 각각 핀-우그르어와 로망스어 사용자들인 헝가리인과 루마니아인이다. 그들은 각기 슬라브어와 멀리 연결된 고유의 어족을 가지고 있다. 이 지역의 변방에 있는 에스토니아어는 핀어와 알바니아어와 밀접히 연계되어 있다. 알바니아어는 인도유럽어에 속하기는 하지만 독자적 어군을 이룬다.

4 Lucian Musset quoted in Florian Curta, *The Making of the Slavs: History and Archaeology of the Lower Danube Region, c. 500-700* (Cambridge: Cambridge University Press, 2011), 74.

5 Florin Curta, "The Slavic Lingua Franca (Linguistic Notes of an Archeologist Turned Historian)," *East Central Europe* 31, no. 1 (2004): 144.

6 Robert Bartlett, "Reflections on Paganism and Christianity in Medieval Europe," *Proceedings of the British Academy* 101 (1998): 69.

7 Kate Brown, *A Biography of No Place: From Ethnic Borderland to Soviet Heartland* (Cambridge, Mass.: Harvard University Press, 2005), 227.

8 Ebo and Herbordus, *The Life of Otto, Apostle of Pomerania, 1060-1139*, trans. Charles

H. Robinsion (London: Macmillan, 1920), 80.

9   Kurt Villads Jensen, "Sacralization of the Landscape: Converting Trees and Measuring Land in the Danish Crusades Against the Wends," in *The Clash of Cultures on the Medieval Baltic Frontier*, ed. Alan V. Murray (London: Routledge, 2020), 145.

10   Kaspars Kļaviņš, "The Significance of the Local Baltic Peoples in the Defence of Livonia (Late Thirteenth–Sixteenth Centuries)," in Murray, *Clash of Cultures*, 338.

11   Andrzej Buko, *Bodzia: A Late Viking-Age Elite Cemetery in Central Poland* (Leiden: Brill, 2014).

12   Marek Jankowiak, "Dirhams for Slaves: Investigating the Slavic Slave Trade in the Tenth Century," Medievalists.net, 2012.

13   Alternatively, "pumpkins." Martin Rady, "The Gesta Hungarorum of Anonymus, the Anonymous Notary of King Béla: A Translation," *Slavonic and East European Review* 87, no. 4 (2009): 692.

14   Dmitri Obolensky, *The Byzantine Commonwealth: Eastern Europe, 500–1453* (London: Weidenfeld & Nicolson, 1971), 88–91.

15   Peter Brown, *The Rise of Western Christendom: Triumph and Diversity, A.D. 200–1000* (Malden, Mass.: Wiley–Blackwell, 1996), 318.

16   Marvin Kantor, *The Origins of Christianity in Bohemia: Sources and Commentary* (Evanston, Ill.: Northwestern University Press, 1990), 146.

17   Richard Fletcher, *The Barbarian Conversion: From Paganism to Christianity* (Berkeley: University of California Press, 1999), 428.

18   Ryszard Grzesik, "Święty Wojciech w środkowoeuropejskiej tradycji hagiograficznej i historycznej," *Studia Źródłoznawcze* 40 (2002): 43–56, at 49.

19   Speros Vryonis, Jr., "The Byzantine Legacy in Folk Life and Tradition in the Balkans," in *The Byzantine Legacy in Eastern Europe*, ed. Lowell Clucas (New York: Columbia University Press, 1988), 124.

20   Éva Pócs, *Fairies and Witches at the Boundary of South-eastern and Central Europe* (Helsinki: Suomalainen tiedakatemia, 1989), 25.

21   Carlo Ginzburg, *The Night Battles: Witchcraft and Agrarian Cults in the Sixteenth and Seventeenth Centuries*, trans. John and Anne Tedeschi (London: Routledge & Kegan Paul, 1983), 30.

22   Carlo Ginzburg and Bruce Lincoln, *Old Thiess, a Livonian Werewolf: A Classic Case in Comparative Perspective* (Chicago: University of Chicago Press, 2020), 16.

23   Éva Pócs, *Between the Living and the Dead*, trans. Szilvia Rédey and Michael Webb

(Budapest: Central European University Press, 1998), 136.

24 Ibid.

25 Beata Wojciechowska, "The Remembrance of the Deceased in the Traditional Polish Culture of the Middle Ages," in *Cultures of Death and Dying in Medieval and Early Modern Europe*, ed. Mia Korpiola and Anu Lahtinen (Helsinki: Helsinki Collegium for Advanced Studies), 38.

26 Jan Louis Perkowski, *Vampire Lore: From the Writings of Jan Louis Perkowski* (Bloomington, Ind.: Slavica, 2006), 394.

27 Ibid., 213.

28 Tomasz Wiślicz, "The Township of Kleczew and Its Neighbourhood Fighting the Devil (1624-1700)," *Acta Poloniae Historica* 89 (2004): 74.

29 Thomas M. Bohn, "Das Gespenst von Lublau: Michael Kaspereks/Kaspareks Verwandlung vom Wiedergänger zum Blutsauger," in *Vampirismus und magia posthuma im Diskurs der Habsburgermonarchie*, ed. Christoph Augustynowicz and Ursula Reber (Vienna: LIT Verlag, 2011), 147-61.

2장 유대인들

1 Nathaniel Deutsch, *The Jewish Dark Continent: Life and Death in the Russian Pale of Settlement* (Cambridge, Mass.: Harvard University Press, 2011), 49.

2 "Ibrāhīm ibn Yaʿqūb on Northern Europe, 965," in *Ibn Fadlān and the Land of Darkness: Arab Travellers in the Far North*, trans. Paul Lunde and Caroline Stone (London: Penguin Classics, 2012), 162-68.

3 Haya Bar-Itzhak, *Jewish Poland: Legends of Origin, Ethnopoetics and Legendary Chronicles* (Detroit: Wayne State University Press, 2001), 33.

4 Gershon David Hundert, *Jews in Poland-Lithuania in the Eighteenth Century* (Berkeley: University of California Press, 2006), 3.

5 Nathan Hanover, *Abyss of Despair* (London: Routledge, 1983), xiii.

6 Adam Teller, *Rescue the Surviving Souls: The Great Jewish Refugee Crisis of the Seventeenth Century* (Princeton, N.J.: Princeton University Press, 2020).

7 Menashe Unger, *A Fire Burns in Kotsk: A Tale of Hasidism in the Kingdom of Poland*, trans. Jonathan Boyarin (Detroit: Wayne State University Press, 2015).

8 Jiři Langer, *Nine Gates to the Chassidic Mysteries* (New York: Behrman House, 1976), 257.

9 David Assaf, ed., *Journey to a Nineteenth-Century Shtetl: The Memoirs of Yekhezkel Kotik*

(Detroit: Wayne State University Press, 2002), 285.

10   Dr. Yom-Tov Levinsky, ed., *The Zambrów Memorial Book: In Memory of a Martyred Community That Was Exterminated*, trans. Jacob Solomon Berger (Mahwah, N.J.: Jacob Solomon Berger, 2016), 22.

11   Glenn Dynner, *Yankel's Tavern: Jews, Liquor, and Life in the Kingdom of Poland* (New York: Oxford University Press, 2013), 22.

12   Kacper Pobłocki, "Niewolnictwo po polsku," *Czas Kultury* 3 (2016): 60-69.

13   Levinsky, *Zambrów Memorial Book*, 272-74.

14   Judith Kalik, "Fusion vs. Alienation: Erotic Attraction, Sex, and Love Between Jews and Christians in the Polish-Lithuanian Commonwealth," in *Kommunikation durch symbolische Akte. Religiöse Heterogenität und politische Herrschaft in Polen-Litauen*, ed. Yvonne Kleinmann (Stuttgart: Franz Steiner Verlag, 2010), 157-70.

15   Hundert, *Jews in Poland-Lithuania*, 144.

16   Moshe Rosman, *Founder of Hasidism: A Quest for the Historical Ba'al Shem Tov* (Berkeley: University of California Press, 1996), 120.

17   Marcin Wodziński, "Dybbuk. Z dokumentów Archiwum Głównego Akt Dawnych w Warszawie," *Literatura Ludowa* 36, no. 6 (1992): 19-29.

18   Hanna Węgrzynek, "Shvartse Khasene: Black Weddings Among Polish Jews," in *Holy Dissent: Jewish and Christian Mystics in Eastern Europe*, ed. Glenn Dynner (Detroit: Wayne State University Press, 2011).

19   Levinsky, *Zambrów Memorial Book*, 357-58.

20   Ibid., 289-90.

3장 무슬림들

1   Chantal Lemercier-Quelquejay, "Un condottiere lithuanien du XVIe siècle: Le prince Dimitrij Višneveckij et l'origine de la *Seč* zaporogue d'après les archives ottomanes," *Cahiers du Monde Russe et Soviétique* 10, no. 2 (1969): 257-79.

2   Robert Dankoff and Sooyong Kim, ed. and trans., *An Ottoman Traveler: Selections from the Book of Travels of Evliya Celebi* (n.p.: Eland, 2001), 170-71.

3   Catherine Wendy Bracewell, *The Uskoks of Senj: Piracy, Banditry and Holy War in the Sixteenth-Century Adriatic* (Ithaca, N.Y.: Cornell University Press, 2015), 182.

4   Safet HadžiMuhamedović, *Waiting for Elijah: Time and Encounter in a Bosnian Landscape* (New York: Berghahn Books, 2018), 135.

5   Halil Inalcik, *The Ottoman Classical Age, 1300-1600*, trans. Norman Itzkowitz and

Colin Imber (London: Weidenfeld & Nicolson, 1973), 147.

6   Machiel Kiel, *Art and Society of Bulgaria in the Turkish Period* (Assen, Netherlands: Van Gorcum, 1985), 85.

7   Malcolm, *Rebels, Believers, Survivors: Studies in the History of the Albanians* (New York: Oxford University Press, 2020), 90.

8   Vlajko Palavestra, *Legends of Old Sarajevo*, trans. Mario Suško and William Tribe (Zemun: Most Art, 2000), 35.

9   Malcolm, *Rebels, Believers, Survivors*, 56.

10 Sara Kuehn, "A Saint 'on the Move': Traces in the Evolution of a Landscape of Religious Memory in the Balkans," in *Saintly Spheres and Islamic Landscapes: Emplacements of Spiritual Power Across Time and Place*, ed. D. Ephrat et al. (Leiden: Brill, 2021), 121. 사리 살티크의 추종자들은 무덤에 추가해서 형체를 가진 그의 발자국이나 기타 마술적 흔적을 숭상한다. 그들의 성소는 오늘날까지 계속 늘어나고 있다. 2008년 추종자들은 알바니아의 항구 사란되(Sarandë) 근처에서 그의 발자국을 발견했다. 이후 이곳은 중요한 베크타시 성소가 되었다.

11 Elizabeta Koneska, "Shared Shrines in Macedonia," *East European Folklife Center*, no. 2 (Winter 2013), dev.eefc.org.

12 Another tradition claims that this Koyun Baba was a local shepherd, whose sheep managed to discern the hidden location of Sarı Saltık's grave in Babadag (Kuehn, "A Saint 'on the Move,' " 122-23).

13 Paulina Dominik, "Where Is the Deputy of Lehistan?" *Polonia Ottomanica* (2014), poloniaottomanica.blogspot.com.

14 Dariusz Kołodziejczyk, *Ottoman-Polish Diplomatic Relations (15th-18th Centuries): An Annotated Edition of Ahdnames and Other Documents* (Leiden: Brill, 2000), 134.

4장 이교도들

1   Florentina Badalanova Geller, *Qur'ān in Vernacular: Folk Islam in the Balkans* (Berlin: Max Planck Institute, 2008), 1.

2   Ibid., 3.

3   Florentina Badalanova Geller, "The Bible in the Making: Slavonic Creation Stories," in *Imagining Creation*, ed. Markham J. Geller and Mineke Schipper (Leiden: Brill, 2007), 252.

4   Stanisław Vincenz, *Zwada* (Warsaw: Instytut Wydawnicy PAX, 1981), 484.

5   Michał Rozmysł, "Rubaszna mitologia, czyli huculskie kłopoty z sacrum," *Myszliciel*

no. 4/5 (2013): 23-24.

6   Nikolay Antov, *The Ottoman "Wild West": The Balkan Frontier in the Fifteenth and Sixteenth Centuries* (Cambridge: Cambridge University Press, 2018), 114.

7   천 년 후 이러한 교조 중 많은 것들이 — 특히 지구는 창조주의 완전히 타락한 행위는 아니더라도 어설프고 부주의한 작업의 결과라는 — 체스와우 미워시, 에밀, 치오란, 브루노 슐츠의 작품에 다시 나타났다.

8   Dimitri Obolensky, *The Bogomils, a Study in Balkan Neo-Manichaeism* (Cambridge: Cambridge University Press, 1948), 137.

9   A. A. Zaliznyak, Yanin V. L., "Novgorodskij kodeks pervoi chetverti XI v. — drevneishaya kniga Rusi," *Voprosy yazykoznaniya* 5 (2001): 3-25. Much remains unclear about this startling discovery.

10 H. C. Erik Midelfort, *Mad Princes of Renaissance Germany* (Charlottesville: University of Virginia Press, 1996), 134.

11 Angelo Maria Ripellino, *Magic Prague*, trans. David Newton Marinelli (Berkeley: University of California Press, 1993), 76.

12 Annemarie Jordan Gschwend, "The Emperor's Exotic and New World Animals: Hans Khevenhüller and the Habsburg Menageries in Vienna and Prague," in *Naturalists in the Field: Collecting, Recording and Preserving the Natural World from the Fifteenth to the Twenty-First Century*, ed. Arthur MacGregor (Leiden: Brill, 2018), 76-103.

13 Lee Hendrix, "Natural History Illustration at the Court of Rudolf II," in *Rudolf II and Prague: The Court and the City*, ed. Eliška Fučíková (Prague Castle Administration, 1997), 162.

14 R.J.W. Evans, *Rudolf II and His World: A Study in Intellectual History, 1576-1612* (Oxford: Clarendon Press, 1973), 32.

15 Katarzyna Brezina, "Gabinet Osobliwości Hieronima Floriana Radziwiłła w Białej," *Studia Podlaskie* 7 (Białystok, 1997), 5-20.

16 Adam Teller, *Money, Power and Influence in Eighteenth-Century Lithuania: The Jews on the Radziwiłł Estates* (Stanford, Calif.: Stanford University Press, 2016), 207.

17 R.J.W. Evans, *The Making of the Habsburg Monarchy, 1550-1700: An Interpretation* (Oxford: Clarendon Press, 1979), 361.

18 Paweł Maciejko, *The Mixed Multitude: Jacob Frank and the Frankist Movement, 1755-1816* (Philadelphia: University of Pennsylvania Press, 2011), 218.

19 Ibid.

20 개종 후 유형에 처해진 제비는 1676년 사망했다. 현재 몬테네그로 땅인 울치니에 있

는 그의 매장 장소는 곧 그의 추종자들의 순례 장소가 되었다. 그러나 동유럽에서 공식적 숭앙이 아니라 대중적 숭앙을 받는 인물들에게서 자주 일어나는 일처럼 그의 무덤은 계속 늘어났다. 알바니아의 베라트도 제비의 무덤이 있는 장소로 주장되었다. 베라트에서는 이 가짜 메시아가 멋진 고대 모스크와 화려하게 장식된 수피 여관 사이에 있는 아름다운 광장에 영면한 반면, 울치니에서 그는 주차장 옆 열쇠수선공 가게 뒤에 묻혀 있다. 학자들은 후자가 진짜 무덤일 가능성이 더 크다고 본다.

5장 제국들

1 Noel Malcolm, *Kosovo: A Short History* (New York: HarperPerennial, 1999), 46.

2 Dimiter Angelov and Judith Herrin, "The Christian Imperial Tradition — Greek and Latin," in *Universal Empire: A Comparative Approach to Imperial Culture and Representation in Eurasian History*, ed. Peter Fibiger Bang and Dariusz Kołodziejczyk (Cambridge: Cambridge University Press, 2012), 160.

3 Peter Brown, *The World of Late Antiquity* (New York: W.W. Norton, 1989), 184.

4 Halil Inalcik, *The Ottoman Empire: The Classical Age, 1300-1600*, trans. Norman Itzkowitz and Colin Imber (London: Weidenfeld & Nicolson, 1973), 29.

5 Caroline Finkel, *Osman's Dream: The History of the Ottoman Empire* (New York: Basic Books, 2005), 129.

6 "Captain Milosh and Ivan Kosanchich," in *The Battle of Kosovo: Serbian Epic Poems*, trans. John Matthias and Vladeta Vuckovic (Athens: Ohio University Press, 1987), 36.

7 Lester J. Libby, Jr., "Venetian Views of the Ottoman Empire from the Peace of 1503 to the War of Cyprus," *Sixteenth Century Journal* 9, no. 4 (1978): 103-26.

8 Bertrandon de La Brocquière, *The Travels of Bertrandon de La Brocquière, to Palestine and His Return from Jerusalem Overland to France, During the Years 1432 & 1433...*, trans. Thomas Johnes (n.p.: Hafod Press, 1807), 292.

9 Virginia Aksan, "The One-Eyed Fighting the Blind: Mobilization, Supply, and Command in the Russo-Turkish War of 1768-1774," *International History Review* 15, no. 2 (1993): 221-38.

10 Jason Goodwin, *Lords of the Horizons: A History of the Ottoman Empire* (New York: Picador, 1998), 72.

11 Virginia H. Aksan, "Feeding the Ottoman Troops on the Danube, 1768-1774," *War and Society* 13, no. 1 (1995): 1-14.

12 Aksan, "One-Eyed Fighting the Blind," 232.

13 "The Man Who Lost One Thousand Eggs to the Tax Officials on His Way to Istanbul,"

in *19th Century Macedonian Folktales*, ed. Marko Cepenkov (Sydney: Macquarie University School of Modern Languages, 1991), 177.

14 Walter Zev Feldman, *Klezmer: Music, History, and Memory* (New York: Oxford University Press, 2016), 356.

15 Nina Ergin, "The Albanian Tellâk Connection: Labor Migration to the Hamams of Eighteenth-Century Istanbul, Based on the 1752 İstanbul Hamâmları Defteri," *Turcica* 43 (2011): 231-56, at 234.

16 Dariusz Kołodziejczyk, "Between Universalistic Claims and Reality: Ottoman Frontiers in the Early Modern Period," in *The Ottoman World*, ed. Christine Woodhead (London: Routledge, 2013), 216.

17 Dariusz Kołodziejczyk, *The Ottoman Survey Register of Podolia (ca. 1681)* (Cambridge, Mass.: Harvard University Press, 2004), 1.

18 Ibid., 28.

19 Dariusz Kołodziejczyk, "The 'Turkish Yoke' Revisited: The Ottoman Non-Muslim Subjects Between Loyalty, Alienation, and Riot," *Acta Poloniae Historica* 93 (2006): 184.

20 Virginia H. Aksan, *An Ottoman Statesman in War and Peace: Ahmed Resmi Efendi, 1700-1783* (Leiden: Brill, 1995), 78.

21 Dariusz Kołodziejczyk, "Khan, Caliph, Tsar and Imperator: The Multiple Identities of the Ottoman Sultan," in *Universal Empire: A Comparative Approach to Imperial Culture and Representation in Eurasian History*, ed. Peter Fibiger Bang and Dariusz Kołodziejczyk (Cambridge: Cambridge University Press, 2012), 191.

22 빈체리 고시에프스키란 이름을 가진 헤트만은 풀려난 후 복잡한 음모에 의해 자기 병사들에게 살해되었다. 이 음모의 주동자는 알려지지 않았다. 라지위위 가문, 사피에허 가문과 합스부르크 황제가 음모자로 의심을 받았으나, 잠복으로 체포된 범인들은 절대 사실을 털어놓지 않았다. 1665년 반란선동자들은 바르샤바로 압송되어 불로 고문을 받은 다음 참수되어 구시가 광장에서 시신이 끌려다니다가 사지가 절단되었고, 그때 회기가 진행 중인 의회 의원들은 이 광경을 지켜보았다.

23 Nikolai Gogol, *Taras Bulba*, trans. Peter Constantine (New York: Modern Library, 2004), 28.

24 Andreas Kappeler, *The Russian Empire: A Multiethnic History*, trans. Alfred Clayton (New York: Routledge, 2001), 64.

25 Stanisław Łubieński, *Pirat Stepowy* (Wołowiec: Wydawnictwo Czarne, 2012), 14. 사면을 받은 그는 수도사가 되어 수도원-감옥에 계속 남는 길을 택했고, 112세까지 살았

다. 그는 현재 정교회 성자로 추앙받는다.

26 Richard Pipes, "Iurii Samarin's Baltic Escapade," *Journal of Baltic Studies* 42, no. 3 (2011): 316.

27 Kappeler, *Russian Empire*, 76.

28 Magdalena Wilkołaska-Karpierz, "Porównanie relacji pamiętnikarskich z zesłania na Syberię Fiodora Dostojewskiego i Szymona Tokarzewskiego," *Przestrzenie Teorii* 11 (2009): 239-52.

29 Wojciech Lada, *Pożytki z Katorgi* (Wołowiec: Wydawnictwo Czarne, 2019), 8.

30 유대인 주거지역의 경계는 시간이 흐르면서 변했다. 때로 거기에는 과거 코자크 헤트만령이 포함되었으나, 키예프 같은 일부 도시는 제외되었다.

31 S. Ansky, *The Enemy at His Pleasure: A Journey Through the Jewish Pale of Settlement During World War I*, trans. Joachim Neugroschel (New York: Henry Holt, 2004), 261.

32 Mary Antin, *The Promised Land* (1912; reprint n.p.: CreateSpace, 2016), 14.

33 Eda Kalmre, "The Saga of the Voitka Brothers in the Estonian Press: The Rise and Fall of a Heroic Legend," *Folklore* 29 (2005): 103.

34 Jacob Marateck, *The Samurai of Vishogrod: The Notebooks of Jacob Marateck*, ed. Shimon and Anita Wincelberg (Philadelphia: Jewish Publication Society, 1976), 148.

35 Antin, *Promised Land*, 15.

36 R.J.W. Evans, *The Making of the Habsburg Monarchy, 1500-1700: An Interpretation* (Oxford: Clarendon Press, 1979), 447.

37 Joseph Roth, *The Emperor's Tomb*, trans. John Hoare (Woodstock, N.Y.: Overlook Press, 2002), 61.

38 Joseph Roth, "The Bust of the Emperor," in *The Collected Stories of Joseph Roth*, trans. Michael Hofmann (New York: W. W. Norton, 2002), 228-29.

39 András Gerő, *Emperor Francis Joseph, King of the Hungarians* (n.p.: East European Monographs, 2001), 214.

40 Martin Pollack, *Cesarz Ameryki: Wielka ucieczka z Galicji* (Wołowiec: Wydawnictwo Czarne, 2017), 192.

41 Martin Pollack, *Po Galicji* (Wołowiec: Wydawnictwo Czarne, 2017), 116.

42 Bruno Schulz, *Sanatorium Under the Sign of the Hourglass*, trans. Celina Wieniewska (New York: Mariner, 1977), 60-61.

43 Gerő, *Emperor Francis Joseph*, 196.

44 Ibid., 207.

45 István Deák, *Beyond Nationalism: A Social and Political History of the Habsburg Officer*

Corps, 1848-1918 (New York: Oxford University Press, 1990), 44.

46 Józef Wittlin, *Salt of the Earth* (London: Metheun & Co., 1940), 216.

47 Deák, *Beyond Nationalism*, 47.

48 Miklós Bánffy, *The Phoenix Land*, trans. Patrick Thursfield and Katalin Bánffy-Jelen (London: Arcadia, 2003), 11.

49 Deák, *Beyond Nationalism*, 203.

50 Gunther E. Rothenberg, *The Army of Francis Joseph* (West Lafayette, Ind.: Purdue University Press, 1999), 220.

6장 민족들

1 Eleanor Perényi, *More Was Lost: A Memoir* (1946; reprint New York: New York Review Books, 2016), 16.

2 Ibid., 94.

3 Ibid., 61.

4 Jerzy Stempowski, *W Dolinie Dniestru: Pisma o Ukrainie* (Warsaw: Biblioteka Więzi, 2014), 6; translated by the author.

5 다음 자료에서 인용함. Nora Berend, *At the Gates of Christendom: Jews, Muslims and "Pagans" in Medieval Hungary, c. 1000-c. 1300* (Cambridge: Cambridge University Press, 2001), 40.

6 David Frick, *Kith, Kin, and Neighbors: Communities and Confessions in Seventeenth-Century Wilno* (Ithaca, N.Y.: Cornell University Press, 2013), 97.

7 David Rechter, *Becoming Habsburg: The Jews of Austrian Bukovina, 1774-1918* (Oxford: Littman Library of Jewish Civilization, 2013), 59.

8 1940년 몰로토프-리벤트로프 협약 후에 얀의 선수들과 임원진은 독일로 강제이송되었고, 부코비나에 있던 나머지 독일인들도 이송되었다. 이 축구팀은 슈트트가르트 근처에 새로 터전을 잡았고, 지금도 9부리그에서 시합을 하고 있다.

9 Florin Faje, "Romania," in *The Palgrave International Handbook of Football and Politics*, ed. Jean-Michel De Waele et al. (Cham, Switzerland: Palgrave Macmillan, 2018), 252.

10 체르노비츠 대학생 형제회(실제 결투회)도 이와 유사한 방식으로 활동했지만, 훨씬 더 형제애적 감정을 가지고 활동했다. 민족주의자 독일인, 가톨릭 독일인, 루마니아인, 우크라이나인, 폴란드인, 유대인 결사가 따로 있었고, 범오스트리아 결사도 있었다. 그러나 충돌이 예견되었음에도 불구하고 한 멤버의 증언에 따르면, 이 형제회는 학생들을 분열시키기보다는 단합시키는 데 큰 역할을 했다. 그의 말에 따르면 체르노비츠의 결투자들은 공생이 '유럽의 성숙성의 척도'가 되기 훨씬 이전에 공생의 '기

술'을 터득한 '첫 유럽인들'이었다. Hans Prelitsch, cited in Cristinia Florea, "City of Dreams, Land of Longing: Czernowitz and Bukovina at the Crossroads of Empires" (Ph. D. diss., Princeton University, 2016), 104.

11 Yudel Flior, *Dvinsk: The Rise and Decline of a Town* (Johannesburg: Dial Press, 1965).

12 Thomas C. Hubka, *Resplendent Synagogue: Architecture and Worship in an Eighteenth-Century Polish Community* (Waltham, Mass.: Brandeis University Press, 2003), 43.

13 Alexander Granach, *From the Shtetl to the Stage: The Odyssey of a Wandering Actor* (Abingdon, U.K.: Routledge, 2017), 7.

14 Miklós Bánffy, *They Were Counted,*, vol. 1 of *The Transylvanian Trilogy*, trans. Patrick Thursfield and Katalin Bánffy-Jelen (New York: Everyman's Library, 2013), 196.

15 Maruta Lietiņa Ray, "Recovering the Voice of the Oppressed: Master, Slave, and Serf in the Baltic Provinces," *Journal of Baltic Studies* 34, no. 1 (2003): 7.

16 M. P. Dragomanov, *Notes on the Slavic Religio-Ethical Legends: The Dualistic Creation of the World*, trans. Earl W. Count (Bloomington: Indiana University Press, 1961), 136.

17 Virginia H. Aksan, *An Ottoman Statesman in War and Peace: Ahmed Resmi Efendi, 1700-1783* (Leiden: Brill, 1995), 78.

18 Conrad Ozog, "Scottish Merchants in Poland, 1550-1750," *Journal of the Sydney Society for Scottish History* 3 (1995): 53-75.

19 Alina Cała, *Wizerunek Żyda w polskiej kultury ludowej* (Warsaw: Oficyna Naukowa, 2005), 14.

20 Dragica Mugoša, "Ulcinj et ses Noirs," *Au Sud de l'Est* 6 (2010): 110-13. 2010년까지도 울니치에는 스스로를 아프리카-알바니아인이라고 자칭하는 사람들이 있었다. 그들 후손의 일부는 현재 세르비아와 스웨덴에 거주하고 있다. 이 항구 도시에 그들이 오랫동안 거주했던 흔적은 작은 해안으로 이어지는 계단에 있는 저명한 사진사 리조 슈를라(Rizo Šurla)의 벽화다.

21 Mikhail Kizilov, *The Sons of Scripture: The Karaites of Poland and Lithuania in the Twentieth Century* (Berlin: Walter de Gruyter, 2015), 4.

22 Ibid., 163.

23 Ibid., 227.

24 카라임족 이야기가 보여주듯이 종교로서의 유대주의와 민족으로서의 유대인성의 연결은 복잡할 수 있다. 또 다른 동유럽 고립 집단인 셰클러 사바타리아 집단도 두 유형의 정체성 사이에서 비슷한 길을 걸었지만, 그 과정은 반대였다. 사바타리아 집단은 17세기 트란실바니아에서 반(反)삼위일체 프로테스탄트 교파로 출발했다. 그 교인

들은 모두 셰클러 교인이거나 트란실바니아의 마자르어 사용 소수민족이었다. 성경을 열심히 읽는 그들은 최소한 구약에 정해진 유대법을 따라야 한다고 확신했다. 그들은 코셔를 준수하고 안식일에 일을 하지 않았다. 외형적으로는 기독교인처럼 보였지만, 그들의 신앙 관습은 유대주의를 너무 닮아서 사바타리아 집단은 종종 유대인으로 오해를 받아 탄압을 받았다. 1867년 헝가리가 유대인을 해방하자, 많은 사바타리아 신도들은 법적 보호를 받기 위해 유대교로 개종했다. 2차 세계대전 시기 두 집단은 구별하기가 점점 더 어려워졌다. 그 결과 많은 사바타리아 교인들은 유대인 게토로 보내졌고, 집단수용소에서 처형되었다. 사바타리아 집단의 중심지였던 뵈쇠두이팔루(Bözödújfalu) 마을은 1988년 저수지 공사가 완결되면서 호수 아래 잠겨버렸다. Gábor Győrffy et al., "Back to the Origins: The Tragic History of the Szekler Sabbatarians," *East European Politics and Societies* 32 (2018): 566-85.

7장 유랑자들

1 Peter Paul Bajer, *Scots in the Polish-Lithuanian Commonwealth, 16th to 18th Centuries: The Formation and Disappearance of an Ethnic Group* (Leiden: Brill, 2012), 138.

2 Wayne S. Vucinich, "Transhumance," in *Yugoslavia and Its Historians: Understanding the Balkan Wars of the 1990s*, ed. Norman M. Naimark and Holly Case (Stanford, Calif.: Stanford University Press, 2003), 68.

3 Ibid., 73.

4 Frederick Anscombe, "Albanians and 'Mountain Bandits,' " in *The Ottoman Balkans, 1750-1830*, ed. Frederick Anscombe (Princeton, N.J.: Princeton University Press, 2006), 100.

5 Louis Ginzberg, *The Legends of the Jews*, trans. H. Szold (Philadelphia: Jewish Publication Society of America, 1925), 5:202-35; and I. Omar, "Khidr in the Islamic Traditions," *Muslim World* 83 (1993): 279-94.

6 Hirsz Abramowicz, *Profiles of a Lost World: Memoirs of East European Jewish Life Before World War II*, trans. Eva Zeitlin Dobkin, ed. Dina Abramowicz and Jeffrey Shandler (Detroit: Wayne State University Press, 1999), 90.

7 Ahmet T. Karamustafa, *God's Unruly Friends: Dervish Groups in the Islamic Later Middle Period, 1200-1550* (Oxford: Oneworld, 2006), 14.

8 Ibid., 19.

9 Ibid., 72.

10 Natalie O. Kononenko, *Ukrainian Minstrels: Why the Blind Should Sing* (New York: Routledge, 2015), 70.

11 Ibid., 71.

12 Ibid., 4.

13 Elena Mariushkova and Vesselin Popov, *Gypsies in the Ottoman Empire: A Contribution to the History of the Balkans* (Hertfordshire, U.K.: University of Hertfordshire Press, 2001), 15.

14 Elena Mariushkova, "Gypsy Slavery in Wallachia and Moldavia," in *Nationalisms Today*, ed. Tomasz Kamusella and Krzysztof Jaskulowski (Oxford: Peter Lang, 2009), 91.

15 Jerzy Ficowski, *Demony Cudzego Strachu* (Warsaw: Ludowa Społdzielnia Wydawnicza, 1986), 23. Yaron Matras, *Romani: A Linguistic Introduction* (Cambridge: Cambridge University Press, 2002), 27.

16 Among some Western Roma, this word is used more generally to mean "foreigner." Yaron Matras, *I Met Lucky People: The Story of the Romani Gypsies* (London: Allen Lane, 2014), 110.

17 Lech Mróz, *Roma-Gypsy Presence in the Polish-Lithuanian Commonwealth, 15-18th Centuries* (Budapest: Central European University Press, 2016), 93.

18 Ibid., 111.

19 Ibid., 92.

20 Jerzy Ficowski, *Cyganie na Polskich Drogach* (Warsaw: Wydawnictwo Nisza, 2013), 80.

21 Mariushkova and Popov, *Gypsies in the Ottoman Empire*, 85.

22 Viorel Achim, *The Roma in Romanian History* (Budapest: Central European University Press, 2004), 53.

23 Ibid., 33.

24 Mariushkova, "Gypsy Slavery in Wallachia and Moldavia," 8.

25 Achim, *Roma in Romanian History*, 92.

26 Ibid., 98.

27 Mariushkova and Popov, *Gypsies in the Ottoman Empire*, 85.

28 Jerzy Ficowski, *Cyganie w Polsce* (Warsaw: Wydawnictwo Interpress, 1989), 31.

29 Heinrich von Wlislocki, *Aus dem inneren Leben der Zigeuner* (Berlin: E. Felber, 1892), 182.

30 Ibid., 202.

31 Angelika Kuźniak, *Papusza* (Wołowiec: Wydawnictwo Czarne, 2013), 33.

32 Ibid., 61.

33 Ibid., 80-82.

34 Ficowski, *Cyganie na Polskich Drogach*, 340.

35 Ibid., 351.

8장 민족주의

1 Christopher Clark, *The Sleepwalkers: How Europe Went to War* (New York: HarperCollins, 2013), 65.

2 Ibid., 66.

3 Vladimír Macura, *The Mystifications of a Nation: "The Potato Bug" and Other Essays on Czech Culture*, trans. and ed. Hana Pichová and Craig Cravens (Madison: University of Wisconsin Press, 2010), 8.

4 Vladimír Macura, "Problems and Paradoxes of the National Revival," in *Bohemia in History*, ed. Mikuláš Teich (Cambridge: Cambridge University Press, 1998), 188.

5 Josef Kajetán Tyl, quoted in Vladimír Macura, "Problems and Paradoxes of the National Revival," in *Bohemia in History*, ed. Mikuláš Teich (Cambridge: Cambridge University Press, 1998), 190.

6 Jan Fellerer, "Ukrainian Galicia at the Crossroads: The 'Ruthenian Alphabet War' of 1834," in *Studien zur Sprache und Literatur bei den Slawen: Gedenkschrift für George Y. Shevelov*, ed. Andrii Danylenko and Serhii Vakulenko (Munich: Verlag Otto Sagner, 2012), 114.

7 Robert Auty, "Orthographical Innovations and Controversies Among the Western and Southern Slavs During the Slavonic National Revival," *Slavonic and East European Review* 46, no. 107 (1968): 328.

8 Aurelija Tamošiūnaitė, "Defining 'Lithuanian': Orthographic Debates at the End of the Nineteenth Century," *Written Language and Literacy* 18, no. 2 (2015): 320.

9 Giedrius Subačius, "Lithuanian Language: An Inconvenient Uniqueness," *Passport Journal* 2 (2019): 109.

10 Łukasz Sommer, "Ile znaczeń pomieści jedna litera? Problematyczna obecność igreka w języku estońskim," in *Tożsamość tekstu, tożsamość literatury*, ed. Paweł Bem, Łukasz Cybulski, and Maria Prussak (Warsaw: Instytut Badań Literackich PAN, 2016), 191.

11 Robert Elsie, *Albanian Alphabets: Borrowed and Invented* (London: Centre for Albanian Studies, 2017), 53.

12 R.J.W. Evans, *Austria, Hungary, and the Habsburgs: Central Europe c. 1683–1867* (New York: Oxford University Press, 2008), 110.

13 Pavlína Rychterová, "The Manuscripts of Grünberg and Königinhof: Romantic Lies

About the Glorious Past of the Czech Nation," in *Manufacturing a Past for the Present: Forgery and Authenticity in Medievalist Texts and Objects in Nineteenth-Century Europe*, ed. János M. Bak, Patrick J. Geary, and Gábor Klaniczay (Leiden: Brill, 2015), 16.

14 R.J.W. Evans, " 'The Manuscripts': The Culture and Politics of Forgery in Central Europe," in *A Rattleskull Genius: The Many Faces of Iolo Morganwg*, ed. Geraint H. Jenkins (Cardiff: University of Wales Press, 2009), 58.

15 David Cooper, *Mystifications and Ritual Practices in the Czech National Awakening* (Seattle: National Council for Eurasian and East European Research, 2012), 12.

16 Evans, " 'Manuscripts,' " 62.

17 Czesław Miłosz, *The History of Polish Literature* (Berkeley: University of California Press, 1983), 203.

18 Marcel Cornis-Pope and John Neubauer, *History of the Literary Cultures of East-Central Europe: Junctures and Disjunctures in the 19th and 20th Centuries*, vol. 4, *Types and Stereotypes* (Amsterdam: Benjamins, 2010), 25.

19 Ibid., 112.

20 Marko Juvan, "The Poetic Sacrifice: Cultural Saints and Literary Nation Building," *Frontiers of Narrative Studies* 4, no. 1 (2018): 158-65.

21 Cornis-Pope and Neubauer, *History of Literary Cultures*, 49.

22 Orest Subtelny, *Ukraine: A History* (Toronto: York University Press, 1988), 235.

23 Karel Šíma, Tomáš Kavka, and Hana Zimmerhaklová, "By Means of Singing to the Heart, by Means of Heart to the Homeland," in *Choral Societies and Nationalism in Europe*, ed. Krisztina Lajosi and Andreas Stynen (Leiden: Brill, 2019), 202.

24 Bradley Woodworth, "Patterns of Civil Society in a Modernizing Multiethnic City: A German Town in the Russian Empire Becomes Estonian," *Ab Imperio* 2 (2006): 147-48.

25 Gunther E. Rothenberg, *The Army of Francis Joseph* (West Lafayette, Ind.: Purdue University Press, 1998), 130.

26 Miklós Bánffy, *They Were Counted*, vol. 1 of *The Transylvanian Trilogy*, trans. Patrick Thursfield and Katalin Bánffy-Jelen (New York: Everyman's Library, 2013), 590.

27 2013년 학자들은 두 번째로 고프로이센어 시로 보이는 것을 발견했는데, 이것도 필사본 여백에 쓰여 있었다. 이 시는 처녀와 술잔으로 사용된 뿔, 성스러운 보리수를 다루고 있다. 다음 자료를 보라. Stephan Kessler and Stephen Mossman, "Ein Fund aus dem Jahre 1440: Ein bisher unbekannter Text in einer baltischen Sprache," *Archivum Lithuanicum* 15 (2013): 511-34.

28 Kevin Hannan, "The Lachian Literary Language of Óndra Łysohorsky," *Slavic and East European Journal* 40, no. 4 (1996): 728.

9장 '아름다운 시절'의 종식

1   Janina z Puttkamerów Żółtowska, *Inne czasy, inni ludzie* (London: Wydawnictwo Polska Fundacja Kulturalna, 1998), 28.

2   Ibid., 127.

3   Tom Sandqvist, *Dada East: The Romanians of Cabaret Voltaire* (Cambridge, Mass.: MIT Press, 2006), 233.

4   Eugenie Fraser, *The House by the Dvina: A Russian Childhood* (New York: Random House, 2011), 157.

5   Bánffy, *Transylvanian Trilogy* (New York: Everyman's Library, 2013), 44.

6   Béla Zombory-Moldován, *The Burning of the World: A Memoir of 1914*, trans. Peter Zombory-Moldován (New York: New York Review Books, 2014), 12.

7   Bertram Wolfe, "War Comes to Russia," *Russian Review* 22, no. 2 (1963): 126.

8   István Deák, *Beyond Nationalism: A Social and Political History of the Habsburg Officer Corps, 1848-1918* (New York: Oxford University Press, 1990), 191.

9   Alexander Watson, *The Fortress: The Great Siege of Przemysl* (London: Allen Lane, 2019), 76. By the end of 1914, total Austro-Hungarian casualties exceeded 850,000.

10 R.J.W. Evans, "Language and State Building: The Case of the Habsburg Monarchy," *Austrian History Yearbook* 35, no. 1 (2004): 18.

11 Piotr Szewc, *Ocalony na Wschodzie: z Julianem Stryjkowskim Rozmawia Piotr Szewc* (Montricher, Switzerland: Editions Noir sur Blanc, 1991), 31.

12 Deák, *Beyond Nationalism*, 184.

13 Eleanor Perényi, *More Was Lost: A Memoir* (1946; reprint New York: New York Review Books, 2016), 116.

14 Gyula Krúdy, *Krúdy's Chronicles: Turn-of-the-Century Hungary in Gyula Krúdy's Journalism*, ed. and trans. John Bátki (Budapest: Central European University Press, 2000), 252.

15 Dezső Kosztolányi, *Anna Édes*, trans. George Szirtes (New York: New Directions Books, 1991), 1.

16 Orest Subtelny, *Ukraine: A History* (Toronto: York University Press, 1988), 359.

17 T. J. Clark, *Farewell to an Idea: Episodes from a History of Modernism* (New Haven, Conn.: Yale University Press, 1999), 237.

18 1937년 스탈린이 부하린을 숙청한 후 이 거리는 다시 '진리'의 거리로 개명되었다. Aleksandra Semenovna Shatskikh, *Vitebsk: The Life of Art* (New Haven, Conn.: Yale University Press, 2007), 27.

19 Peter Demetz, *The Air Show at Brescia 1909* (New York: Farrar, Straus & Giroux, 2002), viii.

20 Geoffrey Wawro, *A Mad Catastrophe: The Outbreak of World War I and the Collapse of the Habsburg Empire* (New York: Basic Books, 2014), 232.

21 S. Ansky, *The Enemy at His Pleasure: A Journey Through the Jewish Pale of Settlement During World War I*, ed. and trans. Joachim Neugroschel (New York: Henry Holt, 2002), 182.

22 Isaac Babel, *1920 Diary* (New Haven, Conn.: Yale University Press, 2002), 18.

23 K. S. Malevich, *Essays on Art: 1915-1933*, ed. Troels Andersen, trans. Xenia Glowacki-Prus and Arnold McMillin (New York: George Wittenborn, 1971), 1: 122.

24 Żółtowska, *Inne czasy*, 50.

25 Stefan Zweig, *The World of Yesterday: An Autobiography*, trans. Anthea Bell (1943; reprint Lincoln: University of Nebraska Press, 1964), 23.

26 Danilo Kiš, *Garden, Ashes*, trans. William J. Hannaher (New York: Harcourt, 1975), 122.

27 "Ich, Anna Csillag — ein k.k. Marketingstar," Biographie des Monats, n.d., oeaw.ac.at.

28 Josef Greiner, *Das Ende des Hitler-Mythos* (Vienna: Amalthea-Verlag, 1947), cited in *Poemas del Río Wang*, riowang.blogspot.com.

10장 예언자들

1 Jerzy Stempowski, *W dolinie Dniestru: Pisma o Ukrainie* (Warsaw: Biblioteka Więzi, 2014), 22.

2 Robert Gerwarth, *The Vanquished: Why the First World War Failed to End, 1917-1923* (London: Allen Lane, 2016), 150.

3 Paul Hanebrink, *A Specter Haunting Europe: The Myth of Judeo-Bolshevism* (Cambridge, Mass.: Harvard University Press, 2018), 70.

4 István Deák, "Hungary," in *The European Right: A Historical Profile*, ed. Hans Rogger and Eugen Weber (Berkeley: University of California Press, 1965), 384.

5 Ibid., 385.

6 Eugen Weber, "Romania," in *The European Right: A Historical Profile*, ed. Hans Rogger and Eugen Weber (Berkeley: University of California Press, 1965), 519.

7 Roland Clark, *Holy Legionary Youth: Fascist Activism in Interwar Romania* (Ithaca, N.Y.:

Cornell University Press, 2015), 78.

8   Ibid., 79.

9   Radu Ioanid, *The Sword of the Archangel: Fascist Ideology in Romania*, trans. Peter Heinegg (Boulder, Colo.: Eastern European Monographs, 1990), 141.

10 Marta Petreu, *An Infamous Past: E. M. Cioran and the Rise of Fascism in Romania*, trans. Bogdan Alden (Chicago: Ivan R. Dee, 2005), 40.

11 Roland Clark, *Holy Legionary Youth: Fascist Activism in Interwar Romania* (Ithaca, N.Y.: Cornell University Press, 2015), 139.

12 Mihail Sebastian, *Journal 1935–1944: The Fascist Years*, trans. Patrick Camiller (Lanham, Md.: Rowman & Litttlefield, 1998), 78.

13 Ibid., 337.

14 Weber, "Romania," 538.

15 Aleksander Wat, *My Century: The Odyssey of a Polish Intellectual*, ed. and trans. Richard Lourie (1977; reprint New York: New York Review Books, 2003), 18.

16 Ibid.

17 Deák, "Hungary," 366.

18 Wat, *My Century*, 11.

19 Ibid., 4.

20 Bruno Jasieński, *The Legs of Izolda Morgan: Selected Writings*, trans. Soren Gauger and Guy Torr (Prague: Twisted Spoon Press, 2016), 59.

21 Bruno Jasieński, *I Burn Paris*, trans. Soren Gauger (Prague: Twisted Spoon Press, 2017), 297.

22 Ibid., 304.

23 Marci Shore, *Caviar and Ashes: A Warsaw Generation's Life and Death in Marxism, 1918–1968* (New Haven, Conn.: Yale University Press, 2006), 106.

24 Panaït Istrati, *Kyra Kyralina*, trans. Christopher Sawyer–Lauçanno (Northfield, Mass.: Talisman House, 2010), 3.

25 Stelian Tanase, "The Renegade Istrati," trans. Alistair Ian Blyth, *Archipelago* 10-12 (n.d.), archipelago.org.

26 Ibid.

27 Panaït Istrati, "Final Exchange with Romain Rolland," trans. Mitchell Abidor, marxists.org.

28 Włodzimierz Pawluczuk, *Wierszalin: Reportaż o końcu świata* (Kraków: Wydawnictwo Literackie, 1974).

11장 2차 세계대전

1   Árpád von Klimó, *Remembering Cold Days: The 1942 Massacre of Novi Sad and Hungarian Politics and Society, 1942-1989* (Pittsburgh: University of Pittsburgh Press, 2018), 68.

2   루마니아는 1939년까지 베사라비아와 부코비나를 소유했지만, 몰로토프-리벤트로프 협약으로 인해 이 지역을 소련에 양도해야 했다. 나치 독일과 소련의 거래의 결과로 1939년에는 동부 폴란드, 1940년에는 리투아니아, 라트비아, 에스토니아도 소련에 넘겨졌다. 나치 독일은 1941년 이 모든 지역을 점령했고, 소련군은 1944-45년 이 지역을 탈환했다.

3   John Connelly, *From Peoples into Nations: A History of Eastern Europe* (Princeton, N.J.: Princeton University Press, 2020), 486.

4   Mihail Sebastian, *Journal 1935-1944: The Fascist Years*, trans. Patrick Camiller (Lanham, Md.: Rowman & Littlefield, 1998), 315-16.

5   Ota Pavel, *How I Came to Know Fish*, trans. Robert McDowell and Jindriska Badal (New York: New Directions, 1991), 96.

6   Jiří Weil, *Life with a Star*, trans. Rita Klimova and Roslyn Schloss (Evanston, Ill.: Northwestern University Press, 1998), 179.

7   가톨릭 사제인 요제프 티소(Joseph Tiso)가 구성한 슬로바키아 정부는 좀 더 정확하게 말하면, 사제-전제정이라고 할 수 있지만, 크로아티아의 극단적 파시스트인 우스타샤와 같은 인종차별적 정책의 많은 부분을 따랐다.

8   Edward Dębicki, *Ptak umarłych* (Warsaw: Bellona, 2007), 99.

9   Jacek Leociak, *Tekst wobec zagłady: O relacjach z getta warszawskiego* (Wrocław: Wydawn. Leopoldinum Fundacji dla Uniwersytetu Wrocławskiego, 1997), 93.

10 Jacek Leociak, *Text in the Face of Destruction: Accounts from the Warsaw Ghetto Reconsidered* (Warsaw: Żydowski Instytut Historyczny, 2004), 76.

11 RING. I/470. Mf. ŻIH — 786; USHMM — 17. RING. I (first part of the Ringelblum Archive, unearthed in 1946). Mf. (Microfilm) ŻIH (Żydowski Instytut Historyczny Warszawie). USHMM (United States Holocaust Memorial Museum). 이 문헌에 대한 추가 정보는 다음 자료에 담겨 있다. Robert Moses Shapiro and Tadeusz Epsztein, *The Warsaw Ghetto Oyneg-Shabes-Ringelblum Archive: Catalog and Guide* (Bloomington: Indiana University Press, 2009), 122.

12 유대인 처형에 참가한 폴란드 경찰을 조사한 지하정부 보고서는 당시 상황에 대한 그림을 완성한다. "처형은 이전보다 더 처참했다. 희생자들은 폴란드인들 사이에 숨어 몸을 뒤틀고 저항했다. 처형은 두 번으로 나뉘어 진행되었다. 그래서 처형 대상 일부

는 첫 희생자들이 처형되는 동안 기다렸다. 경찰은 사격을 제대로 하지 못해, 처음에는 총알이 두 발씩 지급되었지만, 두 번째 처형에는 세 발씩 지급되었다. 두 경우 모두 희생자 전원은 총살되어야 했다." Sylwia Szymanska-Smolkin, "Fateful Decisions: The Polish Policemen and the Jewish Population of Occupied Poland, 1939-1945," Ph.D. diss., University of Toronto, 2017, 110.

13 Dr. Yom-Tov Levinsky, ed., *The Zambrów Memorial Book: In Memory of a Martyred Community That Was Exterminated*, trans. Jacob Solomon Berger (Mahwah, N.J.: Jacob Solomon Berger, 2016), 74.

14 Ibid., 104.

15 Jan Grabowski, *Hunt for the Jews: Betrayal and Murder in German-Occupied Poland* (Bloomington: Indiana University Press, 2013).

16 Joanna Tokarska-Bakir, *Okrzyki Pogromowe* (Wołowiec: Wydawnictwo Czarne, 2012), 21.

17 Jan Grabowski, *Rescue for Money: Paid Helpers in Poland, 1939-1945* (Jerusalem: Yad Vashem, 2008), 36.

18 Jan Tomasz Gross and Irena Grudzińska Gross, *Golden Harvest: Events at the Periphery of the Holocaust* (New York: Oxford University Press, 2012), 77.

19 Anna Bikont, "Zagłada Żydów ze wsi Strzegom," *Gazeta Wyborcza*, December 4, 2014.

20 Gross and Gross, *Golden Harvest*, 83.

21 이것은 유럽에서 가장 높은 사망률이다. 90퍼센트를 기록한 리투아니아가 뒤를 따랐고, 체코슬로바키아 85퍼센트, 그리스 80퍼센트, 오스트리아 77퍼센트, 헝가리 75퍼센트, 라트비아 75퍼센트, 유고슬라비아 73퍼센트, 루마니아 47퍼센트, 불가리아 10퍼센트였다. 1939년 수백 명에 불과했던 알바니아의 유대인 수는 전쟁 중 오히려 늘어났다. 알바니아는 독일과 기타 지역에서 오는 피난민을 받아들였다.

22 나중에 회고해 보면 이것이 가져온 이익도 있기 때문에 그렇게 정신 나간 행동은 아니었다. 1939년 가을 소련 지역도 상황은 더 낫지 않았고, 앞으로 어떤 일이 일어날지 아무도 몰랐다. 내 어머니의 삼촌인 투르노프스키(Turnowski)는 1939년 두 명의 친구와 함께 국경을 넘었는데, 한 친구는 민스크에서 기아로 죽었고, 폐결핵에 걸린 다른 친구는 스스로 독일 점령 구역으로 돌아왔다.

23 Tokarska-Bakir, *Okrzyki Pogromowe*, 161.

24 Ibid., 146.

25 Ibid., 145, 169-70.

26 Alina Cała, *Wizerunek Żyda w polskiej kulturze ludowej* (Warsaw: Oficyna Naukowa, 2005), 196.

12장 스탈린주의

1 Beata Chomątowska, *Stacja Muranów* (Wołowiec: Wydawnictwo Czarne, 2012), 11.

2 The Polish term *szybkościowiec* is a coinage from the Stalinist era that has not survived to the present day.

3 Chomątowska, *Stacja Muranów*, 11.

4 Ibid., 241.

5 Vincas Krėvė-Mickevičius, "Conversations with Molotov," *Lituanus* 11, no. 2 (Summer 1965), lituanus.org.

6 Sigrid Rausing, *Everything Is Wonderful: Memories of a Collective Farm in Estonia* (New York: Grove Press, 2014), 83.

7 소련 당국이 시행한 발트 지역에서의 대량 강제 이주는 전쟁 후에도 지속되어서 1949년에만 9만 명이 강제 이주했다.

8 Bradley Abrams, *The Struggle for the Soul of the Nation: Czech Culture and the Rise of Communism* (Lanham, Md.: Rowman & Littlefield, 2005), 12.

9 John Connelly, *Captive University: The Sovietization of East German, Czech and Polish Higher Education, 1945-1956* (Chapel Hill: University of North Carolina Press, 2000), 118.

10 Milan Kundera, *The Joke* (1967; reprint London: Faber & Faber, 1992), 31.

11 Bohumil Hrabal, *Mr. Kafka and Other Tales from the Time of the Cult*, trans. Paul Wilson (New York: New Directions, 2015), 139.

12 Ibid., 19.

13 Ibid., 73.

14 Katherine Lebow, *Unfinished Utopia: Nowa Huta, Stalinism and Polish Society, 1949-56* (Ithaca, N.Y.: Cornell University Press, 2013), 74.

15 Zora Rusinová, "The Embodiment of Communist Utopia: Socialist Realism in Slovakia, 1948-1956, in *A Reader in East-Central-European Modernism*, ed. Beáta Hock et al. (London: Courtauld Institute, 2019), 416.

16 Pavel Janáček, "From Literature Censored by Poets to Literature Censored by the Party: Censorship in the Czech Literary Culture of 1945-1955," in *Socialist Realism in Central and Eastern European Literatures Under Stalin: Institutions, Dynamics, Discourses*, ed. Evgeny Dobrenko and Natalia Jonsson-Skradol (London: Anthem Press, 2018), 64.

17 이것은 흐라발의 소설 《너무 소란스러운 외로움》의 주제가 되었고, 그는 이 작품을 1976년 스스로 출간했다.

18 Michał Jan Bednarczyk, "Cały kraj serdecznie wita swego pierwszego obywatela. Przebieg obchodów 60. rocznicy urodzin Bolesława Bieruta na łamach Trybuny Ludu," *Annales Universitatis Mariae Curie–Skłodowska sectio F — Historia* 69, nos. 1–2 (2014): 65.

19 Balázs Apor, *The Invisible Shining: The Cult of Mátyás Rákosi in Stalinist Hungary, 1945–1956* (Budapest: Central European University Press, 2017), 165.

20 Ibid., 157.

21 Tania Vladova, "Heritage and the Image of Forgetting: The Mausoleum of Georgi Dimitrov in Sofia," in *Heritage, Ideology, and Identity in Central and Eastern Europe: Contested Pasts, Contested Presents*, ed. Matthew Rampley (Newcastle, U.K.: Newcastle University Press, 2012), 144.

22 Luděk Vacín, "Náš pracující lid nedal setlíti tělu Klementa Gottwalda — příspěvek k dějinám pražského mauzolea," *STUDIE securitas imperii*, n.d., ustrcr.cz.

23 Jan Kužník, "Pátrejte s námi po stopách Gottwaldovy mumie," iDnes.cz, November 7, 2005.

24 Ibid.

25 John Connelly, *From Peoples into Nations: A History of Eastern Europe* (Princeton, N.J.: Princeton University Press, 2020), 555.

26 Vladimír Macura, *The Mystifications of a Nation: The "Potato Bug" and Other Essays on Czech Culture*, ed. and trans. Hana Píchová and Craig Cravens (Madison: University of Wisconsin Press, 2010), 57.

27 István Rèv, "In Mendacio Veritas," *Representations 35* (Summer 1991), 9.

28 István Rèv, "The Truth Is the Whole," unpublished manuscript.

29 Rèv, "In Mendacio Veritas," 11.

30 Ivo Banac, *With Stalin Against Tito: Cominformist Splits in Yugoslav Communism* (Ithaca, N.Y.: Cornell University Press, 1988), 250.

31 Connelly, *From Peoples into Nations*, 538.

32 John Le Carré, "The Madness of Spies," *The New Yorker*, September 29, 2008.

33 P. T. Petrikov, Instytut historyi (Akademiia navuk Belaruskaĭ SSR), *Istoriia rabochego klassa Belorusskoĭ SSR v chetyrekh tomakh*, vol. 3 (Minsk: Nauka i tekhnika, 1984), 209.

34 Piotr Lipiński, *Kroków siedem do końca* (Wołowiec: Wydawnictwo Czarne, 2020), 259.

35 Tomáš Petráček, "The First and Second Life of Father Josef Toufar (1902–1950) and Shifts in Interpretations of Modern Czech History," *Kirchliche Zeitgeschichte* 29, no. 2 (2016): 358.

36 1968년 조사는 요제프 스크보레츠키의 소설 《기적의 게임》의 배경이 되었다.

37 Agnieszka Halemba and Konrad Siekierski, "Apparitions of the Mother of God in Soviet Poland in the Early Years of the Cold War," in *Cold War Mary: Ideologies, Politics, Marian Devotional Culture*, ed. Peter Jan Margry (Leuven, Bel-gium: Leuven University Press, 2021), 196.

38 Maciej Krzywosz, *Cuda w Polsce Ludowej: studium przypadku prywatnego objawienia maryjnego w Zabłudowie* (Białystok: Instytut Pamięci Narodowej, Oddział w Białymstoku, 2016), 98.

39 Ibid., 106.

40 Dariusz Jarosz, "Pogłoski jako wyraz świadomości potocznej chłopów w Polsce w latach 1949-1956," *Dzieje Najnowsze* 25, no. 3 (1993): 53.

41 Halemba and Siekierski, "Apparitions of Mother of God," 199.

13장 사회주의

1 Katarzyna Maniewska, "Toast na cześć… Reakcje społeczne na śmierć Józefa Stalina i kampania propagandowa wokół uroczystości żałobnych w województwie bydgoskim w marcu 1953 r.," *Dzieje najnowsze* 48, no. 2 (2016): 117.

2 Ibid., 120.

3 György Faludy, *My Happy Days in Hell* (1962; reprint New York: Penguin Classics, 2010), 510.

4 Ibid., 313.

5 Jonathan Bolton, *Worlds of Dissent: Charter 77, The Plastic People of the Universe, and Czech Culture Under Communism* (Cambridge, Mass.: Harvard University Press, 2012), 279.

6 Ludvík Vaculík, *A Cup of Coffee with My Interrogator: The Prague Chronicles of Ludvík Vaculík*, trans. George Theiner (London: Readers International, 1987), 51.

7 Bolton, *Worlds of Dissent*, 80.

8 Bohumil Hrabal, *Gaps*, trans. Tony Liman (Evanston, Ill.: Northwestern University Press, 2011), 122.

9 Mariusz Szczygieł, *Gottland: Mostly True Stories from Half of Czechoslovakia*, trans. Antonia Lloyd-Jones (New York: Melville House, 2014), 144.

10 Ibid., 138.

11 Bolton, *Worlds of Dissent*, 240.

12 Ibid., 230.

13 Katherine Verdery, *Secrets and Truths: Ethnography in the Archive of Romania's Secret Police* (Budapest: Central European University Press, 2014), 165.

14 Małgorzata Rejmer, *Błoto słodsze niż miód* (Wołowiec: Wydawnictwo Czarne, 2018), 144.

15 Bolton, *Worlds of Dissent*, 104.

16 Ewa Zając and Henryk Głębocki, ed., *"Ketman" i "Monika" — Żywoty równoległe* (Warsaw: Instytut Pamięci Narodowej, 2005), 184.

17 "Typewriter," *Martor: The Museum of the Romanian Peasant Anthropological Review* 7 (2002): 181.

18 Bolton, *Worlds of Dissent*, 239.

19 Cristina Vatulescu, *Police Aesthetics: Literature, Film, and the Secret Police in Soviet Times* (Stanford, Calif.: Stanford University Press, 2010), 52.

20 Verdery, *Secrets and Truths*, 63.

21 Vatulescu, *Police Aesthetics*, 48.

22 Bolton, *Worlds of Dissent*, 84.

23 Vaculík, *Cup of Coffee*, 10.

24 Bolton, *Worlds of Dissent*, 250.

25 Joanna Siedlecka, "Oporów moralnych nie zdradzał," *Rzeczpospolita*, April 7, 2007.

26 Herta Müller, *The Appointment*, trans. Philip Boehm (New York: Picador, 2002), 214.

27 George Konrád, *The City Builder* (Champaign, Ill.: Dalkey Archive Press, 2007), 82.

28 "Political," *Martor* 7 (2002): 123.

29 "Queue," *Martor* 7 (2002): 138.

30 Robert Cochran, " 'What Courage!': Romanian 'Our Leader' Jokes," *The Journal of American Folklore* 102, no. 405 (1989): 259–274, at 264.

31 "Facade," *Martor* 7 (2002): 63.

32 "Visit," *Martor* 7 (2002): 185.

33 Shannon Woodcock, "The Absence of Albanian Jokes About Socialism, or Why Some Dictatorships Are Not Funny," in *The Politics and Aesthetics of Refusal*, ed. Caroline Hamilton et al. (Newcastle upon Tyne, U.K.: Cambridge Scholars, 2007), 55.

34 Valbona Bezati, "How Albania Became the World's First Atheist Country," *Balkan Transitional Justice*, August 28, 2019.

35 Nathalie Clayer, "Saints and Sufis in Post-Communist Albania," in *Popular Movements and Democratization in the Islamic World*, ed. Masatoshi Kisaichi (London: Routledge, 2006), 36.

36 Rejmer, *Błoto słodsze niż miód*, 30.

37 Idrit Idrizi, "Magic Apparatus and Window to the Foreign World? The Impact of Television and Foreign Broadcasts on Society and State-Society Relations in Socialist Albania," in *Television Beyond and Across the Iron Curtain*, ed. Kirsten Bönker, Julia Obertreis, and Sven Grampp (Newcastle upon Tyne, U.K.: Cambridge Scholars, 2016), 238.

38 Shannon Woodcock, *Life Is War: Surviving Dictatorship in Communist Albania* (Bristol, U.K.: Hammeron Press, 2016), 117.

39 "On the Introduction of Foreign Citizens in the People's Republic of Albania," Instruction no. 7, April 25, 1975. Violations of socialist aesthetics included "men with hair like women," "exaggerated sideburns," "irregular beards," and "inappropriate clothing." Women were forbidden to wear "mini and maxi skirts."

40 Rejmer, *Błoto Słodsze niż miód*, 193.

41 Ibid., 103.

42 Woodcock, *Life Is War*, 98.

43 "Collection," *Martor* 7 (2002): 45.

44 Zbigniew Czwartosz, "On Queueing," *European Journal of Sociology* 42, no. 1 (2001): 183-84.

45 Joseph Hraba, "Consumer Shortages in Poland: Looking Beyond the Queue into a World of Making Do," *Sociological Quarterly* 26, no. 3 (1985): 399-400.

46 Leszek Dzięgiel, *Paradise in a Concrete Cage: Daily Life in Communist Poland: An Ethnologist's View* (Kraków: Arcana, 1998), 34.

47 Hraba, "Consumer Shortages in Poland," 393.

48 Jill Massino, "From Black Caviar to Blackouts: Gender, Consumption, and Lifestyle in Ceauşescu's Romania," in *Communism Unwrapped: Consumption in Cold War Eastern Europe*, ed. Paulina Bren and Mary Neuburger (New York: Oxford University Press, 2012), 248.

49 "Cigarettes," *Martor* 7 (2002): 42.

50 "Nechezol," *Martor* 7 (2002): 109.

51 Ibid.

14장 해빙

1 Gabriel Meretik, *Noc generała* (1989; reprint Warsaw: Dowody na Istnienie, 2014), 179.

2 John Connelly, *From Peoples into Nations: A History of Eastern Europe* (Princeton, N.J.:

Princeton University Press, 2020), 703.

3   Meretik, *Noc generała*, 56.

4   Ibid., 83.

5   Connelly, *From Peoples into Nations*, 731.

6   Henri Vogt, *Between Utopia and Disillusionment: A Narrative of Political Transformation in Eastern Europe* (New York: Berghahn Books, 2005), 22.

7   Guntis Šmidchens, *The Power of Song: Nonviolent National Culture in the Baltic Singing Revolution* (Seattle: University of Washington Press, 2014), 244.

8   Padraic Kenney, *A Carnival of Revolutions: Central Europe 1989* (Princeton, N.J.: Princeton University Press, 2002), 271.

9   Andrzej Łomanowski, "Mołojecka Sława," *Gazeta Wyborcza*, August 12, 1990.

10 Gale Stokes, *The Walls Came Tumbling Down: Collapse and Rebirth in Eastern Europe* (New York: Oxford University Press, 2011), 123.

11 István Rév, *Retroactive Justice: Prehistory of Post-Communism* (Stanford, Calif.: Stanford University Press, 2005), 30.

12 Małgorzata Takacs, "Nowy przywódca węgierskich komunistów: 'Nie jestem chory psychicznie,'" *Gazeta Wyborcza*, October 15, 1989.

13 Marian Orlikowski, "Inna Sofia," *Gazeta Wyborcza*, May 18, 1990.

14 James Krapfl, *Revolution with a Human Face: Politics, Culture and Community in Czechoslovakia, 1989-1992* (Ithaca, N.Y.: Cornell University Press, 2013), 42.

15 "Party Brews in Czechoslovakia," Associated Press, February 13, 1990.

16 Małgorzata Rejmer, *Błoto słodsze niż miód* (Wołowiec: Wydawnictwo Czarne, 2018), 303.

17 "Mur w Tiranie," *Gazeta Wyborcza*, March 8, 1990.

18 Rév, *Retroactive Justice*, 27.

19 Serguei Alex Oushakine, "Postcolonial Estrangements: Claiming a Space Between Stalin and Hitler," in *Rites of Place: Public Commemoration in Russia and Eastern Europe*, ed. Julie Buckler and Emily D. Johnson (Evanston, Ill.: Northwestern University Press, 2013), 304.

20 Robert M. Hayden, "Recounting the Dead: The Discovery and Redefinition of Wartime Massacres in Late-and Post-Communist Yugoslavia," in *Memory, History and Opposition Under State Socialism*, ed. Rubie S. Watson (Santa Fe: School of American Research Press, 1994), 179.

21 Katherine Verdery, *The Political Lives of Dead Bodies: Reburial and Postsocialist Change*

(New York: Columbia University Press, 2000), 18.

22 Wojciech Tochman, *Like Eating a Stone: Surviving the Past in Bosnia*, trans. Antonia Lloyd-Jones (New York: Atlas, 2008), 103.

23 Stokes, *Walls Came Tumbling*, 233.

24 Misha Glenny, *The Fall of Yugoslavia: The Third Balkan War* (New York: Penguin, 1992), 12.

25 Marie-Janine Calic, *A History of Yugoslavia* (West Lafayette, Ind.: Purdue University Press, 2019), 478.

26 Mladen Vuksanović, *From Enemy Territory: Pale Diary* (Ann Arbor: University of Michigan Press, 2004), 103.

27 Hikmet Karcic, "How Denial of Bosnian War Crimes Entered the Mainstream," *Balkan Transitional Justice*, June 30, 2020.

28 이 거짓말은 한동안 특별한 신뢰를 받았다. 어느 보스니아계 세르비아 대변인은 현지를 방문한 국제난민기구 고등판무관과의 회담에서 이를 거론했다. David Rieff, *Slaughterhouse: Bosnia and the Failure of the West* (New York: Simon & Schuster, 1995), 99.

29 John F. Burns, "Sarajevo Journal: In the Zoo's House of Horrors, One Pitiful Bear," *New York Times*, October 16, 1992.

30 Zlatko Dizdarević, *Portraits of Sarajevo*, trans. Midhat Ridjanović, ed. Ammiel Alcalay (New York: Fromm International, 1994), 87.

31 Marian Orlikowski, "Inna Sofia," *Gazeta Wyborcza*, May 18, 1990.

32 Chris Hann, "Notes on the Transition in Tázlár," *Cambridge Journal of Anthropology* 15, no. 3 (1991): 1-21, at 17.

33 Mariusz Szczygieł, ed., *20 lat nowej Polski w reportażach według Mariusza Szczygła* (Wołowiec: Wydawnictwo Czarne, 2009), 9-12.

34 Bernadette McDonald, *Freedom Climbers: The Golden Age of Polish Mountain Climbing* (Seattle: Mountaineers Books, 2013), 58.

35 Piotr Lipiński and Michał Matys, *Niepowtarzalny urok likwidacji* (Wołowiec: Wydawnictwo Czarne, 2018), 39.

36 Roch Sulima, "The Laboratory of Polish Postmodernity: An Ethnographic Report from the Stadium-Bazaar," in *Chasing Warsaw: Socio-Material Dynamics of Urban Change Since 1990*, ed. Monika Grubbauer and Joanna Kusiak (Frankfurt am Main: Campus Verlag, 2012), 252.

37 Ewa Tartakowsky, "Le Juif à la pièce d'argent," *La Vie des idées*, January 10, 2017.

38 Katherine Verdery, "Faith, Hope, and *Caritas* in the Land of the Pyramids: Romania, 1990 to 1994," *Comparative Studies in Society and History* 37, no. 4 (1995): 625-69, at 653.

39 Ibid., 656.

에필로그

1 Alícia Adserá et al., "Transition, Height and Well-Being," EBRD Working Paper no. 24, European Bank for Reconstruction and Development, September 15, 2019.

2 Kairi Kõlves, "Suicide Rates and Socioeconomic Factors in Eastern European Countries After the Collapse of the Soviet Union: Trends Between 1990 and 2008," *Sociology of Health and Illness* 35, no. 6 (2013): 956-70.

3 Sergei Guriev and Nikita Melnikov, "Happiness Convergence in Transition Countries," *Journal of Comparative Economics* 46, no. 3 (2018): 683-707.

4 Weronika Gogola, *UFO nad Bratysławą* (Wołowiec: Wydawnictwo Czarne, 2021), Kindle, chapter titled "Słowacki król, przed którym drżał świat."

5 Henadz Sahanovich, "The Heritage of the Grand Duchy of Lithuania in the Belarusian Policies of Memory Under the Lukašenka Regime," unpublished paper presented at the 13th Annual Session of Warsaw East European Conference, Warsaw, July 18-21, 2016. 일부 학자들은 브세슬라브는 단지 늑대의 모습으로 자신을 내세운 변신 가능자라고 주장한다. 다음을 보라. Carlo Ginzburg and Bruce Lincoln, *Old Thiess, a Livonian Werewolf: A Classic Case in Comparative Perspective* (Chicago: University of Chicago Press, 2020), 135-38.

6 Hungary's Constitution of 2011, constituteproject.org.

7 이 추정은 우크라이나 인구학자팀이 제시한 것이다. 그들은 390만 명이 소련 대기근의 직접적인 희생자이고, 60만 명은 간접적인 희생자라고 추정했다. O. Rudnytski, N. Levchuk, O. Wolowyna, and P. Shevchuk, "Famine Losses in Ukraine in 1932 and 1933 Within the Context of the Soviet Union," in *Famines in European Economic History: The Last Great European Famines Reconsidered*, ed. Andrew G. Newby, Declan Curran, and Lubomyr Luciuk (Abingdon, U.K.: Routledge, 2015), 168.

8 Andreas Kappeler, "From an Ethnonational to a Transnational Ukrainian History," in *A Laboratory of Transnational History: Ukraine and Recent Ukrainian Historiography*, ed. Georgiy Kasianov and Philipp Ther (Budapest: Central European University Press, 2009), 55.

9 Ihar Babkou, "Of Fish and People," *Eurozine*, April 20, 2022, eurozine.com.

도판 출처

27쪽   Leopold Węgrzynowicz 촬영. Seweryn Udziela Ethnographic Museum of Kraków 소장.

54쪽   Nik Bresnick 그림. Princeton University Art Museum 소장.

55쪽   Museum of Photography in Kraków 소장.

70쪽   Zygmunt Gloger 그림, *Budownictwo drzewne i wyroby z drzewa w dawnej Polsce*, vol. 1 (Warsaw: 1907) 수록. Wikimedia Commons.

81쪽   balkanmuslims.tumblr.com.

104쪽   Nik Bresnick 그림.

105쪽   Piotr Lisiecki 촬영 및 제공.

113쪽   Jens Mohr 촬영. Wikimedia Sverige와 협력을 통해 Skokloster Castle 제공.

129쪽   British Museum 소장.

167쪽   1908년 황제 즉위 60주년 기념 편지. Koloman Moser 디자인. 저자 제공.

169쪽   (왼쪽) American Red Cross 촬영. Library of Congress 소장.
(오른쪽) Foto Fortepan 제공, GGAABBOO 기증.

188쪽   (왼쪽) Ethnological Archive of the Museum of the Romanian Peasant 소장.
(오른쪽) 바브루이스크(Babruysk) 인근 프투시치(Ptushichi)의 어느 마을 출신인 바르카 미차디우크. Isaak Serbov 촬영. Vilnius University Library 소장.

197쪽   Atelier Adler 촬영. Ethnological Archive of the Museum of the Romanian Peasant 소장.

223쪽   Tadeusz Rolke 촬영. Agencja Agora SA 제공.

225쪽   프라하 비노흐라디(Vinohrady)의 엽서. 저자 제공.

245쪽   Hanna Zaworonko-Olejniczak 촬영. Towarzystwo Historyczno-Literackie/Biblioteka Polska in Paris 소장.

257쪽   Klementyna Zubrzycka-Bączkowsa 촬영. Museum of Photography in Kraków 소장.

281쪽   Wydawnictwo a5 제공.

285쪽   Krzysztof Pawela 촬영. Museum of Photography in Kraków 제공.

312쪽   저자 그림.

313쪽   National Digital Archives of Poland, Wydawnictwo Prasowe KraKów-Warszawa
        소장, 2-1929. Wikimedia Commons.

329쪽   저자 제공.

343쪽   Foto Fortepan 제공, Magyar Rendőr 기증.

350쪽   Sándor Bauer 촬영. Foto Fortepan 제공, Sándor Bauer 기증.

375쪽   Anna Musiałówna 촬영. Museum of Photography in Kraków 제공.

401쪽   Foto Fortepan 제공, Fortepan/Album041 기증.

433쪽   Balazs Blenyesi 촬영 및 제공.

찾아보기

494

굿바이, 동유럽

조각난 땅의 천년 서사시

1판 1쇄 2024년 8월 8일

지은이 | 제이콥 미카노프스키
옮긴이 | 허승철

펴낸이 | 류종필
편집 | 이정우, 권준, 이은진
경영지원 | 홍정민
교정교열 | 김현대
표지 디자인 | 석운디자인
본문 디자인 | 박애영

펴낸곳 | (주)도서출판 책과함께
　　　　주소 (04022) 서울시 마포구 동교로 70 소와소빌딩 2층
　　　　전화 (02) 335-1982
　　　　팩스 (02) 335-1316
　　　　전자우편 prpub@daum.net
　　　　블로그 blog.naver.com/prpub
　　　　등록 2003년 4월 3일 제2003-000392호

ISBN 979-11-92913-94-0 03920